BASEL Ⅲ:
TEN-YEAR RECONSTRUCTION OF FINANCIAL SUPERVISION

巴塞尔Ⅲ:
金融监管的十年重构

（第二版）

巴曙松　刘晓依　朱元倩　等◎著

中国金融出版社

责任编辑：王雪珂
责任校对：潘　洁
责任印制：陈晓川

图书在版编目（CIP）数据

巴塞尔Ⅲ：金融监管的十年重构/巴曙松，刘晓依，朱元倩等著. —北京：中国金融出版社，2023.4
ISBN 978-7-5220-1941-3

Ⅰ. ①巴…　Ⅱ. ①巴…②刘…③朱…　Ⅲ. ①国际清算银行—协议—研究
Ⅳ. ①F831.2

中国国家版本馆CIP数据核字（2023）第054234号

巴塞尔Ⅲ：金融监管的十年重构
BASAIER Ⅲ：JINRONG JIANGUAN DE SHINIAN CHONGGOU

出版
发行　中国金融出版社
社址　北京市丰台区益泽路2号
市场开发部　（010）66024766，63805472，63439533（传真）
网上书店　www.cfph.cn
（010）66024766，63372837（传真）
读者服务部　（010）66070833，62568380
邮编　100071
经销　新华书店
印刷　保利达印务有限公司
尺寸　169毫米×239毫米
印张　26.25
字数　483千
版次　2023年4月第1版
印次　2023年4月第1次印刷
定价　99.00元
ISBN 978-7-5220-1941-3

前　言

在金融市场上，人们常常会说：股市是经济运行的“晴雨表”，因为经济运行的起落变化，最终会反映在股价的涨跌上。

那么，以商业银行为代表的间接金融体系运行过程中，如果要找一个“晴雨表”的话，会是什么呢？我想，监管规则体系的变化，应当很有可能入选。这是因为，一定时期的监管准则框架，代表了特定市场条件下金融机构进行风险管理和金融监管的基本共识，而这个共识的形成，可以从特定侧面体现出当时金融业的经营环境。近几年来，中国资产管理行业的大发展，推动了利率市场化的进展，也促进了不同金融领域的融合，体现在当时的政策导向上，就是对金融创新的相对鼓励，以及金融机构在竞争下积极应对2008年国际金融危机冲击之后的全球低利率货币环境。而2018年以来中国资产管理新规的出台和更为严厉的监管政策导向，则体现出监管者对于前几年快速扩张的影子银行的担忧，以及去杠杆过程中金融机构资产负债结构的调整。从监管规则的变化入手，我们可以观察不同时期金融行业的深层次变迁。

我曾经请教一位在美资大行工作多年的高管，为什么这家美资大行每隔一二十年，就会在房地产及其相关领域的融资中摔一个大跟头。他想了想，说：就这一家银行来看，这可能同这家银行主要的管理层一茬一茬的代际更替直接相关。新上来的一代管理层，往往没有经历上一次的房地产带来的大风险，也就不会像上一代管理层亲身经历了一次房地产带来的危机后始终保持着警惕，从而就容易慢慢放松对于房地产风险的敏感。我想，每家金融机构的内部风险管理政策与流程，背后一定都有大量这样的实际案例，动态地将这些经验与教训总结到具体的制度，本身就是一个经验教训的传承。

在实践工作中，我曾经在重组之后的中银香港，具体牵头组织起草重组之后的风险管理政策与流程。重组之前，中银香港由各具经营特色的十多家银行组成；重组之后，需要将这些银行的政策与制度整合统一起来，并且还需要前瞻性地适应中银香港随后即将上市的要求。在当时的起草过程中，起草小组逐条推敲，对比重组前各家银行的做法，借鉴同业的经验教训，听取投资银行对于上市的建议，还需要在业务运行过程中与前线业务部门反复沟通，平衡业务发展与风险管理的需要。在这个过程中，我深切地体会到监管政策具体条文对具体业务运行和全行经营管理产生的深刻影响。

如果一家金融机构内部的风险管理政策与流程体现的是银行内部经营教训的总结与传承会显著影响一家金融机构的经营管理活动，那么，以巴塞尔协议为代表的国际金融监管准则，则可以说是全球金融业政策导向的风向标和“晴雨表”，其具体条文及其演变，体现了监管者和金融机构的管理者等对于特定条件下经营管理经验教训的总结和传承，也必然会在全球范围内对金融机构经营管理和整个金融体系产生深远影响。

我正是基于我们对巴塞尔协议这些方面的理解，多年来，一直将巴塞尔协议及其演变作为重点跟踪的研究领域之一，并且经常组织研究团队讨论交流，在巴塞尔协议演进的不同阶段，形成了不同阶段的研究成果。

从全球金融体系的演变来看，巴塞尔协议作为全球银行监管领域最有影响力的国际标准，其变革始终代表着不同市场条件下金融机构风险管理和金融监管的发展趋势和改革方向。

具体来说，次贷危机的爆发及其引发的国际金融危机，在对金融体系和实体经济造成重创的同时，也暴露了金融监管理论与实践中存在的问题，对以巴塞尔新资本协议（以下简称巴塞尔Ⅱ）为代表的金融监管模式、方法和工具形成了前所未有的挑战。在G20主导的新型国际金融治理模式下，2010年巴塞尔委员会发布的第三版巴塞尔资本协议（以下简称2010版巴塞尔Ⅲ）可以说是这一轮全球金融危机的产物，代表了从危机冲击之后逐步步入经济复苏期的金融监管框架调整的阶段性成果。

此后，巴塞尔委员会在全球银行业的缓慢复苏中不断对2010版巴塞尔Ⅲ进行修订和完善，于2017年12月8日正式发布《巴塞尔Ⅲ：后危机改革的最终方案》（以下简称巴塞尔Ⅲ），可以说是巴塞尔委员会对这一轮全球金融危机金融监管理念和规则的系统梳理、整合与完善。

从巴塞尔协议演进的历史来看，1988年推出的巴塞尔资本协议（以下简称巴塞尔Ⅰ）作为第一部具有国际影响力的全球银行业资本监管准则，重点在于提出了资本充足率监管的概念，奠定了银行资本监管的基础，标志着银行监管正式开启国际标准模式。

2004年发布的以三大支柱为代表的巴塞尔Ⅱ，重点在于提升计量方法的风险敏感性，探索建立激励相容的监管理念。

2010版巴塞尔Ⅲ及相关规则的重点则在于提升资本质量与要求，更加关注资本的构成和流动性风险要求。

2017年底发布的巴塞尔Ⅲ，既体现了各国监管当局在国际监管规则制定中的多重博弈，也体现了巴塞尔委员会在经历了多轮的自我反思和平衡后的折中选择。巴塞尔Ⅲ在解决国际金融危机暴露出的监管缺陷的基础上，提高了风险加权资产的可信度和可比性，增强了金融体系和实体经济应对经济波动和危机的能力。

历史沿革表明，巴塞尔资本协议并非是一个静态死板的监管框架，而是不断与时俱进的。一个典型的例子就是金融科技，技术手段的飞速发展率先改变了金融业的诸多业态，很多以往被证明行之有效的监管思路和手段，面对金融科技这一全新事物时都会面临着疑问和挑战。而对以银行业为代表的传统金融机构而言，金融科技的快速发展是挑战和机遇并存。一方面，有观点认为传统银行业务的利润将首当其冲受到挤压；另一方面，也有人认为银行业将借此机会提升自身运作效率和能力并焕发新的生机。对于金融科技究竟如何监管？怎样监管？如何应对？各国监管当局和金融体系都面临着共同的问题和挑战。近年来，金融稳定理事会、巴塞尔银行监管委员会、支付与市场基础设施委员会和国际证监会组织等国际监管组织均成立了专门工作组，从不同角度研究金融科技的发展演进、潜在风险、对金融体系的影响和监管应对等问题，对金融科技监管进行了许多有益的探索和讨论。巴塞尔委员会指出，要评估金融科技对银行业的影响需要观察两个方面：一是相应技术在社会中的采用率；二是在普通群众中的普及程度和采用程度。目前，这两项变革速度和渗透率都前所未有，客户行为习惯和期望的改变会推动银行业传统运营模式的转变，银行业将面临激烈的获客竞争。由于金融科技应用领域涉及多个部门，大多数处于传统银行业监管领域之外，监管机构也需要革新与改进。而作为一个全球性的银行业监管框架，巴塞尔协议在与时俱进的探索中也正发挥着引领和推动的作用。

巴塞尔资本协议作为全球银行业监管的一系列标杆性文件，其核心在于针对危机中银行体系表现出的脆弱性和风险特征，尝试提出有效的解决方案，防范系统性金融风险。银行监管的目标是在追求银行体系稳健的基础上实现银行业的公平竞争，这就要求巴塞尔委员会在修订和完善巴塞尔Ⅲ的过程中，实现对各类风险敞口的充分计算和资本的充分计提，并全面考虑不同国家银行业务体系的差别，制定兼备风险敏感性、监管简单性和全球可比性的一致性规则。修订信用风险标准法和内部评级法的风险计量方法，重塑市场风险的计量方法，规范操作风险管理和计量方法，改进资本底线的最低要求，以及完善杠杆率和交易对手信用风险的计提方法等，都是本次巴塞尔Ⅲ修订的重点。

虽然巴塞尔Ⅲ在2017年底才发布，但2010版巴塞尔Ⅲ早已从2013年就开始实施了。与巴塞尔Ⅰ和巴塞尔Ⅱ相比，2010版巴塞尔Ⅲ的全球实施已被G20成员国共同认可，并形成了基本一致的实施时间安排、明确的适用范围和一定的约束力。在G20领导人定期召开的峰会上，巴塞尔委员会会定期就巴塞尔协议的修订进展和实施情况进行汇报，并根据各成员国领导人达成的共识，督促各国实施。从2011年10月以来，巴塞尔委员会每半年公布一轮各成员国2010版巴塞尔

Ⅲ的实施进展情况。截至目前，巴塞尔委员会的27个成员国或地区都已经公布并开始实施2010版巴塞尔Ⅲ，在非巴塞尔委员会和非欧盟成员国的大部分国家的实施进展也很明显。

不过，这一实施进程的推进由于新冠肺炎疫情的全球性暴发一度陷入停滞，使全球所有主要经济体都受到了系统性的冲击，现在看来这一冲击的影响将是长久和深远的。在后疫情时代全球范围持续的经济低迷和巨大的不确定性影响下，各国银行体系首当其冲，商业银行的利润和安全性都面临极大的挑战，按照之前的计划时间表全面实施巴塞尔Ⅲ的最终方案已经不现实。鉴于此，巴塞尔委员会停止对各国实施进度的评估，并将最终方案中原定于2022年1月全面完成实施的各项改革均向后推迟了一年——至2023年1月截止，并且赋予了各监管当局根据自身情况灵活把握实施进度的权力。当然，最终方案实施的改革不会被无限期推迟，随着新冠肺炎疫情的逐渐可控化，实施进度必定还会重启，并且目前已经可以看到一些重启的可能性。

我在中银香港的风险管理部门工作时，巴塞尔银行监管委员会开始启动巴塞尔协议Ⅱ的探讨与起草工作，当时有机会从工作的角度作了一些研究跟踪，并尝试在起草中银香港风险管理政策与流程的过程中予以借鉴实施。在北京大学从事博士后研究期间，我也选择这个题目作为博士后的出站研究报告的主题，并于2003年在中国金融出版社出版。随着中国正式成为巴塞尔银行监管委员会的正式成员，如何更好地实施巴塞尔协议，并且在修订过程中反映中国的声音，自然就具有更为迫切的现实需要，我因此自觉地将跟踪巴塞尔协议的进展作为自己研究的一个重要领域进行持续跟踪，发表的一些论文和出版的一些著作，不少都与这个题目相关，我还担任了当时的中国银监会中国银行业实施巴塞尔新资本协议指导委员会的专家，更是强化了自己跟踪这一领域的研究责任。《金融危机中的巴塞尔新资本协议：挑战与改进》（中国金融出版社2010年版）跟踪的是巴塞尔协议2.5版，而《巴塞尔资本协议Ⅲ研究》（中国金融出版社2011年版）则是跟踪2010年版巴塞尔协议Ⅲ，《巴塞尔资本协议Ⅲ的实施：基于金融结构的视角》（中国人民大学出版社2014年版）、《巴塞尔Ⅲ与金融监管大变革》（中国金融出版社2015年版）则是在不同发展阶段持续跟踪巴塞尔协议Ⅲ的成果。自2001年我的第一本关于巴塞尔资本协议的著作《巴塞尔新资本协议研究》初稿完成以来，我已在这一领域坚持跟踪研究了21年。巴塞尔Ⅲ定稿后，我带领我的团队继续就这一版巴塞尔Ⅲ进行跟踪研究，在对相关问题进行深入理论剖析的基础上，提出在中国深入开展实施巴塞尔Ⅲ的政策建议。按照《巴塞尔Ⅲ》的实施计划安排，全球将于2023年起全面实施最终方案中的各项监管规定，根据巴塞尔委员会最新公布的关于各成员国（或地区）最新的实施进展，巴塞尔Ⅲ中相关政策的修订、落地正在稳步推进中。在这个时点上，我组织我的团队启动了《巴塞尔Ⅲ：金融监管的十年重构》的修订再版工作，重点对巴塞尔委员会2019年发布的新版市场风险最低资本要求、巴塞尔委员会对金融科技监管开展的有益探索，以及各国实施的最新进展加以补充和完善。并试图通过及时跟踪和了解各国的实施进度，以及各项法规的实施效果，将各国或地区已发布的草案和法规中要求的实施时间和达标情况进行比较，为国内制定《巴塞尔Ⅲ》本土化规则、审慎稳妥地推进巴塞尔Ⅲ在中国的落地提供相关借鉴和思考。书中的观点仅代表作者作为一位研究人员个人的观点，不代表任何机构的意见和看法。

国际金融危机已过去十多年，在经济、技术、政治与金融市场等多重因素的共同驱动下，金融业必然会继续发展变革，变化的金融市场将随时向《巴塞尔Ⅲ》这个银行业监管框架提出这样或那样的挑战，各国在规则制定和实施过程中遇到的问题也将不断促使巴塞尔委员会对巴塞尔协议的规则制定与未来走向进行反思。巴塞尔Ⅲ发布后，巴塞尔委员会的主要工作将由国际标准的制定转向各国实施进展的评估，当然，全球监管部门和商业银行也要积极准备，稳步推进巴塞尔Ⅲ的落地实施。目前，中国对巴塞尔Ⅲ的实施还在进行中，通过巴塞尔Ⅲ来带动中国金融监管水平的提升和风险管理能力的改进，并及时向巴塞尔委员会反映中国在实施中的新趋势，应是下一步的工作重点。

从这个意义上说，本书的研究依然是持续跟踪巴塞尔协议研究的一个阶段性成果，在新的发展环境下，需要研究和跟踪的问题依然很多。

巴曙松

2022年9月

目　录

第一章　巴塞尔Ⅲ的整体框架

第一节　巴塞尔Ⅲ的整体变迁 …… 3
一、信用风险监管新框架 …… 4
二、交易对手信用估值调整模型 …… 5
三、操作风险计量新方法 …… 5
四、市场风险的最低资本要求 …… 6
五、杠杆率风险敞口的修订 …… 6
六、资本底线的校准 …… 7
七、过渡期安排及其实施影响 …… 7
第二节　第一支柱：资本监管 …… 9
一、资本监管的演进 …… 9
二、资本的重定义和重分类 …… 14
三、巴塞尔Ⅲ监管框架下的资本底线 …… 16
四、巴塞尔Ⅲ调整资本底线的影响 …… 21
第三节　第二支柱：监督检查 …… 25
一、巴塞尔Ⅲ第二支柱监管框架 …… 25
二、第二支柱下银行账簿利率风险监管 …… 26
三、巴塞尔银行账簿利率风险监管改革历程 …… 27
四、2016年《银行账簿利率风险监管标准》 …… 29
五、银行账簿利率风险监管标准改革及实施 …… 42
六、中国面临的挑战及提升建议 …… 43
第四节　第三支柱：市场约束 …… 46
一、信息披露监管框架的演进 …… 46
二、信息披露监管框架的内容 …… 49

三、提升中国银行业信息披露水平的建议 …… 63

第二章 巴塞尔Ⅲ的资本监管

第一节 巴塞尔Ⅲ信用风险标准法监管改革 …… 67
一、信用风险标准法监管改革 …… 68
二、信用风险标准法的核心内容与最新标准 …… 70
三、信用风险标准法实施的影响评估 …… 77
四、信用风险标准法对中国的启示 …… 80
第二节 巴塞尔Ⅲ信用风险内部评级法监管改革 …… 85
一、信用风险内部评级法改革背景 …… 85
二、信用风险内部评级法风险敞口分类 …… 86
三、信用风险内部评级法风险成本计量 …… 90
四、信用风险内评法监管改革的核心内容 …… 92
五、风险加权资产计量准则 …… 95
六、信用风险内部评级法对中国的启示 …… 98
第三节 巴塞尔Ⅲ资产证券化风险计量框架 …… 101
一、资产证券化概述 …… 102
二、巴塞尔Ⅲ资产证券化监管框架的演变 …… 107
三、巴塞尔Ⅲ资产证券化度量新方法 …… 112
四、资产证券化监管框架对中国的启示 …… 120
第四节 巴塞尔Ⅲ交易对手信用风险的监管与度量 …… 125
一、交易对手信用风险的定义与特征 …… 125
二、交易对手信用风险的度量模型 …… 128
三、中央交易对手信用风险度量模型 …… 142
四、交易对手信用风险的防范 …… 146
第五节 巴塞尔Ⅲ操作风险的监管与度量 …… 149
一、操作风险概述 …… 149
二、操作风险监管框架的演进 …… 154
三、巴塞尔Ⅲ操作风险监管框架的计量方法 …… 158
四、操作风险监管框架对中国的启示 …… 163

第六节 巴塞尔Ⅲ市场风险的监管与度量 …… 167
一、市场风险概述 …… 167
二、巴塞尔Ⅲ市场风险监管框架的演进 …… 168
三、巴塞尔Ⅲ市场风险的计量方法 …… 177
四、市场风险监管框架在中国的实施 …… 187
第七节 巴塞尔Ⅲ介入风险的识别与管理 …… 190
一、介入风险的定义与范围 …… 190
二、介入风险的识别 …… 193
三、银行对介入风险的潜在反应 …… 197
四、银行在评估介入风险中的作用 …… 201
五、监管当局的职责和政策实施细则 …… 204

第三章 巴塞尔Ⅲ的流动性监管新框架

第一节 巴塞尔Ⅲ流动性风险监管改革进程 …… 209
一、流动性的定义及监管重要性 …… 209
二、流动性风险管理和监管的历史追溯 …… 212
三、危机中的流动性风险监管问题及挑战 …… 216
四、危机后的流动性风险监管变革 …… 218
五、流动性风险监管的改革趋势与展望 …… 221
第二节 巴塞尔Ⅲ流动性风险监管 …… 223
一、后危机时代流动性风险监管原则的确立 …… 224
二、流动性风险监管的两个定量指标 …… 225
三、流动性风险监管的五个监测工具 …… 234
四、流动性风险监管的特点 …… 236
五、流动性风险监管新框架对国际银行业的影响 …… 238

第四章 巴塞尔协议Ⅲ的宏观审慎监管

第一节 巴塞尔Ⅲ监管框架下的杠杆率 …… 243
一、杠杆率与资本充足率 …… 244

二、杠杆率风险敞口计算方法的修订及其影响 …… 244
三、杠杆率的信息披露要求及其影响 …… 249
四、杠杆率新规对中国银行业的影响 …… 250
第二节 巴塞尔Ⅲ大额风险敞口监管框架 …… 252
一、大额风险敞口的监管演进 …… 252
二、大额风险敞口的相关概念 …… 254
三、特殊风险敞口类型的处理 …… 257
四、大额风险敞口新框架的比较研究与评价 …… 262
五、大额风险敞口监管新规对中国的启示 …… 265
第三节 逆周期监管工具及适用性探讨 …… 270
一、资本计提模型的参数调整 …… 270
二、逆周期资本缓冲工具 …… 273
三、前瞻性动态拨备制度 …… 277
四、差别存款准备金率 …… 287
五、逆周期监管的实施难题 …… 289
第四节 全球系统重要性金融机构的评估及监管 …… 291
一、对全球系统重要性银行的识别和评估 …… 292
二、全球系统重要性保险机构的评估 …… 307
三、全球系统重要性非银行非保险金融机构的评估 …… 315
四、完善国内系统重要性金融机构的管理框架 …… 318

第五章 巴塞尔委员会金融科技研究

第一节 金融科技监管概述 …… 323
一、金融科技内涵 …… 323
二、金融科技分类 …… 323
第二节 巴塞尔监管动态与趋势 …… 325
一、监管关注重点 …… 325
二、监管理念 …… 327
三、监管方法探索 …… 328

第三节　金融科技发展对银行和监管机构的影响……331
一、对银行业的影响与相应举措……331
二、监管机构受到的影响与举措……332
第四节　总结和展望……333
一、对金融科技领域监管探索的总体评价……333
二、国际金融科技监管探索对中国的启示……334

第六章　巴塞尔Ⅲ的实施

第一节　巴塞尔Ⅲ的实施安排……339
第二节　巴塞尔Ⅲ资本监管的实施进展……340
一、现行版巴塞尔Ⅲ基本完成实施……342
二、全球银行业实施巴塞尔Ⅲ差异性显著……344
三、最终版巴塞尔Ⅲ项目实施进展……347
四、巴塞尔Ⅲ在中国实施进展……348
第三节　巴塞尔Ⅲ资本监管实施的一致性……352
第四节　巴塞尔Ⅲ的实施效果……355
一、全球银行业资本实力增强……355
二、银行资本约束力评估……356
三、总损失吸收能力评估……360
四、流动性指标评估……360

参考文献……363
后记……404

第一章　巴塞尔Ⅲ的整体框架

巴塞尔协议作为全球银行监管领域最有影响力的国际标准，其变革始终代表着不同市场条件下金融机构风险管理和金融监管的发展趋势和改革方向。从2010年巴塞尔Ⅲ首份文本在G20峰会被正式认可，到2017年巴塞尔Ⅲ最终修订的完成，伴随着金融体系不断发展，国际银行监管框架已经成为一套十分复杂的规则体系，巴塞尔协议的改革重点也处于不断拓展和变化之中。

国际金融危机已过去十多年，本章对完整框架意义上的巴塞尔Ⅲ进行了阐述，对本轮国际金融危机金融监管的理念和规则进行了系统性梳理与整合，阐述了具备完整框架的巴塞尔Ⅲ的形成脉络及未来发展的方向。

第一节　巴塞尔Ⅲ的整体变迁

从全球金融历史演变的角度看，历次金融危机的爆发，都从特定的角度暴露出当时金融体系的缺陷，从而推动许多关于金融监管理论与框架的反思和变革。从金融监管变革的视角反观危机后金融体系的变化，既可以透视出金融体系自身的发展状况，也能探究影响金融体系发展的各种力量。目前，2008年国际金融危机已过去十多年，为推动金融体系的稳定健康发展，改进危机中暴露的问题，防范类似危机再次发生，全球金融监管规则发生了重大改变，而且依然处于一个持续完善和修订的过程。

从巴塞尔Ⅰ到巴塞尔Ⅱ，再到如今的巴塞尔Ⅲ，伴随着全球金融体系的演变与银行业经营环境的变化，巴塞尔资本协议作为全球银行监管领域最有影响力的国际标准，其变革始终代表着不同市场条件下的金融机构风险管理和金融监管的发展趋势和改革方向。从巴塞尔协议整体变迁来看，1988年推出的巴塞尔资本协议（巴塞尔Ⅰ）作为第一部具有国际影响力的全球银行业资本监管准则，重点在于提出了资本充足率监管的概念，奠定了银行资本监管的基础，标志着银行监管正式开启国际标准模式。2004年发布的以三大支柱为代表的巴塞尔Ⅱ，重点在于提升计量方法的风险敏感性，探索建立激励相容的监管理念。2010版巴塞尔Ⅲ及相关规则的重点则在于提升资本质量与要求，更加关注资本的构成和流动性风险要求。2017年12月8日发布的《巴塞尔Ⅲ：后危机改革的最终方案》（以下简称《巴塞尔Ⅲ》），是本轮巴塞尔协议修订的最后一步，是巴塞尔委员会对本轮国际金融危机金融监管理念和规则的最终整理和完善。既体现了各国监管当局在国际监管规则制定中的多重博弈，也体现了巴塞尔委员会在经历了多轮的自我反思和平衡后的折中选择。

银行监管的目标是在追求银行体系稳健的基础上实现银行业的公平竞争，这就要求巴塞尔委员会在修订和完善巴塞尔Ⅲ的过程中，实现对各类风险敞口的充分计算和资本的充分计提，并全面考虑不同国家银行业务体系的差别，制定具有风险敏感性、监管简单性和全球可比性的一致性规则。因此，巴塞尔委员会对信用风险标准法和内部评级法风险敞口计算细节的完善、对操作风险管理的规范和计量方法的改进、对市场风险的最低资本要求、对资本底线的最低要求，以及对杠杆率和交易对手信用风险的计提方法改进等，都是本次《巴塞尔Ⅲ》的修订重点。

一、信用风险监管新框架

信用风险作为全球银行业面临的主要风险，其改革与修订在全球范围内受到广泛关注，主要包括标准法和内评法两个方面。

信用风险标准法改革的核心内容主要体现在以下五个方面：一是细化信用风险敞口分类。《巴塞尔Ⅲ》在基本沿用巴塞尔Ⅱ标准法风险敞口分类框架的基础上，细分增加了全覆盖债券、次级债务、股权与其他资本工具和货币错配等类别，对公司、零售、房地产等风险敞口进行了详细的二级分类和细化。公司风险敞口在设置一般企业与中小企业的基础上，将项目融资、实物融资和大宗商品融资设立为单独子类。二是确定风险敞口的风险驱动因子。标准法在仍然允许使用外部评级确定主权、央行、非中央政府公共部门实体、银行和公司等风险敞口权重的基础上，对商业银行提出尽职要求，各国监管当局还可采用标准信用风险评估法确定银行风险敞口的风险权重；在住宅房地产和商业房地产风险敞口中依据贷款价值比（LTV）设置了更细化、更敏感的风险权重，取代了原巴塞尔Ⅱ中的单一风险权重设置。三是重新校准风险权重。标准法对风险驱动因子进行分析，依据不同档次的风险赋予差异化的风险权重。对多边开发银行、银行、担保债券、公司、零售、房地产等风险敞口的风险权重进行了细化。四是降低对外部评级的依赖。标准法要求银行在外部评级时加强对债务人的尽责调查，并对未评级风险敞口（适用于不允许使用外部评级的国家和地区，以及没有外部评级的银行风险敞口）采用标准信用风险评估方法确定风险敞口的等级，进而采用相应的风险权重。五是加强标准法与内评法间的衔接。限制内部评级法在资本计量中的使用，简化内评法资本计量方法，设置资本底线，从而减少银行采用模型法进行监管套利的问题，提升资本计量的一致性。

国际金融危机后，内部评级法饱受诟病，存在方法过于复杂、缺乏可比性和稳健性等问题。《巴塞尔Ⅲ》对内评法主要作了如下修改：一是限制内评法使用范围。巴塞尔委员会根据数据可得性、银行信息优势和建模技术验证三个方面标准对各类风险敞口是否适用内部评级法进行了分析，将不满足三个方面标准的资产组合排除在内部评级法之外。对于金融机构和大公司（并表收入超过5亿欧元）的风险敞口，《巴塞尔Ⅲ》只允许选择初级内评法（F-IRB）计算风险加权资产，而不允许采用高级内评法（A-IRB）；对于股权风险敞口，则不允许使用内评法。二是设置风险参数底线。对允许采用内评法的资产组合，《巴塞尔Ⅲ》对银行内部估计的不同类型风险敞口的违约概率（PD）、违约损失率（LGD）和违约风险敞口（EAD）均设置了最低要求，以防止违约数据不足而导致风险参数低估。三是校准风险加权资产底线。《巴塞尔Ⅲ》要求到2027年1月1日，银行使用内部模型法计量的风险加权资产应当不低于标准法计量的风险加权资产的72.5%，从而防止银行使用内部模型法减少资本计提。

二、交易对手信用估值调整模型

信用估值调整（CVA）反映了交易对手潜在违约所引起的衍生工具和证券融资交易价值的调整，交易对手信用利差和市场风险因子的变化会引起CVA价值的变化，CVA风险则是CVA价值变化所导致的损失风险。《巴塞尔Ⅲ》修订了计提CVA风险资本的规则，提出了基本法（BA-CVA）和标准法（SA-CVA）两种计算CVA风险资本的方法；规定所有开展担保交易的银行都必须计算CVA风险资本要求，并且除非获得监管当局的许可，否则银行只能使用基本法计算CVA风险资本要求；此外，巴塞尔委员会也提供了一系列允许银行使用SA-CVA的最低标准。

三、操作风险计量新方法

《巴塞尔Ⅲ》针对操作风险的计量制定了单一的、有风险敏感性的新标准化计量方法（SMA），将操作风险原有的三种计量方法（基本指标法、标准法、高级计量法）作了统一，增强了银行间的可比性。根据新标准法（SMA），操作风险资本要求（ORC）由业务指标部分（BIC）和内部损失乘数（ILM）决定，其计算公式如下：

$$ORC=BIC\times ILM$$

业务指标部分$BIC=\sum(\alpha_i\cdot BI_i)$，是用来衡量银行总体规模、风险量级的核心参数。其中，业务规模$BI=ILDC+SC+FC$，是利息、租赁和股息收入（ILDC）、服务收入（SC）和金融资产收益收入（FC）之和。根据业务规模的大小，巴塞尔委员会设置了三个边际系数α的层级，业务规模在10亿欧元以下的边际系数为0.12，10亿至300亿欧元之间的边际系数为0.15，300亿欧元以上的边际系数为0.18。

内部损失乘数$ILM=\ln\left[\exp(1)-1+\left(\frac{LC}{BIC}\right)^{0.8}\right]$，是基于银行平均历史损失和业务指标部分的换算因子，用来对业务指标部分进行调整，以反映银行操作风险的管理水平。其中，内部损失乘数的损失参数（LC）是一家银行前十年历史操作风险损失平均值的15倍，巴塞尔委员会要求以银行十年高质量的年度损失数据为基础进行计算；若无法取得，银行可使用五年以上的数据计算损失部分；若五年数据仍无法取得，则银行必须完全基于业务指标部分计算资本要求。

新标准法（SMA）提供了一种基于非模型的度量操作风险资本的方法，其核心思想是使用业务规模（BI）替代原框架中的总收入规模，采用单一模型法进行资本计量，从而实现资本计量的简单性、可比性，体现了操作风险监管框架“去模型”“去复杂化”的改革理念。此外，新标准法还延续了原有高级计量法的风险敏感性，以标准化的方式反映出银行财务报表信息及其操作风险内部损失历史经验。最后，此番修订大幅提升了对银行操作风险计算相关信息的披露要求，不仅要求披露业务规模各类子项目数据，还首次要求部分银行对外披露操作风险内部损失数据，对银行操作风险管理、记录、分类及专业信息系统的建设提出了更高的要求。

四、市场风险的最低资本要求

2019年1月，巴塞尔委员会发布了新版本的市场风险最低资本要求，取代了2016年1月发布的版本，新版本的市场风险标准与前一版本相比有系统性的修订。

其中一个主要变化是，由于需要对使用内部模型法（IMA）的银行进行损益归属（Profit and Loss Attribution，PLA）测试，修订引入了资本要求的“交通灯”方法。PLA测试的结果已从以前二元的“通过”或“失败”变为带有中间值“黄灯”的三层“交通灯”方法。具体而言，亮“绿灯”的银行被视为通过了PLA测试，可以使用IMA。亮“黄灯”的银行可继续使用IMA，但需要承担额外的资本要求。亮“红灯”的银行未通过PLA测试，不允许使用IMA，而必须使用标准法（SA）来确定其市场风险的资本要求。

另一个重大变化是引入简化的标准法（SSA）作为计算市场风险资本要求的替代方法。对于拥有相对较小或不复杂业务构成的银行，SSA作为市场风险标准化方法的重新校准版本，可在监管当局批准后用于代替“完整的”标准法。

此外，委员会从2019年11月开始拟对市场风险的披露要求进行一系列修订和变更，旨在匹配市场风险最低资本要求的变化，并通过进一步加强披露要求继续促进市场纪律，最终将变更后的相关披露要求也纳入完整的监管框架。

五、杠杆率风险敞口的修订

《巴塞尔Ⅲ》调整了杠杆率监管中风险敞口的计算方法模型，明确了全球系统重要性银行（G-SIB）的附加杠杆率（Leverage ratio buffer）的要求，该规则主要提高了以下三个方面的要求：

一是监管范围更广、更具体，监管套利途径减少。与2011年巴塞尔委员会提出的附加资本充足率要求相对应，《巴塞尔Ⅲ》的附加杠杆率监管要求同样分为A、B、C、D、E五档，对应的附加杠杆率要求分别为0.5%、0.75%、1.0%、1.25%和1.75%。同时，规定每年更新附加杠杆率监管要求，以反映全球系统重要性银行最新的监管要求。此外，到2022年1月，适用附加杠杆率要求的系统重要性银行名单由金融稳定委员会于2020年根据2019年末的数据决定。从新的杠杆率框架对表内外资产处理的原则方面可以看出，新标准下杠杆率的监管更为细致、具体。商业银行在杠杆率计算方面的自主空间减少，之前通过采用不同会计方式、资产分类的监管套利行为将得到较大程度的约束，使得杠杆率指标能够真实地反映出商业银行的经营杠杆水平。

二是信用衍生品风险敞口计提要求提高。新的框架提高了信用衍生品的风险敞口计提的要求，显著体现了新框架注重实际杠杆测量的修订原则。与普通的衍生品风险敞口计算方式不同，杠杆率的征求意见稿中重点引入参与实体的交易对手信用风险，作为计算信用衍生品风险敞口工具的一部分，使得信用衍生品在银行经营业务中涉及的风险敞口得到较为全面和精确的测量，同时也将给商业银行信用衍生品业务的发展带来更高的资本金压力。在模型选择上，《巴塞尔Ⅲ》强调信用衍生品的交易对手信用风险必须使用新的标准模型（SA-CCR）计算，而非巴塞尔Ⅱ规定的现期风险敞口法（CEM）。

三是明确了表外项目的杠杆率计算。《巴塞尔Ⅲ》主要对承兑适用的信用转换系数规定作了调整。《巴塞尔Ⅲ》规定，银行无条件可撤销承兑及借款者的信用变差时，承兑可以自动撤销，这两种情况仍适用10%的信用转换系数，其余承兑无论标的期限如何均统一适用40%的信用转换系数。

六、资本底线的校准

为提高银行间资本充足率的可比性，保持公平的竞争环境，《巴塞尔Ⅲ》设定了内部评级法风险加权资产的资本底线，并与标准法的风险加权资产测算值挂钩。到2028年1月1日，银行使用内部模型法计量的风险加权资产，应当不低于标准法计量的风险加权资产的72.5%，从而防止银行使用内部模型法减少资本计提。

七、过渡期安排及其实施影响

实施时间和资本底线的过渡期安排，有助于合理有序地实施新标准。为此《巴塞尔Ⅲ》公布了巴塞尔Ⅲ后危机改革的过渡期安排：信用风险标准法及内评法、信用风险内部评级框架、信用评估调整框架、操作风险框架和市场风险框架的修订都应于2022年1月1日起实施，修订后的杠杆率应于2022年1月1日起实施，资本底线的实施则设置了过渡期安排，2022年1月1日起仅需达到50%的资本底线要求，72.5%的底线要求应于2027年1月1日起实施。然而，由于新冠肺炎疫情对全球带来的系统性冲击导致各国银行体系面临重大考验，巴塞尔委员会于2020年决定将所有原定于2022年1月1日实施的修订安排延后一年，至2023年1

月1日，其余各项过渡期安排也相应延后，或交由各监管当局根据巴塞尔Ⅲ的要求并结合自身情况灵活安排。[①]

《巴塞尔Ⅲ》的发布，意味着巴塞尔Ⅲ持续7年的修订工作已近尾声。从整个协议的实施进度来看，巴塞尔Ⅲ的实施已经在全球形成了基本一致的实施时间、明确的适用范围和一定的约束力。《巴塞尔Ⅲ》是对2010版巴塞尔Ⅲ的补充修订和完善，在解决国际金融危机揭示的一些脆弱性的基础上，提高了风险加权资产的可信度并提高了资本充足率的可比性。然而，国际金融危机已过去十多年，全球金融业进入了新的调整期，不断变化的金融市场也将随时向《巴塞尔Ⅲ》的监管框架提出新的挑战。

① 巴塞尔委员会于2020年3月决定将所有原定于2022年1月1日实施的修订安排延后一年，为避免混淆，后续如无特别说明，文中所述实施时间均为新冠肺炎疫情前巴塞尔委员会规定的实施时间。

第二节　第一支柱：资本监管

资本监管作为巴塞尔资本协议的核心内容，在银行的稳健经营、风险承担和公司治理等方面一直发挥着至关重要的作用。随着银行经营管理环境不断变化，资本监管的内容也不断丰富，资本监管的思想也在不断地深化发展。在巴塞尔协议Ⅲ框架下，最低资本充足率要求仍然是重点。为控制标准法和内部模型法测算结果的差异，提高银行间资本充足率的可比性，保持公平的竞争环境，2017年巴塞尔Ⅲ设定了资本底线；不考虑过渡期安排，银行使用内部模型法计量的风险加权资产，应当不低于标准法计量的风险加权资产的72.5%，从而防止银行使用内部模型法减少资本计提。

一、资本监管的演进

资本监管是银行审慎监管的核心，其意义在于通过约束资本充足率，营造公平的竞争环境，降低单个银行倒闭的概率和风险水平，提高整个银行体系的安全性。资本监管的本质是对风险进行监管，从监管当局的角度看，资本监管实质上是以资本为定量和定性衡量手段对银行风险管理能力和水平进行的监管，从银行的角度看，应对资本监管要以全面提高自身风险管理能力为最终目标。

（一）资本监管的兴起

商业银行的资本监管始于20世纪初。从20世纪初到70年代末，全球银行业处于一个相对平稳的发展阶段，人们对银行的监管主要集中在市场结构、资产分配规则和利率等方面（Martin Hellwig，2010），对银行资本的关注并不充分，处于萌芽阶段的资本监管规则也略显粗糙。20世纪70年代中期，放松管制已经成为全球银行业监管的普遍趋势，金融自由化思想的传播，以及金融工具的创新促进银行不断开展金融衍生业务，银行业面临的信用风险、市场风险与操作风险等各类风险开始显现，导致之前的那些监管措施大都失去了其应有的功能，全球范围内银行业的资本充足率也开始明显下降。80年代一些大银行的倒闭更使人们认识到银行资本抵御风险能力的匮乏，银行资本逐渐成为银行监管的焦点。各国金融监管当局认识到资本对预防银行危机的重要性，从而开始探索建立新经济环境下的资本监管方式，并努力量化各种金融风险，促使银行提取相应的资本抵补风险带来的损失。这一点尤其可以从巴塞尔资本协议下的资本监管框架发展过程中看出，监管者们确立了全球统一的资本监管框架，不断将新的风险纳入最低资本要求，使资本与风险资产建立了有机的联系，并提出了更加完善的资本监管措施以对银行风险进行管理，提升了资本在银行监管中的作用。

（二）巴塞尔Ⅰ的资本监管框架

1988年7月，巴塞尔Ⅰ的颁布标志着全球进入客观统一的资本监管标准阶段，其首次提供了一个简洁的全世界可以通用的资本监管框架，不管在内容还是形式上都对以前的监管标准进行了很大的改进。

1988年巴塞尔Ⅰ资本监管的主要目标包括两个方面：一是在界定银行资本与风险加权资产的基础上，规定出资本充足率的计算方法，以保障国际银行体系健康而稳定地运行；二是制定统一的标准，消除国际金融市场上各国银行之间不平等竞争。从对资本充足率的影响来看，巴塞尔Ⅰ资本监管的核心内容主要包括以下四个部分。

1. 确立监管资本的范围。巴塞尔Ⅰ将商业银行的资本分为核心资本和附属资本两大类，核心资本也称一级资本，是银行资本中最重要的部分，主要包括实收资本（或普通股）和公开储备（股票发行溢价、资本公积、盈余公积、留存利润）；附属资本也称二级资本，主要包括未公开储备、重估储备（物业和股票的重估增值，计入资本时要打折扣）、普通呆账准备金、混合债务工具、长期次级债券。银行资本概念和范围的确定，不仅有利于资本充足率标准的计算，而且有助于体现指标计算的公平性。

2. 将表外项目纳入资本监管框架。20世纪80年代中期，许多大银行的或有负债达到股东权益的好几十倍，对银行体系的稳健运行造成了冲击。1988年的资本监管规则的制定者们认识到迅速发展的银行表外业务的潜在风险，因此，对表外业务采取了特别的处理方法，并对表外业务提出了明确的资本要求。这不仅强化了商业银行对表外业务风险的认识，也提高了表外业务的风险管理水平。

3. 提出了与风险挂钩的加权风险资产。巴塞尔Ⅰ资本监管首次将基于风险调整的资本充足率作为国际活跃银行监管的标准，相对于传统的资产负债比例监管无疑是一个巨大的进步。在分母加权风险资产的计算中，主要考虑了信用风险，同时强调了国家转移风险，在风险计量时区分表内资产和表外资产。

4. 统一最低资本充足率的要求。协议规定，商业银行核心资本充足率（核心资本/风险加权总资产）不得低于4%，总资本充足率[（核心资本+附属资本）/风险加权总资产]不得低于8%。另外，附属资本中普通贷款损失准备金最多不能超过风险加权资产的1.25%（特殊或临时情况下可达到2%），附属资本中长期次级债务最多不能超过核心资本的50%。这一最低要求在一定程度上反映了当时发达国家银行业的风险状况，而且提高了银行风险信息的透明度，增强了商业银行的自律意识。

（三）巴塞尔Ⅱ的资本监管框架

2004年6月正式颁布的巴塞尔Ⅱ顺应了银行监管理念变革和实践发展的最新趋势，巴塞尔Ⅱ的主要改进在于三大支柱（最低资本金要求、外部监管和市场约束）的建立和全面风险管理理念的渗透，其中资本监管作为三大支柱之首自然是修订的重中之重。新资本监管框架提出了衡量资本充足比率的新思路，尤其是创造性地提出了一些计量风险和资本的方法，这些思路和方法不仅使得巴塞尔Ⅱ下的资本监管框架更具指导意义和可操作性，也使得资本与风险之间的联系更加紧密和科学。

1. 市场风险和操作风险纳入最低资本要求。为实现全面风险管理的目标，巴塞尔Ⅱ资本监管框架将风险管理覆盖的范围逐步从信用风险推广到市场风险、操作风险等，要求银行的资本充足水平能够全面、充分地反映银行经营风险。巴塞尔Ⅱ的资本监管框架延续了8%的最低资本要求，但是资本充足率计算公式的分子（监管资本构成）引入了1996年《补充规定》提出的三级资本，而且对分母（风险资产）的评估更加精细和全面。由于新的风险（市场风险和操作风险）资产纳入计算，最终将导致对银行提出更多的资本金要求。

资本充足率=（核心资本+附属资本+三级资本）/（信用风险加权资产+12.5×市场风险资本要求+12.5×操作风险资本要求）

2. 提出更具敏感性的信用风险衡量方法。巴塞尔Ⅱ资本监管框架在信用风险的处理方法上取得了重大突破：一方面调整了计算风险加权资产的标准方法；另一方面提出了信用风险内部评级（IRB）初级法和高级法，用于确定风险资产权重，配置资本。在巴塞尔Ⅱ资本监管框架提出的内部评级方法下，风险权重是以违约概率、违约损失率、违约敞口的连续函数来表示的，相比标准法中不同评级与一定风险权重相对应的特点，银行资本对于风险的反应则更为敏感。

3. 适当扩大资本约束的范围。巴塞尔Ⅱ资本监管框架进一步强调了并表监管，其不仅要求单个银行应达到资本充足率要求，还在次级并表和全面并表的基础上，将资本充足率的监管范围扩大到银行集团内部不同层次的商业银行和银行集团的持股公司。此外，考虑到银行资产证券化的快速推进，巴塞尔Ⅱ资本监管框架对此进行了一定的限制，以使银行资本能够更灵敏地反映银行资产的真实风险水平。

4. 更为灵活的银行资本状况监管规则。巴塞尔Ⅱ资本监管框架更加强调各国监管当局结合各国银行业的实际风险对各国银行进行灵活的监管，让各国监管机构承担更大的责任。例如，在新资本监管框架中，各国监管当局可以根据各国的具体状况，自主确定不低于8%的最低资本充足要求，并根据经济环境的变化适时地对银行风险评估和资本要求进行调整。此外，许多风险衡量水平和指标也需要由各国金融监管当局根据实际状况确定，这些规则使新资本监管框架确立银行资本标准具有动态化的意义，更有利于及时反映银行风险的实际变动情况。

（四）2010版巴塞尔Ⅲ的资本监管框架

2009年，巴塞尔委员会开始推进一系列的改革方案以改进和完善现行的资本框架，提高银行的资本水平和质量。2009年12月，巴塞尔银行监管委员会决策委员会（GHOS）发布了《增强银行业抗风险能力（征求意见稿）》，其中资本监管改革的方案包括两个方面：一是提高资本的质量、一致性和透明度；二是加强资本框架的风险覆盖能力。2010年7月，GHOS举行会议审议了巴塞尔委员会资本和流动性改革一揽子建议，既包括对作为资本充足率分子的资本定义的更改，降低顺周期性的逆周期资本缓冲的提出，还包括对资本充足率要求的提高，更是提出了杠杆率这一不含风险因素的资本衡量标准，对资本充足率进行了有效的补充。2010年9月，在肯定此前改革方案的基础上，最终确定了2010版巴塞尔Ⅲ资本要求框架。2010版巴塞尔Ⅲ资本要求的改革方案包括对监管资本在数量和质量上的提升、对风险覆盖范围的扩大，并将杠杆率作为风险敏感的资本框架的补充措施，应对模型风险和度量错误；最后委员会将一系列宏观审慎工具引入资本框架，缓释顺周期性，解决金融机构的相互关联性和系统性风险。

1. 提高资本质量、一致性和透明度。巴塞尔委员会监管改革中一项重大议题就是提高监管资本的质量、一致性和透明度。首先，监管资本的扣减项也应用于普通股层面。其次，其他一级资本工具也必须能够在持续经营条件下吸收损失，并且必须具备次级性、对非累积的红利和息票支付有充分灵活性、没有到期日也没有激励赎回机制的特征。不得超过一级资本15%的具有赎回激励的创新混合资本工具将被逐步取消。再次，简化二级资本结构，取消三级资本。最后，增进市场约束，提高透明度，银行必须披露资本工具的全部条款及主要特征。而委员会将考虑最小化这些改革措施给现有资本工具带来的冲击。

2. 实现多层次资本监管框架。金融危机中，市场参与者顺周期的行为通过各种渠道放大，金融冲击遍及整个银行系统、金融市场和实体经济，进而扩大了顺周期效应。为应对顺周期性问题，提升银行体系在上行期间的稳定性，巴塞尔委员会引入了一系列的改革措施。一是提升监管的最低资本要求，普通股资本比率最低要求由之前的2%提升到4.5%，最低一级资本比率由之前的4%提升到6%，总资本充足率仍然为8%，加入资本留存缓冲后的资本充足率由之前的8%提升至10.5%。二是设定2.5%的资本留存缓冲，用于在经济衰退时吸收损失。三是设定0～2.5%的逆周期缓冲资本，用于在经济上升阶段，信贷出现超额增长时增加资本缓冲。四是设定1%的系统重要性银行附加资本缓冲，这类银行应具有更高的风险抵御能力，持有更多的资本缓冲。这些措施的主要目标包括：抑制最低资本要求的过度周期性波动；推动实施更具前瞻性的拨备；推动单个银行和银行体系建立储备资本；在宏观审慎层面上避免银行体系过度的信贷增长。其中关于拨备的建议目的是提高银行体系应对预期损失的能力，而资本措施重点关注非预期损失。建立逆周期的资本约束，推动银行在经济上行期储备超额资本以用于经济下行期吸收损失，降低经济和金融冲击，促进银行体系稳定。

3. 引入杠杆率补充风险资本要求。巴塞尔委员会引入杠杆率监管标准旨在实现两个目标：一是采用简单、透明、基于总量的风险指标，作为对风险敏感的资本充足率的补充，以防止模型和计量错误导致的风险；二是以杠杆率作为潜在承担过度风险的指标，为银行体系杠杆率确定底线，缓释去杠杆化带来的风险，以及对金融体系和实体经济的负面影响。同时，以基于无风险的杠杆率为上述基于风险资产的度量支撑，可以缓解资本监管的顺周期问题。杠杆率的监管和资本充足率监管有效结合，才能真正成为银行风险防范的有效防线。

4. 扩大风险覆盖范围。巴塞尔Ⅱ的资本框架未能全面捕捉表内外风险、衍生交易相关风险等，是金融危机中导致银行体系不稳定的关键性因素之一，因此扩大资本框架的风险覆盖范围也是资本框架改革的重要举措。2009年7月，委员会对交易账簿和复杂资产证券化风险敞口提出了更高的资本要求，并在2009年12月提出了强化交易对手信用风险资本监管的建议，强化错向风险管理，加强风险管理的做法和重视资产相关性。另外，金融危机中市场参与者对外部评级过度依赖、未对产品本身风险进行必要的尽职调查，针对这一问题，委员会对降低新资本协议框架中对外部评级依赖的一系列措施进行了评估，明确了运用外部信用评级确定监管资本要求而引发的三个负面动机，并提出了一系列建议，降低标准法中外部评级的悬崖效应。2010版巴塞尔Ⅲ框架中对风险覆盖范围的扩大，如表1所示。

表1　　2010版巴塞尔Ⅲ框架中对风险覆盖范围的扩大

风险覆盖	具体措施
交易账簿资本要求	为防止在银行账簿和交易账簿之间进行套利制定相应的监管措施； 资本要求同时覆盖正常市场条件风险价值和压力条件之下的风险价值； 对于交易业务新增风险提出明确的资本要求，包括违约风险和信用迁徙风险。
资产证券化风险敞口	提高资产再证券化风险敞口的风险权重； 减少新资本协议框架中对外部评级的依赖，降低标准法中外部评级的悬崖效应。
交易对手信用风险	审慎计量有效预期正暴露； 计提资本因信用估值调整（CVA）导致的损失； 提高大型金融机构的资产相关系数； 提高双边结算衍生品交易的资本要求； 建立合格的中央交易对手标准； 提高交易对手信用风险管理要求。

资料来源：BIS，作者整理。

二、资本的重定义和重分类

金融危机爆发后，在巴塞尔资本协议的资本监管体系中，首先受到质疑的便是巴塞尔Ⅱ所延续的三级资本分类。过度的金融创新带来的资本结构的复杂化和多样化造成了资本监管的漏洞，细化资本分类，提高资本质量势在必行。同时金融危机也暴露了资本定义不一致性的缺陷，导致全球银行系统由于没有足够的高质量的资本吸收损失，而金融危机中又难以融资重建其普通股资本基础，放大了金融危机中银行的风险敞口，因此有必要提出全球统一的、更高标准的资本定义，保证银行有足够的优质资本吸收损失。

（一）资本范围的减少

2009年12月，巴塞尔委员会针对资本定义和构成提出了一揽子改革方案，将监管资本分为一级资本和二级资本两大类，并建立了普通股充足率的监管标准，从而形成了新的商业银行资本充足率和资本结构的监管指标体系，包括普通股占风险加权资产的比例、一级资本占风险加权资产的比例、总资本占风险加权资产的比例和普通股占一级资本的比例。

一级资本能够无条件地在持续经营的条件下吸收损失，因此其构成必须加强，以提高吸收损失应对系统性金融危机的能力。巴塞尔委员会对于一级资本质量提高的修订指引如下：一级资本的主要构成必须是普通股和留存收益，对于非股份制银行也将建立合理的标准，确保这些银行持有与股份制银行一样高质量的一级资本。此外，对于普通股或非股份制银行的相应资本，实行全球统一的审慎扣减标准。其他一级资本是不包括普通股的部分，必须是银行发行并实缴的，受偿顺序列在存款人、一般债权人和次级债务之后，不得由发行人及其关联方提供保证，以此来保证其他一级资本满足能够避免违约风险、能够避免资不抵债的银行破产、能够在持续经营假设下吸收损失这三个重要条件，也保证一级资本的完整性。

二级资本工具仅能够在银行清算条件下吸收损失，在新的规定中简化了二级资本，剔除附属二级资本。非普通股的一级资本和二级资本在银行无法自主生存条件下可以通过核销损失或转换为普通股等机制吸收损失。最后取消了专门用于吸收市场风险的三级资本，以确保吸收市场风险的资本与吸收信用风险和操作风险的资本质量相同。

总体而言，新的监管资本结构更加简化，强化了一级资本无条件吸收损失的功能，并在此基础上，按照不同资本工具的目标，限制了一级资本、二级资本可包含的资本工具的范围和标准。

（二）核心一级资本的提出

在原有的一级资本定义中，损失发生时可以由留存收益直接弥补，这时留存收益将直接受到影响，但由于资本金中存在其他形式的资本工具，一些银行仍能保持虚高的一级资本充足率。对许多银行而言，非普通股权的一级资本工具最终还是要转化成普通股权才能恢复市场信心。因此，针对次贷危机中暴露的一级资本对损失的吸收能力较弱，明显出现高估的情况，2009年12月巴塞尔委员会发布了关于核心一级资本的标准，指出核心一级资本由普通股和留存收益共同构成，具有最强的损失吸收能力，将普通股（包括留存收益）视为最高质量的银行资本的组成部分，并且为确保其质量和一致性，还制定了严格的排除条款，使得资本定义更加透明、可靠。这一标准也适用于非股份制银行同等质量的资本工具的评价。同时，为避免留存收益造成的信贷损失和减值的影响，委员会规定一系列的监管资本扣减项直接从普通股中扣除，而不是现行规定中的从一级、二级资本中扣除，普通股扣减项包括少数股东权益、对金融机构的资本投资、商誉、其他无形资产、递延税资产等八项。这一规定更加严格了普通股的资本定义。

核心一级资本的提出强化了普通股权益的重要性，减轻了创新工具和优先股对一级资本可能造成的高估影响。由于这一部分资本的损失吸收能力强，其质量显著优于债务资本工具，从而核心一级资本情况能够较好地反映银行的真实风险状况，更好地保障债权人利益，并防止过度的信贷扩张。可以说，资本充足率只能判断银行在短期内是否有破产的可能，一级资本充足率则表明了银行股东在多大程度上可以保障银行债权人的利益，而由普通股构成的核心一级资本的提出更是将关注的重点体现在银行资本对损失的吸收能力上。巴塞尔委员会为提高资本质量所做的改革措施，如表2所示。

表2　　巴塞尔委员会为提高资本质量所做的改革措施

一级资本分类	计算	改革方案
普通股权益资本（核心一级资本）	普通股（含留存收益） -商誉（扣减项） =有形普通股资本 -其他扣减项 =净普通股资本 （普通股一级资本）	主要成分必须是普通股，包括留存收益； 不包含类似债券的资本工具； 不允许“金融创新”工具； 剔除扣减项（商誉、超过递延所得税资产、抵押服务权和财务额度的金额等）； 扣减项是全球统一的标准。
其他一级资本	+优先股 +其他无限期的损失吸收工具（仅包括无限期的、类似债券的资本工具）	资本工具必须满足严格的准入标准； 仅包含无限期的类似债券的资本工具； 包括诸如政府救助的例外的资本工具； 剔除创新混合债券工具。
一级资本	一级资本（持续经营假设下的资本）	加强一级资本结构的披露 （包括所有的监管调整、主要特征、比率解释）。
应急资本	或有可转换债券 （应急资本）	在一定条件下可以转换为普通股的资本工具。

资料来源：*Improving the Quality of Tier One capital*。

（三）其他资本工具

针对一级资本和二级资本中的其他资本工具，2009年12月，巴塞尔委员会明确定义一级资本构成中不包括商誉、少数股东权益、递延所得税资产，以及对其他金融机构的投资等，但各国开展的定量影响测算结果显示，这些改革措施会对特定的业务模式和拨备的计提实践产生较大的不良影响，因此2010年7月巴塞尔委员会就对此作出修订，相关资本规则被放松，在《巴塞尔Ⅲ：一个更稳健的银行及银行体系的全球监管框架》（2010版巴塞尔Ⅲ）中明确了并表子公司发行普通股、合格其他一级资本工具、合格一级和二级资本工具的标准，以及核算方法。

一方面，并表子公司发行的其他资本工具，必须满足对银行本身发行的相应资本工具的所有监管要求，发行普通股的并表子公司本身必须是银行，满足上述条件后，可按照委员会制定的核算标准计入母公司相应的一级或二级资本。核算标准的核心是从满足条件的并表子公司发行的其他资本工具中，计算出属于少数股东或第三方持有者的超额部分并扣除。举例来说，对于并表子公司发行的合格一级资本工具，首先，计算子公司超额一级资本，即从子公司一级资本中，扣减超过子公司最低一级资本要求加留存超额资本要求或超过母公司并表最低一级资本要求加留存资本要求中属于子公司的部分；子公司的超额一级资本乘以第三方持有比例即为属于第三方的超额一级资本；并表子公司向第三方发行的一级资本总量中扣除属于第三方的超额一级资本，即为计入母公司的一级资本数量。

另一方面，特殊目的机构（SPV）向第三方发行资本工具，不得计入母公司核心一级资本，但委员会规定，如果其满足相关标准的条件，则可以等同于银行直接向第三方发行的工具，相应计入其他一级资本或二级资本。如果银行的并表子公司通过SPV向第三方发行资本工具，则同样可以有条件地被视为该公司直接向第三方发行的资本工具。

三、巴塞尔Ⅲ监管框架下的资本底线

巴塞尔Ⅱ引入了信用风险内部评级法和操作风险高级计量法，在实施这一框架的同时设置了资本底线，作为其过渡安排的组成部分，从而确保银行资本要求在一定程度上不低于巴塞尔Ⅰ框架下的资本要求。巴塞尔Ⅱ要求对于使用内部评级法的银行，2006—2008年末调整系数应逐年下降，分别为95%、90%和80%。对于使用操作风险高级计量法的银行，2007年末调整系数为90%，2008年末为80%。但是，随着时间和环境变化，这一资本底线的可操作性逐渐降低，亟须更新和修订，主要有以下几个方面的原因。

第一，巴塞尔Ⅱ中的资本底线缺乏普适性。一方面，不同国家对这一要求有不同的解释；另一方面，该资本底线的实施依据直接来源于巴塞尔Ⅰ标准，但部分国家实施了巴塞尔Ⅱ或2010版巴塞尔Ⅲ，却没有实施过巴塞尔Ⅰ，因此，这类银行在计算资本底线时缺乏可操作性。

第二，资本市场的范围扩大，导致现有资本底线无法取得目标效果。为提高监管资本的资本质量，巴塞尔委员会在金融危机后修改了资本的定义，通过强调普通股在监管资本中的主要地位，大幅度提高银行交易业务、资产证券化业务、交易对手信用风险的资本金要求，扩大了资本监管对于银行各个业务领域的风险覆盖，这使得现有的资本底线无法取得良好的目标效果。

第三，现有资本底线滞后于标准法的修订与发展。巴塞尔委员会于2016年1月公布了交易账簿市场风险资本计量框架的最终稿《市场风险的最低资本要求》，其中对标准法进行了全面的修订，包括基于敏感性方法计算的资本要求、违约风险资本要求、剩余风险附加等，但现有的资本底线不能反映这些重要的修订。

（一）资本底线的定义与计算

在标准法的基础上，巴塞尔Ⅲ改革提出的资本底线取代了原有资本底线，该指标更稳健，风险敏感度更高。在校准过程中，巴塞尔委员会对设置资本底线的各种方法进行了评估，综合考虑了信用风险和市场风险等风险类型。

设置资本底线的目的是控制不同计量方法下风险加权资产可能产生的差异性，但其标准的选择也需谨慎。如底线标准选择过高，则可能导致即使控制风险的水平较高，也需按照标准法计提资本，削弱了风险敏感性，与内部评级法的初衷相违背，降低了金融机构风险管理的积极性。此外，杠杆率设定了额外的最低资本要求，已经形成了一个强有力的防线来防止内部模型被滥用。因此，资本底线不应设置过高。综合考虑，巴塞尔委员会采取了“合计”资本底线的方式，即银行使用内部模型法对风险加权资产的衡量，总体上不低于银行采用标准法确定的风险加权资产的72.5%，并且取消了高级计量法。

1. 资本底线的定义。巴塞尔Ⅲ提出，使用内部模型法计量的风险加权资产应当不低于标准法计量的风险加权资产的72.5%，后者被称为资本底线。不过，由于许多银行将标准方法应用于一些风险敞口，根据仍在标准法下的资产份额，有效的资本产出可能低于72.5%。

在巴塞尔Ⅲ框架下，银行必须满足的资本要求：普通股一级资本不少于风险加权资产的4.5%；一级资本不少于风险加权资产的6.0%；总资本（一级资本和二级资本）不少于风险加权资产的8.0%。此外，对于所有银行，普通股一级资本的保护缓冲比例为风险加权资产的2.5%。银行会受到反周期资本缓冲的要求。全球系统重要性银行（G-SIBs）也会受到更高的损失吸收要求和总损失吸收能力的要求。

为满足以上资本要求，银行需要计算风险加权资产。从巴塞尔协议来看，对市场风险计量和管理的方法主要有标准计量法和内部模型法。标准计量法是金融机构必须采用的方法，内部模型法是须经金融监管机构批准采用的风险管理方法。与标准计量法相比，内部模型法引入了压力风险价值、交易对手信用风险和新增风险等概念，包含的风险因素较为全面；并将各类资产作为一个组合进行计量，注重风险因子之间的相关性和资产组合的分散效应，提高了风险计量的准确性、广泛性和敏感性。

对于采用内部模型法计量风险加权资产的银行，必须按照标准法计算风险加权资产，并且内部模型法计算的风险加权资产不得低于标准法计量值的一定比例。巴塞尔Ⅲ在权衡利弊的基础上，形成了资本底线安排的折中方案。一是计算资本底线的基准是巴塞尔Ⅲ框架下的新标准法；二是资本底线设定为72.5%，这意味着内部模型法比标准法节约资本的幅度不超过27.5%；三是该资本底线是永久性的，银行将一直受制于资本底线的约束。

2. 资本底线的计算。资本底线的计算基于巴塞尔Ⅲ框架下的新标准法。由于即将对预期信贷损失进行会计修正，巴塞尔委员会将审查在处理规定方面的一致性，以计算资本底线。计算资本底线时使用的标准法如下（见表3）：

（1）信用风险：信用风险的标准法。当计算信用风险缓解程度时，银行在应用简单方法或者信用风险管理标准法时必须使用账面价值。

（2）交易对手信用风险：为计算衍生品的风险敞口，银行必须使用标准化方法来衡量交易对手信用风险（SA-CCR）。使用信用风险的标准法计算RWA，必须将曝光量乘以相关借款人的风险权重。

（3）信用评估调整风险：包括CVA的标准法（SA-CVA），基本方法（BA-CVA）或银行交易对手信用风险资本需求的100%。具体适用哪一种取决于银行用于衡量CVA风险的方法。

（4）资产证券化：包括基于外部评级的方法（SEC-ERBA）、标准法（SEC-SA）或风险权重为1250%。

（5）市场风险：市场风险的标准法。在确定交易账簿中所持有证券的违约风险费用时，也必须使用SEC-ERBA、SEC-SA或1250%的风险权重。

（6）操作风险：操作风险的标准法。

表3 **巴塞尔Ⅲ监管框架下的资本底线计算**

	设置资本底线前的RWAs	标准化RWAs	标准化RWAs的72.5%
信用风险 –A级资产 –B级资产 –C级资产（非模型化）	62 45 5 12	124 80 32 12	89.9 58 23.2 8.7
市场风险	2	4	2.9
操作风险（非模型化）	12	12	8.7
总计RWA	76	140	101.5

注：由于用资本底线计算的RWAs（101.5）高于之前的RWAs（76），银行应该用前者来决定资本要求。

资料来源：BIS，作者整理。

3. 资本底线的信息披露要求。银行必须披露两种资本充足率：一是在计算风险加权资产时排除资本底线的比率；二是在计算风险加权资产时包含资本底线的比率。此外，银行还需要披露更多与计算风险加权资产相关（在内部模型法与标准法下）的具体信息，作为巴塞尔Ⅲ第三支柱信息披露框架的一部分。

（二）资本底线与杠杆率

巴塞尔委员会认为，资本底线与杠杆率是互补的，两者解决了不同方面的问题，弥补了双方的不足。

1. 资本底线解决的问题。

第一，风险加权资产的不一致性和分散性。对于同一风险敞口，如果风险加权资产存在过度波动，就会对国际活跃银行间的公平竞争环境产生不利影响，进而降低这一资本框架下的市场信心。而风险加权的资本底线缩小了结果范围，加强了一致性。相比之下，杠杆率并没有直接解决风险权重的不一致分配问题。

第二，基于内部模型法的风险加权资产过低。目前，部分风险类别用内部模拟法计算出的风险加权资产极低。即使存在杠杆率的制约，但由于内部模型法下资本要求较低，仍然可能给银行以激励，促使其在这一环境中快速增长，但这种增长存在风险隐患。在引入巴塞尔协议Ⅱ的内部模型法之后，很多地区的银行都出现了大幅度的RWAs缩减现象。资本底线的出台正是对这些问题的回应。

第三，银行间风险加权资本要求不平等。资本底线为使用标准法的银行和使用内部模型法的银行提供了一个更公平的竞争环境。

2. 杠杆率解决的问题。

第一，利用较低的风险加权资产来提高金融杠杆。无论基于标准法还是基于内部模型法，在任何风险加权的资本框架下，不同风险敞口的风险权重是有差异的，部分风险敞口的风险权重低于其他风险。银行可以通过增加低风险加权资产的风险敞口来提高其财务杠杆，但这会增大其融资结构的脆弱性，此外，如果风险权重不明确或风险未被发现，还有可能引发后续问题。杠杆率旨在直接防范不可持续的杠杆增长风险，而资本底线则没有这一作用。

第二，低风险加权资产投资组合中的意外巨额损失。当低风险加权资产的投资组合出现意外的巨额亏损时，杠杆率可能会提供更多的资本来缓冲这类损失，而不是将其应用于低风险敞口的资本市场。对于低平均风险权重的银行或投资组合来说，资本底线不能提供有效保障。相比之下，对于平均风险权重较高的银行或投资组合而言，杠杆率不够有效。

第三，缺乏市场信心。在本次金融危机中，市场参与者更加重视银行的杠杆率，因为他们认为风险加权资产的比率不够透明、可靠和客观。

总之，资本底线和杠杆率的共同目标是巩固风险加权资本框架，增强对监管资本框架的信心。表4概述了资本底线和杠杆率的互补作用。

表4　　资本底线和杠杆率解决的问题

问题	资本底线是否解决这一问题	杠杆率是否解决这一问题
利用较低的风险加权资产来提高金融杠杆率	否	是
低风险加权资产投资组合中的意外巨额损失	否	是
风险加权资产市场信心的缺失	否	是
风险加权资产的不一致性和分散性	是	否
内部模型法计算出的风险加权资产过低	是	否
银行间风险加权资本要求不平等	是	否

资料来源：BIS，作者整理。

（三）资本底线的实施日期与过渡安排

由于资本底线约束效应显著增强，且对不同国家的影响差异较大，为尽快达成共识，巴塞尔委员会原计划从2022年开始给予资本底线5年的过渡期（phase-in period），后因新冠肺炎疫情影响，推迟一年至2023年1月1日起实施（见表5）。资本底线过渡期的安排给银行提供了足够的准备时间来筹集新资本或者审查其经营模式，从而有利于新标准的合理有序实施。此外，根据各国的实际情况，在过渡期内，各国监管当局可行使国家的自由裁量权，自主决定是否对引入资本底线导致的风险加权资产增加设定一个不低于25%的上限，减缓对部分国家的负面影响。此上限于2027年1月1日取消。在表5所示的例子中，监管当局申请使用自由裁量权将把银行的RWAs限制在95，相比之前的RWAs（76）增加了25%。

表5　　资本底线的过渡期安排（调整后）

资本底线	2023年1月1日	50%
	2024年1月1日	55%
	2025年1月1日	60%
	2026年1月1日	65%
	2027年1月1日	70%
	2028年1月1日	72.5%

资料来源：BIS，作者整理。

四、巴塞尔Ⅲ调整资本底线的影响

资本底线的调整使得银行受资本底线和杠杆率约束的占比发生了变化。总体来看，资本底线的调整，降低了银行使用内部模型的套利空间，提高了内部模型法和标准法的可比性，但在不同国家、不同商业领域的影响存在差异性。随着中国市场风险内部模型法的稳步推进，资本底线对中国的影响也将逐步深化。

（一）对银行约束力的评估

为深入了解巴塞尔框架内的资本要求组成对样本银行的约束情况，需要对基于风险的资本要求、基于资本底线的资本要求和基于杠杆率的资本要求三者之间的相互作用进行分析。基于风险的资本要求是指应用资本底线之前的资本要求。在上述三种资本要求中，对一级市场风险资本的要求最高。图1所示为在当前标准和最终的巴塞尔协议Ⅲ框架下三者对银行的约束情况，其中，第二类银行按照使用内部评级法的银行和使用信用风险标准法的银行进行分类，分别给出了结果。

在当前框架下，第一类银行的25.4%受到巴塞尔协议Ⅲ杠杆率的约束，而19.7%的银行受到过渡时期基于巴塞尔协议I的资本底线的约束。在修订后的框架中引入了更严格、更一致的资本底线后，第一类银行的32.4%将受到资本底线的约束，而21.1%的银行将受到巴塞尔协议Ⅲ杠杆率的约束。第一类银行在资本底线应用前受风险资本要求约束的比例将从54.9%下降到46.5%。

与第一类银行相比，G-SIBs的子银行受到巴塞尔协议Ⅲ杠杆率约束的占比较小（14.8%），而过渡时期基于巴塞尔协议I的资本底线约束了略大的银行份额（25.9%）。剩下的59.3%的G-SIBs受到应用资本底线之前风险措施的约束。在修订后的框架下，33.3%的G-SIB将受到资本底线的约束，而巴塞尔协议Ⅲ的杠杆率只会约束G-SIB的11.1%。剩余55.6%的G-SIBs将受到应用资本底线之前基于风险的资本要求的约束。

在样本的第二类IRB银行中，目前有38.9%的银行受到巴塞尔协议Ⅲ杠杆率的约束，11.1%的银行受到过渡期基于巴塞尔协议I的资本底线的约束。在现行制度下，第二类银行受到应用资本底线前的风险资本要求约束的比例为50.0%，略低于第一组银行和G-SIBs的比例。在修订后的制度下，第二类银行受到应用资本底线前的风险资本要求约束的比例将为三分之一，低于第一类银行和G-SIBs。巴塞尔协议Ⅲ的杠杆率将约束第二类银行的44.4%，而受资本底线约束的第二类银行的份额将增加到22.2%。

对于仅使用信用风险标准法的第二类银行来说，应用资本底线前的风险资本要求仍然对70.8%的银行保持约束，巴塞尔协议Ⅲ的杠杆率对这些银行的29.2%保持约束。资本底线不会对这部分银行产生约束，这说明，对于使用信用风险标准法的银行来说，来自市场风险或交易对手信用风险的RWA比例较低。

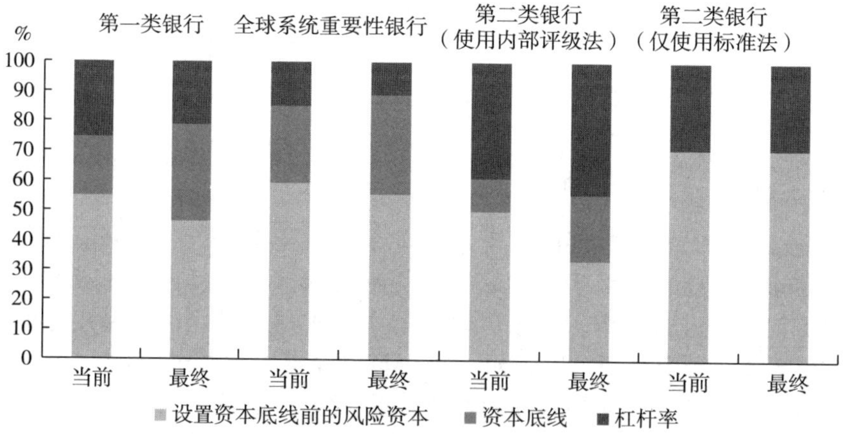

图1 不同类型资本要求下受约束银行占比

（资料来源：巴塞尔银行监管委员会）

（二）降低银行套利空间

银行采用内部模型计算得出的RWA，总体上不能低于采用标准法计算得出RWA的72.5%，这使得银行使用内部模型节约的资本不得超过RWA的 27.5%。在设定标准法的各项风险权重时，以内部模型法的计量结果作为新标准法设置风险权重的依据。将内部模型法的最低测算值与标准法相挂钩，可以减少这种监管套利空间。标准法与内部模型法对比，如图2所示。

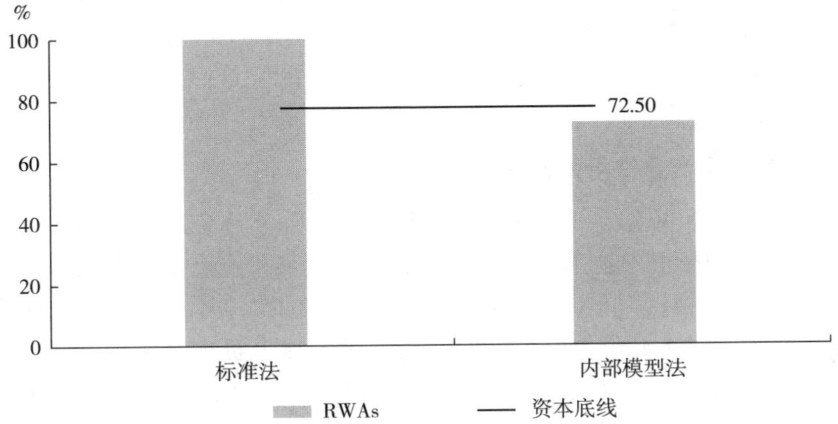

图2　标准法与内部模型法对比

（三）提高内部模型法和标准法的可比性

监管资本要求=资本充足率要求×风险加权资产，其中，风险加权资产可以通过标准法或内部模型法测算得出，前者是监管层统一给定的模型，后者是在监管层许可的方法框架下，每家银行各自搭建的内部模型。二者测算结果的差异可能会导致银行选择性地采用特定测算方法，尽可能地降低风险加权资产测算值，以达到降低资本计提要求的目的。资本底线的设定加强了标准法与内部模型法的衔接。明确将标准法作为内部模型法后备（back-stop）的理念，并且按照资本底线要求，使用内部模型法的银行也需要计算标准法下的风险加权资产。

（四）全球范围内影响力的分层化

面对资本底线的调整，不同国家采取应对措施的必要性是不同的。采用内部模型法银行较多的国家受到巴塞尔协议Ⅲ的影响更大，受影响严重的机构可能面临更高的资本金要求。然而，主要使用标准法的银行几乎不会受到影响，甚至会在一定程度上受益于巴塞尔协议Ⅲ的修订。比如，在德国监管层的监管之下，总共有1900家银行，但只有不到50家银行使用内部模型法。这说明德国受资本底线影响的机构数量相对较小。

一个全球标准不能完全适合每个国家，关键是找到一个可以接受的妥协方案，资本产出下限就是这样一个折中方案。资本底线的调整对银行及其商业模式和资本的影响在不同的商业领域也存在差异性。自上而下的资本底线影响总体资本要求，其影响的程度取决于银行的总体投资组合。例如，在历史损失率极低的房地产市场的某些细分市场中，内部评级和标准化风险权重之间的差异相对较大。对于大量从事这些市场业务的银行而言，资本底线往往更具约束力。总体而言，商业模式未来的发展不仅取决于监管，还取决于许多其他因素，包括未来在不同业务领域的盈利途径、银行的定价能力，以及银行最终将如何调整其业务模式。

（五）对中国商业银行的影响

目前，中国商业银行中仅有五大行和招商银行采用资本计量高级法。2017年9月末，上述银行高级法和权重法下测算的风险加权资产比例在82%～104%，相差不大，粗略估计，满足上述最低测算值要求的难度不大。其中，招商银行2016年标准法下资本充足率是11.59%，内部模型法下资本充足率为12.99%，二者的比值为89%，完全符合新协议的要求。可以看出，巴塞尔协议Ⅲ的此项修改对中国商业银行的影响并不大。但是，随着中国市场风险内部模型法建设的稳步推进，资本底线对中国的影响也将逐步深化。资本底线的提出拉近了标准法和内部模型法的差距，使其控制在一个更有限的范围内。由于标准法改革，风险敞口重新划分，中国商业银行现行风险加权资产计量系统可能难以满足改革后的标准法下的计量要求。

在资本底线的约束下，内部模型法产生的资本节约效果减弱，但是，中国仍然应该继续推进信用风险内部评级法和市场风险内部模型法。采用内部模型法的目的不是降低资本计提要求，而是提高风险管理的科学性、客观性、及时性和有效性。在很大程度上，信用风险内部评级法和市场风险内部模型法使整个银行业的风险管理水平迈上一个新台阶。商业银行应该将资本计量高级法作为提升自身风险管理水平的重要工程来推进和完善，从而更科学、更高效、更及时地制定授信策略，完善贷款定价，实现前瞻性贷后预警等全方位的风险管理。

第三节 第二支柱：监督检查

从1988年巴塞尔委员会发布巴塞尔资本协议Ⅰ以来，历经了从巴塞尔Ⅰ到巴塞尔Ⅱ、再到巴塞尔Ⅲ的漫长监管改革。如果巴塞尔Ⅰ的最大贡献是提出了资本监管理念，统一了国际银行监管标准，那么巴塞尔Ⅱ的最主要贡献是为引入风险敏感资本计量，建立了三大支柱核心监管框架和全面风险管理理念。巴塞尔Ⅲ对原有监管内容进行优化并新增了必要的监管内容，但未改变三大支柱体系框架。

一、巴塞尔Ⅲ第二支柱监管框架

巴塞尔资本协议中三大支柱分别是：第一支柱——最低资本充足率要求、第二支柱——监督检查、第三支柱——市场约束。其中第二支柱主要要求银行建立起合理有效的内部评估程序，用于判断银行面临的风险，并以此为基础对其资本是否充足作出评估，监管机构对其相关工作进行监督检查。第二支柱基于银行自身视角的内部资本充足评估程序（ICAAP）和基于监管机构视角的监管复核与评估机制（SREP），内部资本充足评估程序（ICAAP）是第二支柱的核心。

基于银行自身视角的内部资本充足评估程序（ICAAP）分别对商业银行治理结构、风险评估、资本规划、银行自身监测与报告和一般性规定等进行了完整的要求与阐述，在全面风险管理理念和健全商业银行完善治理架构和流程下，强调综合性压力测试，提出在统一情景下使用压力测试工具模拟各类风险的不利变动对资本充足水平的影响，从而强化商业银行资本端与风险端的匹配管理，强调资本与风险计量的准确性和稳健性，商业银行资本充足的持续性。商业银行需根据第二支柱框架下的资本充足情况，及时调整自身业务战略、业务经营、风险偏好、风险水平和资本匹配程度，从而实现资本充足水平、资产与负债、风险与资本间的动态调整和协调，要求银行持续推动自身内部治理架构与水平和资本充足管理的综合能力建设，确保在正常和压力环境下持续保持与自身风险偏好、管理能力相适应的资本充足水平。

而基于监管机构视角的监管复核与评估机制（SREP）则是对监管机构监督检查评估程序的要求，建立了银行和监管机构的对话与反馈机制，监管机构可进行及时的监管干预并要求银行进行资本追加，从而丰富与强化第二支柱。

第二支柱除涵盖第一支柱下的市场风险、信用风险、操作风险三大风险之外，并将第一支柱的三类风险延展到银行可能面临的所有风险，并强调了对银行账簿利率风险、流动性风险、声誉风险、集中度风险、战略风险、资产证券化风险，以及金融工具估值等方面的全面管理。第二支柱放眼大风险管理的格局，不仅要求银行满足监管要求，更重要的是在监管达标的基础上强化银行资本自我约束能力，推动商业银行治理架构、管理水平和经营效益持续提升。

在巴塞尔Ⅲ修订过程中，第一支柱和第二支柱的界限日渐模糊，巴塞尔委员会各工作组分别就大额风险敞口、杠杆率、流动性风险等指标究竟放在第一支柱还是第二支柱展开反复的讨论。本节放在第二支柱框架下的银行账簿利率风险修订情况进行详细介绍。

二、第二支柱下银行账簿利率风险监管

2008年国际金融危机中，国际市场利率剧烈波动，银行账簿利率风险给国际银行业带来巨大挑战。危机中许多银行纷纷利用银行账簿利率风险计量与管理方面的缺陷，通过交易账簿与银行账簿进行监管套利，引起了巴塞尔委员会和各国监管机构广泛深刻的反思。随着近年全球经济逐步走强，特别是近年来美国量化宽松货币政策的退出和欧洲量化宽松货币政策的预期结束，市场普遍担心国际量化宽松货币政策带来的长期低利率时代的结束，将导致全球资产价格变动，银行账簿利率风险有可能对国际银行体系带来新一轮冲击。从中国来看，随着近年来利率市场化的基本收官与利率市场化改革的深度推进，银行账簿利率风险随之显著增大，亟须中国加强对银行账簿利率风险的重视程度，进一步强化银行账簿利率风险监管，完善商业银行银行账簿利率风险治理架构与管理的精细化水平。

银行账簿利率风险（Interest rate risk in the banking book，IRRBB）作为巴塞尔资本协议框架第二支柱——监督检查的重要内容，尽管巴塞尔委员会于2004年发布的《利率风险管理与监管原则》对利率风险提出了专门的风险管理和监管要求，但很长一段时间以来，利率风险在业界并未引起广泛重视。针对此轮金融危机中银行账簿利率风险管理暴露的问题，以及原监管规则呈现出的不足，巴塞尔委员会自2013年起启动对银行账簿利率风险监管的改革，并于2016年4月发布最终修订后的《银行账簿利率风险监管标准》[①]，新监管标准明确提出了强化第二支柱下对银行账簿利率风险的监管，对银行账簿利率风险

① Basel Committee on Banking Supervision.Standards interest rate risk in the banking book, April 2016.

类别进行了清晰的界定与定义，对商业银行的银行账簿利率风险治理架构、风险识别、资本计量、监测、信息披露及银行监管等提出了更高要求，有效克服了银行账簿和交易账簿监管资本套利问题。并优化了银行账簿利率风险计量的标准化框架，采用多种利率冲击情景来替代原标准中的单一利率冲击情景，大幅提升了风险管理的敏感性，风险计量的难度也大幅上升。2016年《银行账簿利率风险监管标准》要求各成员国及大型国际活跃银行从2018年1月起正式实施。

与此同时，中国监管当局结合中国利率市场化改革进程、业务发展和国内外利率市场环境，中国银行保险监督管理委员会（以下简称中国银保监会）以弥补监管制度存在的短板维护银行体系安全稳健运行为目标，提高了银行账簿利率风险监管要求。2018年5月30日，中国银保监会在对2009年《商业银行银行账户利率风险管理指引》全面修订的基础上，发布了《商业银行银行账簿利率风险管理指引（修订）》[①]（以下简称“新指引”），“新指引”是在巴塞尔委员会2016年《银行账簿利率风险监管标准》开始实施，中国利率市场化改革基本完成，新的利率市场环境下规范中国银行账簿利率风险的治理架构和风险管理政策流程，引导银行加强银行账簿利率风险计量和监管评估的一次深化改革。

2016年《银行账簿利率风险监管标准》的发布与实施，以及中国商业银行银行账簿利率风险管理“新指引”的实施，均对中国银行业银行账簿利率风险的管理带来巨大影响，银行账簿利率风险的治理、计量和精细化管理能力等亟待提升。因此本文在梳理巴塞尔银行账簿利率风险监管改革历程、深入研究巴塞尔委员会2016年《银行账簿利率风险监管标准》标准与框架，主要包括银行账簿利率风险管理要求、监管原则、标准化计量框架、利率冲击情景设定、计量技术、缓释与管理工具等内容；并剖析中国“新指引”的基础上，对国际及国内银行账簿利率风险监管标准改革对中国商业银行产生的影响进行全面分析，进而提出针对性建议。

三、巴塞尔银行账簿利率风险监管改革历程

利率风险伴随着商业银行授信业务开展而产生，作为银行主要风险之一，为促进对利率风险的有效监管，巴塞尔委员会于1993年4月发布《银行利率风险

① 此次修订将2009年原指引中“银行账户”的表述调整为“银行账簿”，银行账簿记录的是商业银行未划入交易账簿的相关表内外业务，涉及范围与原指引所述的“银行账户”、国际监管文件2016年《银行账簿利率风险监管（IRRBB）标准》中的banking book相同，此次调整主要是为了避免与客户在银行开立的各类（银行）账户发生概念混淆。

的计量（征求意见稿）》[①]，并于1997年9月发布了《利率风险监管原则》[②]，制定了监管当局评估银行利率风险管理的十一条原则。

随后巴塞尔委员会对上述文件进行了补充与修订，于2004年7月发布了《利率风险管理与监管原则》[③]，以支持巴塞尔Ⅱ资本框架中第二支柱下对利率风险的管理与监管。此次修订主要体现在原则12–15、附件3和附件4中。原则12要求银行必须持有与其所承担利率风险水平相对应的资本；原则13要求银行应向社会公布其利率风险水平和其利率风险管理政策；原则14和原则15则从监管层面要求监管当局加强对利率风险的监管。附件3和附件4分别增加了标准化利率冲击情景和标准化框架模板。

总体而言，2004年《利率风险管理与监管原则》明确了利率冲击的情景，以及在银行利率风险计量中的关键行为假设和模型假设，提出了基于第二支柱——风险监管下强化银行利率监管和风险信息披露要求。文件中还给出了一个利率风险管理标准框架，监管当局可以要求银行去遵循或银行也可自行选择该管理框架。

尽管2004年发布的《利率风险管理与监管原则》对利率风险提出了专门的风险管理和监管要求，但很长一段时间以来，利率风险在业界并未引起广泛重视。随着2008年国际金融危机爆发和国际利率市场大幅波动，银行账簿利率风险管理呈现出诸多缺陷。一是由于交易账簿和银行账簿间资本计提方法的差异，导致部分银行利用二者差异进行监管套利；二是原监管标准中标准利率冲击情景采用200个基点的收益率曲线平移来模拟利率重定价风险，设置过于简单。

特别是2008年国际金融危机后欧美等发达国家量化宽松货币政策的实施，国际市场利率水平降至历史最低甚至呈现负利率，以及近年来随着全球经济的复苏，美国量化宽松货币政策的逐步退出和欧洲量化宽松货币政策的预期结束，巴塞尔委员会为确保国际银行业有适当的资本以应对全球利率水平变化带来的风险敞口和导致的潜在损失；同时为了限制银行账簿和交易账簿间的资本套利和不同银行账簿间的不同会计处理的差异，巴塞尔委员会于2013年成立了专项工作组，进一步优化银行账簿利率风险管理。2015年6月，发布了《银行账

---

① Consultative proposal by the Basle Committee on Banking Supervision，Measurement of Banks' exposure to interest rate risk, April 1993.

② Basel Committee on Banking Supervision.Principles for the Management of Interest Rate Risk,September 1997.

③ Basel Committee on Banking Supervision.Principles for the Management and Supervision of Interest Rate Risk, July 2004.

簿利率风险监管框架（征求意见稿）》[①]，2016年4月，发布了《银行账簿利率风险监管标准》，要求各成员国及大型国际活跃银行于2018年1月正式实施。

2016年发布的《银行账簿利率风险监管标准》是对2004年《利率风险管理与监管原则》的全面升级，优化了银行账簿利率风险计量的标准化框架，明确提出了强化第二支柱下对银行账簿利率风险的监管，对银行账簿利率风险类别进行了清晰的界定与定义，对商业银行的银行账簿利率风险治理架构、风险识别、资本计量、监测、信息披露及银行监管等提出了更高要求。并优化了银行账簿利率风险计量的标准化框架，采用多种利率冲击情景来替代原标准中单一利率冲击情景（主要采用向上/向下200个基点的收益率曲线平移冲击模拟，不能有效捕捉现实中更为复杂的收益率曲线风险和基准风险），大幅提升了风险管理的敏感性。标准化框架作为第二支柱的补充，可促进银行在银行利率风险计量的准确性和强化资本计提。

四、2016年《银行账簿利率风险监管标准》

（一）要求与实施时间

2016年《银行账簿利率风险监管标准》明确提出通过加强第二支柱对银行账簿利率风险实施监管，对银行的银行账簿利率风险管理提出了更高的要求，是对2004年《利率风险管理与监管原则》中原则的全面升级，主要表现在以下五个方面：

一是强化银行账簿利率风险内部管理。全面提出了银行对其银行账簿利率风险管理的治理架构、政策制度及内容流程的要求，并从银行账簿利率风险的识别、计量、利率冲击和压力情景测试及控制方面，明确要求商业银行将其银行账簿利率风险管理纳入内部资本充足评估过程（Internal Capital Adequacy Assessment Process，ICAAP），并提出了评估时包含的9项要素。

二是提高银行账簿利率风险的市场披露要求。明确了商业银行在账户利率风险方面的定性和定量披露模板，定性信息包括利率风险敞口水平、计量方式、风险偏好、对冲策略、关键模型参数等；定量信息包括利率冲击情景对其经济价值（EVE）和净利息收入（NII）的影响。

三是强化监管机构的评估、审查和监管。2016年《银行账簿利率风险监管标准》强调监管机构对银行账簿利率风险的评估与审核，提出了监管机构应收集的8类银行信息和评估时应考虑的11项要素。在原则12中规定了监管当局对风

① Consultative Document by the Basle Committee on Banking Supervision.Interest rate risk in the banking book, June 2005.

险异常银行判定的阈值，即受到一定利率冲击后经济价值变动超过一级资本15%的银行，并要求监管机构对风险异常银行进行更严格的监管。

四是提出标准框架法，作为第二支柱法的补充，促进银行在其银行账簿利率风险的计量准确性，并强化资本计提。标准框架法以经济价值变动计量结果作为资本计提的依据。并指出不具备实施内部模型法的银行可使用标准框架法以计量和计提其银行账簿利率风险资本。

五是修改了《银行账簿利率风险监管标准》实施范围与时间。2016年《银行账簿利率风险监管标准》与巴塞尔Ⅲ资本协议的适用范围一致，即适用于并表的国际活跃银行，要求国际大型活跃银行在2018年底前实施，并且2018年披露的相关信息是基于2017年底数据。此外，各国监管机构可自由裁量将该监管标准适用于辖内其他商业银行。

（二）银行账簿利率风险的定义和类型

1. 银行账簿利率风险的定义和类型。银行账簿利率风险指利率水平、期限结构等不利变动引起的银行资本和收益遭受的当前和潜在损失风险。利率变化可能引起银行账簿表内外业务的未来重定价现金流或其折现值发生变化，导致经济价值下降，从而使银行遭受损失。同时，利率变化可能引起净利息收入减少，或其他利率敏感性收入减少、支出增加，从而使银行遭受损失。银行账簿利率风险主要包括以下三大类[①]：

（1）缺口风险（Gap risk），是指利率变动时，由于银行账簿不同金融工具重定价期限不同而引发的风险。缺口风险包括利率变动引起的收益率曲线平行移动的平行缺口风险（平行风险，Parallel risk）和非平行移动的缺口风险（收益率曲线形状变化，非平行风险，Non-parallel risk）。由于金融工具的重定价期限不同，利率上升时负债利率重定价早于资产利率，或利率下降时资产利率重定价早于负债利率，银行在一定时间内面临利差减少甚至负利差，从而导致损失。

（2）基准风险（Basis risk），是指定价基准利率不同的银行账簿表内外业务，尽管期限相同或相近，但由于基准利率的变化不一致而形成的风险。

（3）期权性风险（Option risk），是指银行持有期权衍生工具，或其银行账簿表内外业务（银行资产、负债和表外业务）存在嵌入式期权条款或隐含选择权，使银行或交易对手可以改变金融工具的未来现金流水平或期限，从而形成的风险。期权性风险可分为自动利率期权风险（Automatic option risk）和客户行为性期权风险（Behavioural option risk）两类。

自动利率期权风险来源于独立期权衍生工具，或金融工具合同中的嵌入式

① 采用2018年中国《商业银行银行账簿利率风险管理指引（修订）》中的各风险定义与解释。

期权条款（如浮动利率贷款中的利率顶或利率底）。对于这类期权，如果执行期权符合持有人的经济利益，则持有人会选择执行期权，因此称为自动期权。

客户行为性期权风险来源于金融工具合同中的隐含选择权（如借款人的提前还款权，或存款人的提前支取权等）。利率变化时，这类选择权有可能会影响客户行为，从而引起未来现金流发生变化。

当利率发生变化时，银行表内外业务（银行资产、负债和表外业务）的现值和未来现金流会发生变化，从而使其潜在价值发生变化，最终改变其经济价值。同时，利率变化也将通过改变收入和支出的利率敏感性而引起银行收益的变化，最终影响其净利息收入（NII）。如果管理不当，过多的银行账簿利率风险就会对银行当前的资本和未来收益形成严重威胁。

2. 银行账簿信用利差风险。银行账簿信用利差风险（Credit spread risk in the banking book，CSRBB）指由于预期违约水平或市场流动性的变化，市场对金融工具信用质量的评估发生变化，进而导致信用利差变化的风险。具体而言，信用利差风险是具有信用风险的金融工具的利差变化中，未被银行账簿利率风险、信用风险或突发违约风险覆盖的部分。如AA评级债券收益率曲线与无风险收益率曲线（Risk Free）间的利差变化可以被看作是信用利差风险的一种表现。但某商业银行自身CDS或批发融资等金融工具收益率曲线与无风险收益率曲线之间的利差变化则不是信用利差风险，因为其利差变化包含该商业银行的特定信用风险。

一般而言，信用利差风险不能被上述缺口风险、基准风险、期权性风险三类银行账簿利率风险所解释，也不能被金融工具预期违约风险跳升等变化而解释。但在银行账簿整体利率风险管理框架中需要纳入对信用利差风险的监管与评估。

风险计量中，银行账簿利率风险与信用利差风险可分别采用不同的计量方法与监管。信用利差风险常常采用信用违约掉期—债券基准方法（CDS—bond basis）和预期违约概率（expected default frequencies，EDFs）两种方法。

3. 基于经济价值与收益的银行账簿利率风险计量方法。基于经济价值的计量方法，是指基于利率变化引起的银行经济价值变动衡量银行账簿利率风险的方法。经济价值通过银行账簿表内外业务的未来重定价现金流的净现值反映。该方法采用自然到期假设，即金融工具到期后不再叙做，反映银行账簿资产、负债和表外项目在其剩余期限内的价值变化。

基于收益的计量方法，是指基于利率变化引起的银行收益变动来衡量银行账簿利率风险的方法。该方法通常考虑短到中期的情况，可以采用多种视角，包括自然到期假设、金融工具到期滚动叙做假设，以及考虑结合未来经营战略的动态假设等。

尽管基于经济价值和收益的两种银行账簿利率风险计量方法有某些共同之

处，但巴塞尔委员会通过观察发现，大多数商业银行通常采用基于收益的计量方法以进行银行账簿利率风险管理。同时巴塞尔委员也认识到并强调了基于经济价值和收益计量银行账簿利率风险的重要性，如果一家银行仅仅追求资产与负债的短期定价与经济价值风险间的最小化，那么可能导致收益波动的风险。

（三）十二项原则

1. 2016年《银行账簿利率风险监管标准》的十二项原则。

（1）银行对其银行账簿利率风险管理的原则。

原则一：银行账簿利率风险对于所有银行都是其重要风险之一，都应对其进行识别、计量、监测和控制，除此之外，所有银行也应监控与评估信用利差风险（CSRBB）。

原则二：银行董事会有责任对该银行账簿利率风险管理框架进行监督，并确定其银行账簿利率风险偏好。董事会可以将具体执行银行账簿利率风险监管的职责适当授权给高级管理人员、专业人员或资产与负债管理委员会。但银行必须有足够的银行账簿利率风险管理框架，包括定期对其银行账簿利率风险管理系统的有效性进行独立审查和评估。

原则三：银行账簿利率风险偏好应同时考虑经济价值和收益面临的风险。银行须通过适当的政策控制确保其银行账簿利率风险敞口与其风险偏好一致。

原则四：对银行账簿利率风险偏好的计量应基于在一系列适当利率冲击和压力情景下，对其经济价值和收益产生影响的结果。

原则五：在计算银行账簿利率风险中，应充分理解、合理设定并记录客户的关键行为和模型假设；这些假设需要进行严谨测试并确保其与银行的业务策略一致。

原则六：银行账簿利率风险计量系统和模型应具有准确的数据基础，并且应进行适当的记录、测试和控制以确保计算的准确性。用于计量银行账簿利率风险的模型应具有全面综合的风险管理模型设定流程，包括独立于模型开发过程的模型验证功能。

原则七：银行账簿利率风险计量结果和风险缓释对冲的策略，在一定程度的汇总后（含机构、币种）定期向董事会或其授权机构汇报。

原则八：银行账簿利率风险敞口水平，以及银行对其利率风险的计量和控制的信息应定期进行公开披露。

原则九：分配给银行账簿利率风险的资本需作为董事会批准的内部资本充足率评估程序（Internal Capital Adequacy Assessment Process，ICAAP）的一部分，并与银行的银行账簿利率风险偏好一致。

（2）监管机构对银行账簿利率风险管理的原则。

原则十：监管机构应定期从银行收集足够信息，以监督银行账簿利率风险敞口的发展趋势和评估银行账簿利率风险管理的完善程度，并识别潜在的风险异常银行，以进行更严格的监管或要求其持有更多的监管资本。

原则十一：监管机构应定期对银行账簿利率风险进行评估，并对各家银行的利率风险识别、计量、监测和控制方法的有效性进行评估。监管机构应建立银行账簿利率风险领域的专家资源以开展上述评估。银行业监管机构应与其他监管机构合作并共享其信息，以监管银行账簿利率风险敞口水平。

原则十二：监管机构应公布其识别银行账簿利率风险潜在异常机构的标准，若某家银行被识别为潜在异常机构则表示其存在过度的银行账簿利率风险。当监管层审查某家银行利率风险敞口时发现相对于其资本、收益或一般风险而言，银行账簿利率风险管理水平不足或风险过度时，监管机构须要求银行采取额外的风险缓释措施和/或增加资本。

依据巴塞尔委员会建议，上述十二项原则在实施时应与银行的业务经营特征、规模、复杂程度、经济重要性和风险相适应。各国监管机构也应针对具有不同银行账簿利率风险水平的银行作适当、有差别的监管处理。

2. 强化第二支柱法下的银行账簿利率风险管理和资本计提。在2016年《银行账簿利率风险监管标准》出台过程中，巴塞尔委员会针对银行账簿利率风险管理方式——第一支柱VS第二支柱进行了讨论与征求各成员国建议。由于银行账簿利率风险的隐蔽性、复杂性，以及具体实践中缺乏标准的计量方法，难以在第一支柱下形成统一的监管框架与资本标准。同时，如在第一支柱对银行账簿利率风险进行监管，也易形成对银行的硬约束，不能体现不同国家或地区利率市场化进程、银行业务发展与市场利率环境，以及各国监管与银行的风险管理现状差异，因此巴塞尔委员会最终采用“强化第二支柱法”，并辅以银行账簿利率风险计量“标准框架法”为参考，实现对银行账簿利率风险管理和监管。

2016年《银行账簿利率风险监管标准》，通过“强化第二支柱法”将银行账簿利率风险管理纳入全面风险管理架构，在商业银行的银行账簿利率风险管理治理架构、政策制度与内控流程，以及银行账簿利率风险的识别、计量、监测和控制等方面进行了全面完整规范与要求，并要求银行建立起一套完整、有效的与自身业务规模、性质和复杂程度相匹配的利率风险管理和计量体系，并将银行账簿利率风险管理纳入内部资本充足评估程度（ICAAP），以审慎评估银行账簿利率风险水平并配置适当的资本。另外，2016年《银行账簿利率风险监管标准》还通过强化监管评估和严格市场披露，在不扩大银行资本压力的情况下，促进银行账簿利率风险管理能力的规范与提升。

“强化第二支柱法”下的银行账簿利率风险管理体系应包括的管理模块，以及对应的原则如图3和图4所示。

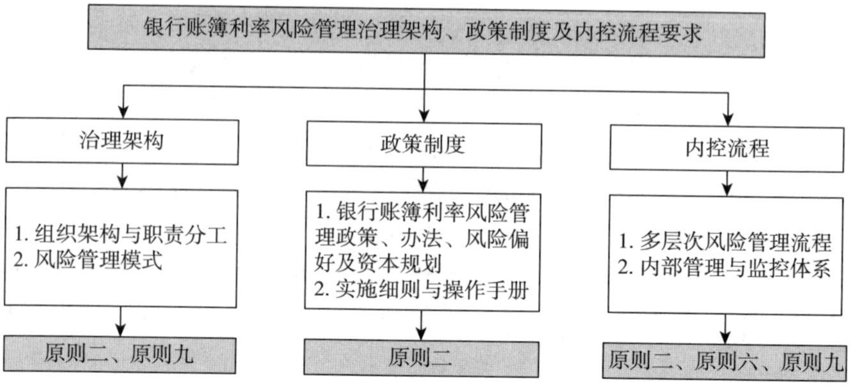

图3 银行账簿利率风险的识别、计量、监测和控制

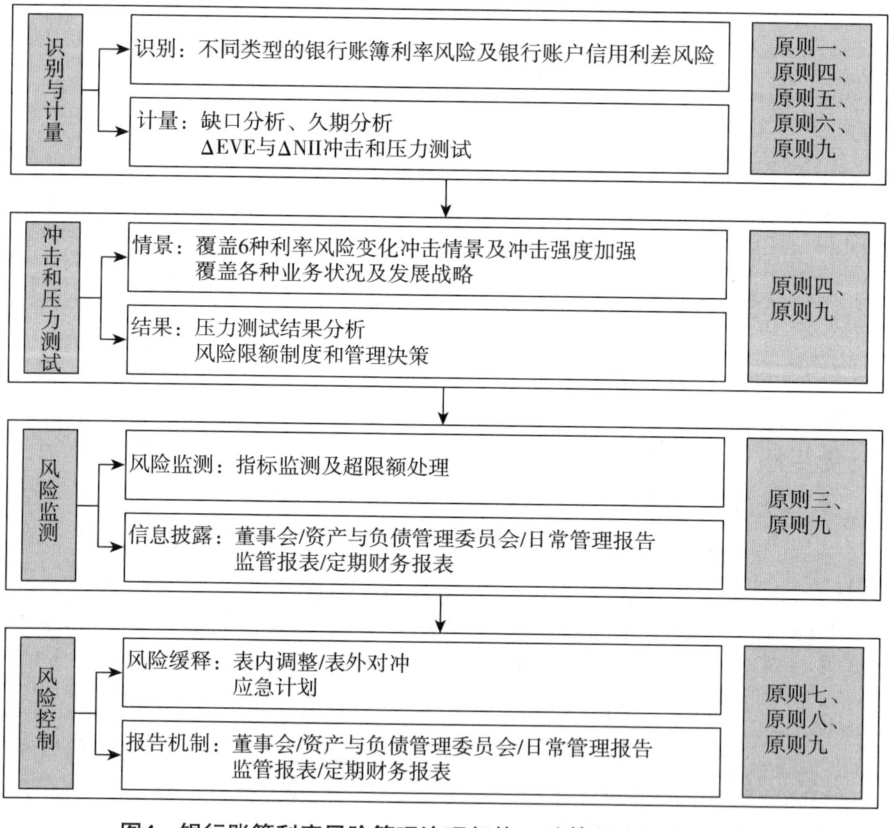

图4 银行账簿利率风险管理治理架构、政策制度与内控流程

3. 与2004版监管原则的比较。与2004年巴塞尔委员会发布的《利率风险管理与监管原则》相比，2016年《银行账簿利率风险监管标准》在其监管范围及标准化框架、风险偏好管理、监管评估与审核、冲击和压力测试情景，以及资本要求方面的较大差异。主要差异如表6所示。

表6　2004年《利率风险管理与监管原则》与2016年《银行账簿利率风险监管标准》原则的比较

比较方面	2004年《利率风险管理与监管原则》	2016年《银行账簿利率风险监管标准》
监管范围及标准化框架	对利率风险标准化框架作了一定说明，但并未区分交易账簿和银行账簿。	设计了标准化框架，并明确了银行账簿利率风险的类别与定义，除对银行账簿利率风险计量与监管外，同时要求银行计量和监测银行账簿信用利差风险。
风险偏好管理	未对风险偏好管理提出明确要求和规定。	银行须保持其银行账簿利率风险敞口与风险偏好一致。银行应有明确的经过董事会批准的综合性风险偏好框架实施的风险偏好声明，即为限制和控制银行账簿利率风险的政策和程序。所有银行账簿利率风险政策应定期检查（至少每年一次）并根据需要进行修订。
监管评估与审查	未对监管评估与审查进行明确要求和规定。	要求监管合作和信息共享，对银行的银行账簿利率风险管理能力提出详细的监管评估要求，对内部模型法提出相关的监管评估要求。
冲击和压力测试情景	两种利率冲击情景： +/- 200个基点或1/99分位的平移利率冲击； ΔEVE阈值为一级资本与二级资本之和的20%。	➢ 6种利率冲击情景且冲击强度加强 向上/下平移，陡峭（短期利率下降，而长期利率上升）/平缓（短期利率上升，而长期利率下降），短期利率上升/下降 ΔEVE阈值为一级资本的15% ➢ 2种给定情景（向上/下平移）下12个月的ΔNII变化。
资本要求	关注潜在异常机构。	对潜在异常机构采取监管措施或补充资本。

资料来源：BIS，作者整理。

（四）银行账簿利率风险资本计量的标准框架

2016年《银行账簿利率风险监管标准》提出了银行账簿利率风险计量的标准框架和资本计量方法，各国监管机构可强制要求其辖内银行实施标准法框架，也可自行选择采用。

1. 银行账簿利率风险资本计量的标准框架。在标准框架下，在计量评估银行账簿利率风险时，将利率变动冲击下的经济价值变动作为计提资本的依据。具体包含以下5个步骤：

步骤1：将银行账簿下所有的利率敏感性资产与负债划分为完全标准化头寸（amenable）①、半标准化头寸（less amenable）②和非标准化头寸（not amenable

---

① 完全标准化头寸包括两类：一是固定利率头寸，指合同到期前有确定现金流的头寸，如无提前还款权的固定利率贷款、无提前支取权的定期存款等。二是浮动利率头寸，指可在下一个重定价日被重置为面值的头寸。浮动利率头寸可分解为在下一个重定价日之前的一系列利息现金流和下一个重定价日的等同于面值的本金现金流。

带有嵌入式期权性条款的头寸，应对嵌入式期权进行剥离后，按照上述完全标准化头寸处理。剥离出的期权部分按照半标准化头寸处理。

② 半标准化头寸主要指自动利率期权，包括独立的期权衍生工具，以及其他金融工具中剥离出的嵌入式期权条款。

to standardisation）[①]三大类。

步骤2：按照重定价期限，将不同类型头寸的重定价现金流划入从隔夜至20年以上的19个时间区间内。对于半标准化头寸则不划分时间区间，直接跳过步骤2到步骤4；对于嵌入自动利率期权的头寸，为确定名义重定价现金流的区间，需忽略期权的可选性。

步骤3：根据标准框架规定的六种标准冲击情景，分币种对名义重定价现金流进行折现，并计算各利率冲击情景下的经济价值变动ΔEVE。

步骤4：分币种计算六种标准冲击情景下的半标准头寸（自动利率期权，含隐含和显性期权）按照给定的公式计算期权现值，并与步骤3计算出的对应经济价值变动ΔEVE合并。

步骤5：将六种标准利率冲击情景下的经济价值损失的最大值作为银行账簿利率风险的计量结果。

标准框架下银行账簿利率风险计量的5个步骤，如图5所示。

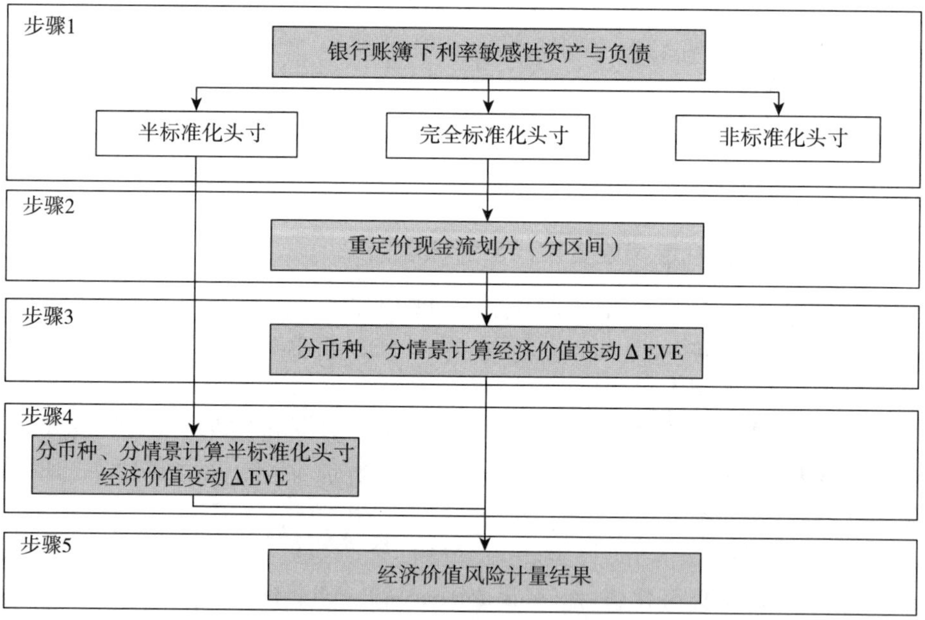

图5　标准框架下银行账簿利率风险计量的步骤

2. 银行账簿利率风险资本计量标准框架关键技术点。

（1）银行账簿利率敏感性头寸。商业银行必须重新定价具有利率敏感性金

① 非标准化头寸包括无到期日存款、有提前还款权的固定利率贷款和有提前支取权的定期存款。

融工具的未来现金流，包括：

➢ 资产，不包括固定资产、无形资产、股权敞口，以及核心一级资本中的扣减项等项目。

➢ 负债，包括计入其他一级资本和二级资本的债务工具等项目，不包括巴塞尔协议Ⅲ框架下核心一级资本的债务工具。

➢ 表外项目，包括表外衍生品和固定利率表外承诺等项目。

（2）名义重定价现金流时间区间划分。将利率敏感性头寸的名义重定价现金流CF，按重定价日期划入表7规定的19个时间区间内。

表7　　名义重定价现金流时间区间

	时间区间					
短期利率	隔夜（0.0028年）	隔夜<t^{CF}≤1个月（0.0417年）	1个月<t^{CF}≤3个月（0.1667年）	3个月<t^{CF}≤6个月（0.375年）	6个月<t^{CF}≤9个月（0.625年）	9个月<t^{CF}≤1年（0.875年）
短期利率	1年<t^{CF}≤1.5年（1.25年）	1.5年<t^{CF}≤2年（1.75年）				
中期利率	2年<t^{CF}≤3年（2.5年）	3年<t^{CF}≤4年（3.5年）	4年<t^{CF}≤5年（4.5年）	5年<t^{CF}≤6年（5.5年）	6年<t^{CF}≤7年（6.5年）	
长期利率	7年<t^{CF}≤8年（7.5年）	8年<t^{CF}≤9年（8.5年）	9年<t^{CF}≤10年（9.5年）	10年<t^{CF}≤15年（12.5年）	15年<t^{CF}≤20年（17.5年）	t^{CF}>20年（25年）

资料来源：BIS，作者整理。

重定价日期是指固定利率产品的本金偿还到期日，可变利率产品的本金最早重定价日，以及所有未偿还或未重定价本金的利息支付日。其中，可变利率产品指浮动利率产品，或银行及其交易对手任一方可单方面改变利率的产品。

3. 标准化利率冲击情景。标准框架采用六种标准化利率冲击情景，包括收益率曲线平行上移、平行下移和形状变化等。各情景下，收益率曲线变动的计算公式如下：

（1）平行上移：

$$\Delta R_{1,c}(k) = \bar{R}_{parallel,c}$$

（2）平行下移：

$$\Delta R_{2,c}(k) = -\bar{R}_{parallel,c}$$

（3）变陡峭（短期利率下降，长期利率上升）：

$$\Delta R_{3,c}(k) = -0.65 \cdot \bar{R}_{short,c} \cdot e^{\frac{-t_k}{4}} + 0.9 \cdot \bar{R}_{long,c} \cdot (1 - e^{\frac{-t_k}{4}})$$

（4）变平缓（短期利率上升，长期利率下降）：

$$\Delta R_{4,c}(k) = 0.8 \cdot \overline{R}_{short,c} \cdot e^{\frac{-t_k}{4}} - 0.6 \cdot \overline{R}_{long,c} \cdot (1 - e^{\frac{-t_k}{4}})$$

（5）短期利率向上移动：

$$\Delta R_{5,c}(k) = \overline{R}_{short,c} \cdot e^{\frac{-t_k}{4}}$$

（6）短期利率向下移动：

$$\Delta R_{6,c}(k) = \overline{R}_{short,c} \cdot e^{\frac{-t_k}{4}}$$

式中，i表示利率冲击情景；c表示币种；k表示特定时间区间；t_k为第k组时间区间的时间中点；$\Delta R_{i,c}(k)$表示在利率冲击情景i下，币种c的收益率曲线在时间点t_k上的变动值；$\overline{R}$为各币种的标准化利率冲击幅度。在发布时，巴塞尔委员会确定的利率震荡幅度的最终校准如表8所示。

表8　　标准化利率冲击幅度（$\overline{R}$）　　单位：基点

	阿根廷比索ARS	澳大利亚元AUD	巴西雷亚尔BRL	加拿大元CAD	瑞士法郎CHF	人民币CNY	欧元EUR	英镑GBP	港元HKD	印尼盾IDR	印度卢比INR
平行冲击（parallel）	400	300	400	200	100	250	200	250	200	400	400
短期冲击（short）	500	450	500	300	150	300	250	300	250	500	500
长期冲击（long）	300	200	300	150	100	150	100	150	100	350	300
	日元JPY	韩元KRW	墨西哥比索MXN	卢布RUB	沙特阿拉伯币SAR	瑞典克朗SEK	新加坡元SGD	土耳其里拉TRY	美元USD	南非兰特ZAR	
平行冲击（parallel）	100	300	400	400	200	200	150	400	200	400	
短冲击（short）	100	400	500	500	300	300	200	500	300	500	
长期冲击（long）	100	200	300	300	150	150	100	300	150	300	

资料来源：BIS，作者整理。

4. 非标准化头寸的处理。非标准化头寸包括无到期日存款、有提前还款权的固定利率贷款和有提前支取权的定期存款。

（1）无到期日存款的处理方法。银行应先根据存款人和存款的性质对无到期日存款进行分类，识别核心存款和非核心存款，并确定相应的现金流。对于无到期日存款分为零售类存款和批发类存款。其中，零售类存款包括自然人存款和小微企业存款。小微企业存款指在商业银行的资金总额（并表口径）不超过100万欧元并被视同零售存款管理的非金融机构客户的存款。零售类存款应区分交易性账户和非交易性账户，其中交易性账户是指有日常交易或不计息的账户（如工资账户）。如不能区分，则按非交易性账户处理。

银行应使用十年历史数据，识别稳定存款和非稳定存款。如因经营年限等因素无法获取十年历史数据的，可采用最长可获数据年限，但应做好详细说明，并制订数据积累计划。稳定存款中，不因市场利率环境显著变化而引发重定价的存款被视为核心存款。各类无到期日存款的核心存款比例不得超过表9规定的上限。

表9　核心存款上限和平均期限上限

无到期日存款类型	核心存款比例上限(%)	核心存款平均期限上限（年）
零售存款（交易性账户）	90	5
零售存款（非交易性账户）	70	4.5
批发存款	50	4

资料来源：BIS，作者整理。

针对核心存款，商业银行可根据存款特点和历史数据，确定现金流到期期限，但最长的平均到期期限不得超过表9规定的上限。针对非核心存款，应将其视同隔夜存款，划至隔夜时间区间。

（2）有提前还款权的固定利率贷款处理方法。有提前还款权的固定利率贷款，是指无须对提前还款支付成本，或高于规定门槛才需支付成本的固定利率贷款。在确定此类贷款的名义重定价现金流时，应遵循下列方法：

- 测算基准情景下，具有相同提前还款特点的贷款组合的基准提前还款率。
- 计算不同利率冲击情景下，各贷款组合的提前还款率，具体公式如下：

$$CPR_{i,c}^{p} = \min(1, r_i \cdot CPR_{o,c}^{p})$$

式中，i表示利率冲击情景，c表示币种，p表示特定贷款组合，r_i为利率情景乘数（具体数值见表10）。$CPR_{i,c}^{p}$为在币种c、利率冲击情景i下，贷款组合p的提前还款率。

表10　不同利率冲击情景下提前还款的利率情景乘数

情景序列（i）	利率冲击情景	r_i利率情景乘数
1	平行向上	0.8
2	平行向下	1.2
3	变陡峭	0.8

续表

情景序列（i）	利率冲击情景	r_i利率情景乘数
4	变平坦	1.2
5	短期利率上升	0.8
6	短期利率下降	1.2

资料来源：BIS，作者整理。

按照下述公式确定名义重定价现金流：

$$CF_{i,c}^{P}(k) = CF_{i,c}^{S} + CPR_{i,c}^{p} \cdot N_{i,c}^{p}(k-1)$$

式中，$CF_{i,c}^{S}$为按合同第k组时间区间内的应付利息和本金，$N_{i,c}^{p}$（k−1）为在第k-1组时间区间末尚未到期的贷款名义本金。$CPR_{i,c}^{p}$为提前还款率，$CF_{i,c}^{p}$（k）为考虑提前还款后第k组时间区间内的现金流。

（3）有提前支取权的定期存款处理方法。有提前支取权的定期存款，是指存款人具有提前支取存款权利，且存款人提前支取存款无须给予银行补偿，或给予的补偿不能弥补支取日至到期日之间的利息损失和经济成本的定期存款。

确定此类存款的名义重定价现金流时，应遵循下列方法：

➢ 测算基准情景下，具有相同提前支取特征的定期存款组合的基准提前支取率。

➢ 计算不同利率冲击情景下，各存款组合的提前支取率。具体公式如下：

$$TDRR_{i.c}^{p} = \min(1, u_i \cdot TDRR_{o.c}^{p})$$

式中，i表示利率冲击情景，c表示币种，p表示特定存款组合，u_i为利率情景乘数（具体数值见表11）。$TDRR_{i,c}^{p}$为各存款组合的提前支取率。

表11　　提前支取利率情景乘数

情景序列（i）	利率冲击情景	u_i利率情景乘数
1	平行向上	1.2
2	平行向下	0.8
3	变陡峭	0.8
4	变平坦	1.2
5	短期利率上升	1.2
6	短期利率下降	0.8

资料来源：BIS，作者整理。

➢ 定期存款中有提前支取风险的部分，应被划入隔夜时间区间。具体公式如下：

$$CF^{p}_{i,c}(1) = TD^{p}_{0,c} \cdot TDRR^{p}_{i,c}$$

式中，$TD^{p}_{0,c}$为该存款组合在计算时点的未到期合同本金，$CF^{p}_{i,c}$（1）为其中可能被提前支取的部分，应划入隔夜时间区间。

5. 标准化经济价值EVE变动的计算。在确定各类头寸的名义重定价现金流和期权价值变动后，应遵循以下方法计算经济价值变动：

（1）按下述公式计算各利率冲击情景下的折现因子：

$$DF_{i,c}(t_k) = \exp[-R_{i,c}(t_k) \cdot t_k]$$

式中，i表示利率冲击情景，c表示币种，k表示特定时间区间，t_k为第k组时间区间的时间中点。$R_{i,c}$（t_k）为在利率冲击情景i下，币种c的收益率曲线在时间点t_k上的值，$DF_{i,c}$（t_k）为对应第k组时间区间中点的折现因子。

（2）对名义重定价现金流进行折现，计算公式分为到期区间和到期区间中点两种情形。

到期时间的EVE公式为

$$EVE^{nao}_{i,c} = \sum_{k=1}^{K} CF_{i,c}(k) \cdot DF_{i,c}(t_k)$$

到期区间中点的EVE公式为

$$EVE^{nao}_{i,c} = \sum_{k=1}^{K} CF_{i,c}(t_k) \cdot DF_{i,c}(t_k)$$

式中，$CF_{i,c}$（k）为第k组时间区间内的名义重定价现金流，$CF_{i,c}$（t_k）为第k组时间区间内中点的名义重定价现金流，$EVE^{nao}_{i,o}$为名义重定价现金流净现值。

（3）与基准利率情景相比，各利率冲击情景下名义重定价现金流的净现值变动与自动利率期权的价值变动之和，即为该利率情景下的经济价值变动。

各币种加总后，六种利率冲击情景下经济价值变动损失最大值，即为基于经济价值变动的银行账簿利率风险值。

到期区间$\Delta EVE_{i.c}$的公式：

$$\Delta EVE_{i,c} = \sum_{k=1}^{K} CF_{0,C}(k) \cdot DF_{0,C}(t_k) - \sum_{k=1}^{K} CF_{i,C}(k) \cdot DF_{i,C}(t_k) + KAO_{i,c}$$

到期区间中点$\Delta EVE_{i.c}$的公式：

$$\Delta EVE_{i,c} = \sum_{k=1}^{K} CF_{0,C}(t_k) \cdot DF_{0,C}(t_k) - \sum_{k=1}^{K} CF_{i,C}(t_k) \cdot DF_{i,C}(t_k) + KAO_{i,c}$$

式中，$KAO_{i,c}$为半标准头寸（自动利率期权）风险计量值；EVE损失$\Delta EVE_{i.c}>0$是一个聚合，基于经济价值变动的银行账簿利率风险值选取六种利率冲击情景下的经济价值变动损失最大值，标准化EVE风险计量值为

$$\max_{i \in \{1,2,\cdots,6\}} \left\{ \max \left(0; \sum_{c:\Delta EVE>0} \underbrace{\Delta EVE_{i,c}}_{loss\ in\ currency\ c} \right) \right\}$$

五、银行账簿利率风险监管标准改革及实施

中国银行账簿利率风险监管标准改革是随着巴塞尔系列资本协议在中国的落地实施，结合中国利率市场化改革进程及国内外利率市场环境，推进国内商业银行全面风险管理体系建设，提升银行账簿利率风险管理水平而逐步改革发展。

（一）银行账簿利率风险改革进程

2007年随着原中国银行业监督管理委员会（以下简称原中国银监会）发布《中国银行业实施新资本协议指导意见》，以及后续相关系列实施监管指引的出台，标志着巴塞尔Ⅱ在中国的落地实施。2009年为进一步推动商业银行全面风险管理体系的建立和巴塞尔Ⅱ在中国的实施，提升银行账簿利率风险管理水平，2009年11月原中国银监会发布了《商业银行银行账户利率风险管理指引》，对中国银行账簿利率风险管理体系、风险管理技术与方法和银行账簿利率风险管理的监督检查等进行了详细规定，并从2010年1月起开始实施。

这是在2008年国际金融危机发生后，国际市场利率剧烈波动，商业银行资产、负债的利率特性发生变化的背景下，银行账簿利率风险管理的重要性日益凸显。同时，随着国内金融市场的日益成熟和中国利率市场化改革的逐步深入，银行账簿利率风险逐步显现的情形下，中国推进的一次银行账簿利率风险管理体系改革。本次改革以提升中国商业银行银行账簿利率风险管理意识和水平，推动商业银行银行账簿利率风险体制机制建设为目的，为规范银行账簿利率风险管理提供指导，为监管当局的监督检查提供标准和依据。

2009年《商业银行银行账户利率风险管理指引》充分吸收了巴塞尔委员会2004年《利率风险管理与监管原则》中的主要元素，借鉴了欧盟、英国和澳大利亚等国家和地区监管机构的操作实践，明确提出商业银行建立银行账簿利率风险管理框架体系要求，为中国商业银行构建自身行之有效的银行账簿利率风险管理框架提供了有益的参考；另外，该指引充分考虑中国市场环境，注重银行账簿利率风险管理和监管的基本原则，突出中国相对薄弱的计量基础和手段等内容，充分体现对银行账簿利率风险管理的指导职能。在具体条款上，根据不同性质的机构，体现了区别对待和灵活性原则。

随后在2009年12月原中国银监会发布的《商业银行资本充足率信息披露指引》中要求商业银行应至少披露银行账簿利率风险的内容：银行账簿利率风险的特点和重要假设、贷款提前支付和无期限存款行为的假设、银行账簿利率风险计量的频率等信息。并要求商业银行账簿利率风险情况等相关重要信息应每半年披露一次。

（二）银行账簿利率风险监管新指引

2012年6月原中国银监会正式发布《商业银行资本管理办法（试行）》，标志着巴塞尔Ⅲ新监管标准在中国正式落地实施。与此同时，结合2016年巴塞尔委员会《银行账簿利率风险监管标准》的出台与开始实施，中国利率市场化改革深度推进和国内外新的银行业业务发展与利率市场环境，银保监会以弥补监管制度存在的短板维护银行体系安全稳健运行，提高了银行账簿利率风险监管要求。

2018年5月30日，中国银保监会发布了“新指引”。“新指引”是对2009年《商业银行银行账户利率风险管理指引》的全面修订，要求从2019年1月1日起施行。“新指引”中为更准确、全面地反映所规范的业务范围，避免名称与银行开立的各类账户相混淆，将原银行账户表述调整为银行账簿。

“新指引”修订合理借鉴了巴塞尔委员会2016年《银行账簿利率风险监管标准》，在风险划分、风险计量（六种利率冲击情景、细化重定价时间区间、考虑客户行为假设）、敏感度分析等方面与国际监管标准保持了较高的一致性；并结合中国银行业实际情况作了一些特色修改，在银行账簿利率风险治理、风险计量和压力测试、计量结果应用和信息披露、监督检查方面进行了较为全面的补充和细化要求。

“新指引”修订内容主要体现在以下几个方面：（1）重新定义了风险类别，细化了风险管理要求，规范风险治理架构和管理政策流程，强化系统建设、模型和数据管理要求，细化计量结果的内部应用和报告要求；（2）明确规定利率冲击情景和压力情景的选取要求与要素，增加了情景分析与压力测试的影响分析；（3）强化监督检查，明确监管机构对商业银行的风险状况定期评估并监管，提升非现场监管报表的报送频度等。

六、中国面临的挑战及提升建议

银行账簿利率风险是银行面临的主要风险之一。目前中国利率市场化改革已基本完成，并且随着利率市场化改革进一步深度推进，利率价格将完全由市场资金供求决定，未来利率的波动频率必将加快且难预测，商业银行信用风险、流动性风险和利率风险之间的关联性将进一步提升；同时，伴随着近年来国内商业银行业务结构、资产负债结构及表内表外业务的深刻变化，也对中国商业银行的银行账簿利率风险管理提出了挑战；同时，随着中国商业银行国际化业务的拓展，国际利率市场的波动对中国商业银行的影响也越来越大。因此，中国商业银行应以国际监管标准和“新指引”的实施为契机，进一步完善全面风险管理框架、制度与流程，健全风险管理基础设施，完善银行账簿利率风险识别与计量方法，持续提升银行账簿利率风险管理能力。

（一）新监管标准的挑战

近年来，国内商业银行不断完善银行账簿利率风险管理体系，加强信息系统建设，在风险管理、利率敏感性计量和压力测试等方面积累了一定经验。但在国际及国内新的监管标准发布实施，以及利率市场环境下，中国商业银行银行账簿利率风险管理还面临着挑战。

第一，中国商业银行面临利率风险与信用风险、流动性风险等交互影响。未来随着中国利率市场改革的深度推进，利率的波动频率必将加快且难预测；同时近年来中国商业银行表内外业务的拓展复杂化和风险错配也进一步加大利率风险管理复杂性。并且伴随中国商业银行国际化业务的拓展，以及离岸人民币的运用，中国商业银行的表内业务和表外业务风险之间、不同币种之间呈现更为复杂的交互影响，未来需强化账户利率风险的全面综合性管理。

第二，目前中国商业银行银行账簿利率风险管理认识不到位，风险计量方法单一，风险敏感性弱。2009年后国内商业银行虽然提升了银行账簿利率风险管理的意识，建立了银行账簿利率风险管理的初步机制，并积极推动银行账簿利率风险计量工具开发和建设，但整体银行账簿利率风险管理意识薄弱，计量方法单一，风险敏感性弱，总体尚处于初步阶段。主要表现在以下两个方面：（1）在计量分析模式上，利率冲击情景设定过于单一，大都只按监管要求开展200个基点冲击下净利息收入和经济价值变化。（2）尚不能充分应对基差风险、期权风险和收益率曲线风险的挑战，仍然缺乏在市场化价格环境下对基差风险和期权风险的管理。

第三，在银行账簿利率风险管理的机制、体系及流程建设方面存在较大不足。目前中国大部分商业银行缺乏良好的银行账簿利率风险决策机制，大部分银行尚未形成一致的银行账簿利率风险偏好与管理体系，在风险的计量、风险限额、资本管理、考核评价，以及团队建设方面都存在一定不足。特别是一些中小型商业银行的银行账簿利率风险管理尚处于起步阶段。

（二）新监管标准的提升建议

一方面，要树立积极主动的银行账簿利率风险管理理念，构建符合自身有效的银行账簿利率风险管理体系。中国商业银行应以巴塞尔委员会2016年《银行账簿利率风险监管标准》的实施和“新指引”实施为契机，进一步完善健全银行账簿利率风险管理框架、制度与流程，在确定银行业务发展战略、经营目标、风险偏好、资本规划、业绩考核方案时充分考虑银行账簿利率风险，建立银行账簿利率风险定义识别、评估计量、方法模型、监测控制、报告披露全流程管理，并建立覆盖表内和表外、本币和外币、自身法人口径和附属机构、正常和压力情景、短中长期跨度的整合银行账簿利率风险管理与评估体系。

另一方面，要完善基础数据与信息系统功能，建立精细化的银行账簿利率风险计量、分析与评估能力。中国商业银行亟须加快资产负债管理信息系统的升级改造，及时监测、计量和评估银行账簿利率风险，并需结合自身业务与数据，开发符合自身的银行账簿利率风险预测和计量模型，以实现对银行账簿利率风险的精细化计量、分析和评估。

第四节 第三支柱：市场约束

巴塞尔委员会始终致力于将市场约束作为构建高效监管框架的一项重要措施，其核心内容是通过信息披露监管，督促银行向市场参与者提供自身风险管理信息，降低银行与市场参与者之间的信息不对称，进而借助市场力量约束银行的经营行为，促进市场纪律。事实上，早在2006年发布的巴塞尔Ⅱ中，巴塞尔委员会就将信息披露明确为独立于最低资本要求（第一支柱）和监督检查（第二支柱）的第三支柱。但在2008年国际金融危机期间，由于银行信息披露不够全面，披露标准不够统一，信息透明度大打折扣，市场参与者无法有效获取银行资本充足和风险敞口方面的关键信息，投资决策受到一定影响，加剧了危机期间的市场恐慌情绪。危机后，巴塞尔委员会在巴塞尔2.5和巴塞尔Ⅲ中对信息披露要求作了一些修订，但随着信用风险、市场风险和操作风险等资本计量方法和流动性风险等监管框架不断改革，相关风险的披露要求快速变化并分散在不同的监管文件中，越来越不利于银行的实施。因此，为从根本上解决银行风险信息披露范围较窄、精细度较低和可比性较差的缺陷，巴塞尔委员会于2012年专门成立信息披露工作组，先后对现有第三支柱框架进行了三次审查，并发布阶段性审查成果，目标是建立一套独立于财务报告、全球统一的监管信息披露体系。基于此，本章将梳理第三支柱框架的改革进程，深入剖析第三支柱框架改革的具体内容，并对中国银行业信息披露的发展提出政策建议，以期为市场参与者更清晰地理解第三支柱信息提供帮助，并对中国监管当局进行第三支柱框架改革提供借鉴。

一、信息披露监管框架的演进

巴塞尔委员会分别于2015年1月、2017年3月和2018年2月发布了《第三支柱修订框架》《第三支柱信息披露：整合和强化框架》和《第三支柱信息披露：更新框架（征求意见稿）》，陆续取代了原有的信息披露监管文件，对后危机时代的银行信息披露提出了新要求。

（一）第一阶段审查

金融危机期间，原有的散见于巴塞尔协议文本中的第三支柱框架暴露出重大缺陷，具体来看，无论是在信息披露形式还是精细度方面，银行都无法为市场参与者提供充分且可比的信息，比如各类风险的风险加权资产信息，其中又以使用内部模型法的银行的信息披露缺失尤甚，进而导致市场参与者难以评估银行的资本充足情况并对其进行同业比较，不能有效识别银行潜在风险。在此背景下，2014年6月，巴塞尔委员会完成了对第三支柱框架的第一阶段审查，并发布了《第三支柱修订框架（征求意见稿）》。经过半年的征求意见后，巴塞尔委员会又于2015年1月发布《第三支柱修订框架》（以下简称2015年版第三支柱框架）的正式稿，取代了2006年巴塞尔Ⅱ、2009年巴塞尔2.5及2009年市场风险监管框架中所涉及的信息披露要求。

首先，2015年版第三支柱框架明确了披露要求的适用范围、披露要求的实施日期、信息披露的发布形式、信息披露的频率和时间、保证第三支柱数据可靠性的内控程序，以及专有和机密信息的披露要求。其次，提出了银行信息披露的五项指导原则，分别是信息披露应当清晰明确、信息披露应当综合全面、信息披露应当对信息使用者有意义、不同时期的信息披露应当具有一致性，以及银行之间的信息披露应当具有可比性。再次，设计了具有固定格式的定量信息披露模板和定性信息披露表格，并考虑了披露要求强制性和银行高管灵活应用之间的平衡，银行高管可以在模板中补充定性叙述，解释银行的特定情形和风险概况，以提高人们对银行潜在风险的理解。最后，囊括了银行主要的风险信息，包括风险管理和风险加权资产、财务报告和监管风险敞口的相关性、信用风险、交易对手信用风险、证券化风险、市场风险、操作风险、银行账簿利率风险八个部分。总之，2015年版第三支柱框架初步建立了较为完善的银行信息披露要求，为后续第二阶段审查和第三阶段审查奠定了坚实的基础。

（二）第二阶段审查

伴随着流动性风险、总损失吸收能力、银行账簿利率风险等监管框架改革的陆续完成，巴塞尔委员会在完成对第三支柱框架的第一阶段审查工作后，又开始对第三支柱框架开展第二阶段审查。2016年3月，巴塞尔委员会发布《第三支柱信息披露：整合和强化框架（征求意见稿）》，核心工作就是对各项监管改革政策配套的信息披露要求进行整合，改进2015年版第三支柱框架的不足，旨在增强信息披露的完整性和信息使用者获取信息的便利性。征求意见后，巴塞尔委员会又于2017年3月发布《第三支柱信息披露：整合和强化框架》（以下简称2017年版第三支柱框架）的正式稿，进一步完善和充实了第三支柱框架。

2017年版第三支柱框架的修订主要包含三个方面：第一，将巴塞尔委员会制定的现有披露要求全部整合到第三支柱框架。如表12所示，这些被整合的信息披露要求涵盖资本构成、杠杆率、流动性覆盖率、净稳定融资比例、全球系统重要性银行评估指标、逆周期资本缓冲、银行账簿利率风险和薪酬。巴塞尔委员会未对上述文件中的披露要求进行根本性的改动，只是对部分披露要求的格式和频率作了修订。第二，对第三支柱框架提出两个改进。一是引入包含银行关键审慎评估指标的"集成表（dashboard）"，该集成表为信息使用者提供了银行的关键信息，便于信息使用者对银行风险状况有一个简洁直观的认识；二是要求记录审慎评估调整（Prudent Valuation Adjustments，PVAs）的银行披露相关信息，以便让信息使用者了解银行计算审慎评估调整的细节。第三，根据巴塞尔Ⅲ框架的最新改革成果对第三支柱框架进行修订和补充。巴塞尔委员会纳入了2015年12月发布的全球系统重要性银行总损失吸收能力的信息披露要求和2016年1月发布的市场风险修订框架中的市场风险披露要求。但是，对于尚未完成改革的监管框架所涉及的披露要求，如信用估值调整风险、操作风险等，巴塞尔委员会并未将其纳入2017年版第三支柱框架，而是在巴塞尔Ⅲ框架于2017年12月发布后，将其纳入第三阶段审查。

表12　　　　2017年版第三支柱框架取代的监管披露文件

发布时间	文件名称
2011年6月	《巴塞尔Ⅲ：更具稳健性的银行和银行体系的全球监管框架》
2011年7月	《第三支柱下的薪酬披露要求——最终稿》
2012年6月	《资本构成的披露要求——规则文本》
2013年7月	《全球系统重要性银行：更新的评估方法和更高的损失吸收要求》
2014年1月	《巴塞尔Ⅲ杠杆率框架和披露标准》
2014年1月	《流动性覆盖率披露标准——最终稿》
2015年6月	《净稳定资金比例披露标准》
2016年4月	《银行账簿利率风险监管标准》

资料来源：BIS，作者整理。

（三）第三阶段审查

2018年2月，巴塞尔委员会完成对第三支柱框架的第三阶段审查工作，并发布《第三支柱信息披露：更新框架（征求意见稿）》（以下简称2018年版第三支柱框架）。2018年版第三支柱框架中的许多修订内容与巴塞尔Ⅲ有很大关系。第一，将巴塞尔Ⅲ中的披露要求补充进第三支柱框架。主要包括：新修订的信用风险披露要求（包括对资产审慎处理的披露）；新修订的操作风险披露要求；新修订的杠杆率披露要求；新修订的信用估值调整披露要求；为比较标准法下的风险加权资产与内部模型法下的风险加权资产而提出的新披露要求；新修订的风险管理、关键审慎指标和风险加权资产的披露要求。第二，要求银行披露抵押资产和未抵押资产的信息。由于银行日常进行的许多交易都有可能产生抵押资产，如担保融资交易、衍生品交易、资金清算、资产证券化等，巴塞尔委员会认为，银行披露抵押资产和未抵押资产的具体信息，有助于第三支柱的信息使用者及时掌握银行在资不抵债的情况下可以归属债权人的资产概况，这对于投资者开展投资决策是非常有意义的。第三，对资本配置限制（Capital Distribution Constraints，CDC）提出新的披露要求。巴塞尔委员会要求银行披露资本比率的相关信息，如果银行违反最低资本监管要求，监管当局会对其实施资本配置限制。该披露要求将有助于第三支柱的信息使用者就资本工具票息取消的风险作出更明智的决策，从而提高价格发现功能和市场稳定性。但是，巴塞尔委员会注意到该披露要求可能导致银行披露其第二支柱方面的敏感信息，因此，巴塞尔委员会规定只有在监管当局要求时，资本配置限制的披露要求才具有强制性。第四，尝试修订监管资本构成披露要求的适用范围。在现有框架下，处置小组需要提供其总损失吸收能力组成成分的信息，但不需要提供监管资本的全部信息。因此，巴塞尔委员会寻求将资本构成披露模板（模板CC1）的适用范围从监管并表集团层面扩大至处置小组层面，并希望在征求意见阶段就此问题征求各方的意见。

二、信息披露监管框架的内容

巴塞尔委员会在对第三支柱框架进行三次审查的过程中，逐步对银行信息披露的各项要求进行了规范和完善，具体涵盖了风险管理、关键审慎指标和风险加权资产等17个部分，下文从信息披露的基本原则、展现方式、基本要求和具体内容对信息披露监管框架进行解读。

（一）信息披露的基本原则

巴塞尔委员会在对第三支柱进行第一阶段审查时就确定了银行信息披露需遵守的五项指导原则，旨在为实现透明、高质量的风险信息披露提供指引，使市场参与者能够更好地理解和比较每家银行的业务活动及其风险状况。

其一，信息披露应当清晰明确。信息披露应当以利益相关者（投资者、分析师、金融客户等）能够理解的形式发布，并提供可访问的链接。信息披露应在显著位置突出重要信息并使其容易被利益相关者发现。信息披露应用简洁明了的语言解释复杂问题并对重要术语进行定义，相关联的风险信息应统一披露。

其二，信息披露应当综合全面。信息披露应描述银行的主要业务活动和所有重大风险，并提供相关数据和信息作为支撑。信息披露应说明各报告期之间风险敞口的重大变化，以及管理层采取的应对措施。信息披露应提供充分的定性和定量信息，以说明银行识别、计量和管理这些风险的流程和程序，披露的详细程度则应与银行业务的复杂程度成正比。披露方式应当灵活多样，以反映董事会和高管层对风险和战略进行内部评估和管理的方法，帮助信息使用者更好地理解银行的风险承受能力和风险偏好。

其三，信息披露应当对信息使用者有意义。信息披露不仅应突出银行当前和潜在的重要风险及相应的管理策略，而且还应突出那些可能受到市场关注的信息；如果有必要，银行还应提供这些风险与资产负债表或利润表中项目之间的关联性信息。信息披露应避免披露对信息使用者无增量价值的信息，应及时删除对信息使用者不再有意义或不再相关的信息。

其四，不同时期的信息披露应当具有一致性。信息披露应使利益相关者能够识别银行业务风险状况的变化趋势。信息披露应突出并解释相比于上一个报告期新增、删减和其他重要的变化，具体包括由银行自身、监管或市场发展引起的变化。

其五，银行之间的信息披露应当具有可比性。信息披露的详细程度和披露格式应能使主要的利益相关者对银行的业务活动、审慎指标、风险及风险管理进行有意义的同业和跨区域比较。

（二）信息披露的展现方式

首先，巴塞尔委员会以模板和表格的形式规定了各项披露要求。具体来看，银行必须按照规定用定量数据完成模板，表格则通常与定性信息有关，但在某些情况下也需要定量信息。银行在展示表格所需信息时，可以选择自己喜欢的格式。此外，按照上述第三项原则，即信息披露应当对信息使用者有意义，银行需要对各个模板和表格的披露内容进行评估，当银行认为模板和表格中所披露的信息对信息使用者没有意义（如银行可能认为某些风险敞口和风险加权资产的数据是无关紧要的），这时银行可以选择不披露这方面的部分或全部信息。然而，在这种情况下，银行需在注释中解释此类信息对信息使用者没有意义的原因，并披露被排除的投资组合及其风险加权资产数额。

其次，巴塞尔委员会将信息披露模板和表格分为固定格式和灵活格式两种。当银行填写固定格式的模板和表格时，银行必须按照既有规定完成填写。如果银行认为某行或某列与经营活动无关或者相关信息对信息使用者没有意义，银行可以从模板中删除该行或该列，但不能更改其后面的行或列的编号。如果银行希望披露更多的细节，也可以给模板添加新的行或列，但不能更改模板中已有的行或列的编号。当银行填写灵活格式的模板和表格时，银行不仅可以使用既定格式还可以选择更适合自己的格式提供所需信息。如果银行自行披露信息，则必须比照第三支柱框架的有关规定进行披露，即与披露要求中相关模板和表格保持相似的精细度。

再次，巴塞尔委员会规定了银行在其他文档中披露信息时的引用（Signposting）要求。银行可以在独立于其第三支柱报告的文档（如银行年报或监管报告）中披露固定格式和灵活格式的模板和表格。在这种情形下，银行必须在已发布披露要求的第三支柱报告中清晰地列示与该独立文档之间的引用关系，这些引用关系包括：披露要求的标题和编号、已发布披露要求的独立文档的完整名称、相关的网页链接、披露要求在独立文档中的页码和段落号。同时，银行在独立文档中使用固定格式的模板和表格披露信息时还需满足以下标准：独立文档中的信息内容和形式应与固定格式模板的要求一致，以使信息使用者可以将其与银行使用固定格式模板披露的信息进行有意义的比较；独立文档中信息的并表范围应与披露要求所规定的并表范围相一致；独立文档中的披露是强制性的；监管当局在要求银行报告重复信息方面应受到法律限制。此外，银行在对独立文档进行引用之前，必须按照第三支柱报告所要求的内部控制和程序确保该文档中数据的可靠性。

最后，银行应该对固定格式和灵活格式模板中的定量信息进行定性补充披露。银行应在模板后补充披露报告期内的所有重大变化和管理层认为市场参与者感兴趣的其他任何问题，而且银行对这个补充披露的格式拥有自由裁量权。由于补充披露的信息可能不会被标准化的模板和表格充分捕获，所以这些补充信息将为市场参与者提供更全面的银行风险情况。

（三）信息披露的基本要求

第一，适用范围和实施日期。第三支柱框架适用于所有并表层面的国际活跃银行，如遇特殊情形，巴塞尔委员会将在相应的披露要求中进行说明。巴塞尔委员会鼓励各国或地区尽早实施新修订的第三支柱框架。

第二，信息披露的发布形式。银行应以独立文件的形式发布第三支柱报告，这样就可以使信息使用者较为便捷地获取银行风险信息。银行也可以将第三支柱报告附在财务报告后面或者将其作为财务报告中的一个独立部分，但必须使信息使用者很容易地发现这些信息。银行或者监管当局还必须在其网站上提供各期存档的第三支柱报告。此外，巴塞尔委员会鼓励银行与监管当局就如何以通用的电子格式进行定量信息披露开展沟通，以促进数据的使用。

第三，信息披露的频率和时间。巴塞尔委员会根据各项披露内容的性质，为不同的披露模板和表格设定了相应的最低披露频率，包括季度、半年和年度，银行则可以选择（或按监管机构要求）更频繁地进行信息披露。一般情况下，银行的第三支柱报告必须与同期的财务报告同时发布。如果银行按规定应披露一定时期内的第三支柱报告，而该期间内又无财务报告发布，那么银行必须根据实际情况尽快发布第三支柱报告。而且，第三支柱报告延迟发布的时间不能晚于银行发布财务报告的截止期，比如，如果银行只披露年度财务报告，那么其年度财务报告可在年度报告期末的五周后发布，这时银行的季度或半年度第三支柱报告则必须在季度末或半年末的五周内发布。此外，对于回溯期的披露，巴塞尔委员会指出，除非披露要求另有规定，否则在那些要求银行同时披露当期和上期数据点的模板中，当某个指标是首次被要求披露，银行可以不在该模板中披露上期数据点。对于过渡性指标的披露，巴塞尔委员会指出，除非披露要求另有规定，否则银行在没有全面履行披露要求之前可以根据过渡性安排披露过渡性数据。银行应说明所披露的数据是以过渡方式还是以完整方式计算的。在适当的情况下，银行在过渡期内除披露过渡性指标外，还可以单独披露完整的数据。

第四，信息披露的可靠性。银行至少要对第三支柱报告中披露的数据实施与财务报告数据一样的内部审查和内部控制流程。银行必须为第三支柱信息制定一项经董事会批准的披露制度，披露制度应规定披露信息的内部控制和程序，而且该制度的核心内容应在年末的第三支柱报告中加以说明，或者在另一个有引用链接的文件中进行说明。董事会和高管层负责建立和维持有效的内部控制结构，以控制财务信息和第三支柱信息的披露，同时还应确保对披露情况进行适当的审查。银行的高级官员（最好是董事会层面或同等级别的人员）必须出具书面证明，证明“第三支柱披露是按照董事会建立的内部控制程序编制的”。

第五，专有和机密信息披露的处理。特殊情形下，银行按第三支柱框架披露某些项目的信息，可能会使银行的专有和机密信息公开，进而泄露银行的内部信息或违反其法律义务。在这种情况下，银行可以不披露这些特定项目，但必须披露更多与披露要求相关的一般性信息。银行还应在注释中解释没有披露特定项目信息的事实及其原因。

（四）信息披露的具体内容

截至2018年2月颁布的《第三支柱信息披露：更新框架（征求意见稿）》，第三支柱框架已包括78个信息披露模板（含表格），从披露格式来看，包括42

个固定格式的模板和36个灵活格式的模板；从披露频率来看，包括31个年度披露模板、36个半年度披露模板和11个季度披露模板；从信息披露内容来看，包括风险管理、关键审慎指标和风险加权资产披露模板4个、财务报告和监管风险敞口相关性披露模板4个、资本构成和总损失吸收能力披露模板6个、宏观审慎监管措施披露模板2个、杠杆率披露模板2个、流动性披露模板3个、信用风险披露模板16个、交易对手信用风险披露模板9个、信用估值调整风险披露模板6个、基准值披露模板2个、资产证券化披露模板5个、市场风险披露模板7个、操作风险披露模板4个、银行账簿利率风险披露模板2个、薪酬披露模板4个、资产抵押披露模板1个、资本配置约束披露模板1个。

1. 风险管理、关键审慎指标和风险加权资产的披露。巴塞尔委员会在2015年版第三支柱框架中引入“风险管理和风险加权资产”的披露要求（模板OVA和OV1），随后又在2017年版第三支柱框架中引入“关键审慎指标”的披露要求（模板KM1和KM2），为第三支柱的信息使用者提供了一组关键审慎指标，便于信息使用者对银行的业绩及趋势进行比较。具体来看，模板KM1包括银行的可用资本、风险加权资产、杠杆率、LCR和NSFR。模板KM2包括全球系统重要性银行总损失吸收能力的关键指标。随后，2018年版第三支柱框架对模板OV1和模板KM1进行了修订，新修订的模板OV1要求银行披露风险加权资产下限（output floor）总额，以及在应用过渡期上限之前和之后分别产生的资产下限调整，新修订的模板KM1则要求银行披露杠杆率（分为两种情形：考虑和不考虑任何适用的暂时免缴央行准备金的影响）和在计算加权风险资产时不考虑资本下限的资本充足率（见表13）。

表13　　风险管理、关键审慎指标和风险加权资产的披露内容

模板和表格	格式类型	披露频率	实施日期
KM1—关键指标（集团并表层面）	固定格式	季度	第二阶段：2018年1月1日 第三阶段：2022年1月1日
KM2—关键指标—总损失吸收能力要求（处置小组层面）	固定格式	季度	2019年1月1日
OVA—银行风险管理方法	灵活格式	年度	2016年末
OV1—风险加权资产概况	固定格式	季度	第一阶段：2016年末 第二阶段：2018年末 第三阶段：2022年1月1日

资料来源：BIS，作者整理。

2. 财务报告和监管风险敞口相关性的披露。巴塞尔委员会在2015年版第三支柱框架中引入“财务报告和监管风险敞口相关性”的披露要求（模板LI1、LI2和LIA），随后又在2017年版第三支柱框架中引入“审慎评估调整”的披露要求（模板PV1）。在资本构成的披露要求中，银行已被要求披露其审慎评估调整的总额，模板PV1将向信息使用者提供银行计算审慎评估调整的详细信息。在确定模板PV1时，巴塞尔委员会考虑了不同国家或地区实施审慎评估调整要求的差异，比如，在某些情况下，潜在信用风险敞口可能无法轻易归类为银行账簿或交易账簿的风险敞口。因此，巴塞尔委员会允许监管当局自行调整模板PV1的格式，以反映其管辖区域内审慎评估调整要求的实施情况（见表14）。

表14 财务报告和监管风险敞口相关性的披露内容

<table>
<tr><th>模板和表格</th><th>格式类型</th><th>披露频率</th><th>实施日期</th></tr>
<tr><td>LI1—会计并表范围与监管并表范围的区别及财务报表类别与监管风险类别的映射</td><td>灵活格式</td><td>年度</td><td rowspan="3">2016年末</td></tr>
<tr><td>LI2—监管风险敞口数额与财务报表账面价值差异的主要来源</td><td>灵活格式</td><td>年度</td></tr>
<tr><td>LIA—会计风险敞口数额与监管风险敞口数额之间差异的解释</td><td>灵活格式</td><td>年度</td></tr>
<tr><td>PV1—审慎评估调整</td><td>固定格式</td><td>年度</td><td>2018年末</td></tr>
</table>

资料来源：BIS，作者整理。

3. 资本构成和总损失吸收能力的披露。巴塞尔委员会在2012年6月发布了《资本构成的披露要求》，以便第三支柱的信息使用者能够比较不同国家和地区的银行监管资本。2017年版第三支柱框架对2012年的资本构成披露要求进行了格式规范，并结合全球系统性银行总损失吸收能力披露要求的改革，引入“资本构成和总损失吸收能力”的披露要求。具体来看，模板CC1详细说明了银行监管资本的构成，与2012年资本构成披露要求中的附件1基本保持一致（仅新增一个附加栏）。模板CC2则为第三支柱的信息使用者提供了银行会计并表范围与监管并表范围之间的关联性，其与2012年资本构成披露要求附件2中的模板相比并没有变化。表CCA取自2012年资本构成披露要求中的附件3，将详细说明银行监管资本工具和其他合格总损失吸收能力工具的主要特征。表CCA是银行就每一种监管资本工具和其他合格总损失吸收能力工具需要报告的最低披露标准。全球系统重要性银行应使用模板TLAC1公开其在每个处置小组层面的总损失吸收能力情况，应使用模板TLAC2和TLAC3披露债权人在处置实体和重要子集团实体层面上的排名情况（见表15）。

表15　资本构成和总损失吸收能力的披露内容

模板和表格	格式类型	披露频率	实施日期
CC1—监管资本构成	固定格式	半年	2018年末
CC2—监管资本与资产负债表的关联性	灵活格式	半年	
CCA—监管资本工具和其他TLAC合格工具的主要特征	灵活格式	半年	
TLAC1—全球系统重要性银行的TLAC构成（处置小组层面）	固定格式	半年	2019年1月1日
TLAC2—重要的子集团实体—在法人实体层面的债权人排名情况	固定格式	半年	
TLAC3—处置实体—在法人实体层面的债权人排名情况	固定格式	半年	

资料来源：BIS，作者整理。

4. 宏观审慎监管规则的披露。巴塞尔委员会于2013年7月发布了一份评估全球系统重要性银行的办法，包括12项指标。2017年版第三支柱框架将这12项指标进行了整合，转换为模板GSIB1，因此，该模板向第三支柱的信息使用者提供评估全球系统重要性银行所用指标的详细信息。此外，巴塞尔委员会于2010年12月公布了逆周期缓冲机制的细节，并于2015年10月发布了《逆周期资本缓冲常见问题》，其中就包含一个关于披露资本缓冲计量的章节。2017年版第三支柱框架通过引入模板CCyB1将上述文件中的披露要求进行整合，模板CCyB1将提供银行计量逆周期缓冲的详细信息，包括银行私人部门信用风险敞口的地域细分情况。巴塞尔委员会规定，该模板仅适用于拥有私人部门信用风险敞口的银行（受逆周期缓冲要求约束）所在的国家和地区（见表16）。

表16　宏观审慎监管规则的披露内容

模板和表格	格式类型	披露频率	实施日期
GSIB1—全球系统重要性银行评估指标	灵活格式	年度	2018年末
CCyB1—计量逆周期缓冲所使用的信用风险敞口的区域分布	灵活格式	半年	2017年末

资料来源：BIS，作者整理。

5. 杠杆率的披露。巴塞尔委员会于2014年1月发布了杠杆率披露要求，2017年版第三支柱框架通过两个新模板（模板LR1和模板LR2）将上述杠杆率披露要求进行了整合。模板LR1提供了银行会计资产与杠杆率风险敞口之间的比较，而模板LR2提供了银行杠杆率风险敞口的各组成部分的详细情况。由于巴塞尔Ⅲ修订了杠杆率监管框架，因此，2018年版第三支柱框架引入了针对全球系统性银行的杠杆率缓冲要求，并对模板LR1和模板LR2进行了相应修订（见表17）。

表17　　杠杆率的披露内容

模板和表格	格式类型	披露频率	实施日期
LR1—会计资产与杠杆率风险敞口的总体比较	固定格式	季度	第二阶段：2017年末 第三阶段：2022年1月1日
LR2—杠杆率通用披露模板	固定格式	季度	

资料来源：BIS，作者整理。

6. 流动性风险的披露。巴塞尔委员会分别于2014年1月和2015年6月发布了LCR和NSFR的披露要求，2017年版第三支柱框架对上述要求进行了整合。具体来看，2017年版第三支柱框架将2014年1月的LCR披露要求的定量披露模板和定性信息披露需求分别转换为模板LIQ1和表LIQA。表LIQA的格式是“灵活的”，银行能够披露其流动性风险管理框架中与业务模式和流动性风险相关的信息。此外，2017年版第三支柱框架还将2015年6月的NSFR披露要求转换为模板LIQ2（见表18）。

表18　　流动性风险的披露内容

模板和表格	格式类型	披露频率	实施日期
LIQA—流动性风险管理	灵活格式	年度	2017年末
LIQ1—流动性覆盖率	固定格式	季度	
LIQ2—净稳定资金比例	固定格式	半年	2018年1月1日

资料来源：BIS，作者整理。

7. 信用风险的披露。信用风险的披露要求成形于2015年版第三支柱框架，包括信用风险的一般性信息、信用风险缓释、标准法下的信用风险、内部评级法下的信用风险四个方面的模板和表格，2017年版第三支柱框架对此未作修订。在巴塞尔Ⅲ中，巴塞尔委员会修订了信用风险标准法和内部评级法。一方面，增加了标准法框架的精细度和风险敏感度，降低了对信用评级的机械式依赖；另一方面，取消了对那些难以建模的资产类别使用高级内部评级法的要求，并引入内部评级法参数的浮动值，这些参数是银行计算加权风险资产时的输入变量，其中包括基础内部评级法和高级内部评级法中违约概率的下限，以及高级内部评级法中违约损失率和违约暴露的下限。由于标准法和内部评级法框架的修订，2018年版第三支柱框架对2015年版和2017年版第三支柱框架中的信用风险披露模板进行了修订和补充，包括模板CR4、模板CR5和模板CR10的修订和新增一个表CRB-a（见表19）。

具体来看，新修订的模板CR4和模板CR5反映了标准法中新增的资产类别（如专业信贷资产）和更新后的风险权重。为提高与模板CR6中内部评级法信用转换因子（Credit Conversion Factors，CCF）披露要求的一致性，巴塞尔委员会对模板CR5也进行了改进，包括标准法中信用转换因子的披露要求。新修订的模板CR10取消了2017年版第三支柱框架中使用内部评级法下简单风险权重法计算的股权风险敞口。表CRB-a则引入了《问题资产审慎处理指引》所涉及的新披露要求，主要涉及不良类风险敞口和展期风险敞口（forborne exposures）方面的信息，该表仅在监管当局要求时才适用于银行。

表19　　信用风险的披露内容

<table>
<tr><th>模板和表格</th><th>格式类型</th><th>披露频率</th><th>实施日期</th></tr>
<tr><td>CRA—信用风险的定性信息</td><td>灵活格式</td><td>年度</td><td rowspan="4">2016年末</td></tr>
<tr><td>CR1—资产的信用状况</td><td>固定格式</td><td>半年</td></tr>
<tr><td>CR2—违约贷款和债务证券存量的变化</td><td>固定格式</td><td>半年</td></tr>
<tr><td>CRB—与资产信用质量相关的补充披露</td><td>灵活格式</td><td>年度</td></tr>
<tr><td>CRB-a—对问题资产审慎处理的补充披露</td><td>灵活格式</td><td>年度</td><td>2019年末</td></tr>
<tr><td>CRC—与信用风险缓释技术相关的定性披露要求</td><td>灵活格式</td><td>年度</td><td rowspan="3">2016年末</td></tr>
<tr><td>CR3—信用风险缓释技术概况</td><td>固定格式</td><td>半年</td></tr>
<tr><td>CRD—银行在信用风险标准法下使用外部信用评级的定性披露</td><td>灵活格式</td><td>年度</td></tr>
<tr><td>CR4—标准法—信用风险敞口和信用风险缓释效应</td><td>固定格式</td><td>半年</td><td rowspan="2">第一阶段：
2016年末
第三阶段：
2022年1月1日</td></tr>
<tr><td>CR5—标准法—不同资产类别的风险敞口和风险权重</td><td>固定格式</td><td>半年</td></tr>
<tr><td>CRE—与内部模型法相关的定性披露</td><td>灵活格式</td><td>年度</td><td rowspan="5">2016年末</td></tr>
<tr><td>CR6—内部评级法—不同投资组合的信用风险敞口和违约概率范围</td><td>固定格式</td><td>半年</td></tr>
<tr><td>CR7—内部评级法—使用信用风险缓释技术对信用衍生品风险加权资产的影响</td><td>固定格式</td><td>半年</td></tr>
<tr><td>CR8—内部评级法下信用风险敞口的加权风险资产变动情况</td><td>固定格式</td><td>季度</td></tr>
<tr><td>CR9—内部评级法—每个投资组合违约概率的回溯测试</td><td>灵活格式</td><td>年度</td></tr>
<tr><td>CR10—内部评级法（监管分类法下的专业贷款）</td><td>灵活格式</td><td>半年</td><td>第一阶段：
2016年末
第三阶段：
2022年1月1日</td></tr>
</table>

资料来源：BIS，作者整理。

8. 交易对手信用风险的披露。交易对手信用风险的披露要求成形于2015年版第三支柱框架，主要包括标准法和内部评级法下的交易对手信用风险敞口情况、信用估值调整风险资本要求、抵押品构成及中央交易对手的风险敞口，2017年版第三支柱框架对此未作修订。由于巴塞尔委员会在巴塞尔Ⅲ中修订了信用估值调整风险监管框架，因此在2018年版第三支柱框架中引入了“信用估值调整风险”披露要求（详见下文），该披露要求实施后将取代交易对手信用风险披露要求中的模板CCR2（见表20）。

表20　交易对手信用风险的披露内容

模板和表格	格式类型	披露频率	实施日期
CCRA—交易对手信用风险的定性披露	灵活格式	年度	2016年末
CCR1—不同方法下交易对手信用风险敞口分析	固定格式	半年	
CCR2—信用估值调整风险资本要求	固定格式	半年	
CCR3—标准法下不同投资组合的交易对手信用风险敞口和风险权重	固定格式	半年	
CCR4—内部评级法—不同投资组合的交易对手信用风险敞口和违约概率范围	固定格式	半年	
CCR5—交易对手信用风险敞口的抵押品构成	灵活格式	半年	
CCR6—信用衍生品风险敞口	灵活格式	半年	
CCR7—内部评级法下交易对手信用风险敞口的加权风险资产变动情况	固定格式	季度	
CCR8—中央交易对手的风险敞口	固定格式	半年	

资料来源：BIS，作者整理。

9. 信用估值调整风险的披露。巴塞尔委员会在巴塞尔Ⅲ中提出了两种更简便的度量CVA风险的方法，即标准法（SA-CVA）和基本法（BA-CVA）。巴塞尔委员会认为银行应向第三支柱的信息使用者提供计量CVA风险资本要求的信息，因此在2018年版第三支柱框架中引入两个新的定性披露要求（表CVAA和表CVAB）和四个新的定量披露要求（模板CVA1、模板CVA2、模板CVA3和模板CVA4）。具体来看，表CVAA要求银行对其CVA风险的管理目标和政策进行定性描述；模板CVA1要求银行根据简化版BA-CVA对其部分或全部CVA风险资本要求进行计量，并披露使用简化版BA-CVA计量的资本要求的构成；模板CVA2要求银行根据完整版BA-CVA对其部分或全部CVA风险资本要求进行计量，并披露使用完整版BA-CVA计量的资本要求的构成；表CVAB要求银行披露SA-CVA下CVA风险敏感度计量的范围、主要特征和建模选择；模板CVA3要求银行披露使用SA-

CVA计量的资本要求的构成；模板CVA4要求银行披露SA-CVA下的CVA风险资本要求的变动情况。值得注意的是，这些披露模板和表格不适用于选择将CVA风险资本要求设置为其交易对手信用风险资本要求100%的银行（见表21）。

表21　信用估值调整风险的披露内容

模板和表格	格式类型	披露频率	实施日期
CVA-A—CVA定性披露要求	灵活格式	年度	第一阶段：2016年末 第三阶段：2022年1月1日
CVA-B—标准法下银行的定性披露	灵活格式	年度	
CVA1—简化版基本法下的CVA	固定格式	半年度	
CVA2—完整版基本法下的CVA	固定格式	半年度	
CVA3—标准法下的CVA	固定格式	半年度	
CVA4—标准法下的CVA风险敞口的加权资产变动情况	固定格式	季度	

资料来源：BIS，作者整理。

10. 资产证券化风险的披露。资产证券化的披露要求成形于2015年版第三支柱框架，主要包括资产证券化风险敞口的定性信息（表SECA）、银行账簿的证券化风险敞口（模板SEC1）、交易账簿的证券化风险敞口（模板SEC2）、银行作为发起人或保荐人时银行账簿的证券化风险敞口和相关监管资本要求（模板SEC3）和银行作为投资者时银行账簿的证券化风险敞口和相关资本要求（模板SEC4）。2017年版第三支柱框架和2018年版第三支柱框架对此未作修订（见表22）。

表22　资产证券化风险的披露内容

模板和表格	格式类型	披露频率	实施日期
SECA—资产证券化风险敞口的定性披露	灵活格式	年度	2016年末
SEC1—银行账簿的证券化风险敞口	灵活格式	半年	
SEC2—交易账簿的证券化风险敞口	灵活格式	半年	
SEC3—银行账簿的证券化风险敞口和相关监管资本要求—银行作为发起人或保荐人	固定格式	半年	
SEC4—银行账簿的证券化风险敞口和相关资本要求—银行作为投资者	固定格式	半年	

资料来源：BIS，作者整理。

11. 市场风险的披露。市场风险的披露要求成形于2015年版第三支柱框架。因为巴塞尔委员会于2016年1月发布了新修订的市场风险监管框架，所以2017年版第三支柱框架对市场风险披露要求进行了修订，主要包括以下内容：一是简化模板MR1，只要求银行披露每个风险类别的总资本要求；二是将2015年版框架中的模板MR2和模板MR3合并成新的模板MR2，并简化了信息公开；三是对表MRA和表MRB进行简化，取消了被认为是不必要、在银行间没有可比性的披露要求；四是在模板MR3中整合了报告期间与风险加权资产重大变化有关的定性信息，并简化了此类变化的定量报告。值得注意的是，巴塞尔委员会分别设定了两个阶段的模板MR2和模板MR3，从2019年末开始，第二阶段的模板MR2和模板MR3将开始实施，届时将取代第一阶段的模板MR2和模板MR3（见表23）。

表23　　市场风险的披露内容

模板和表格	格式类型	披露频率	实施日期
MRA—市场风险的定性披露要求	灵活格式	年度	第一阶段：2016年末； 第二阶段：2019年末
MR1—标准法下的市场风险	固定格式	半年	
MRB—内部模型法下银行的定性披露	灵活格式	年度	2019年末
MRC—内部模型法下银行交易的结构	灵活格式	半年	
MR2—内部模型法下市场风险敞口的风险加权资产变动情况（仅第一阶段） MR2—内部模型法下每种风险类型的市场风险（仅第二阶段）	固定格式	半年	第一阶段：2016年末； 第二阶段：2019年末
MR3—内部模型法下交易组合的价值（仅第一阶段） MR3—内部模型法下市场风险敞口的风险加权资产变动情况（仅第二阶段）	固定格式	季度	第一阶段：2016年末； 第二阶段：2019年末
MR4—收益和损失估计在险价值的比较	灵活格式	半年	第一阶段：2016年末

资料来源：BIS，作者整理。

12. 操作风险的披露。随着操作风险监管框架改革不断推进，操作风险的披露要求在2017年版第三支柱框架和2018年版第三支柱框架中得到相应的修订。在巴塞尔Ⅲ中，操作风险监管框架得以精简，原先用于计量操作风险资本要求的高级计量法和三种标准法（基本指标法、标准法、新标准法）已被单一风险敏感度标准法所取代。修订后的操作风险标准法基于两个部分来确定银行的操作风险资本要求：一是基于财务报表对银行经营活动的度量；二是对银行历史损失的度量。从概念上讲，该方法假定银行操作风险的增加速度与银行经营活动增长的速度相同，并且历史上经历过较大操作风险损失的银行被认为更有可能在未来遭受操作风险损失。所以，巴塞尔委员会制定了一个新表（表ORA）和三个新模板（模板OR1、模板OR2和模板OR3），以反映新修订的操作风险标准法。具体来看，表ORA要求银行对操作风险管理框架进行定性披露，包括银行操作风险管理的政策、框架和指引、操作风险的计量体系、用于操作风险管理的风险缓释和风险转移；模板OR1要求银行基于已发生损失的账户日期，披露过去10年的总操作风险损失；模板OR2要求银行披露其业务指标及其子成分；模板OR3提供了银行计量操作风险资本要求的概要信息，要求银行披露计算操作风险最低监管资本要求时所使用的业务指标组成部分和内部损失乘数（见表24）。

表24　　　　操作风险的披露内容

模板和表格	格式类型	披露频率	实施日期
ORA—银行操作风险框架的定性信息	灵活格式	年度	2022年1月1日
OR1—历史损失	固定格式	年度	
OR2—业务指标和子成分	固定格式	年度	
OR3—操作风险最低资本要求	固定格式	年度	

资料来源：BIS，作者整理。

13. 银行账簿利率风险的披露。巴塞尔委员会于2016年4月发布了新修订的银行账簿利率风险监管框架及改进的披露要求，以促进银行账簿利率风险计量和管理的透明度、一致性和可比性。2017年版第三支柱框架将这些披露要求进行了整合，设定了一个新表（表IRRBBA）和一个新模板（模板IRRBB1），表IRRBBA要求银行披露银行账簿利率风险的管理目标和策略，模板IRRBB1则要求银行披露银行账簿利率风险的定量信息（见表25）。

表25　　　　银行账簿利率风险的披露内容

模板和表格	格式类型	披露频率	实施日期
IRRBBA—银行账簿利率风险管理目标和策略	灵活格式	年度	2018年
IRRBB1—银行账簿利率风险的定量信息	固定格式	年度	2018年

资料来源：BIS，作者整理。

14. 薪酬的披露。巴塞尔委员会在2017年版第三支柱框架中引入了“薪酬”的披露要求，将2011年7月发布的薪酬披露要求整合成一个新表（表REMA）和三个新模板（模板REM1、模板REM2和模板REM3）。表REMA为第三支柱的信息使用者提供银行薪酬政策的定性描述，模板REM1、模板REM2和模板REM3则分别提供银行在财务年度支付的酬金、专项支付，以及递延薪酬和留存薪酬总额的信息（见表26）。

表26　　　　薪酬的披露内容

模板和表格	格式类型	披露频率	实施日期
REMA—薪酬策略	灵活格式	年度	2017年末
REM1—财务年度内支付的酬金	灵活格式	年度	
REM2—专项支付	灵活格式	年度	
REM3—递延薪酬	灵活格式	年度	

资料来源：BIS，作者整理。

15. 资产抵押、资本分配约束和基准值的披露。巴塞尔委员会在2018年版第三支柱框架中引入了“资产抵押”的披露要求（模板ENC）。模板ENC将要求银行披露其抵押和无抵押资产的信息，该模板包括一个可选栏（各个国家或地区可自行决定是否包括该栏），要求银行报告目前在央行资金便利安排中使用的所有资产，而且并不考虑这些资产是否被视为第三支柱框架所界定的已抵押或未抵押资产。在决定不将可选栏纳入披露要求的国家或地区，银行应酌情将其在央行资金便利安排中使用的资产与其他抵押和未抵押资产进行分组。

巴塞尔Ⅲ规定银行的资本留存缓冲、逆周期资本缓冲和全球系统重要性银行资本缓冲都必须建立在银行最低资本监管要求的基础上，当银行资本水平低于最低资本要求与资本缓冲要求之和时，监管当局应对银行实施资本配置约束，该约束将随着银行资本消耗的增加而增大。因此，巴塞尔委员会在2018年版第三支柱框架中引入了“资本分配约束”的披露要求（模板CDC）。模板CDC要求银行披露普通股一级资本比例及资本分配约束触发值（包括两个触发值，一个考虑了用于满足其他最低监管资本要求的普通股一级资本，另一个则没有考虑），当银行披露的实际普通股一级资本比例大于触发值，第三支柱的信息使用者将会知道该银行没有触发资本分配约束，否则银行就会触发资本分配约束。

在第三支柱的第二阶段审查中，巴塞尔委员会已经对“将标准法下加权风险资产作为内部模型法下加权风险资产的基准值”的披露要求征求意见，但由于当时巴塞尔Ⅲ尚未修订完毕，因此没有纳入2017年版第三支柱框架。巴塞尔Ⅲ发布后，巴塞尔委员会在2018年版第三支柱框架中引入了“基准值”的披露要求，要求银行必须披露使用内部模型和标准法计算加权风险资产的相关信息，并设定了模板BEN1和模板BEN2。模板BEN1要求银行披露按照标准法计算的加权风险资产，该加权风险资产将作为使用内部模型法计算的加权风险资产的基准值；模板BEN2进一步阐述了在标准法和内部模型法下计算的加权风险资产之间的比较，比较的重点是在资产类别和子资产类别层面的信用风险加权风险资产（见表27）。

表27　资产抵押、资本分配约束和基准值的披露内容

<table>
<tr><th>模板和表格</th><th>格式类型</th><th>披露频率</th><th>实施日期</th></tr>
<tr><td>ENC—资产抵押</td><td>固定格式</td><td>半年</td><td>2019年末</td></tr>
<tr><td>CDC—资本分配约束</td><td>灵活格式</td><td>年度</td><td>2019年末</td></tr>
<tr><td>BEN1—根据标准法计算的加权风险资产基准值，以及对内部模型法下资本下限的影响</td><td>固定格式</td><td>季度</td><td rowspan="2">2022年1月1日</td></tr>
<tr><td>BEN2—根据标准法计算的不同资产类别的信用风险加权风险资产基准值(不包括交易对手信用风险)</td><td>固定格式</td><td>半年</td></tr>
</table>

资料来源：BIS，作者整理。

三、提升中国银行业信息披露水平的建议

进入21世纪以来，随着中国商业银行不断改制上市，以及监管当局引入并实施巴塞尔监管框架，中国商业银行才开始不断重视信息披露。由于中国商业银行经营理念和治理结构还在不断完善，商业银行信息披露体系仍然存在诸多缺陷。因此，在巴塞尔第三支柱框架逐步确立的背景下，中国监管当局应以此为契机建立适合中国的信息披露框架，进而提升金融市场运行效率。

第一，监管当局应加快吸收新版第三支柱框架，尽快出台与国际接轨的信息披露细则。自从中国监管当局于2004年发布《商业银行资本充足率管理办法》将信息披露作为资本监管框架的重要支柱以来，随着危机后巴塞尔Ⅲ的改革和完善，中国监管当局逐步引入了监管资本构成、流动性风险、杠杆率、交易对手信用风险、全球系统重要性银行等最新监管改革成果和对应的信息披露要求，建立了一套涵盖主要风险的信息披露体系。但不可否认的是，中国信息披露规则与原有的巴塞尔第三支柱框架拥有共同的问题，就是信息披露规则给予商业银行很大的自由裁量权，这导致每家银行都可以创造自己的风险信息披露框架，披露形式和内容缺乏统一性，而且不同银行的风险信息会散落在财务报告中的不同位置，市场参与者因此需要花费大量时间和精力才能获得相对充分的银行风险信息，从而降低自己的信息不对称。所以，监管当局应加快对新版第三支柱框架进行解读和吸收，引入各类风险的信息披露模板和表格，制定与国际接轨的披露规则，进而提高中国商业银行信息披露的透明度、一致性和可比性。当然，巴塞尔第三支柱框架适用于国际活跃银行，很多模板和表格并不适用于中小型商业银行，监管当局应考虑不同类型银行之间的差异性，平衡信息披露的公平性。

第二，商业银行应积极面对信息披露规则，摒弃应付监管检查的态度。巴

塞尔第三支柱框架明确指出银行应建立经董事会审批的内部控制流程和程序来确保风险信息的可靠性，而且要求董事会或高管层级别的官员针对数据可靠性出具书面保证书，可见信息披露已经是银行公司治理的重要一环。但现实中，许多商业银行将信息披露作为一种极大的负担，仅仅将信息披露作为应对监管检查的工作，抱着减少内容或模糊处理的态度进行信息披露，防范市场参与者过多地了解自身的风险信息，这种心理和行为严重违背了第三支柱促进市场纪律的宗旨。事实上，在市场监督缺失的情形下，商业银行可能更缺少提升风险管理水平的动力，经营活动审慎性下降，潜在风险会更加突出。因此，商业银行应深刻理解风险管理信息披露的内涵和作用，主动扩大信息披露范围，以积极的态度向市场参与者披露风险信息，并且还要根据自身经营战略和风险动态变化披露对市场参与者有意义的重大风险信息，从而在保障利益相关者权益的同时，增强风险管理能力。

第三，商业银行应建立完善的信息披露管理制度，提升信息披露质量。新版巴塞尔第三支柱框架涵盖信用风险等17个部分共计70余个信息披露模板和表格，而且不同的模板和表格会采取季度、半年或年度频率进行披露，信息披露的工作量并不算少。在全面风险管理理念下，商业银行的风险管理通常是由风险管理部门牵头全面风险管理，但仍有一些类型的风险由相关中后台部门负责日常管理，比如流动性风险由资产负债部门管理，而最终的信息披露又会由董事会办公室负责统筹并对外进行披露。在这种制度安排下，一些模板和表格会由不同的部门提供，而且信息提供和编制部门与最终的披露部门并不是同一个部门，这时信息披露的质量就与信息披露管理制度的完善与否有直接关系。因此，商业银行应制定本行的信息披露管理制度，确定信息披露管理的组织架构，明确董事会、管理层及相关部门的工作职责，建立完善的信息产生、编制、审查和披露流程，确保信息披露质量。

第四，商业银行应加大对数据信息系统建设的投入，提高数据来源的稳定性和准确性。银行各个业务部门可以通过数据信息系统从原始业务数据中提取经过内部处理并符合一定条件的数据，因此数据信息系统大大地提高了银行管理各类日益错综复杂的业务效率。为金融信息的安全，中国商业银行的数据信息系统大多由国内厂商提供技术支撑，但限于财力、人力和物力的不足，许多中小银行的数据信息系统还不够优化和完善，风险数据的提取和使用受到较大影响，不利于银行顺利开展信息披露工作。因此，商业银行应加大投入，注重日常基础数据的筛选和维护，努力建立一套成熟的数据信息管理系统，不断提升各类风险监管指标计算的自动化水平，确保数据来源的稳定性和准确性，为信息披露新规的全面实施提供技术支撑。

第二章 巴塞尔Ⅲ的资本监管

巴塞尔Ⅲ的发布标志着后危机时期巴塞尔委员会对国际银行业资本监管的改革最终尘埃落定，对资本充足率监管三个基本要素——合格资本工具、风险加权资产计量方法和资本充足率的监管要求改革全部完成。巴塞尔Ⅲ致力于提升银行业风险加权资产计量框架的可信度，实现风险加权资产可比性、简单性和风险敏感性三者之间的平衡，完成了对信用风险、市场风险、操作风险三大风险标准法的全面修订。

本章在对巴塞尔资本协议监管框架进行回顾之后，详细解读了巴塞尔Ⅲ框架下对信用风险、资产证券化风险、交易对手信用风险、操作风险、市场风险及介入风险的监管改革。近年来，随着中国金融市场不断深化，商业银行业务逐渐向多元化、复杂化发展，对各类风险的监管难度也在不断加大。同时看到，目前中国商业银行风险管理体系与发达国家相比仍存在一定的差距，吸取国外经验，尤其是研究巴塞尔委员会的监管框架，前瞻性地防范商业银行的各类风险，有利于维护中国金融系统的稳定发展。

第一节　巴塞尔Ⅲ信用风险标准法监管改革

为应对2008年国际金融危机，弥补危机中国际银行业原监管框架巴塞尔Ⅱ呈现的不足，巴塞尔委员会于2010年底发布了《巴塞尔Ⅲ：增强银行和银行体系稳健性的全球监管框架》（以下简称2010版巴塞尔Ⅲ）。2010版巴塞尔Ⅲ是对全球银行业资本监管理念、监管框架与准则的多维立体改革，从宏观审慎监管的视角，引入了储备资本、逆周期资本缓冲和系统重要性银行附加资本的监管要求；将银行业监管资本从原来的两级分类划分为核心一级资本、其他一级资本和二级资本的三级分类，建立了新的资本结构；明确资本定义，强化了资本工具的合格标准，提高了资本充足率（Capital adequacy ratio，CAR）的监管要求；另外还制定了流动性覆盖率（Liquidity coverage ratio，LCR）和净稳定资金比率（Net stable funding ratio，NFSR）的流动性监管框架与计量标准，将杠杆率作为资本充足率的补充。但2010版巴塞尔Ⅲ仍沿用了巴塞尔Ⅱ下风险加权资产的计量框架和方法。

为解决巴塞尔Ⅱ风险加权资产计量中的可比性问题，降低对外部评级机构的依赖，激励商业银行强化自身风险监管与评估水平，2013年起巴塞尔委员会启动了对风险加权资产计量框架的改革与修订。在2017年12月8日发布了《巴塞尔Ⅲ：后危机改革的最终方案》（以下简称巴塞尔Ⅲ），并于2022年1月1日起逐步实施。巴塞尔Ⅲ的发布标志着后危机时期巴塞尔委员会对国际银行业资本监管的改革最终尘埃落定，对资本充足率监管三个基本要素——合格资本工具、风险加权资产计量方法和资本充足率的监管要求改革全部完成。巴塞尔Ⅲ致力于提升银行业风险加权资产计量框架的可信度，实现风险加权资产可比性、简单性和风险敏感性三者之间的平衡，完成了对信用风险、市场风险、操作风险三大风险标准法的全面修订。

信用风险作为全球银行业面临的主要风险[①]，信用风险计量的改革与修订在全球范围内受到广泛关注。相比于巴塞尔Ⅱ，巴塞尔Ⅲ对信用风险标准法计量中的资产风险敞口类型、风险权重进行了更为详细的划分，特别对无外部评级

① 巴塞尔委员会监管一致性评估项目——关于银行信用风险加权资产的分析（BCBS，2013a）的研究报告显示，在全球大型银行风险加权总资产中，信用风险加权资产占比约为77%，市场风险加权资产占比约为11%，操作风险加权资产占比约为9%。

资产和房地产等相关资产风险敞口设置了细化的标准，从而提升信用风险资本计量的敏感度；同时还强调商业银行尽职调查与风险管理，强化外部评级使用的评估过程，引入标准风险评估过程方法，激励商业银行降低对外部评级的依赖。巴塞尔Ⅲ不仅提升了风险资本计量的敏感性和细化度，还要求商业银行风险资本计量中更多地采用标准法，这将在一定程度上影响银行的资本充足率并要求银行资本金的增加。同时，由于全球不同国家和地区银行业务运营与资产的差异性，巴塞尔Ⅲ对各国的影响也是不同的。只有清晰洞察国际监管改革的思路与逻辑，才能更好地适应和借鉴国际银行监管新理念与新趋势，提升中国银行业监管、业务运营与资本管理的能力。

一、信用风险标准法监管改革

（一）信用风险标准法监管改革历程

合格资本工具、风险加权资产计量方法和资本充足率监管要求作为资本充足率监管三大基本要素，风险加权资产计量方法在银行业资本监管中的重要性不言而喻。从巴塞尔资本协议的演进来看，1988年巴塞尔委员会发布的《关于统一资本计量和资本标准的国际协议》（以下简称巴塞尔Ⅰ）对风险加权资产的计量主要为银行信用风险，但巴塞尔Ⅰ中各类资产的风险权重均由监管当局制定，计量过程简单透明，但过于粗糙，敏感性不足。

随着银行风险监管需求的提升和资本计量技术的进步，2004年巴塞尔委员会发布的《统一资本计量和资本标准的国际协议：修订框架》（以下简称巴塞尔Ⅱ）将风险资本计量从最初信用风险扩大到市场风险和操作风险，对风险加权资产计量的精细化程度显著提升，并且为提升监管资本的风险敏感性，激励商业银行提升风险管理水平，全面引入了基于银行内部模型的风险加权资产计量方法，如信用风险初高级内部评级法、市场风险内部模型法、操作风险高级计量法。但随着2008年国际金融危机的爆发，巴塞尔Ⅱ资本计量呈现出过度依赖外部评级、风险敏感性不足、标准法与模型法计量结果缺乏可比性等诸多问题。大量实证研究表明，巴塞尔Ⅱ信用风险标准法主要存在以下四个方面不足。

1. 过度依赖外部评级。巴塞尔Ⅱ中将各类资产的风险权重机械地与外部评级相挂钩，一定程度上导致商业银行运营管理中忽视了自身尽职调查和风险监管，引发了市场的羊群效应和悬崖效应，特别在危机期间给全球金融体系稳定造成一定威胁。

2. 风险敏感性不足。巴塞尔Ⅱ信用风险标准法中对部分资产类别仅设置单一风险权重或少数几个风险权重档次，风险敏感性不足。如巴塞尔Ⅱ中将住宅房地产风险敞口（Residential real estate exposure）的风险权重统一设为35%，商业房地产风险敞口（Commercial real estate exposure）的风险权重设定为100%，未考虑抵押品价值、交易对手偿债能力等相关因素。

3. 信用风险标准法与内部评级法计量结果缺乏可比性。由于巴塞尔Ⅱ中信用风险标准法与内部评级法计量的原理和考虑因素存在较大差异，从而导致二者计量结果间缺乏一致性与可比性。如信用风险标准法中风险权重主要取决于外部评级；而内部评级法下，风险权重与债务人的偿债能力、是否有担保抵押、担保抵押类型和债务期限等因素相关，同时由于不同银行采用模型方法、假设及基础数据等差异，导致不同银行资本充足率计算结果呈现巨大差异，致使许多银行选择性采用更有利的内部评级法以实现监管套利，形成不公平竞争。2013年巴塞尔委员会《监管一致性评估项目——银行账簿信用风险加权资产分析》中关于全球32家大型银行信用风险下不同资产类别内部评级法与标准法的风险权重的差异显示，在银行和公司风险敞口中有30家银行的内部评级法的风险权重显著低于标准法风险权重，其中24家银行的风险权重差异在25%以上。

4. 各国之间计量结果缺乏一致性和可比性。巴塞尔Ⅱ中信用风险标准法赋予各国监管当局对部分资产风险权重采取自由裁量权，进而导致各国落地实施中产生不一致性和可比性。2013年巴塞尔委员会《监管一致性评估项目——银行账簿信用风险加权资产分析》对全球32家大型银行自下而上虚拟资产组合测试（hypothetic portfolio exercise，HPE）的研究结果表明，由于内部评级法的差异，致使32家银行中的10家银行资本充足率相差在1%以上，最极端的一家欧洲银行充本充足率差异2.2%。

（二）信用风险标准法改革的思路与逻辑

为解决上述巴塞尔Ⅱ中呈现的不足，2013年起巴塞尔委员会全面启动对风险加权资产计量框架的改革，并提出风险加权资产计量体系的改革目标是平衡风险敏感性、简单性和可比性。风险敏感性包括事前和事后敏感性，事前指风险驱动因子应能准确反映风险敞口或交易的风险特征，可敏感地捕捉风险的差异与变化；事后指资本充足率可准确反映银行资本管理与业务运营的能力；简单性指风险加权资产计量方法与计量过程的简单性；可比性指风险加权资产计算结果的可比性。

针对信用风险标准法的改革与修订，巴塞尔委员会提出了七项原则：

（1）在优化计量方法的同时，尽量维持原有框架和理念；

（2）合理体现风险特征差异性，为银行提供正向激励；

（3）计量方法简单易行并能适用各国银行；

（4）不使用银行内部模型作为风险权重制定依据；

（5）尽可能降低对外部评级的依赖；

（6）标准法中的定义与内部评级法尽量一致；

（7）新标准法的建议应通过原有方法的缺陷和改善方案来进行分析与论证。

巴塞尔委员会于2014年12月和2015年12月先后发布了两轮信用风险标准法修订方案征求意见稿，并广泛征求各成员国监管机构、国际大型商业银行和研究机构的意见和建议，于2017年12月8日发布了巴塞尔Ⅲ。

二、信用风险标准法的核心内容与最新标准

（一）信用风险标准法核心内容

巴塞尔Ⅲ对信用风险标准法进行了全面改革与修订，改革的核心内容主要体现在以下四个方面：

1. 更加细化信用风险敞口分类。巴塞尔Ⅲ在基本沿用巴塞尔Ⅱ标准法风险敞口分类框架的基础上，细分增加了担保债券、次级债务、股权与其他资本工具和货币错配等类别，对公司、零售、房地产等风险敞口进行了详细二级分类和细化。如将房地产风险敞口分为住宅房地产、商业房地产、产生收入的房地产和土地购置、开发与建设等；公司风险敞口在设置一般企业与中小企业的基础上，将项目融资（Project finance，PF）、实物融资（Object finance，OF）和商品融资（Commodities finance，CF）设为单独子类。

2. 合理确定各类风险敞口的风险驱动因子，巴塞尔Ⅲ信用风险标准法在仍然允许使用外部评级确定主权、央行、非中央政府公共部门实体、银行和公司等风险敞口权重的基础上，对商业银行提出尽职要求，各国监管当局还可采用标准信用风险评估方法（Standardised credit risk assessment approach，SCRA）确定银行风险敞口的风险权重；在住宅房地产和商业房地产风险敞口中依据贷款价值比（Loan to value，LTV）设置了更细化、更敏感的风险权重，取代了原巴塞尔Ⅱ中对单一风险权重的设置。

3. 重新校准确定风险权重，巴塞尔Ⅲ信用风险标准法对风险驱动因子进行分析，并依据不同档次的风险赋予差异化的风险权重。对多边开发银行、银行、担保债券、公司、零售、房地产等风险敞口的风险权重进行了细化。

4. 降低对外部评级的依赖，要求银行在采用外部评级时，要加强对债务人的尽职调查。并对未评级风险敞口（适用于不允许使用外部评级的国家和地区，以及没有外部评级的银行风险敞口），采用标准信用风险评估方法确定风险敞口的等级，进而采用相应的风险权重。

（二）信用风险标准法最新标准

巴塞尔Ⅲ基本沿用了巴塞尔Ⅱ中对信用风险敞口分类，细分增加了担保债券、次级债务、股权与其他资本工具和货币错配等类别，对公司、零售、房地产等风险敞口进行了详细分类和细化。巴塞尔Ⅲ信用风险标准法与巴塞尔Ⅱ的区别主要体现在银行、公司、零售、房地产等风险敞口，以及表外项目的处理方法等方面（见图1）。

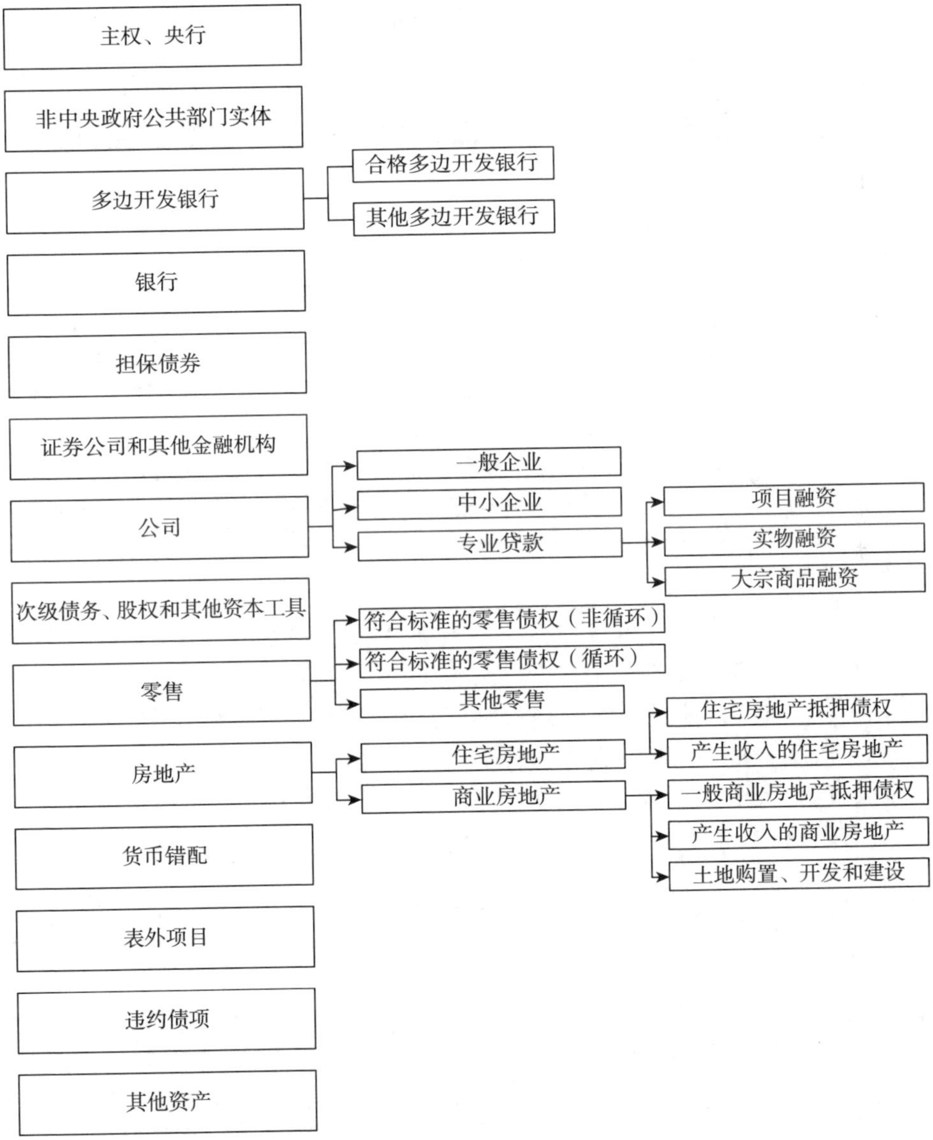

图1　巴塞尔Ⅲ信用风险敞口分类

1. 对于主权、央行和非中央政府公共部门实体，巴塞尔Ⅲ仍沿用了巴塞尔Ⅱ中风险权重的划分，具体风险权重见表1~表3。

表1　　主权和中央银行风险敞口

依据主权信用评级情况下						
外部信用评级	AAA~AA-	A+~A-	BBB+~BBB-	BB+~BB-	B-以下	未评级
风险权重	0	20%	50%	100%	150%	100%
依据出口信贷机构（Export Credit Agencies，ECAs.）评级情况下						
出口信贷机构风险评分	0~1	2	3	4~6	7	
风险权重	0	20%	50%	100%	150%	

资料来源：BIS，作者整理。

表2　　非中央政府公共部门实体风险敞口

方案1：基于主权信用评级						
主权信用评级	AAA~AA-	A+~A-	BBB+~BBB-	BB+~B-	B-以下	未评级
风险权重	20%	50%	100%	100%	150%	100%
方案2：基于公共部门实体信用评级						
公共部门实体外部评级	AAA~AA-	A+~A-	BBB+~BBB-	BB+~B-	B-以下	未评级
风险权重	20%	50%	50%	100%	150%	50%

资料来源：BIS，作者整理。

2. 对于多边开发银行风险敞口，分为满足巴塞尔委员会相关标准要求的合格多边开发银行和其他多边开发银行两个子类，对合格多边开发银行的风险权重设置为零，而对其他多边开发银行则依据交易对手外部评级设置了不同的风险权重，对纳入主权而由于监管目的不允许外部评级的其他多边开发银行的风险权重设置为50%。而巴塞尔Ⅱ中则将其他多边开发银行作为银行类风险敞口处理，依据交易对手外部评级设定风险权重。

表3　　多边银行风险敞口

合格多边开发银行						
风险权重	0					
其他多边开发银行						
交易对手外部评级	AAA~AA-	A+~A-	BBB+~BBB-	BB+~B-	B-以下	未评级
基准风险权重	20%	30%	50%	100%	150%	50%

资料来源：BIS，作者整理。

3. 对于银行风险敞口，巴塞尔Ⅲ对部分外部评级的风险权重进行重新调整。并对未评级风险敞口（适用于不允许使用外部评级的国家和地区，以及没有外部评级的银行风险敞口），采用标准信用风险评估方法对交易对手银行的风险评估结果将分为A、B、C三个等级，分别赋予不同的风险权重，详见表4。

表4　　银行风险敞口

允许使用外部信用评级情况下：						
外部信用评级	AAA~AA-	A+~AA-	BBB+~BBB-	BB+~B-	B-级以下	未评级
风险权重	20%	30%	50%	100%	150%	采用下述SCRA方法
短期风险敞口						
风险权重	20%	20%	20%	50%	150%	采用下述SCRA方法
外部信用评级不允许使用和无评级情况下：						
标准信用风险评估方法（SCRA）级别		A级		B级		C级
风险权重		40%*		75%		150%
短期风险敞口		20%		50%		150%

注：交易对手银行评级为A级，且满足（1）核心一级资本比率≥14%；（2）一级资本杠杆率≥5%情形下，风险权重可采用30%。

资料来源：BIS，作者整理。

4. 对于担保债券风险敞口，巴塞尔Ⅲ进行了单独分类，并将其划分为有外部评级和无外部评级两个子类（见表5）。

表5　　担保债券风险敞口

有外部评级的担保债券风险权重							
债券信用评级	AAA~AA-		A+~BBB-		BB+~B-		B-级以下
风险权重	10%		20%		50%		100%
无外部评级的担保债券风险权重							
债券发行银行风险权重	20%	30%	40%	50%	75%	100%	150%
风险权重	10%	15%	20%	25%	35%	50%	100%

资料来源：BIS，作者整理。

5. 关于证券公司和其他金融机构的风险敞口，对接受同银行相同审慎和监管标准（含资本和流动性监管要求）的证券公司和其他金融机构的风险敞口，按银行类风险敞口权重计量；而其他类证券公司和金融机构的风险敞口按企业类风险权重计量。

6. 对公司风险敞口，巴塞尔Ⅲ制定了更细化、更具颗粒度的风险权重表，并提出特定的风险权重适用于中小企业风险敞口，另外还增加了对项目融资、实物融资和大宗商品融资的单独处理（见表6、表7）。

表6　　一般企业风险敞口

允许使用外部信用评级情况下：						
交易对手外部评级	AAA~AA-	A+~A-	BBB+~BBB-	BB+~B-	B-级以下	无评级
风险权重	20%	50%	75%	100%	150%	100%或 中小企业SME为85%
外部评级不允许使用情况下：						
标准信用风险评估方法（SCRA）级别				投资级		其他
一般企业（非中小企业SME）				65%		100%
中小企业SME				85%		

注：中小企业（Small and medium enterprises, SME）为最近1年集团营业收入不超过5000万欧元的企业。

资料来源：BIS，作者整理。

表7　　项目融资、实物融资和大宗商品融资风险敞口

风险敞口	项目融资	实物融资和大宗商品融资
外部评级适用且允许情况下：	与上述一般企业风险权重相同	
外部评级不适用或不允许情况下：	130% 项目运营前阶段 100% 项目运营阶段 80%项目运营阶段（高质量）	100%

资料来源：BIS，作者整理。

7. 对于次级债务、股权和其他资本工具风险敞口，巴塞尔Ⅲ制定了更细颗粒度的风险权重，对除股权以外的次级债和其他资本工具的风险权重为150%；对未上市企业股权投资风险敞口赋予400%的风险权重；其他股权投资风险权重为250%，而特定国家立法规划项目的股权投资风险权重为100%（见表8）。

表8　　次级债和股权风险敞口（不包括已扣除金额）

	次级债和股权以外的资本	特定国家立法规划项目股权风险敞口	未上市企业股权	其他股权风险敞口
风险权重	150%	100%	400%	250%

注：指未上市企业的股权投资，通过短期转售或视为风险投资或类似投资，以获取未来资本增值的股权投资。

资料来源：BIS，作者整理。

8. 对个人、家庭或中小企业零售，巴塞尔Ⅲ制定了更为细化的风险权重，针对满足监管要求的零售债权循环类按月结清型风险敞口设置了45%的风险权重（见表9）。

表9　　零售风险敞口（不包含房地产）

<table>
<tr><td rowspan="2"></td><td rowspan="2">合格零售债权（非循环）</td><td colspan="2">合格零售债权（循环）</td><td rowspan="2">其他零售</td></tr>
<tr><td>按月结清型</td><td>循环信用型</td></tr>
<tr><td>风险权重</td><td>75%</td><td>45%</td><td>75%</td><td>100%</td></tr>
</table>

注：合格循环零售风险敞口是满足循环、无担保、面向个人等条件的风险敞口，如信用卡贷款。合格循环零售风险敞口分为按月结清型和循环信用型两个子类，其中按月结清型指在过去12个月的还款期内没有逾期的合格循环零售风险，其他则为循环信用型。

资料来源：BIS，作者整理。

9. 房地产风险敞口，巴塞尔Ⅲ依据贷款价值比LTV对住宅房地产和商业房地产抵押风险敞口设置了更细化、更敏感的风险权重，取代了原巴塞尔Ⅱ中对住宅房地产抵押风险权重为35%和商业房地产抵押风险权重为100%的单一风险权重设置。巴塞尔Ⅲ还依据贷款偿还是否依赖于财产的收入进行了差异化的风险权重设置（见表10）。另外，巴塞尔Ⅲ还针对土地购置，开发和建设风险敞口设置了单独的风险权重。

表10　　住宅房地产风险敞口

<table>
<tr><td>贷款价值比LTV</td><td>50%以下</td><td>50%~60%</td><td>60%~70%</td><td>70%~80%</td><td>80%~90%</td><td>90%~100%</td><td>100%以上</td><td>不满足标准</td></tr>
<tr><td colspan="9">一般住宅房地产（偿还不依赖于财产的收入）</td></tr>
<tr><td>整体贷款风险权重</td><td>20%</td><td>25%</td><td colspan="2">30%</td><td>40%</td><td>50%</td><td>70%</td><td>交易对手风险权重</td></tr>
<tr><td>贷款分割风险权重</td><td colspan="2">20%</td><td colspan="5">交易对手风险权重</td><td>交易对手风险权重</td></tr>
<tr><td colspan="9">产生收入的住宅房地产（Income-producing residential real estate，IPRRE）</td></tr>
<tr><td>整体贷款风险权重</td><td>30%</td><td>35%</td><td colspan="2">45%</td><td>60%</td><td>75%</td><td>105%</td><td>150%</td></tr>
</table>

资料来源：BIS，作者整理。

在贷款分割方法下，巴塞尔Ⅲ允许对贷款价值比低于55%的一般住宅房地产风险敞口采用20%的风险权重，而对剩余的风险敞口采用交易对手风险权重，而对于不满足标准则采用交易对手的风险权重（见表11）。

表11　　商业房地产（Commercial real estate，CRE）风险敞口

一般商业房地产				
整体贷款方法	LTV≤60%	LTV>60%		不满足标准
	60%或交易对手风险权重的最小值	交易对手风险权重		交易对手风险权重
贷款分割风险权重	LTV≤55%	LTV>55%		不满足标准
	60%或交易对手风险权重的最小值	交易对手风险权重		交易对手风险权重
产生收入的商业房地产（Income-producing commercial real estate，IPCRE）				
整体贷款方法	LTV≤60%	60%<LTV≤80%	LTV>80%	不满足标准
	70%	90%	110%	150%
土地购置、开发和建设（ADC）风险敞口				
给公司/SPV贷款	150%			
住宅ADC贷款	100%			

资料来源：BIS，作者整理。

10. 对于货币错配特定风险敞口的风险权重乘数，巴塞尔Ⅲ中对因借款人收入与贷款货币不一致导致货币错配下的未对冲零售和个人住宅房地产抵押风险敞口，银行采用1.5倍的风险权重乘数，最大风险权重为150%（取1.5×相应风险权重和150%两者间的最小者）。

11. 对于表外风险敞口，巴塞尔Ⅲ制定了更具风险敏感度的信用转换系数（Credit conversion factor，CCF）（见表12）。

表12　　表外风险敞口信用转换系数

项目分类	UCCs可无条件取消的贷款承诺	除UCCs外的承诺类或有项目	票据发行便利（NIFs），循环包销便利（RUFs）和特定交易项下（如履约债券、投标债券、担保和与特定交易相关的备用信用证）的或有项目	短期内可以自动清偿和与贸易有关的或有项目	直接信用替代项目或其他表外风险敞口
信用转换系数	10%	40%	50%	20%	100%

注：可无条件取消的贷款承诺（Unconditionally cancellable commitments，UCCs）。
资料来源：BIS，作者整理。

12. 违约债项风险敞口，对于逾期90天债务或违约借款人的风险敞口，当贷款提取的专项准备金未达到未偿金额的20%时风险权重为150%，而贷款提取的专项准备金达到未偿金额的20%及以上时风险权重为100%。

13. 其他资产风险敞口，对于银行持有的库存现金或在途现金；以及银行持有的黄金或在分配的基础上在另一个银行金库中持有的黄金的风险权重为0；对于托收中的现金款项的风险权重为20%；其他类别资产风险权重为100%。

（三）信用风险标准法实施时间规划

巴塞尔委员会再一次给各国监管部门和商业银行足够的时间来理解、调整与实施新的标准。巴塞尔Ⅲ要求信用风险标准法与内部评级法的实施时间为2022年1月1日，资本要求下限在2022年1月1日起五年内分阶段逐步实施（从2022年的50%开始，至2027年逐步上升到72.5%）（见图2）。

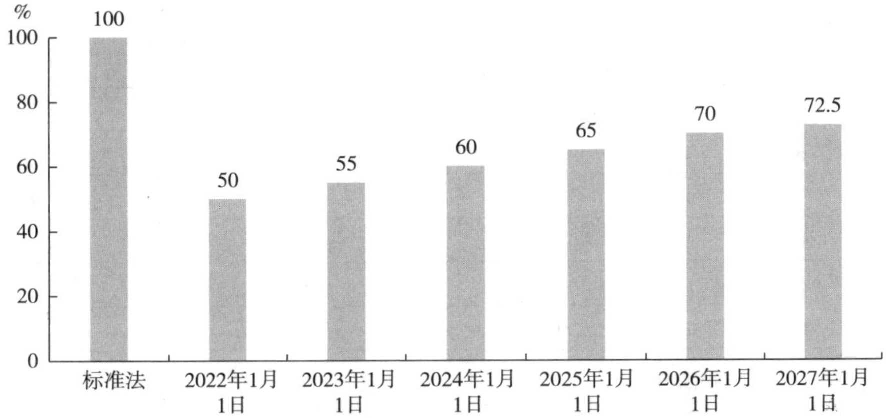

图2　2022—2027年内部评级法的风险加权资产最低计量值不低于标准法的比例

三、信用风险标准法实施的影响评估

2017年12月巴塞尔委员会定量影响测算（Quantitative impact study，QIS）结果表明，巴塞尔Ⅲ风险加权资产计量框架改革对银行业资本充足率水平总体影响不大。全球71家一组银行[指一级资本超过30亿欧元的国际活跃银行，其中包括27家国际系统重要性银行（G-SIBs）]的一级资本最低要求（Minimum required capital，MRC）将降低0.5%，27家G-SIBs的一级资本最低要求将下降1.4%，二级银行将上升3.8%（见表13）。

表13　巴塞尔Ⅲ最终方案修订对一级资本最低要求的影响

银行类型	数量（家）	最终影响	风险加权资产				杠杆率
			总影响	信用风险	操作风险	资本底线	
一组银行	71	-0.5%	0.2%	1.4%	-3.0%	1.9%	-0.7%
其中：G-SIBs	27	-1.4%	-0.9%	1.8%	-4.1%	1.3%	-0.4%
二组银行	42	3.8%	0.9%	2.2%	0.6%	-1.9%	2.9%

资料来源：BIS，作者整理。

定量影响测算结果表明，信用风险计量方法的修订，将使一组银行、27家G-SIBs和二组银行的一级资本最低要求分别上升1.4%、1.8%和2.2%。其中信用风险标准法的修订将使一组银行一级资本最低要求小幅下降1.9%，27家G-SIBs下降约2.1%，二组银行下降2.0%。而内部评级法的修订将使一组银行一级资本最低要求上升2.0%，27家G-SIBs上升3.4%，二组银行上升6.7%（见表14、表15）。

表14　巴塞尔Ⅲ信用风险标准法修订对一级资本最低要求的影响

风险敞口类别	一组银行	其中：G-SIBs	二组银行
银行	0.1%	0.1%	-1.4%
公司	-1.1%	-0.8%	-2.5%
股权/次级债	2.2%	2.4%	2.3%
房地产	-3.5%	-3.9%	-1.8%
零售	-0.1%	-0.2%	1.2%
其他资产	0.4%	0.3%	0.1%
违约债项	0	0	0

资料来源：BIS，作者整理。

表15　巴塞尔Ⅲ信用风险内部评级法修订对一级资本最低要求的影响

风险敞口类别	一组银行	其中：G-SIBs	二组银行
公司	0.9%	1.6%	0.4%
银行	0.7%	1.0%	0.2%
中小企业	-0.8%	-1.1%	2.8%
专业贷款	-0.3%	-0.2%	-0.1%
零售	0.5%	0.6%	0.7%
零售住宅抵押贷款	-0.4%	-0.3%	-0.1%
其他（含主权、股权投资）	1.0%	1.6%	1.1%

资料来源：BIS，作者整理。

另外，定量影响测算还研究对比了巴塞尔Ⅲ和巴塞尔Ⅱ信用风险标准法下不同风险敞口类别的风险权重，结果表明，对于新增风险敞口类别或子类别，如专业贷款、土地购置，开发和建设、股权和次级债务的风险权重将显著上升；而细化与增加了风险敏感性的相关风险敞口类别，如公司和住房抵押贷款的风险权重将减少。这与信用风险标准法修订的初衷是一致的（见表16）。

表16　巴塞尔Ⅲ和巴塞尔Ⅱ信用风险标准法下不同风险敞口类别的风险权重

资产类别	一组银行		其中：G-SIBs		二组银行	
	现行方案	最终方案	现行方案	最终方案	现行方案	最终方案
银行	26.0	25.2	26.0	24.1	25.5	20.1
企业	95.1	95.1	96.1	96.8	88.0	82.9
中小企业	94.3	83.1	94.4	84.4	94.9	79.7
专业贷款	99.6	115.8	99.8	112.9	88.3	108.7
股权和次级债务	207.9	228.6	237.4	229.9	148.6	248.2
一般住宅房地产贷款	43.2	35.7	40.4	35.6	43.0	32.9
产生收入的住宅房地产贷款	53.1	49.2	41.2	53.1	51.9	62.5
一般商业房地产贷款	79.3	83.7	76.4	86.0	78.4	82.8
产生收入的商业房地产贷款	86.3	86.3	78.8	87.2	84.8	89.7
土地购置、开发和建设	99.2	137.5	98.9	137.5	98.6	137.5
零售	77.5	77.9	73.7	78.6	75.4	78.1
其他资产	29.2	31.2	28.1	29.4	53.2	54.0
违约债项	117.9	117.9	117.6	117.6	112.5	112.5
合计	60.8	61.2	58.3	59.0	63.6	62.0

资料来源：BIS，作者整理。

巴塞尔Ⅲ的修订使一组银行核心一级资本充足率上升约0.2%，27家国际系统重要性银行G-SIBs的核心一级资本充足率上升0.3%。二组银行上升0.1%（见表17）。

表17　巴塞尔Ⅲ对资本充足率和杠杆率的影响

银行类型	数量（家）	核心一级资本充足率			杠杆率		
		现行方案	最终方案	差异	现行方案	最终方案	超额比例
一组银行	71	11.5%	11.6%	0.2%	5.5%	5.5%	2.0%
其中：G-SIBs	27	11.3%	11.6%	0.3%	5.6%	5.7%	1.9%
二组银行	42	11.8%	11.9%	0.1%	5.0%	5.0%	2.0%

注：超额比例为商业银行实际杠杆率减去本国监管当局规定的杠杆率监管要求。

资料来源：BIS，作者整理。

进一步测算结果显示，加权平均掩盖了不同银行间的明显差异，受益最大的银行的一级资本最低要求降幅高达46.6%，而受负面影响最大的银行一级资本最低要求将上升52.2%。巴塞尔Ⅲ对G-SIBs的影响十分分散，中位数与均值差异很大。

由于不同国家地区银行业资产与业务的差异化，巴塞尔Ⅲ的影响也是不同的。对于欧洲银行业而言，由于欧洲银行业资产负债表中持有更多的抵押贷款，而美国银行更倾向于通过证券化来“消化”抵押贷款，因而巴塞尔Ⅲ的实施将给欧美银行业带来更多的资本金要求和压力。虽然亚太地区银行的杠杆率普遍低于欧美同行，巴塞尔Ⅲ的实施不会对资本充足率的上升形成太大挑战，但标准法中对风险敞口类别的细化，导致亚太部分银行对满足标准法的计量形成挑战，同时巴塞尔Ⅲ下银行自身风险评估与监管能力的要求对部分商业银行也是一项挑战。

四、信用风险标准法对中国的启示

从中国来看，2015年底商业银行信用风险加权资产合计88.7万亿元，约占总风险加权资产的92%（王胜邦、刘鹏，2016）。依据五大行和招商银行2017年年报数据显示，截至2017年12月31日，中国五大行信用风险加权资产占比均在90%以上，招商银行信用风险加权资产为86.5%。中国商业银行信用风险占比远高于国际平均水平。

表18　　2017年底五大行和招商银行信用风险加权资产占比

单位：百万元人民币，%

银行	信用风险加权资产	市场风险加权资产	操作风险加权资产	总风险加权资产	信用风险加权资产占比
中国工商银行	14332051	347665	1223085	15902801	90.1
中国建设银行	11792974	94832	1032174	12919980	91.3
中国农业银行	11569211	123924	912442	12605577	91.8
中国银行	11196926	137659	823186	12157771	92.1
交通银行	5121995	187166	337152	5646313	90.7
招商银行	2848064	57560	386192	3291816	86.5

资料来源：BIS，作者整理。

1. 从巴塞尔Ⅲ信用风险标准法适用范围来看，目前中国商业银行中仅有五大行和招商银行采用高级法（内部评级法），其他商业银行均采用权重法（标准法）计量信用风险加权资产，因此信用风险标准法修订对中国绝大部分商业银行资本计量均会产生影响。

2. 从巴塞尔Ⅲ信用风险标准法影响深度来看，由于中国《商业银行资本管理办法（试行）》监管标准更严格，核心一级资本充足率和杠杆率的监管标准均要高于巴塞尔Ⅲ的监管要求，总体而言巴塞尔Ⅲ信用风险标准法的修订对国内银行的资本充足水平影响总体不大。

（1）公司风险敞口方面，中国《商业银行资本管理办法（试行）》中规定一般企业的风险权重为100%，对符合条件的微型企业和小型企业债权的风险权重为75%。巴塞尔Ⅲ依据外部评级将风险权重设置为20%~150%，对于无评级企业风险敞口设置为100%，中小企业为85%。但由于中国企业信用评级体系尚不完善，大部分企业并没有外部评级，因此一般企业风险权重并不会对商业银行整体的资本充足率产生太大影响（见表19）。

表19　巴塞尔Ⅲ与《商业银行资本管理办法（试行）》公司风险敞口比较

交易对手外部评级	AAA~AA-	A+~A-	BBB+~BBB-	BB+~B-	B-级以下	无评级
巴塞尔Ⅲ	20%	50%	75%	100%	150%	100%或中小企业SME为85%
商业银行资本管理办法	一般企业100%					
	微型企业和小型企业85%					

资料来源：BIS，作者整理。

（2）住宅房地产风险敞口方面，中国《商业银行资本管理办法（试行）》中对个人住房抵押贷款的风险权重为50%，巴塞尔Ⅲ依据贷款价值比LTV将风险权重设置为20%~70%，而在中国房屋贷款首付一般不低于30%，即LTV小于70%，则依据巴塞尔Ⅲ风险权重在20%~30%，将导致中国商业银行住宅房地产抵押贷款风险加权资产的大幅减少（见表20）。

表20　巴塞尔Ⅲ与《商业银行资本管理办法（试行）》住宅房地产风险敞口比较

贷款价值比LTV	50%以下	50%~60%	60%~70%	70%~80%	80%~90%	90%~100%	100%以上	不满足标准
巴塞尔Ⅲ	20%	25%	30%		40%	50%	70%	交易对手风险权重
商业银行资本管理办法	50%							

资料来源：BIS，作者整理。

（3）商业房地产风险敞口方面，中国《商业银行资本管理办法（试行）》中对商业房地产抵押贷款视为一般企业债权，风险权重为100%。依据贷款价值比LTV将风险权重设置为：LTV≤60%时，风险权重为60%或交易对手风险权重的最小值；LTV>60%时为交易对手风险权重。中国商业银行商业房地产抵押贷款时一般不会超过商业房地产评估价值的60%，因此巴塞尔Ⅲ将带来中国商业房地产抵押贷款风险加权资产一定程度的减少（见表21）。

表21　　巴塞尔Ⅲ与《商业银行资本管理办法（试行）》商业房地产风险敞口比较

整体贷款方法	LTV≤60%	LTV>60%	不满足标准
巴塞尔Ⅲ	60%或交易对手风险权重的最小值	交易对手风险权重	交易对手风险权重
商业银行资本管理办法	一般企业债权风险权重100%		

资料来源：BIS，作者整理。

（4）零售风险敞口方面，中国《商业银行资本管理办法（试行）》中对符合监管要求的非循环零售风险敞口和循环零售风险敞口风险权重统一设置为75%。巴塞尔Ⅲ按月结清型合格循环零售债权风险权重为45%。这一定程度带来中国零售风险加权资产的减少（见表22）。

表22　巴塞尔Ⅲ与《商业银行资本管理办法（试行）》零售风险敞口比较

	合格零售债权（非循环）	合格零售债权（循环）		其他零售
		按月结清型	循环信用型	
巴塞尔Ⅲ	75%	45%	75%	100%
商业银行资本管理办法	75%	75%	75%	100%

资料来源：BIS，作者整理。

（5）表外项目信用转换系数，除贷款承诺之外，其他表外业务风险权重均没有变化。贷款承诺中，可随时无条件撤销的贷款承诺和原始期限不超过1年的贷款承诺风险权重上升，原始期限1年以上的贷款承诺风险权重下降。巴塞尔Ⅲ对中国表外项目风险加权资产的影响取决于商业银行持有下述在贷款承诺的名义金额与比例（见表23）。

表23　　巴塞尔Ⅲ与《商业银行资本管理办法（试行）》表外项目信用转换系数比较

表外业务	巴塞尔Ⅲ	商业银行资本管理办法
可随时无条件撤销的贷款承诺	0	10%
原始期限不超过1年的贷款承诺	20%	40%
原始期限1年以上的贷款承诺	50%	40%
票据发行便利	50%	50%
循环认购便利	50%	50%
与交易直接相关的或有项目	50%	50%
与贸易直接相关的短期或有项目	20%	20%
等同于贷款的授信业务及其他表外业务	100%	100%

资料来源：BIS，作者整理。

3. 巴塞尔Ⅲ资本底线最高要求由内部模型法计算出的资本充足率不得低于标准法计算出的资本充足率的72.5%。依据五大行和招商银行年报数据显示，截至2017年12月31日，五大行和招商银行分别依据高级法和权重法测算的风险加权资产比例在82%~103%，远高于72.5%，因此巴塞尔Ⅲ中资本底线要求对中国商业银行影响并不大（见表24、图3）。

表24　2017年底五大行和招商银行高级法/权重法风险加权资产比例

银行	高级法计量 风险加权资产（百万元）	权重法计量 风险加权资产（百万元）	高级法/权重法 比例（%）
中国工商银行	15902801	16531044	96.20
中国建设银行	12919980	13006961	99.33
中国农业银行	12605577	13594553	92.73
中国银行	12157771	11849794	102.60
交通银行	5646313	5760794	98.01
招商银行	3530745	4254180	82.99

资料来源：BIS，作者整理。

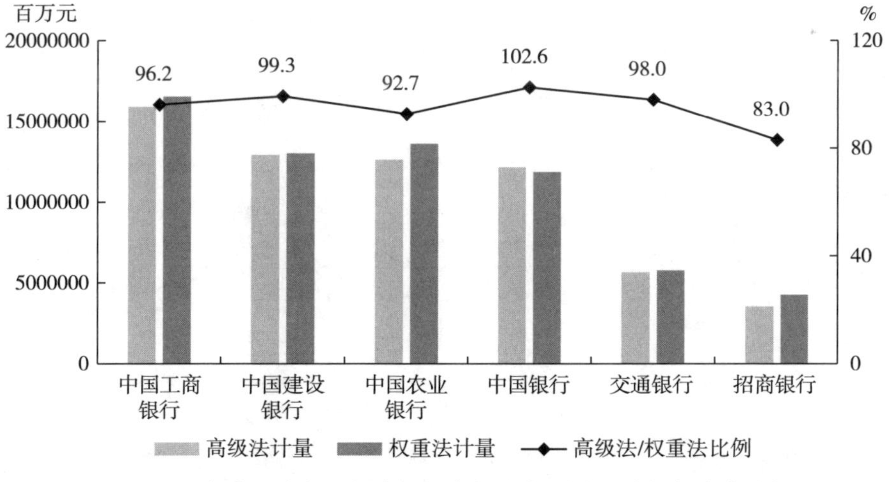

图3　2017年底五大行和招商银行高级法/权重法风险加权资产比例

注：五大行的高级法依据2012年原中国银监会发布的《商业银行资本管理办法（试行）》中的高级计量方法，权重法依据2004年原中国银监会发布的《商业银行资本管理办法》；招商银行高级法和权重法均依据2012年原中国银监会发布的《商业银行资本管理办法（试行）》。

总之，巴塞尔Ⅲ信用风险标准法的修订对国内银行的资本充足水平影响总体不大，但信用风险标准法计量方法的修订势必会对中国商业银行各类信用风险敞口占比、资本充足率水平形成一定影响，从而促进商业银行资产结构和业务拓展的调整。另外，信用风险标准法中对担保债券、次级债务、股权与其他资本工具和货币错配等风险敞口类别的增加，以及对公司、零售、房地产等风险敞口的详细分类和细化，有助于中国商业银行强化对中小企业和房地产提供差异化的融资支持，信用风险敏感度的提升对促进未来中国银行业信用风险管理水平的提升是正面的，有助于督促商业银行全面提升信息管理水平、重塑信用风险管理框架、建立专业化的风险管理团队等，以支撑风险加权资产计量、监管报告制定、信息披露和满足监管机构监管要求。未来中国商业银行要以巴塞尔Ⅲ在中国的落地和实施为契机，未雨绸缪，积极准备，稳步推进巴塞尔Ⅲ资本监管框架在中国全面落地实施，并全面提升资本管理、业务拓展与风险管理水平。

第二节　巴塞尔Ⅲ信用风险内部评级法监管改革

从巴塞尔协议演进的历史来看，巴塞尔Ⅰ框架下各类资产的风险权重均由监管当局制定，计算过程简单透明，但过于粗糙，缺乏风险敏感性。伴随着风险计量技术的进步，在业界推动下，2001年初巴塞尔银行监管委员会（以下简称巴塞尔委员会）公布了《巴塞尔新资本协议草案》，在此草案中，信用风险内部评级法（Internal ratings-based approach, IRB）的推出在整个业界产生了极大的反响。然而在理论上成立并得到业界推崇的模型方法在2008年国际金融危机爆发后暴露出诸多不足，风险加权资产计量方法过于复杂、风险加权资产计量结果不可比、模型方法容易低估等缺点已无法满足日益复杂的金融监管环境。经过2010版巴塞尔Ⅲ和2017年巴塞尔Ⅲ最终方案的几番修订，后危机时期巴塞尔委员会对国际银行业资本监管的改革最终尘埃落定。内部评级法历经多轮次修改，已成为全球银行业信用风险监管的通行标准，对各国商业银行的经营管理产生深远影响。

一、信用风险内部评级法改革背景

20世纪80年代初发生的国际债务危机，给银行业带来了巨大损失。由于各国银行资本要求不统一所造成的不公平竞争，1988年7月，巴塞尔委员会公布了《关于统一国际银行资本衡量和资本标准的协议》，称为巴塞尔资本协议（以下简称巴塞尔Ⅰ）。该协议建立了一套完整的、国际通用的、以加权方式衡量表内与表外风险的资本充足率标准，风险加权资产的计量主要为银行信用风险。从实施的角度来看，具有可行性和可操作性，有助于银行更为全面有效地管理风险，维护存款人的正当利益和公众对银行的信心。

20世纪90年代，国际银行业的运行环境和监管环境发生了巨大变化，信用风险和市场风险以外的风险（如操作风险、流动性风险等）的破坏力日趋显现，巴塞尔Ⅰ的局限性逐渐暴露出来。1999年6月，巴塞尔委员会第一次发布了修订1988年巴塞尔资本协议的征求意见稿，随后又分别于2001年6月和2003年4月推出了第二稿和第三稿，其间还在全球范围内进行了三次大型的定量影响分析，最终在2004年6月，十国集团的央行行长一致通过《资本计量和资本标准的国际协议：修订框架》，称为巴塞尔新资本协议（以下简称巴塞尔Ⅱ）。

巴塞尔Ⅱ强调了风险计量的精确性、敏感性和标准化，明确了信用风险内部评级法的内涵，突出了内部评级法的地位和作用。允许银行采用内部风险计量模型（包括信用风险内部评级法、市场风险内部模型法、操作风险高级计量法）计量风险加权资产，以提高监管资本的风险敏感性。针对信用风险的内部评级法，银行在满足规定的最低条件和披露要求并经银行监管部门批准后，可以采用自身开发的内部评级体系，确定其资产的风险权重，并以此计算资本充足率。

2008年后爆发的国际金融危机暴露出巴塞尔Ⅱ的诸多不足。为提高银行抵御金融震荡和经济波动的能力，巴塞尔委员会提出了一系列改革措施和文件，以补充和完善巴塞尔Ⅱ。2010年底，巴塞尔委员会发布了《巴塞尔Ⅲ：增强银行和银行体系稳健性的全球监管框架》（以下简称2010版巴塞尔Ⅲ），内部评级法为本次修订的核心。针对内部评级法，2010版巴塞尔Ⅲ强化了风险管理监管原则，减少了对外部评级和信用评级机构的依赖并对内部评级法中周期性问题提出了建议方案。通过此次修订，内部评级法得到了进一步完善。

金融危机让使用内部评级方法计量监管资本呈现出自身的局限性，并显示出内部评级法对信用风险的影响。这些缺点包括内部评级法过于复杂，银行内部建模的IRB资本要求缺乏可比性，以及缺乏对某些资产类别进行建模的稳健性。为解决巴塞尔Ⅱ风险加权资产计量中的可比性问题，降低对外部评级机构的依赖，激励商业银行强化自身风险监管与评估水平，2013年起巴塞尔委员会启动了对风险加权资产计量框架的改革与修订，在2017年12月8日发布了《巴塞尔Ⅲ：后危机改革的最终方案》（以下简称巴塞尔Ⅲ），并于2022年1月1日起逐步实施。巴塞尔Ⅲ的发布标志着后危机时期巴塞尔委员会对国际银行业资本监管改革的最终尘埃落定，对资本充足率监管三个基本要素——合格资本工具、风险加权资产计量方法和资本充足率监管要求的全部改革完成。针对信用风险内部评级法修订主要集中在限制采用内部评级法的资产组合范围、为银行自行估计的风险参数设置底线（Input floor）两个方面。此外，巴塞尔Ⅲ还重新校准了内部评级法计算的风险加权资产下限（Output floor），限定使用内部评级法计量最低风险加权资产需不低于标准法计量值的50%~72.5%（2022—2027年逐步实现）。

二、信用风险内部评级法风险敞口分类

信用风险内部评级法下，银行根据不同程度的潜在风险特征将银行风险敞口划分为主权（Sovereign）风险敞口、公司（Corporate）风险敞口、金融机构（Bank）风险敞口、零售（Retail）风险敞口、股权（Equity）风险敞口。在公司风险敞口分类中，专项贷款的风险敞口下设五个子分类，零售风险敞口下设

三个子分类，在公司和零售资产分类中，应收账款在满足一定条件的基础上可以采用内评法，而股权类风险敞口不再适用内评法。巴塞尔Ⅲ此次对风险敞口分类的修订与银行现行的业务基本保持一致，而个别银行在其内部风险管理和测算系统中存在不同的划分口径。尽管委员会的目的并不是要求商业银行改变其业务和风险的管理模式，但商业银行应根据风险敞口特征的变化对风险敞口分类进行适当调整，以满足委员会此次修订的最低资本要求。

（一）公司风险敞口

公司风险敞口指商业银行对公司、合伙制企业或独资企业及其他非自然人的债权。根据债务人类型及风险特征，公司风险敞口可分为中小企业（Small-and medium-sized entities，SME）风险敞口、专项贷款（Specialised lending，SL）风险敞口和一般公司风险敞口。其中，专项贷款的风险敞口下设五个子分类，在公司风险敞口中需满足以下几个特征。

一是债务人是为实物资产融资或运作实物资产而设立的特殊目的（Special Purpose Entities，SPE）实体。

二是债务人不存在其他实质性资产或经济往来，除从被融资资产中获得的收入外，没有独立偿还债务的能力。

三是合同规定发放贷款的银行对融资形成的资产及其所产生的收入有一定程度的控制权。

四是基于上述原因，偿还债务的主要资金来源应为融资资产产生的收入，而非企业独立的责任能力。

专业贷款下设的五个子分类分别是项目融资、实物融资、商品融资、收益性房地产融资和高风险商用房地产融资。

1. 项目融资（Project finance，PF）。指以项目的名义筹措一年期以上的资金，以项目营运收入承担债务偿还责任的融资形式，其特点是用来清偿债务本息的唯一来源是项目的产品。项目融资通常用于大型、复杂及价格昂贵的设施，如能源工厂、化学加工厂、交通基础设施、环境和电讯基建设施等。项目融资包括建造新设施的资本性融资和现有设施的再融资等形式。

项目融资按照合同规定，偿还贷款人的资金通常全部由融资项目所产生的收入组成。还款能力主要取决于项目产生的现金流量和项目资产的抵押价值。不同的是，如果还款风险取决于一个综合完善、有良好信誉且符合抵押合同规定的最终客户，其风险敞口则转为对担保人担保能力的风险敞口。

2. 实物融资（Object finance，OF）。指债务人取得的融资资金主要用于购置特定标的物（如船舶、飞机、卫星、有轨电车和汽车）的融资方式。偿还风险取决于由已经融资、抵押或分配给贷方的特定资产产生的现金流量，这些现金流量的主要来源为与一个或多个承租人产生的租金收入。

3. 商品融资（Commodities finance，CF）。指购买商或者销售商以其未来或者已持有的商品权利为抵（质）押，向银行申请短期融资的业务。主要用于对交易所交易商品（如原油、金属或粮食）的保证金、存货或应收款项的融资。该融资模式有效地盘活了企业的存货，解决了企业的资金融通问题，还能够规避商品的市场价值风险。其还款来源主要依靠出售商品产生的收益，借款人不从事其他经营活动并且没有其他重要资产，因而没有独立的偿还风险能力。风险评估主要根据标的商品的流动性和贷款人商品交易结构的健全程度，而不是借款人的信用质量。

巴塞尔委员会认为，商品融资可以与其他更加多元化的公司借款人对保证金、存货或应收账款的融资风险区分开来。银行能够对后者借款人进行信用评分，借款人的信用质量基于其广泛的、持续性的经营业务。在这种情况下，商品的价值可以作为风险缓解的手段，而不是作为还款的主要来源。

4. 收益性房地产融资（Income-producing real estate，IPRE）。指为房地产提供资金的一种方法（如办公大楼转让、住宅楼宇、工业或仓库和酒店）。风险偿还能力主要取决于现金资产产生的流量，这些现金流的主要来源通常是租赁或出售资产。借款人可以是房地产建设公司或相应的控股公司，或者是拥有除房地产业务以外其他收入的经营性企业。收益性房地产与其他企业抵押房地产产生的风险主要区别是偿还风险敞口预期和违约预期之间的有明显正相关性，但两种风险敞口的偿还都主要取决于房地产所产生的现金流量。

5. 高风险商用房地产融资（High-volatility commercial real estate，HVCRE）。与其他类型的专业贷款相比，表现为更高的损失率波动性，主要包括以下几个方面内容：

（1）按照国家监管机构的分类，投资组合违约率波动性更高的商业性房地产；

（2）在土地的收购、开发和建设等未完工阶段提供贷款融资；

（3）贷款融资还款来源是未来不确定的房地产销售收入或相关现金流量，还款来源无法确定。

（二）主权风险敞口

主权风险敞口指对主权国家（含地方政府）或经济实体区域、中央银行，以及风险权重为零的开发银行、国际清算银行、国际货币基金组织等的债权。最终版巴塞尔协议框架中对主权风险的识别和评估没有作修订。

（三）金融机构风险敞口

金融机构风险敞口是指对金融机构的债权。根据金融机构的属性，金融机构风险敞口可以分为银行类金融机构风险敞口和非银行类金融机构风险敞口。银行类金融机构，包括商业银行、农村合作银行、农村信用社等吸收存款的金融机构；非银行类金融机构是指以发行股票和债券、接受信用委托、提供保险等形式筹集资金，并将所筹资金运用于长期性投资的金融机构。中国非银行金融机构的形式主要有信托投资公司、租赁公司和保险公司等。

（四）零售风险敞口

若风险敞口满足以下所有标准，则将其分类为零售风险敞口：（1）债务人是一个或几个自然人；（2）笔数多，单笔金额小；（3）按照组合方式进行管理。零售风险敞口分为个人住房抵押风险敞口、合格循环零售风险敞口（Qualifying revolving retail exposure，QRRE）、其他零售风险敞口三大类。委员会鼓励商业银行根据自身业务状况和管理实际，在上述基础上作进一步细分。个人住房抵押风险敞口是指以购买个人住房为目的并以所购房产为抵押的贷款；合格循环零售风险敞口指各类无担保的个人循环贷款。合格循环零售风险敞口中对单一客户最大信贷余额不超过100万元人民币。其他零售风险敞口是指除个人住房抵押贷款和合格循环零售风险敞口之外的其他对自然人的债权。

此外，对企业的风险敞口，如同时满足以下特征可纳入其他零售风险敞口：

1. 对单个债务人授信总额不超过500万元且该债务人资产总额不超过1000万元人民币，或授信总额不超过500万元且该债务人年销售额不超过3000万元人民币。

2. 在商业银行内部采用组合方式进行管理。

（五）股权风险敞口

股权风险敞口是指商业银行直接或间接持有的股东权益。纳入股权风险敞口的金融工具应同时满足以下条件：

1. 持有该项金融工具获取收益的主要来源是未来资本利得，而不是随时间所产生的收益。

2. 该项金融工具不可赎回、不属于发行方的债务。

3. 对发行方资产或收入具有剩余索取权。

此外，符合下列条件之一的金融工具应划分为股权风险敞口：

1. 与商业银行一级资本具有同样结构的工具。

2. 属于发行方债务但符合下列条件之一的金融工具：

（1）发行方可无限期推迟债务清偿；

（2）债务须由发行方通过发行固定数量的股票来清偿，或允许按照发行者意愿通过发行固定数量的股票来清偿。

3. 债务须由发行方通过发行不定数量的股票来清偿，或允许按照发行者意愿通过发行不定数量的股票来清偿，且不定数量股票价值变化与债务价值的变动高度相关。

4. 持有方有权要求以股票方式清偿债务，但以下情形除外：对可交易的工具，商业银行能证明且监管部门也认可该工具更具有发行者的债务特征；对不可交易的工具，商业银行能证明且监管部门也认可该工具应作为债务处理。

（六）合格购入应收账款

合格购入应收账款是指销售方将其现在或将来的基于其与买入方订立的商品、产品或劳务销售合同所产生的应收账款，根据契约关系以有追索权或无追索权方式转让给商业银行所形成的风险敞口，该风险敞口的还款资金来源依赖于应收账款的回收。可分为合格购入公司应收账款和合格购入零售应收账款。

合格购入零售应收账款：若符合零售风险敞口相关的定义，则按照零售风险敞口的识别和评估处理。

合格购入公司应收账款：监管机构对申请使用自上而下的方法来管理购入的公司应收账款时，应符合下列条件：

1. 应收账款从与银行无关的第三方购买，银行没有直接或间接产生应收账款。

2. 卖方与义务人签订的合同真实、公平、合法、有效，且销售方能够提供完整的应收账款债权证明。

3. 购买银行对应收账款所有后续产生的收益，以及按比例分摊的收益有追索权。

4. 集团公司关联企业、内部企业发生的应收账款，不属于合格购入应收账款。

三、信用风险内部评级法风险成本计量

巴塞尔委员会在巴塞尔Ⅲ中对内部评级法（以下简称内评法）在商业银行风险管理和资本监管中起到的作用给予了充分肯定，鼓励商业银行根据自己的资本结构建立内部评级模型及计算系统。商业银行可以根据相关风险参数计算和评估自己的风险成本，并根据风险成本确定资产价格和相应的风险管理方案，从而合理有效地进行资本分配。巴塞尔委员会针对内评法提供了两种方法：初级法（Foundation IRB，F-IRB）和高级法（Advanced IRB，A-IRB）。下设四个风险要素：违约概率（Probability of default, PD）、违约损失率（Loss given default, LGD）、违约风险敞口（Exposure at default，EAD）和到期期限（Effective maturity，EM）。风险要素是内评法模型的核心要素，作为测算预期损失和非预

期损失风险结果的中间参数，是商业银行信用风险计量的关键环节和纽带。

（一）风险要素的定义

1. 违约概率。违约概率是指借款人在未来一定时期内不能按合同要求偿还银行贷款本息或履行相关义务的可能性。无论商业银行采用内部评级初级法还是内部评级高级法，都必须按照监管要求估计违约概率。巴塞尔委员会将违约概率定义为债项所在信用等级一年内的平均违约概率。可以说，内评法的核心就是银行自身对客户违约概率模型的构建和测算。这种测算主要以该信用等级项下历史经验和实证研究为基础，对未来的违约概率作出保守的前瞻性测算。

2. 违约损失率。违约损失率是指债务人违约预期将给债权人造成的损失数额，反映损失的严重程度。从贷款回收的角度而言，违约损失率决定了贷款的回收程度。虽然信用风险的关注和研究主要集中在违约概率的测算，但违约损失率作为信用风险管理的风险参数之一，在巴塞尔Ⅲ的修订中，巴塞尔委员会将违约损失率与违约概率共同纳入监管资本衡量的基本框架，与违约概率相结合来全面反映信用风险水平。与违约概率不同的是，违约损失率不仅受债务人信用水平的影响，更能反映与特定交易的相关性，受宏观经济周期、行业、抵押、担保等影响。

3. 违约风险敞口。违约风险敞口是指债务人违约时预期表内项目和表外项目的风险敞口总额，包括已使用的授信余额、应收未收利息、未使用授信额度的预期提取数量及可能发生的相关费用等。对于信用风险而言，违约风险敞口与借款人应偿还银行而尚未偿还的余额部分密切相关，所有风险敞口按扣除专项准备和特别准备金后的净值计算。对表内业务，内评法与标准法一样，贷款和存款表内项目净扣的条件相同，表内净扣存在币种或期限错配的情况，遵循标准法处理。对表外业务，违约风险敞口按照已承诺但未提数量乘以信用风险转换系数计算，估计信用风险转换系数的方法分为初级法和高级法两种。

4. 到期期限。到期期限指某一风险敞口的剩余经济到期日。到期期限为借款人完成贷款协议规定的所有义务（本金、利息和费用）所需要的最长剩余时间；对于分期付款的金融工具，为剩余的最低本金合同还款额的加权期限。

（二）内评法和标准法的比较

巴塞尔委员会针对商业银行计算信用风险的资本要求提供了两种计量方法：一种方法是以标准化处理方式计提信用风险，即标准法（Standardised approach，SA）；另一种方法是在满足最低信息披露及相关要求的前提下，经监管当局批准，可根据自身对风险要素的估计来确定对风险敞口的最低资本要求，即内评法。

内评法与标准法最根本的区别在于，无论银行使用初级法还是高级法，都需要自己通过构建模型来测算客户的违约概率。此外内评法与标准法在风险权重、风险敞口等方面，也存在各自的侧重与不同之处：一是在标准法中，以标准化处理方式计量信用风险，借款人风险权重划分为五档：0，20%，50%，100%，150%。标准法对于某些低质量的资产风险权重，可以超过100%，对于企业信用等级在B级以下的，风险权重可以达到150%。即对于一些信用等级低的企业，可以提高其风险资产的最低资本要求。而内部评级法则对违约概率、违约损失率和期限分别估计，估计后的风险参数作为风险权重划分的重要依据，此方法下风险权重的划分更为精确。二是考虑到风险权重的敏感性，内评法使用风险权重的连续函数代替标准法下五个离散的风险档，对于资产质量的评估更为客观。即对于低风险债务人的风险敞口，通过内评法使用违约概率、违约损失率等风险参数得出的风险权重要低于标准法得出的风险权重，反之对于高风险债务人，内评法得出的风险权重也要高于标准法得出的风险权重。三是在内评法中，更关注具体风险特征的评估，银行以自己的内部评级为基础，可以大大提高资本监管的风险敏感度。委员会针对不同的风险敞口，提供了计算资本要求的风险加权计算公式，在内评法下银行可根据自己的情况选择初级法或高级法，使用违约概率、违约损失率等风险参数根据模型公式测算得出最终的风险加权资产。这些模型公式涵盖大量对风险的量化分析和数理统计，与标准法相比，更加适用于当今日益复杂的金融风险监管体系。

（三）初级法和高级法的比较

内评法中的初级法和高级法两种方法，既有共同的特点，又有一定的区别。相同点在于，无论是初级法还是高级法，都需要用到风险参数，需要计算资产的风险权重，同时需要满足监管当局的一些最低要求。不同之处在于，内评法中的初级法对商业银行的要求较简单，银行只需计算违约概率，其余风险参数根据监管当局规定进行测算即可，对于无担保和无抵押的债项，其违约损失率为50%和75%。对于有抵押、担保的债项协议，将债项按抵押品的数量和质量分类，通过计算抵押品的折扣比例并相应归类得到对应的违约损失率。而高级法则要求商业银行估计违约概率、违约损失率、违约风险敞口和期限，这就要求银行对风险敞口债务人掌握更多的借款信息和历史数据。

四、信用风险内评法监管改革的核心内容

金融危机后，内部评级法饱受诟病，其缺点包括模型过于复杂，缺乏可比性和稳健性等。巴塞尔Ⅲ对内评法主要作了如下修改：一是取消了部分资产类别使用高级内评法的权限。委员会针对无法获取数据、组建模型的资产类别，取消了使用高级内评法（A-IRB）的权限（高级内评法要求商业银行估计违约

概率、违约损失率、违约风险敞口和期限）巴塞尔Ⅲ要求对于金融机构和大中型公司（并表收入超过5亿欧元）的风险敞口仅允许选择初级内评法（F-IRB）计算风险加权资产，不允许采用高级内评法；对于股权风险敞口不允许使用内评法。二是设置风险参数底线。对允许采用内评法的资产组合，巴塞尔Ⅲ对银行内部估计的不同类型风险敞口的违约概率（PD）、违约损失率（LGD）和违约风险敞口（EAD）均设置了最低要求，以防止违约数据不足导致风险参数低估。三是校准资本底线。巴塞尔Ⅲ要求到2027年1月1日，银行使用内部模型法计量的风险加权资产，应当不低于标准法计量的风险加权资产的72.5%，从而防止银行使用内部模型法减少资本计提。

（一）限制内评法使用范围

巴塞尔委员会意识到，对于许多银行而言，在同一时间跨所有业务部门对整个资产类别实施内部评级法可能是不切实际的。此外，一旦采用内评法，银行对违约概率和违约风险敞口的估计会使用标准化的估算方法，然而标准化的估算只能同时针对某些资产类别内的部分风险敞口，而并非全部资产的风险敞口（例如，处于同一资产类别但处于不同业务种类的风险敞口）。因此，监管机构可以允许银行分阶段地实施跨资产类别的内评法。分阶段推出的内容包括：（1）在同一业务种类的资产类别中采用内评法；（2）在同一银行集团的各业务种类中采用针对某项资产类别的内评法；（3）对于某些允许使用高级法的风险资产，逐步从初级法过渡到高级法。但是，当一家银行采用内评法处理某资产类别项下的特定业务品种时，必须将内评法应用于该业务品种和该资产类别内的所有风险敞口。

如果商业银行选择使用内评法，需向当地监管部门报送制订的执行计划，具体说明在什么程度上，以及何时计划在相应的资产类别内推出适用于该资产类别和业务品种的内评法。该执行计划应立足银行自身情况且最终得到监管部门同意。同时应便于银行向高级法过渡，兼具实用性和可行性。在巴塞尔Ⅲ中，委员会针对无法获取数据、组建模型的资产类别，取消了使用高级内评法（A-IRB）的权限。如表25所示，巴塞尔Ⅲ对金融机构和大中型公司（并表收入超过5亿欧元）允许选择初级内评法计算风险加权资产，不允许采用高级内部评级法（A-IRB）。这一修订导致的结果就是获得监管批准的银行只能使用初级内评法计算风险加权资本，从而消除了导致风险加权资本多变性的两个重要因素——违约损失率和违约风险敞口。除此之外，巴塞尔Ⅲ还取消了股权风险敞口的内评法的使用权限，该风险敞口也是银行信用风险的一个组成部分。

表25 巴塞尔Ⅱ与巴塞尔Ⅲ信用风险加权资产计量方法比较

资产组合/风险敞口	巴塞尔Ⅱ：可供选择的方法	巴塞尔Ⅲ：可供选择的方法
大中型公司（合并收益超过5亿欧元）	A-IRB，F-IRB，SA	F-IRB，SA
银行和其他金融机构	A-IRB，F-IRB，SA	F-IRB，SA
股权	各种IRB法	SA
专项贷款	A-IRB，F-IRB，SA	A-IRB，F-IRB，SA

资料来源：BIS，作者整理。

（二）设置风险参数底线

修订后的信用风险内评法框架还为银行估算的内评法参数设置了最小的“底线”值，这一“底线”要求不仅针对高级内评法和初级内评法的违约概率，而且对高级内评法下的违约损失率和违约风险敞口同样适用。风险参数底线的设置重新调整了现有的巴塞尔Ⅱ中各参数的最低要求，同时体现了巴塞尔委员会对银行的内评法模型的最新约束（见表26）。

表26 修订后内评法风险参数底线

风险敞口	违约概率（PD）	违约损失率（LGD）		违约风险敞口（EAD）
		无抵押	有抵押	
公司	5bps	25%	根据抵押品进行分类： · 0金融类 · 10%应收账款 · 10%商业或自住房地产 · 15%其他实物抵押品	EAD的底线为下列两项之和：（1）表内风险敞口；（2）按照新标准法信用转换系数计算的表外风险敞口的50%
零售				
按揭贷款	5bps	N/A	5%	
交易类合格循环贷款	5bps	50%	N/A	
其他合格循环贷款	10bps	50%	N/A	
其他零售贷款	5bps	30%	根据抵押品进行分类： · 0金融类 · 10%应收账款 · 10%商业或自住房地产 · 15%其他实物抵押品	

资料来源：BIS，作者整理。

（三）校准资本产出底线

为防止银行选择性地使用计量方法降低风险加权资产的测算值进行监管套利，减少资本计提，巴塞尔Ⅲ设定了风险加权资产最低测算值，与标准法的风险加权资产测算值相挂钩。到2027年1月1日，银行使用内部模型法计量的风险加权资产，应当不低于标准法计量的风险加权资产的72.5%，从而防止银行使用内部模型法减少资本计提。巴塞尔Ⅲ对资本产出下限的修订主要有三个方面：一是基于最新修订的标准法设置资本底线的基准；二是底线设置为72.5%，即银行使用内评法计提资本与标准法相比差额不得超过27.5%；三是取消了巴塞尔Ⅱ中只在实施前三年使用的规定，银行将永久受制于资本产出底线的最低限制（见表27）。

表27　修订前后内评法资本产出底线对比　单位：%

资本产出底线	原RWA底线	标准法RWA	标准法RWA 的72.5%
信用风险	62	124	89.9
A类风险资产	45	80	58
B类风险资产	5	32	23.2
C类风险资产	12	12	8.7

资料来源：BIS，作者整理。

（四）内部评级法的最低要求

内评法要求商业银行自己对各项风险因素进行评估，然而从实际应用的角度来看，由于不同的国家、不同的银行在评级、业务、客户风险能力评估上很难得到统一。因此，为确保商业银行风险评估的统一性和可靠性，委员会提出商业银行在使用内评法计量信用风险时，需要向监管机构提供银行目前或者在未来一段时期内可以满足内评法某些最低要求的证明。最低要求包括最低要求的组成、最低要求的遵守、风险评级系统设计、风险评级系统运作、联合监管、内部评级法的运用、风险量化、内部评级认可度、LGD和EAD的评估监督、租约识别要求、持股资本费用的计量及信息披露要求等12项。

五、风险加权资产计量准则

商业银行采用内部评级法计量风险加权资产，委员会提供了以下规则计量主权风险敞口、金融机构风险敞口、公司和零售风险敞口的信用风险加权资产。股权风险敞口的信用风险加权资产采用标准法计量。

（一）未违约风险敞口的风险加权资产计量

1. 主权风险敞口与公司风险敞口。

（1）风险敞口的相关性（R）。

$$R = 0.12 \times \frac{(1 - e^{-50 \times PD})}{(1 - e^{-50})} + 0.24 \times \left[1 - \frac{(1 - e^{-50 \times PD})}{(1 - e^{-50})}\right]$$

（2）期限调整因子（b）。

$$b = [0.11852 - 0.05478 \times \ln(PD)]^2$$

（3）资本要求（K）。

$$K = \left[LGD \times N\left[\frac{G(PD)}{\sqrt{(1-R)}} + \sqrt{\frac{R}{1-R}} \times G(0.999)\right] - PD \times LGD\right] \times \frac{[1 + (M - 2.5) \times b]}{(1 - 1.5 \times b)}$$

（4）风险加权资产（RWA）。

$$RWA = K \times 12.5 \times EAD$$

其中，公司专项贷款中的高风险商业房地产风险敞口相关性计算公式为

$$R_{HVCRE} = 0.12 \times \frac{(1 - e^{-50 \times PD})}{(1 - e^{-50})} + 0.30 \times \left[1 - \frac{(1 - e^{-50 \times PD})}{(1 - e^{-50})}\right]$$

2. 金融机构风险敞口。

$$R_{FI} = 1.25 \times \left\{0.12 \times \frac{(1 - e^{-50 \times PD})}{(1 - e^{-50})} + 0.24 \times \left[1 - \frac{(1 - e^{-50 \times PD})}{(1 - e^{-50})}\right]\right\}$$

3. 中小企业风险敞口。

$$R_{SME} = 0.12 \times \frac{(1 - e^{-50 \times PD})}{(1 - e^{-50})} + 0.24 \times \left[1 - \frac{(1 - e^{-50 \times PD})}{(1 - e^{-50})}\right] - 0.04 \times \left[1 - \frac{(S - 5)}{45}\right]$$

式中，S为中小企业在报告期的年营业收入（千万欧元），低于5千万欧元的按照5千万欧元来处理。

4. 零售类资产住房抵押贷款风险敞口。

$$R = 0.15$$

$$K = \left\{LGD \times N\left[\frac{G(PD)}{\sqrt{(1-R)}} + \sqrt{\frac{R}{1-R}} \times G(0.999)\right] - PD \times LGD\right\}$$

$$RWA = K \times 12.5 \times EAD$$

5. 零售类资产合格循环零售贷款风险敞口。

$$R = 0.04$$

$$K = \left\{LGD \times N\left[\frac{G(PD)}{\sqrt{(1-R)}} + \sqrt{\frac{R}{1-R}} \times G(0.999)\right] - PD \times LGD\right\}$$

$$RWA = K \times 12.5 \times EAD$$

6. 其他零售类资产风险敞口。

$$R = 0.03 \times \frac{(1 - e^{-35 \times PD})}{(1 - e^{-35})} + 0.16 \times \left[1 - \frac{(1 - e^{-35 \times PD})}{(1 - e^{-35})}\right]$$

$$K = \left\{LGD \times N\left[\frac{G(PD)}{\sqrt{(1-R)}} + \sqrt{\frac{R}{1-R}} \times G(0.999)\right] - PD \times LGD\right\}$$

$$RWA = K \times 12.5 \times EAD$$

（二）已违约风险敞口的风险加权资产计量

$$K = \max[0, (LGD - BEEL)]$$
$$RWA = K \times 12.5 \times EAD$$

式中，$BEEL$为在考虑经济环境和法律约束等条件下对已违约风险敞口的预期损失率的最大估计值。

（三）专项贷款风险权重

专项贷款中的项目融资、实物融资、商品融资、收益性房地产融资和高风险性商业房地产融资是商业银行常见的公司业务品种。内评法下，专项贷款的风险加权资产计量可以采用两种方式：一种方式是构建内部的评级模型，采用模型得出违约概率。然而在实际情况中，由于专项贷款多为低违约组合，同时缺少外界标准，因而银行很难判断内部评级模型的准确性。故一般情况下银行会采用第二种方式，即根据监管机构给定的风险权重计量（见表28至表31）。

表28　PF、OF、CF与IPRE的预期损失风险权重

外部信用评级	BBB-及以上	BB+或BB	BB-或B+	B到C-	不合格
监管类别	优（Strong）	良（Good）	中（Satisfactory）	差（Weak）	违约（Default）
风险权重（期限在2.5年以上）	5%	10%	35%	100%	625%
风险权重（期限在2.5年以下）	0	5%	35%	100%	625%

资料来源：BIS，作者整理。

表29　PF、OF、CF与IPRE的非预期损失风险权重

外部信用评级	BBB-及以上	BB+或BB	BB-或B+	B到C-	不合格
监管类别	优（Strong）	良（Good）	中（Satisfactory）	差（Weak）	违约（Default）
风险权重（期限在2.5年以上）	70%	90%	115%	250%	0
风险权重（期限在2.5年以下）	50%	70%	115%	250%	0

资料来源：BIS，作者整理。

表30　　**HVCRE的预期损失风险权重**

外部信用评级	BBB-及以上	BB+或BB	BB-或B+	B到C-	不合格
监管类别	优（Strong）	良（Good）	中（Satisfactory）	差（Weak）	违约（Default）
风险权重	5%	5%	35%	100%	625%

资料来源：BIS，作者整理。

表31　　**HVCRE的非预期损失风险权重**

外部信用评级	BBB-及以上	BB+或BB	BB-或B+	B到C-	不合格
监管类别	优（Strong）	良（Good）	中（Satisfactory）	差（Weak）	违约（Default）
风险权重	95%	120%	140%	250%	0

资料来源：BIS，作者整理。

六、信用风险内部评级法对中国的启示

巴塞尔Ⅲ的发布，意味着巴塞尔Ⅲ持续7年的修订工作已近尾声。从整个协议的实施进度来看，巴塞尔Ⅲ的实施已经在全球形成了基本一致的实施时间、明确的适用范围和一定的约束力。巴塞尔Ⅲ是对2010版巴塞尔Ⅲ的补充修订和完善，在解决国际金融危机揭示的一些脆弱性的基础上，提高了风险加权资产的可信度并提高了资本充足率的可比性。针对信用风险内评法的修订与改革，巴塞尔Ⅲ对内评法的修订主要集中在限制内评法使用范围、设置风险参数底线和校准资本产出下限三个方面。巴塞尔Ⅲ要求到2027年1月1日，银行使用内部模型法计量的风险加权资产，应当不低于标准法计量的风险加权资产的72.5%，从而防止银行使用内部模型法减少资本计提。

2012年6月，经国务院批准，原中国银监会发布了《商业银行资本管理办法（试行）》（以下简称《资本办法》），并于2013年1月1日正式实施，标志着中国建立了与国际监管标准接轨、符合中国银行业实际的新资本监管制度。《资本办法》规定了商业银行实施信用风险内部评级法的监管标准，允许符合条件的商业银行使用内部模型估计信用风险资本要求。2014年4月，原中国银监会批准了五家大型银行及招商银行实施资本计量高级方法，并不断完善对这些银行内部模型使用的日常监管，持续进行评估，确保风险计量和资本计提准确有效。就中国信用风险内评法实践而言，中国商业银行与巴塞尔协议内评法的监管要求仍存在较大差距，对于信用风险的管理仍处于初级阶段，实施内评法

对中国商业银行有一定的必要性和可行性。

一是内评法是中国商业银行信用风险的可靠选择。中国的外部评级尚处于起步时期，存在发展不规范、监管不完善等诸多问题，整体上与国际认可的评级标准存在一定的差距。同时，外部评级对客户的信息掌握不充分，获得的财务数据和基本信息存在一定的滞后性。如果采用标准法计量资本充足率，缺少一定的外部条件，对中国商业银行的风险管理会产生影响。

二是实施内评法符合一致性的国际监管趋势。商业银行建立自己的内部风险量化评级体系是现代商业银行进行全面风险管理、资本管理的基本要求。内评法通过银行的内部风险量化体系，将资本充足率与银行的各类风险进行有效结合，依据不同的业务种类、客户信用等采用计量模型对违约概率、预期损失和非预期损失进行测算，反映银行业务的多样性和准确性，符合国际上风险敏感性、监管简单性和全球可比性的一致性要求。

三是内部风险评级法作为新资本协议的核心，代表着全球银行业风险管理的发展趋势。全面风险管理是指商业银行围绕总体经营目标，建立的全要素、全系统、全方位的风险管理体系。内评法从风险治理、政策流程、计量模型和数据统计等不同层次和维度，改变了中国银行业的风险管理体系，特别是可以将国内商业银行从定性、专家经验为主的风险管理模式推动转向国际定性、定量相结合的模式，实现风险的全面管理。

近年来，在经济全球化背景下中国经济得到飞速发展，商业银行业务不断拓展更新，信用风险作为银行的主要风险，巴塞尔Ⅲ对信用风险监管的修订对中国商业银行提出了更高的要求和挑战。因此，中国商业银行必须将信用风险管理作为重点，通过加强基础管理和内部控制体系建设，加强信用风险管理水平，并结合修订信用风险内评法，从以下几点进行信用风险监管的改革和完善。

一是推广内评法在银行内部的使用。面对不断提高的资本监管要求，监管机构应鼓励有条件的大型银行和股份制银行基于完整的数据和详细的信息资料实现资本的精细化管理，早日实现初级内评法向高级内评法的过渡。对于中小型银行，可鼓励其由权重法逐渐转向内评法。

二是推进内部评级配套制度的研究和建设。巴塞尔Ⅲ中对内评法的修订，要求银行不仅在内部建立具有风险敏感性、模型简单性的内部评级系统，更要求将内评法的方法和工具应用到实际业务流程中。所以在内部评级实施过程中应坚持制度与系统同步推进、配套建设的原则，应根据业务发展的需要，研究制定内部评级在信贷政策、产品定价、限额管理、准备金的计提、经济资本的分配、绩效考核和资本充足率的测算等方面的应用与管理制度，逐步建立与内部评级系统相配套的管理制度体系，为最终实施内部评级法创造条件。

三是建立全面风险管理框架。商业银行应科学确定发展战略和风险偏好，结合自身资源的禀赋，制定差异化竞争的中长期发展战略，银行发展战略由“讲增速”向“讲转速”转变；由“讲数量”向“讲质量”转变；由“讲占比”向“讲战略”转变。并且，按照既定发展战略，确定与自身风险管理能力相匹配的风险偏好、业务结构和经营管理目标。推动风险治理体系改革，建立内部风险评价体系，构建稳健的风险偏好框架，大幅提升全面风险管理能力、风控全面覆盖信用风险、流动性风险、操作风险和市场风险等领域，建立健全定点和全面风险管理体系，培育良好的风险文化。

巴塞尔Ⅲ对信用风险内部评级法的修订和改革要求商业银行切实提升风险管理水平，不仅从风险管理技术手段上着手，更重要的是将风险管理的意识渗透到银行日常经营活动中，构建风险管理文化和制度，帮助银行在量化管理各类风险的同时，完善内部治理机构和组织流程，为推行全面风险管理打下完备基础。

第三节　巴塞尔Ⅲ资产证券化风险计量框架

自20世纪70年代资产证券化从美国住房抵押贷款市场产生以来，由于具备规避资本监管、多样化融资渠道和降低融资成本等优势，资产证券化业务得到迅猛发展。以全球资产证券化程度最高的美国为例，资产支持证券（Asset-Backed Security）的规模从1996年的1000多亿美元一度发展到2007年的7000多亿美元。2008年国际金融危机暴露了巴塞尔委员会现有资产证券化度量框架中风险敏感性不足、过度依赖外部评级和资本度量存在“悬崖效应”三个方面的主要缺点。危机后，作为国际金融监管组织代表的巴塞尔委员会，对资产证券化的风险度量及监管框架进行了彻底的改革和完善。经过四年多的广泛讨论和深入研究，终于在2012年底提出了度量资产证券化的全新框架，并经过反复的征求意见与定量测算，于2014年12月提出了资产证券化风险计量的最终方案。为提供更多可供选择的度量方法，形成更为简洁、有效的资本度量框架，巴塞尔委员会在2016年7月发布最新资产证券化度量框架终版Ⅱ，主要在原有的三种方法上加入了内部评估法，并且引入简单、透明、可比的资产证券化结构识别标准和监管资本度量方法，这对提升国际资产证券化有效性具有重要意义，也能够为中国资产证券化监管提供有效借鉴。

中国的资产证券化开始于20世纪90年代初，在2005年正式启动试点，本土资产证券化正式拉开序幕。经过十多年的发展，中国资产证券化的规模从2005年建设银行发行第一单资产证券化项目开始到2017年底累计达到33728.95亿元，实现井喷式的发展。资产证券化业务具有盘活存量、标准化资产的功能，在中国经济面临换挡期、利率市场化、防范系统性风险的背景下，资产证券化在盘活企业存量资产、提高资金配置效率和服务实体经济方面发挥越来越重要的作用，未来潜在的发展空间较大。中国资产证券化经过近几年的快速发展，监管政策日趋完善，参与机构队伍日益壮大，金融科技在金融领域进一步得到应用，资产证券化产品也在不断创新，在一些新兴领域，如PPP资产证券化、绿色资产证券化、REITs和个人消费贷款等领域实现了重大突破。但是，资产证券化工具作为一种转移风险、分散风险、对冲风险的手段，并不能真正地消除风险；同时资产证券化产品涉及的主体多、结构复杂、链条长，也是加杠杆的一种手段，其潜在的风险不容忽视。因此，在中国资产证券化业务迅猛发展过程中，在潜在风险还不是特别明显的情况下，意识到其中的风险，前瞻性地学习国外监管，尤其是巴塞尔委员会关于证券化度量框架的系统内容，有助于维护中国金融系统的稳定。

一、资产证券化概述

通俗而言，资产证券化是指将缺乏流动性、但具有可预期收入的资产，通过在资本市场上发行证券的方式予以出售，以获取融资，以最大化提高资产的流动性。资产证券化是金融工程领域在20世纪最重大的金融创新成果之一，也是现今社会成熟资本市场最重要的融资工具之一，是通过资本市场和货币市场发行证券筹资的一种直接融资方式，经过40多年的发展，其产品越来越复杂，证券化过程中参与者也越来越多。银行在证券化过程中，扮演着发起机构、投资机构、承销机构这三个角色，在获得资产证券化带来益处的同时，也让自己面临不少的风险。

（一）资产证券化的产生及其发展

资产证券化最早产生于20世纪70年代的美国住房抵押贷款市场，不动产抵押支持证券（Mortage-Backed Security）是最先出现的资产证券化产品，是以住房抵押贷款借款人未来产生的利息为现金流，向金融市场发行新的证券，随后经过发展和创新再产生了其他形式的产品。通常证券化产品包括：资产支持型证券、抵押支持证券、流动性便利、利率互换或货币互换、信用衍生工具，以及分档次抵补的担保（Tranched Cover）等。资产池中被证券化的资产一般包括：贷款、承诺、资产支持型证券和住房抵押贷款支持型证券、公司债券、股权类证券，以及非上市股权投资，同时，资产池中包含的资产可以只有一种，也可以有多种。

许多国内外学者在文章中指出资产证券化的主要优势就是资本套利，但国际金融危机后，经过联合论坛（Joint Forum）的实证调查得出了不同的结论。研究表明资产证券化的优势更多的是来自融资多样性和更低融资成本，而不是资本套利。同时，能盘活资金存量、缓解银行期限错配问题也是大家关注资产证券化议题的主要原因之一。总的来说，资产证券化的优势包括以下八个方面：第一，证券化过程中可以将非流动性资产转化为可以提供新贷款的流动性资产，给发起机构带来融资和流动性的好处，起到盘活存量的作用。第二，资产证券化有助于发起机构资产和负债管理，解决以商业银行为代表的金融机构长期以来较为严重的期限错配的问题。第三，资产证券化能够降低商业银行的资本监管压力：资产证券化让发起机构的贷款风险转移给其他实体，因此不需要对这笔贷款计提资本要求，从而间接提高资本充足水平。第四，通过与发起机构或第三方服务机构签订担保协议，资产证券化有助于显著降低投资者面临的来自原始债务人的信用风险和经营风险。第五，金融机构可以在证券化过程中充当几个角色，如贷款机构、服务机构、信托机构或信用增强机构，有助于提升业务结构的多样性。第六，资产证券化对借款人有非常大的帮助，因为证券化提高信用市场的流动性，降低借款人的信用门槛，能让信用较低的借款人也获得贷款。第七，作为投资者，资产证券化能让他们购买所谓的“高信用评级”产品，确保投资的安全性；同时，投资于各种证券化产品，分散投资组合的风险。第八，经过风险调整后的证券化产品获得的收益往往高于类似评级的非证券化投资收益，从而可以帮助投资者获得更高收益。正是由于资产证券化这八个方面的优势，促使其迅猛发展。

经过40多年的发展，资产证券化的基础资产种类开始多样化，证券化产品结构也越来越复杂。根据资产证券化的不同形式和特征，可以将其发展分为以下三个阶段。

第一阶段：传统资产证券化阶段。20世纪70年代到90年代后期这一阶段为传统证券化阶段，此时的证券化不论是发行人、基础资产，还是运作流程均较为初步。具有以下两个特点：第一，发行人以政府机构为主。从抵押支持证券发行人的性质来看，政府主办的机构占市场的主导地位，其中20世纪70年代美国开始发行抵押支持证券的机构就是3家政府信用公司：房利美（Fannie Mac）、吉利美（Ginnie Mac）、房地美（Fredie Mac）。第二，基础资产以住房抵押贷款、信用卡和汽车贷款等为主。基础资产从住房抵押贷款到各种应收款，范围不断扩大，仍以住房抵押贷款、信用卡应收款和汽车贷款为主。

第二阶段：合成型资产证券化阶段。20世纪90年代后期到2007年金融危机之前，合成型资产证券化逐渐占据了证券化市场的主导地位。这一阶段的证券化发展具有以下四个特征：第一，全球的发展分布不均匀。从全球的角度看，以资产支持证券为例，美国发行的份额一直在50%以上，欧洲次之。从局部上看，在亚洲内部各国发行量差异很大，韩国和日本是占比最高的两个国家，其他亚洲国家都相对较少。第二，合成型产品增长迅速，其中担保债务凭证、合成型担保债务凭证增长最为显著。第三，资产支持证券的结构发生变化，住房权益贷款和学生贷款占比上升。第四，各项证券化产品的基础资产中，次级贷款的角色日益提升。

第三阶段：金融危机后资产证券化新的发展阶段。金融危机爆发后，市场对资产证券化信心顿失，发行量也骤然下降，这一阶段的证券化发展具有以下两个特征：第一，欧美主要资产证券化市场开始去杠杆化，新兴亚洲市场的再杠杆化；第二，全球市场信心的缺乏使得资产证券化短期内难以恢复。在2008年下半年危机恶化前，美国的一些资产支持证券表现出适度的复苏，但是房地产市场依然不容乐观。信用卡、汽车和学生贷款市场显示出早期的复苏迹象。

然而，2008年秋季后所有证券化市场的状况明显又恶化了。在这一阶段，欧洲市场几乎一直没有复苏的迹象。

（二）资产证券化的操作步骤及参与主体

资产证券化是近40年来世界金融领域重要且发展迅速的金融创新工具，为全球金融服务业带来了巨大的变革，是发展金融业的一条创新之路，不只在美国等发达国家获得了长足发展，在一些新兴市场国家也已显示出强大的生命力。资产证券化的基础资产种类多样化、证券化产品结构复杂，其运作结构有以下几点：

1. 资产证券化运作流程。资产证券化的运作复杂，可以分为六个步骤。

第一步，重组现金流，构造证券化资产。发起人需要分析自身的融资需求，确定证券化目标，对自己拥有的能够产生未来现金收入流的信贷资产进行清理、估算和考核，根据历史经验数据对整个组合的现金流的平均水平有一个基本判断，将应收和可预见现金流资产进行组合，根据目标确定需要进行证券化的资产，最后将这些资产组成资产池。

第二步，组建特殊目的载体，实现真实出售，达到破产隔离。特殊目的载体（SPV）是一个以资产证券化为唯一目的的、独立的信托实体，它是整个资产证券化过程的核心，各个参与者都围绕着它开展工作，其活动受法律的严格限制，资金全部来源于发行证券的收入。特殊目的载体是实现资产转化成证券的“介质”，是实现破产隔离的重要手段。

第三步，完善交易结构，进行信用增级。为吸引投资者，改善发行环境，特殊目的载体必须提高资产支持证券的信用等级，增强投资者信心，使得投资者的利益得到有效保障。

第四步，资产证券化信用评级。资产证券化的评级由国际资本市场上广大投资者承认的独立私营评级机构进行，评级考虑因素不包括由利率变动等因素导致的市场风险，而主要考虑资产的信用风险。一般而言，资产支持证券的信用级别优于发起人的信用级别，出售的资产经过信用评级在一定程度上保证了证券的安全。

第五步，安排证券销售，向发起人支付。在完成信用提高和评级后，公布其结果，由承销商负责销售资产支持证券，可采用包销或代销的方式，特殊目的载体从投资银行处获取证券发行收入，再按资产买卖合同中规定的购买价格，把发行收入的大部分支付给发起人。

第六步，挂牌上市交易及到期支付。资产支持证券发行完毕证券交易所申请挂牌上市，从而真正实现了金融机构的信贷资产流动性的目的，同时发起人要指定一个资产池管理公司进行管理，负责收取、记录由资产池产生的现金收入，并将这些收款全部存入托管行的收款专户。托管行按约定建立积累金，交给特殊目的载体，由其对积累金进行资产管理，以便到期时对投资者还本付息。

2. 资产证券化的参与主体。资产证券化交易复杂，参与主体众多，一般而言，主要包括以下七个参与主体：

一是发起人，即原始权益人。它是证券化基础资产的原始所有者，其职能是筛选确定需证券化的资产进行组合重组，然后将资产池转让给特设信托机构，发行人需具备信用较好、资产质量优秀的特点，因此发行人通常是金融机构或大型工商企业。

二是特殊目的载体（SPV）。它是专门为实现资产证券化而设立的信用级别较高的实体，其主要职责是与原始权益人签订资产转让合同，将拟证券化的资产转移到其名下，然后以此资产的现金流为支持向投资者发行资产支持证券，它是整个资产证券化过程中的核心主体之一，介于发起人和投资者之间的中介机构，在整个链条中起到纽带的作用。

三是资金和资产存管机构。资金保管人大多数情况下是由与交易主体无关联关系的、信用较好的第三方担任，主要负责承担账户的开设、资金的保管和证券的支付等工作，在资产证券化交易中起到出纳的作用。

四是信用增级机构。此类机构负责提高证券化产品的信用等级，为此要向特定目的机构收取相应费用，并在证券违约时承担赔偿责任，可以通过内部增级与外部增级两种手段实现信用提高的目的，对应这两种方式，信用增级机构分别是发起人和独立的第三方。

五是信用评级机构。它是指通过对资产证券化各个环节进行评估而评定证券信用等级的机构，目前国际上主要的评级机构有标准普尔（Standard & Poor）、穆迪（Moody）及惠誉（Fitch），信用评级机构在证券化的发行和交易中起着重要的作用，正是由于这种作用，信用评级机构必须具有权威性和客观性。

六是承销商。承销商是指为所发行的证券进行承销的实体，主要负责证券设计和发行承销，承销商一般为投资银行，如果证券化交易涉及金额较大，可能会组成承销团，它是证券化交易和市场之间的枢纽。

七是投资者。资产证券化的投资者是指在资本市场上购买SPV发行的证券的机构或个人，一般都是机构投资者。以机构投资者作为需求主体，不仅能降低证券的发行成本，而且由于其在资金运用上具有的长期性，有助于资产证券化市场的长期稳定及证券化产品期限结构的合理化。

（三）银行在资产证券化中的角色及面临的风险

银行在资产证券化过程中，面临着不同的风险，包括信用风险、道德风险、投资风险、承销风险，其中信用风险、投资风险、承销风险又会受到市场风险、系统性风险和流动性风险的影响。总之，银行在资产证券化业务中所面临的风险有以下三点特征不同于其他的业务风险。

一是风险敞口的不确定性。首先，证券化产品多种多样，而且有些产品结构非常复杂，很难用模型准确度量其风险敞口。其次，银行将贷款名义上“真实销售”给特殊目的载体后，当贷款的借款人违约时，迫于道德风险和声誉风险，必须承担责任购买证券化后的产品，由于银行对借款人的信息劣势，并不知道借款人什么时间违约。此外，证券化产品的风险暴露大小受借款人贷款违约损失率的影响，从而导致了证券化风险敞口产生时间的不确定性和风险敞口大小的不确定性。

二是风险来源的多样性。银行在证券化业务中的风险会受到多个风险的影响，基础资产借款人违约的信用风险会受到市场风险、系统性风险和流动性风险的影响。银行作为发起机构或承销机构，通常还必须承担其他的角色，如隐性支持（Implicit support）、信用增强、提供流动性便利，并且还要面临提前摊还（Early amortisation）、清收式赎回（Clean-up call）问题，这些都会让银行面临风险。

三是风险的破坏性。正如危机中所见到的，证券化业务风险造成了巨大的动荡，风险从一个区域传染到另外一个区域，多个所谓的“大而不倒”机构也纷纷破产或接受政府救济。同时，证券化程度越发达的国家，遭受的损失越严重，这足以说明其风险的破坏性。

通常银行在资产证券化过程中扮演以下三个角色，从而面临不同的风险。

1. 发起机构。在资产证券化过程中，银行常常作为发起机构将资产打包“真实销售”给特殊目的载体，巴塞尔委员会规定如果银行满足以下任何一个标准就可以认为其是资产证券化的发起机构：标准一，该银行直接或间接地创造了资产证券化中的资产；标准二，银行作为资产支持商业票据管道（Asset-Backed Commercial Paper Conduit）或其他类似方式购买第三方实体暴露的承销人。在这种情况下，银行通常被看作是承销机构，但是如果它对该过程进行管理、提供建议、向市场发售证券或提供流动性和信用增强，可以认为是发起机构。

虽然银行作为发起机构是将资产以破产隔离的方式出售给其他实体，但事实上很难做到“真实销售”。首先，“真实销售”要满足一系列严格的法律和监管条件，银行往往很难满足；其次，即使做到了“真实销售”，当资产出现价格下降或违约时，银行迫于声誉和道德压力不得不购买这些证券，从而遭受损失。因此，银行作为发起机构，虽然转移了部分信用风险，但是还会面临基础资产违约的信用风险和道德风险。

2. 投资机构。银行也会出于分散投资和获得较高收益的目的，将部分资金投资于资产证券化后发行的证券，如资产支持证券、担保债务凭证等。此外，通常银行会持有由自身资产打包出售后为基础发行的少部分次级证券。跟其他投资者一样，银行面临着投资风险，其中投资风险包括基础资产债务人违约的信用风险和价格受市场波动影响的市场风险及流动性风险。

3. 承销机构。在某些证券化结构中，如资产支持商业票据，银行作为特殊目的载体的承销机构（也可以称为服务机构）将资产出售给投资者。然而，银行作为承销机构常常会向发行的证券提供信用增强、流动性便利。信用增强是一种合同安排，在这种合同安排下，提供信用增强的银行实质上向合同中的其他当事人提供某种程度的额外保护，保留或承担资产证券化的风险，当基础资产池中的资产面临损失时，根据条款要求，提供信用增强的银行可能首先承担这部分损失。信用增强可以采取多种多样的形式，流动性便利是信用增强的特殊形式，当资产的未来收益不足以支付投资者收益时，提供流动性便利的银行将支付这部分差额。尽管银行作为承销机构出售证券、提供信用增强或流动性便利获得部分收入，但是一旦基础资产池出现违约，银行将首先承担损失，从而面临承销风险。

二、巴塞尔Ⅲ资产证券化监管框架的演变

巴塞尔委员会从1992年开始将资产证券化业务纳入监管范围，经历多年的发展和完善，已于2016年完成资产证券化框架的最终修订，该框架构建了内部评级法、外部评级法、内部评估法和标准法四个度量方法。证券化结构复杂多样，需要根据经济实质而非法律实质来确定证券化风险敞口的资本处理。整个证券化框架中存在内部评级资金池、标准化资金池和混合资产池三个层级，在内部评级资金池中银行可以使用内部评级法进行度量证券化风险敞口；标准化资金池中可以使用外部评级法进行度量，其中的未评级资产支持票据可单独使用内部评估法；对于混合资金池而言，若银行有充足的信息并通过IRB参数计算可以确定证券化风险敞口达到了95%以上，且已获监管者批准，可应用内部评级法进行度量，若计算出的证券化潜在风险敞口低于95%，则采用外部评级法度量证券化潜在风险敞口。

金融危机的爆发让巴塞尔委员会开始重新审视现有监管框架，并随后进行了一系列修订和完善。金融危机前，巴塞尔委员会主要以三大支柱为资产证券化框架，将资产证券化归类在信用框架下进行度量，金融危机后经过一系列修订，巴塞尔委员会形成了以内部评级法、外部评级法、内部评估法和标准法为度量方法的资产证券化框架。

（一）金融危机前的监管框架

金融危机前的监管框架可以分为以下两个阶段：

第一阶段：1992—2004年为探索期，在这段期间中资产证券化以标准法和内部评级法为主线的度量框架模型不断变化和完善。1992年9月，巴塞尔委员会发布了《资产转让与证券化报告》，分析了资产证券化的机制、动因及风险、监管者的政策措施，开启了研究资产证券化的时代。1999年6月的第一次征求意见稿引入外部评级机构风险加权，计算资产证券化的资本。2001年1月的第二次征求意见稿引入标准法和内部评级法分别计算传统证券化和合成证券化的资本。2001年10月的第一次工作报告对内部评级法进行修改，并引入了新的方法计算合成证券化的资本要求。这三份文件可以认为是资产证券化处理方法的雏形。2002年10月的第二次工作报告取得了实质性的进展，首次提出资产池的分散性和引入第二支柱，同时对具有提前摊还特征的证券化处理方法进行了更改。2003年4月的第三次征求意见稿简化了证券化的处理方法，首次引入第三支柱规定了资产证券化下标准法和内部评级的信息披露，包括定性披露和定量披露两个部分。2004年10月提出了修改意见稿，从五个方面对证券化框架进行了修改，简化了证券化框架并促进处理方法的一致性。

第二阶段：2004—2009年暂时成熟期，2004年6月和2006年6月的巴塞尔Ⅱ完整地概括了资产证券化的整个框架。第一支柱下分为四部分：第一部分是证券化的定义、证券化产品种类、基础资产池的构成来源；第二部分是一系列证券化相关术语的定义，包括发起机构的定义、清收式赎回、超额利差（Excess spread）等；第三部分是风险转移过程中的操作要求；第四部分是证券化风险敞口的处理，包括资本要求的计算、使用外部评估的操作要求、证券化暴露的标准法和内部评级法。在第二支柱下，对之前第二次工作报告进行了完善补充，规定了监管者在信用转换、市场创新、隐性支持、剩余风险（Residual risks）、早偿风险等方面的职责。在第三支柱下，明确了证券化机构在标准法和内部评级法下定量披露和定性披露的责任。

巴塞尔委员会资产证券化监管框架在经历了这两段时期后，最终形成了以三大支柱为核心的监管框架，并形成了以标准法和内部评级法为主的度量模型。同一般信用风险中的标准法一样，证券化框架下的标准法也是根据对证券化产品的外部评级确定风险敞口的风险权重，从而计算出风险加权资产。而标准法的缺点是对贷款质量的风险敏感性不够和对评级机构的依赖性太强。鉴于此，巴塞尔委员会同意银行以内部模型法为基础的内部评级法计算风险加权资产，此时的内部评级法包括三种方法：一是评级法（Ratings-Based Approach），该方法类似于标准法，也是给每个风险敞口分配相应的风险权重，但其风险权重受外部评级或推测评级、评级的时间长度、资产池的分散性、风险头寸档次这四个方面的影响；二是内部评估法（Internal assessment approach），该方法与评级法一样，不同在于评级主体的区别，内部评估法下的评级主体是证券化机构自身，但巴塞尔委员会规定内部评估法下，要将内部评级结果与外部评级进行比较后，确定风险权重；三是监管公式法（Supervisory Formula Approach），此方法不再是给证券化暴露分配权重的思路，而是根据公式计算出证券化暴露所需的资本，然后乘以12.5得出其对应的风险加权资产。

然而，此时资产证券化监管框架的成熟只是短暂的，2008年国际金融危机的发生暴露了度量模型标准法和内部评级法的三点不足：第一，资本要求的风险敏感性不足，度量模型不能充分反映市场变量的变化；第二，过度依赖外部评级，标准法下，证券化暴露的风险权重是根据外部评级分配，因此，资本要求的大小主要由外部评级所决定；第三，资本度量模型存在"悬崖效应"。金融机构评级的稍微下降，将导致资本要求的大幅度增加，同时，金融机构评级的稍微上升，将导致资本要求的大幅度减少。

（二）金融危机后的新监管框架

正是由于金融危机前原有资产证券化框架存在以上三点不足，金融危机后，巴塞尔委员会开始对资产证券化框架进行修订，巴塞尔委员会在2014年发布了资产证券化度量框架的修订文件，并于2016年7月继续修订形成了最新资产证券化度量框架终版Ⅱ。

巴塞尔委员会资产证券化的修订期从2009年开始。2009年7月，巴塞尔委员会发布了对现有证券化框架改革的增强修订稿，分别对现有三大支柱进行了修改。对现有资产证券化框架第一支柱的修订主要从再证券化风险权重、标准法下的风险权重、自身担保评级的使用、信用风险的操作要求、标准法和内部评级法下的流动性便利、市场混乱情形下流动性便利的资本处理这七个方面进行完善。在第二支柱下，主要从企业全局风险监管（Firm-wide risk oversight）的风险管理水平、特殊的风险管理内容两个方面进行完善。第三支柱下的修订主要从交易账簿的证券化暴露、证券化发起人、证券化度量模型、再证券化估值、证券化估值、证券化过程中管道（Pipeline）和仓储（warehousing）风险、解释说明定量报告的重大改变这七个方面要求加强相应的信用披露。

2012年12月，巴塞尔委员会发布了对现有证券化度量框架更新后的征求意见稿，并在2013年1月对征求意见稿中调整的监管公式法（Modified Supervisory Formula Approach）和修订的评级法（Revised Ratings Based Approach）进行了详细介绍和完善。此次修订后的框架完全不同于2004年的巴塞尔Ⅱ和2009年的巴塞尔2.5，称得上是史无前例的彻底变革。巴塞尔委员会提出两种可供选择方案，加入更多的风险影响因子，增强了风险敏感性，而且这两种方案都把支撑集中度比率法（Backstop Concentration Ratio Approach）作为直接应用1250%风险权重前的备用方法，促进了监管框架的一致性，在计算证券化暴露的风险权重时也考虑到了风险期限，同时加强了银行自身的信用风险评级能力，减少了对外部评级的依赖。然而，其中也暴露出了一些缺陷，两种不同的方案可能会导致相同证券化暴露不同的资本要求，产生新的监管博弈和资本套利机会，甚至不能准确度量证券化的风险敞口，产生新的悬崖效应，以及过于保守的资本要求。

2013年12月，巴塞尔委员会发布了资产证券化的第二次征求意见稿，提出三种最新的度量方法，即内部评级法、外部评级法和标准法。巴塞尔委员会以内部评级法替代调整的监管公式法，并在调整的监管公式法基础上对内部评级法进行了标准化，达到更加简化的目的。此外，对于允许使用外部评级法的其他国家和地区，可以使用外部评级法（External Ratings-Based Approach）度量具有外部或推断评级的证券化暴露档次。标准法同第一次征求意见稿中简化的监管公式法（Simplified Supervisory Formula Approach）类似，以巴塞尔信用风险框架中标准法的资本要求和其他风险因素为基础。同时，巴塞尔委员会将20%的基准风险权重改为15%。巴塞尔委员会同意现有用于计算的实践和标准适用于内部评级法。此外，使用外部评级法时，不要求具有两个评级。

2014年12月，巴塞尔委员会发布了资产证券化度量框架的修订文件，修订后的度量框架将于2018年1月生效，经修订的证券化框架是对巴塞尔Ⅱ证券化框架的重大改进，与巴塞尔Ⅱ证券化框架相比，修订后的分层级制度不再依赖银行作为投资人或发起人所起的作用，反而依赖于银行可获得的信息和在特定交易所表现出的多种分析和估计，且降低了结构的复杂性和度量方法的数量，此次修订考虑了风险敏感性、简化性及可比性之间的适当平衡，度量框架的三种方法基本采纳了2013年12月发布的第二次征求意见稿，然而此次修订的最终框架没有考虑到证券化结构的定性特征，因此需要将STC标准纳入资本证券化框架，更好地捕捉定性因素以减少计量相关风险的不确定性。

2016年7月，巴塞尔委员会继续修订形成了最新资产证券化度量框架终版II，在原有的三种方法上加入了内部评估法，并且不同程度地下调了外部评级法下长期评级中5年期的风险权重，对于优质档次来说，级别越高，其下调的比例越大，对于非优质档次而言，其基本维持10%的下调比例。此外，终版Ⅱ将非优质档次的厚度与期限等其他相关风险驱动因素纳入外部评级法，减弱了对于外部评级的依赖性。根据基础风险类别和银行可获信息差异，证券化风险会有不同的度量方法。对于内部评级资金池的证券化风险敞口，银行必须使用内部评级法（SEC-IRBA）进行度量；对于标准化资金池的证券化风险敞口，假若银行不可使用内部评级法，则可用符合外部信用评级操作要求或推断操作要求的外部评级法（SEC-ERBA）进行度量，对于标准化资金池中未评级的资产支持商业票据，可单独使用内部评估法（IAA）度量，当外部评级法与内部评估法都不符合使用条件时，则采用标准法进行度量。若以上所有方法都不可用时，则证券化风险敞口度量直接应用1250%的风险权重。表32所示为巴塞尔委员会关于资产证券化度量框架的监管文件和主要内容。

表32　资产证券化的系列文件

发布日期	核心文件		主要内容
	英文名	中文名	
1992年9月	Asset Transfer And securitization	资产转让与证券化	资产证券化的机制、动因和风险，以及监管者的政策措施
1999年6月	A New Capital Adequacy Framework	新的资本充足率框架	初次引入外部评级机构风险加权，计算资产证券化的资本
2001年1月	Asset Securitisation	证券化	初次引入标准法和内部评级法分别计算传统证券化和合成证券化的资本
2001年10月	Working Paper on the Treatment of Asset Securitisations	资产证券化处理的工作报告	修改内部评级法，并引入新的方法计算合成证券化的资本
2002年10月	Second Working Paper on Securitisation	资产证券化的第二次工作报告	加入提前摊还和流动性便利处理的资本框架
2003年3月	The New Basel Capital Accord-third consultative paper	巴塞尔Ⅱ（第三次征求意见稿）	引入信用增强和隐含支持等特征的证券化，并加入证券化处理的操作要求
2004年1月	Change to the Securitisation Framework	证券化框架的改变	从五个方面对证券化框架进行修改，简化了证券化框架并促进处理方法的一致性
2004年6月	International Convergence of Capital Measurement and Capital Standards	资本测算和标准的国际整合	完整地概括证券化框架，包括度量模型、操作要求和特殊处理，此时证券化框架已基本成熟
2006年6月	International Convergence of Capital Measurement and Capital Standards	资本测算和标准的国际整合	同2004年6月的度量框架基本一致
2009年7月	Enhancements to the Basel II framework	增强巴塞尔Ⅱ资本框架	对现有框架在危机中暴露出的不足，对巴塞尔的支柱一、支柱二、支柱三这三个大的方面进行修改

续表

发布日期	核心文件		主要内容
	英文名	中文名	
2011年7月	Report on asset securitisation incentives	资产证券化动因的报告	从发起机构和投资者的角度介绍资产证券化的动因，并指出了其动因的不一致性和利益矛盾
2012年12月	Revisions to the basel Securitisation Framework–Consultative Document	巴塞尔证券化框架的修订（征求意见稿）	建立更加审慎和风险敏感性的资本度量模型，减少模型对外部信用评级的依赖和"悬崖效应"
2013年1月	Foundations of the Proposed Modified Supervisory Formula Approach	建议的调整的监管公式法的构建	完整地补充介绍调整监管公式法的参数计算、假设条件和标准化方式
2013年1月	The Proposed Revised Ratings–Based Approach	建议的修订的评级法	完整地补充介绍了修订的评级法的假设条件和方法
2013年12月	Revisions to the Basel Securitisation Framework	巴塞尔证券化框架的修订	更新和完善资产证券化的度量框架
2014年12月	Revisions to the Basel Securitisation Framework	巴塞尔证券化框架的修订	引入证券化风险度量的最新三种方法
2016年7月	Revisions to the Basel Securitisation Framework	最新资产证券化度量框架终版II	引入内部评估法，并下调外部评级法下长期评级中5年期的风险权重

资料来源：BIS，作者整理。

三、巴塞尔Ⅲ资产证券化度量新方法

正是由于银行在资产证券化过程中扮演着不同的角色，面临着资产证券化风险敞口，有必要计提一定的资本以抵御相关风险的爆发。在巴塞尔Ⅱ中，巴塞尔委员会将资产证券化归类在信用风险的框架下，以经济实质为依据，使用单独的框架度量证券化风险敞口。然而，2008年的国际金融危机暴露了度量模型标准法和内部评级法的不足：第一，资本要求的风险敏感性不足；第二，过度依赖外部评级；第三，资本度量模型存在"悬崖效应"。此外，在巴塞尔Ⅱ中，证券化框架并不包括评级法和监管公式法之间明确的期限调整，这也是度量方法的不足之处。经过两次征求意见稿中可选方案的修订，最终的资本度量框架有效地弥补了巴塞尔Ⅱ的不足，形成了更为简洁的资本度量框架，内部评级法、外部评级法、内部评估法和标准法这四种度量方法可选顺序清晰（见

图4），更具有敏感性、简化性和可比性，有助于建立更加富有弹性的银行业。

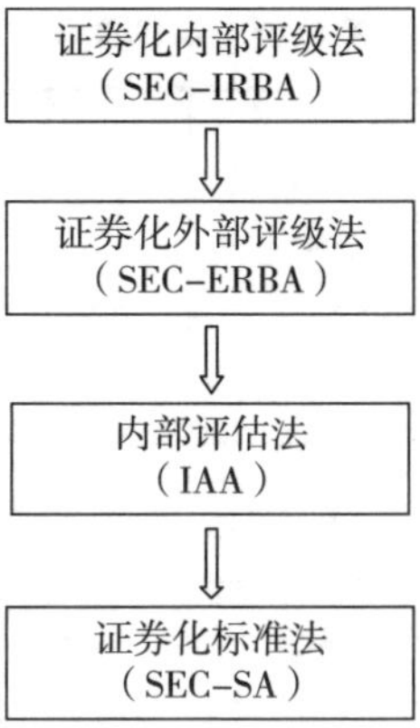

图4　巴塞尔Ⅲ资产证券化度量方法

（一）资产证券化内部评级法

为计算信用风险中内部评级法下基础资产池资产证券化风险敞口的资本要求，银行必须使用资产证券化内部评级法和银行提供的输入变量：信用风险内部评级法下基础资产还未证券化的资本要求（K_{IRB}），档次结合点（A），档次分离点（D）和监管参数p。资产证券化交易中风险敞口之间唯一的不同与期限相关，而档次结合点（A）和档次分离点（D）也是一样。

首先，给出内部评级法下相关参数的定义和计算公式。

K_{IRB}表示资产池中资产没有被证券化的情况下的 IRB 资本要求，表现为小数形式：

$$K_{IRB} = \frac{\text{资产池中资产按照 IRB 法计算所需要的资本}}{\text{资产池中风险敞口的数额}}$$

档次结合点（A）表示基础资产池某个档次信用损失开始分配到资产证券化风险敞口的阈值。档次分离点（D）表示基础资产池某个档次信用损失完全分配到资产证券化风险敞口的阈值，意味着该档次资本全部损失。二者均为0到1之间的小数。

监管参数p的计算公式如下：

$$p = \max[0.3;(A + B \cdot (\frac{1}{N}) + C \cdot K_{IRB} + D \cdot LGD + E \cdot M_T]$$

式中，0.3为监管参数p的基准值；N为基础资产池贷款暴露的有效数量；LGD为基础资产池加权平均风险敞口违约损失率；M_T为档次的期限；参数A，B，C，

D，*E*则根据表33确定。

表33　　参数值*A*,*B*,*C*,*D*,*E*

参数值		*A*	*B*	*C*	*D*	*E*
批发（Wholesale）	优质，分散度（$N\geq25$）	0	3.56	−1.85	0.55	0.07
	优质，非分散度（$N<25$）	0.11	2.61	−2.91	0.68	0.07
	非优质，分散度（$N\geq25$）	0.16	2.87	−1.03	0.21	0.07
	非优质，非分散度（$N<25$）	0.22	2.35	−2.46	0.48	0.07
零售（Retail）	优质	0	0	−7.48	0.71	0.24
	非优质	0	0	−5.78	0.55	0.27

资料来源：BIS，作者整理。

风险敞口有效数量（*N*）的计算公式如下：

$$N=\frac{(\sum_i EAD_i)^2}{\sum_i EAD_i^2}$$

式中，EAD_i为资产池中i^{th}工具的违约损失率，同一债务人的多个违约风险敞口必须相加。

加权平均风险敞口违约损失率的计算公式如下：

$$LGD=\frac{\sum_i LGD_i\cdot EAD_i}{\sum_i EAD_i}$$

式中，LGD_i表示第i个债务人的全部风险敞口的平均违约损失率。

如果符合以下条件，银行能够使用简化的方法计算资产池风险敞口有效数量（*N*）和资产加权平均违约损失率。如果与最大风险敞口相关的资产组合份额C_1不大于0.03，那么在内部评级法下，银行可令LGD=0.50，并采用如下公式计算N：

$$N=\left(C_1\cdot C_m+\left(\frac{C_m-C_1}{m-1}\right)\cdot\max(1-m\cdot C_1;0)\right)^{-1}$$

式中，C_m表示证券化资产池中最大的m项风险敞口之和所占的份额，m由银行自行确定。另外，如果只有C_1已知，并且不大于0.03，则可以令LGD=0.50，

$N=1/C_1$。

其次，在内部评级法下，每单位资产证券化风险敞口的资本计算公式如下：

$$K_{SSFA(K_{IRB})} = \frac{e^{a \cdot u} - e^{a \cdot l}}{a(u-l)}$$

式中，常数e为自然对数的底，变量a、u和l的定义如下：

$$a = -\frac{1}{p \cdot K_{IRB}};\ u = D - K_{IRB};\ l = \max(A - K_{IRB};0)$$

最后，在内部评级法下，分配给资产证券化风险敞口的风险权重的大小设置分为三种情况：第一种情况下，当资产证券化风险敞口的档次分离点D值不大于K_{IRB}时，分配的风险权重等于1250%；第二种情况下，当资产证券化暴露的档次结合点A值大于等于K_{IRB}时，分配的风险权重表示为$K_{SSFA(K_{IRB})}$与12.5乘积的百分比；第三种情况下，当资产证券化风险敞口的结合点A值小于K_{IRB}，而D值大于K_{IRB}时，分配的风险权重将根据如下公式计算：

$$RW = \left[\left(\frac{K_{IRB} - A}{D - A}\right) \cdot 12.5\right] + \left[\left(\frac{D - K_{IRB}}{D - A}\right) \cdot 12.5 \cdot K_{SSFA(K_{IRB})}\right]$$

由此产生的风险权重服从15%的风险权重底线。

（二）资产证券化外部评级法

对于具有外部评级或有推断评级（inferred rating）的资产证券化风险敞口，满足一定操作标准的前提下，外部评级法下的风险加权资产将通过资产证券化风险敞口数额乘以适当的风险权重来决定。

使用外部信用评级的操作标准主要有以下几点：第一，为符合风险加权资格，外部信用评估必须考虑和反映银行所面临的整个信用风险敞口；第二，外部信用评级机构（ECAI）的选择必须满足巴塞尔委员会所要求的标准，即被国家监管当局认可；第三，充分考虑信用风险缓释作用的影响；第四，如果部分评估是基于银行未备基金支持（unfunded support），将不允许使用任何外部信用评级。

推断评级操作标准旨在确保未评级头寸在各个方面都优于称为“参考资产证券化风险敞口”的外部评级资产证券化风险敞口，主要包括以下几点：第一，参考资产证券化风险敞口在所有方面必须次于未评级的资产证券化风险敞口或享有同等权益；第二，参考资产证券化风险敞口的期限必须不小于未评级风险敞口；第三，推断评级必须持续更新，以反映未评级风险敞口相对于参考资产证券化风险敞口的质量变化；第四，参考资产证券化风险敞口的外部评级必须满足外部信用评级的操作标准。

对于短期评级或短期推断评级的资产证券化风险敞口，根据表34分配相应的风险权重。

表34　　短期评级的外部评级法风险权重

外部信用评级	A-1/P-1	A-2/P-2	A-3/P-3	其他评级
风险权重	15%	50%	100%	1250%

资料来源：BIS，作者整理。

对于长期评级或长期推断评级的资产证券化风险敞口，其风险权重将根据外部评级等级或有效推断评级、头寸的质量、档次期限和非优质档次的厚度决定。具体地说，外部评级风险敞口的风险权重将根据表35分配，然后再根据档次的期限和非优质档次的厚度调整。

表35　　长期评级的外部评级法风险权重

评级	优质		非优质	
	期限（M_T）		期限（M_T）	
	1年	5年	1年	5年
AAA	15%	20%	15%	70%
AA+	15%	30%	15%	90%
AA	25%	40%	30%	120%
AA−	30%	45%	40%	140%
A+	40%	50%	60%	160%
A	50%	65%	80%	180%
A−	60%	70%	120%	210%
BBB+	75%	90%	170%	260%
BBB	90%	105%	220%	310%
BBB−	120%	140%	330%	420%
BB+	140%	160%	470%	580%
BB	160%	180%	620%	760%
BB−	200%	225%	750%	860%
B+	250%	280%	900%	950%
B	310%	340%	1050%	1050%
B−	380%	420%	1130%	1130%
CCC+/CCC/CCC−	460%	505%	1250%	1250%
CCC−以下	1250%	1250%	1250%	1250%

资料来源：BIS，作者整理。

档次期限在一年和五年之间的，使用线性插值法计算权重。为考虑档次厚度，银行使用下面的公式计算非优质档次暴露的风险权重：

$$风险权重=期限调整后的风险权重\cdot[1-\min(T;50\%)]$$

式中，T表示档次的厚度，等于该档次分离点D值减去档次结合点A值。

由此得来的风险权重也服从15%的底线，并且应绝不低于具有相同评级和期限的相同资产证券化优质档次的风险权重。

（三）资产证券化内部评估法

假若银行至少持有1个内部评级（*IRB*）模型，而且其内部评估程序满足操作要求时，银行可将资产证券化风险敞口质量的内部评估扩展到ABCP业务，向ABCP业务风险敞口提供的内部评估必须与外部评级相对应。

内部评估法操作要求的目的在于利用内部评估法确定由流动性便利、信用增强或其他风险扩展到ABCP业务而产生的内部评级资本要求，其主要内容有以下几点：第一，ABCP计划必须受外部评级的约束；第二，对资产证券化的信用质量作内部评估必须以资产收购的外部评级机构（ECAI）标准为基础，且在初始分配风险敞口时不得低于投资等级；第三，银行的内部评估程序必须识别风险等级；第四，内部或外部审计员、外部信用评级机构及银行内部信用审查或风险管理机构必须对内部评估过程进行定期审查，并审查这些内部评估的有效性；第五，银行必须实时跟踪内部评估执行情况，以评估制定的内部评估的绩效，并在必要时对其评估过程进行调整；第六，ABCP计划必须有适用于ABCP计划的信用和投资准则，即承保标准；第七，必须对资产出售人的风险状况进行信用分析，另外，还应对出售人的承保标准、服务能力和收集程序进行审查；第八，ABCP计划应基于服务商的业务能力和信用质量建立收集程序；第九，在ABCP计划下，资产收购必须充分考虑结构特征，以减轻基础投资组合的信用恶化。

假若银行的内部评估程序不再被认为是适当的，那么银行的监管者可以阻止银行将内部评估法（IAA）应用于现有和新发起的ABCP计划，以确定适当的资本处理，直到银行弥补完损失。在这种情况下，银行必须使用标准法（Standardised Approach）。

（四）资产证券化标准法

为计算信用风险中标准法下基础资产池资产证券化风险敞口的资本要求，银行可以使用资产证券化标准法中的监管公式法和银行提供的输入变量：信用风险标准法下基础资产还未证券化的资本要求（K_{SA}），证券化基础资产池中潜在违约暴露与潜在总暴露的比率（W），档次结合点（A），档次分离点（D）。

标准法下，首先给出相关参数的定义和计算公式。

K_{SA}表示潜在暴露的全部投资组合的加权平均资本要求，由信用风险框架下标准法的风险加权资产乘以8%得出。

变量W等于潜在违约暴露的名义值与潜在总暴露名义值的比值。

如果有K_{SA}和W的值，就能计算出K_A，公式如下：

$$K_A = (1 - W) \cdot K_{SA} + 0.5 \cdot W$$

假若银行不清楚拖欠状态，对于不超过资产池潜在暴露5%的，仍然可以使用标准法，K_A需作如下调整：

$$K_A = \left(\frac{EAD_{Subpool\ 1\ where\ Wknown}}{EAD\ Total} \times K_A^{Sub\ 1\ where\ Wknown}\right) + \frac{EAD_{Subpool\ 2\ where\ Wunknown}}{EAD\ Total}$$

如果银行不知道潜在状态且超过资产池潜在暴露5%的，则资产证券化风险敞口的风险权重设置为1250%。

其次，在标准法下，每单位资产证券化风险敞口的资本要求计算公式如下：

$$K_{SSFA} = \frac{e^{a \cdot u} - e^{a \cdot l}}{a(u - l)}$$

式中，常数e为自然对数的底，监管参数p在标准法下的值为1，a、u和l的定义如下：

$$a = -\frac{1}{p \cdot K_A}\ ;\ u = D - K_A\ ;\ l = \max(A - K_A, 0)$$

最后，在标准法下，风险权重的大小设置分为三种情况：第一种情况下，当资产证券化风险敞口的档次分离点D值不大于K_A时，分配的风险权重等于1250%；第二种情况下，当资产证券化风险敞口的档次结合点A值大于K_A时，分配的风险权重将是K_{SSFA}与12.5的乘积的百分比形式；第三种情况下，当资产证券化风险敞口的档次结合点A值小于K_A，而D值大于K_A时，分配的风险权重将根据如下公式计算：

$$RW = \left[\left(\frac{K_A - A}{D - A}\right) \cdot 12.5\right] + \left[\left(\frac{D - K_A}{D - A}\right) \cdot 12.5 \cdot K_{SSFA}\right]$$

同样地，由此得来的风险权重也服从15%的风险权重底线。

（五）STC证券化资本度量新方法

2015年7月，巴塞尔委员会与国际证券监督管理委员会发布了《识别“简单、透明及具有可比性”证券化产品的标准》（以下简称STC标准），STC标准有助于缓解与资产风险、结构化风险、治理和操作风险相关的不确定性，但是此标准只是粗略的和非约束性的，需要根据具体需要和应用情况制定更多和更详细的标准。2016年7月，巴塞尔委员会发布了对资产证券化框架的最终修订，并将“简单、透明及具有可比性”证券化的资本计量纳入整个框架，以期提高框架的风险敏感性。标准和资本计量方法旨在帮助金融业在发展过程中形成简单透明的证券化结构。STC证券化度量适用巴塞尔Ⅲ下资产证券化计量的三种方法，即内部评级法、外部评级法和标准法，但是STC证券化度量方法又与之有所不同，其不同之处主要有以下几点：

首先，在内部评级法下，对STC证券化的监管参数p的计算公式如下：

$$p = \max\left\{0.3; \left[A + B \times \left(\frac{1}{N}\right) + C \times K_{IRB} + D \times LGD + E \times M_T\right] \times 0.5\right\}$$

式中，0.3为监管参数p的基准值；N为基础资产池贷款暴露的有效数量；LGD为基础资产池加权平均风险敞口违约损失率；M_T为档次的期限；参数A,B,C,D,E则根据表36确定。

表36　　参数值*A,B,C,D,E*

参数值		*A*	*B*	*C*	*D*	*E*
批发（Wholesale）	优质，分散度（$N\geqslant25$）	0	3.56	−1.85	0.55	0.07
	优质，非分散度（$N<25$）	0.11	2.61	−2.91	0.68	0.07
	非优质，分散度（$N\geqslant25$）	0.16	2.87	−1.03	0.21	0.07
	非优质，非分散度（$N<25$）	0.22	2.35	−2.46	0.48	0.07
零售（Retail）	优质	0	0	−7.48	0.71	0.24
	非优质	0	0	−5.78	0.55	0.27

资料来源：BIS，作者整理。

其次，在外部评价法下，对于短期评级或短期推断评级的资产证券化风险敞口，将根据表37分配相应的风险权重。

表37　　短期评级的外部评级法风险权重

外部信用评级	A–1/P–1	A–2/P–2	A–3/P–3	其他评级
风险权重	10%	30%	60%	1250%

资料来源：BIS，作者整理。

对于长期评级风险敞口，其风险权重将根据表38分配，再根据档次的期限和非优质档次的厚度调整。

表38　　长期评级的外部评级法风险权重

评级	优质 期限（M_T）		非优质 期限（M_T）	
	1年	5年	1年	5年
AAA	10%	10%	15%	40%
AA+	10%	15%	15%	55%
AA	15%	20%	15%	70%
AA-	15%	25%	25%	80%
A+	20%	30%	35%	95%
A	30%	40%	60%	135%
A-	35%	40%	95%	170%
BBB+	45%	55%	150%	225%
BBB	55%	65%	180%	255%
BBB-	70%	85%	270%	345%
BB+	120%	135%	405%	500%
BB	135%	155%	535%	655%
BB-	170%	195%	645%	740%
B+	225%	250%	810%	855%
B	280%	305%	945%	945%
B-	340%	380%	1015%	1015%
CCC+/CCC/CC-	415%	455%	1250%	1250%
CCC- 以下	1250%	1250%	1250%	1250%

资料来源：BIS，作者整理。

最后，在标准法下，对于STC证券化的风险敞口，监管参数p的值为0.5。

在这三种方法下，产生的风险权重对优质档次的最低风险权重为10%，对非优质档次的最低风险权重为15%。

四、资产证券化监管框架对中国的启示

巴塞尔证券化框架修订终版Ⅱ相比于巴塞尔Ⅱ的证券化框架有了重大的改进，它减少了层次的复杂性和方法的数量。根据这些修订，只有四种方法，替

代巴塞尔Ⅱ证券化框架下的多种方法和特别处理方法。此外，可选方案也不再依赖银行在资产证券化中作为投资者和发起人所起的作用，也不再取决于银行为计算多种潜在风险敞口所采用的信用风险方法，相反地，更加依赖于银行可获得的信息及进行特殊交易的分析评估类型。两个方面的因素使得资产证券化监管框架对于外部评级的依赖减弱，一方面，评级基础法不再处于顶端，另一方面将非优质档次风险敞口的期限和厚度等其他相关风险驱动因素纳入资产证券化外部评级法。在风险敏感性和谨慎性方面，修订后的框架与巴塞尔Ⅱ框架相比前进了一大步，资本要求得到了大大提升，并且与资产证券化风险相一致。

中国的资产证券化道路开始于20世纪90年代初，在2005年正式启动试点，本土资产证券化正式拉开序幕。经过13年的探索试点发展，已形成央行和原中国银监会主管的信贷资产证券化、证监会主管的企业资产证券化、交易商协会主管的资产支持票据及原保监会主管的资产管理公司项目支持计划的四种资产证券化模式。

央行和原中国银监会主管的信贷资产证券化是指银行金融机构作为主要发起人，银行间市场投资者作为投资人，银行金融机构将银行信贷资产信托给受托机构，受托机构向投资者发行受益证券，其主要交易场所是银行间债券市场，审核方式为备案制审核，其基础资产主要有个人住房抵押贷款、个人消费贷款、企业贷款、个人汽车抵押贷款、金融租赁及不良贷款。我们可以将这一期间信贷资产证券化的发展划分为四个阶段。第一阶段：2005—2008年。2005年3月，经国务院批准，信贷资产证券化试点工作协调小组成立，并启动了信贷资产证券化试点，三年间，共有11家境内金融机构在银行间债券市场成功发行了17单信贷资产支持证券，总额达到667.8亿元。第二阶段：2009—2011年。2008年次贷金融危机的发生严重影响了中国资产证券化发展，原中国银监会叫停信贷资产证券化产品发行，证监会从2006年9月开始对专项资产管理计划开展证券化业务进行研究论证，此后暂停了项目审批，此期间中国资产证券化发展停滞不前。第三阶段：2012—2013年。2012年人民银行、原中国银监会和财政部下发《关于进一步扩大信贷资产证券化试点有关事项的通知》，标志着中国资产证券化试点的重启，首期额度为500亿元，2013年国务院召开常务会议决定进一步扩大信贷资产证券化试点，规模为3000亿元。第四阶段：2014年至今。此阶段为加速发展阶段，2014年11月，原中国银监会和证监会分别宣布资产证券化实行备案制，使得资产证券化产品发行效率大大加快，信息披露更加完整，其发展保持常态化增长，截至2017年信贷资产证券化共发行441单，发行总规模达到了17775.14亿元，且发行了首单公募REITs产品，为中国市场真正REITs产品的发行奠定了市场基础。

证监会主管的企业资产证券化是指非金融企业及部分非银金融机构作为主要发起人，将基础资产打包给证券公司，证券公司作为特殊目的主体，设立专门的专项资产管理计划，以该基础资产产生的现金流为支持，发行资产支持证券，其投资人有合格投资者限制，不得超过200人，其交易场所为证券交易所、证券业协会机构间报价和服务系统及证券公司柜台市场，审核方式为备案制，其基础资产主要有个人消费贷款、信托收益权、融资租赁、商业地产类（CMBS和REITs）、应收账款及保理融资。其发展源头可追溯到2004年，在2004年10月21日，证监会发布《关于证券公司开展资产证券化业务试点有关问题的通知》，标志着由证监会监管的资产证券化业务开始试点，2005年8月，中金公司作为计划管理人和主承销商发行了第一单企业资产证券化产品，标志着企业资产证券化业务正式开闸，截至2006年底，共发行九只企业资产证券化产品，随后受2008年次贷金融危机的影响，企业资产证券化发展陷入停滞，直到2011年，金融危机基本结束之后，资产证券化业务才得以重启，但是在2014年国务院下发《国务院关于取消和下放一批行政审批项目的决定》后，证监会的专项投资行政审批权被取消，企业资产证券化业务再次被叫停，经过一系列整改，2014年12月中信证券作为计划管理人发行了备案制时代的首单企业资产证券化产品，标志着中国企业资产证券化金融备案制时代，随后几年企业资产证券化发展迅猛，基础资产类型日益丰富，到2017年其累计发行单数达到1089单，发行总规模达到14983.08亿元，并于2017年首次发行PPP资产证券化项目。

交易商协会主管的资产支持票据是指以非金融企业为主要发行人，由基础资产产生的现金流作为还款支持，并约定在一定期限内还本付息的债务融资工具，其交易场所为全国银行间债券市场，审核机制为注册制，其基础资产类型更为丰富，目前有八类，最主要的是融资租赁、CMBN和应收账款，2008年以来，浦发银行就在监管机构指导下研发国内资产支持票据产品，并于2009年以唯一的试点论证项目主承销商的身份参加了由银行间交易商协会组织的，集司法、监管及市场相关成员组成的客体小组，借鉴成熟市场资产支持证券的通行做法和国内信贷资产证券化实践经验，研究在中国市场上推进资产支持票据产品的交易结构和路径。2012年7月，交易商协会第三届常务理事会第二次会议审议通过了《银行间债券市场非金融企业资产支持票据指引》，2012年8月，银行间交易商协会正式发布《银行间债券市场非金融企业资产支持票据指引》，标志着资产支持票据的诞生，资产支持票据发展起步较晚，国内发展条件也不够充分，发展速度缓慢，直到2017年累计发行66单，发行总规模为970.72亿元。

原保监会主管的资产管理公司项目支持计划是指保险资产管理公司等专业管理机构作为项目资产支持计划受托人，按照约定从原始权益人受让或者以其他方式获得基础资产，以基础资产产生的现金流为偿付支持，发行收益凭证的业务活动，其审核制为注册制，其基础资产有限制条件，主要是信贷资产、金融租赁应收款，以及每年获得固定分配的收益且本金回收和有限收益分配设置信用增级的股权资产。资产管理公司项目计划始于2014年，原保监会向各保险资管公司下发了《项目资产支持计划试点业务监管口径》，标志着保险资管项目资产支持计划的正式开闸，2015年正式推出项目资产支持计划，为规范资产支持计划发展，原保监会于2015年8月25日发布了《资产支持计划业务管理暂行办法》，资产支持计划发展起步晚，且发展基础薄弱，规模较小，到2017年10月仅发行3单，累计总体发行规模为43.39亿元。

从当前发展情况来看，信贷资产证券化的监管文件、法律基础、税收问题、会计处理、风险控制等方面相比其他两种模式相对完善。虽然企业资产证券化在中国发展时间也相对较长，但各个方面都不如信贷资产证券化完备。而资产证券票据则是起步最晚，发展较慢，结构特征明显不同于其他两种证券化方式。中国资产证券化三种模式中，只有信贷资产证券化的相关法律法规中要求计提资本风险敞口资本（银监发〔2009〕116号），但其度量模型仍然采用的是巴塞尔Ⅱ中的评级基础法和内部模型法，显然已与巴塞尔委员会最终的资产证券化度量新框架要求相差甚远。因此，一方面，商业银行要认真分析巴塞尔协议Ⅲ对各类资产证券化业务的可能影响，根据分析调整资产证券化业务的发展方向，将实际影响减小到最低。必须进行尽职调查，持续及时地掌握基础资产池风险信息，全面综合地理解资产证券化交易结构和资产证券化风险敞口的风险特征。如果银行不能达到尽职调查要求的水平，就将其所有证券化风险敞口分配1250%的风险权重。另一方面，特别要注重巴塞尔Ⅲ对资产证券化业务的法律框架界定，按照新资本协议的要求完善资产证券化的相关法律问题。而金融监管机构方面，要加强对资产证券化相关规定的熟悉与了解，特别是与巴塞尔委员会的沟通与协调，借鉴并引进巴塞尔委员会的最新监管理念和方法，尽快建立符合中国国情的规章制度。

总的来说，巴塞尔Ⅲ资产证券化监管框架终版Ⅱ的发布，对于中国发展更加长远的资产证券化有重要作用，主要有以下几点：一是强化资产证券化的风险意识。虽然资产证券化在一定程度上迎合了金融市场的需要，得到了快速发展，但其自身存在各种风险，包括欺诈风险、道德和声誉风险、金融管理风险及违约风险等。因此中国在发展资产证券化时首先要在理念和认识上有一定的提高，深刻地认识到风险的存在，强化风险意识。二是有效识别和度量资产证券化风险。要想做到真正的防控风险，必须先认识风险，有效地辨别出影响证券化目标实现的风险，并利用内部评级法、外部评级法、内部评估法及外部评级法这四大资产证券化框架度量风险，对风险进行分析处理。中国在发展资产证券化时要培养识别和认定资产证券化风险敞口的能力，并利用新框架准确对其风险进行全面分析和准确度量。三是对资产证券化产品的要求资本计提。银行必须对面临的资产证券化风险敞口持有监管资本，包括用于证券化交易的信用风险缓释、投资资产支持证券、自留次级档次的证券、提供流动性或信用增强。因此，中国在发展资产证券化时需要审慎计提监管资本，并对资产证券化产品的要求计提资本，有效防范风险的发生，提高风险抵御能力，实现中国金融系统的稳步发展。

第四节　巴塞尔Ⅲ交易对手信用风险的监管与度量

场外衍生产品交易和证券融资交易等业务的快速发展是此次金融危机前金融体系的主要特点之一，这些交易不仅为金融机构带来了较高的杠杆，还使其面临较大的交易对手信用风险（Counterparty credit risk，CCR）。危机中，大量复杂金融工具的交易对手违约，造成抵押品抛售，抵押品价值下跌导致更多的保证金需求，从而引发了资产下跌、资本减少、资产进一步下跌的螺旋效应。

交易对手信用风险的存在，使人们意识到以前对风险管理的两大误区：一是信用风险不仅存在于银行账簿，还有可能存在于交易账簿；二是交易账簿面临的不仅仅是市场风险，还有可能面临信用风险，而且这种信用风险可能与市场的波动密切相关。因此，其度量既不同于交易账簿下逐日盯市等风险度量手段，也不同于银行账簿下基于信用风险敞口的度量方法。危机后，国际社会就如何防范交易对手信用风险问题展开了广泛讨论，作为国际金融监管组织核心代表的巴塞尔委员会也出台了相应的政策和防范措施，对交易对手信用风险的管理和监管规则进行了补充和完善。

目前，中国衍生品市场尚处于起步阶段，证券融资市场受到的监管也较为严格，风险敞口还不是特别明显，对交易对手信用风险进行研究的文章也并不多见。然而，在金融改革的大背景下，衍生品和证券融资交易可能是未来银行业发展的重要业务之一。因此，准确把握交易对手信用风险的定义和特征，梳理国际监管规则对交易对手信用风险的处理，有助于吸取西方金融机构在此次金融危机中的经验，前瞻性地防范交易对手信用风险，对存在该风险的相关交易类业务实现审慎监管。

一、交易对手信用风险的定义与特征

与一般意义上的信用风险不同，交易对手信用风险多是对于衍生产品和证券融资交易类产品而言的，风险具有双向性、不确定性特征。对于交易对手信用风险的定义和特征分析，国际上多采用巴塞尔委员会的表述，国内学者也大多基于此进行分析研究。

（一）交易对手信用风险的定义

早在巴塞尔Ⅰ推出时，巴塞尔委员会就已经开始关注表外活动面临的信用风险，但是直到巴塞尔Ⅱ推出前都没有正式采用交易对手信用风险这一概念。1988年颁布的巴塞尔Ⅰ中，巴塞尔委员会认为，部分和外汇、利率相关的表外业务面临的信用风险敞口是交易对手违约时潜在的现金流重置成本（Replacement cost, RC）。1992年，巴塞尔委员会指出证券交易中的信用风险是指交易对手不履行合同全部价值义务的风险，其信用风险包括重置成本风险和本金风险（Principal risk）。1994年，巴塞尔委员会指出，衍生品的信用风险包括结算前风险（Pre-settlement risk）和结算风险（Settlement risk），其中结算前风险是指交易对手在合约结算日之前违约的风险，结算风险指的是交易对手在合约到期时违约的风险。1995年，巴塞尔委员会补充说明了远期、互换、期权等衍生合同面临的信用风险敞口只是交易对手违约时潜在的现金流重置成本。1998年，巴塞尔委员会定义了场外衍生品的信用风险，即交易对手违约造成损失的风险，通常是由于交易对手无偿还能力造成的。这些关于场外衍生产品和证券交易产品的信用风险定义形成了交易对手信用风险的雏形。

2004年推出的巴塞尔Ⅱ征求意见稿中，巴塞尔委员会正式引入交易对手信用风险这一概念，并将其适用范围拓展至场外衍生品、回购市场和交易账簿中的信用风险。在2006年发布的巴塞尔Ⅱ中，巴塞尔委员会将交易对手信用风险定义为交易对手在交易现金流结算前的违约风险。

除巴塞尔委员会外，许多国外学者也对交易对手信用风险的定义进行了研究，部分国外学者也将交易对手信用风险称为交易对手风险。部分学者并未对交易对手信用风险发生的时间加以区分，如卡纳巴罗和达菲、皮科特均认为交易对手信用风险是合同一方的交易对手不能履行合同约定而造成另一方损失，吉普森（Gibson）还进一步指出当场外衍生品合约的市场价值为正值时，交易对手可能违约。部分学者对交易对手信用风险发生的时间予以明确，认为是结算前风险，如佩赫京（Pykhtin）认为交易对手信用风险是指交易对手在合同到期之前违约，将不会全额支付合同中的款项，格雷戈里（Gregory）认为交易对手信用风险是金融合约中的交易对手在合约到期前违约和不能履行未来支付的风险。而国内对交易对手信用风险研究的文章和学者非常少，相关研究也多采用巴塞尔委员会2006年给出的定义。

结合国际组织和国内外学者的定义，为更加全面地把握交易对手信用风险，本节将不对风险发生的时间加以区分，将交易对手信用风险定义为由于交易中一方违约而给另一方带来的风险。

（二）交易对手信用风险的特征

交易对手信用风险属于信用风险的范畴，都是债务人违约所带来的经济损失。然而，交易对手信用风险有以下三个不同于传统信用风险的特征，也由此带来了度量上的复杂性。

一是双向性。交易对手信用风险是一种双向风险，交易的任何一方都可能面临另一方违约而遭受损失。在不考虑该合同已进行的相关交易情况下，当前遭受的损失为合同的市场价值与零之间的最大值。如果合同市场价值为正值，交易对手违约时所带来的损失为合同的市场价值；如果合同的市场价值为负，交易对手违约时损失为零。

二是风险敞口的不确定性。未来的交易对手信用风险敞口取决于未来合同的市场价值，但未来合同的市场价值是不确定的。仅能够根据相关产品及其标的物价格的历史波动和相关性，模拟市场价值在未来某个时刻潜在的范围和概率分布。通过这种方式，未来的风险敞口表现为未来某一时刻、在一定置信水平下的潜在风险敞口值。

三是风险影响的多样性。在交易对手信用风险的度量中，需要注意相关市场风险和信用风险的相互联系。度量交易对手信用风险潜在暴露时，会受到相关市场风险因素的影响，如利率的波动将直接影响利率衍生品所面临的交易对手信用风险；估计违约概率和违约损失率时，会受到相关信用风险的影响；同时，市场风险和信用风险彼此之间又会相互影响，即所谓的错向风险（Wrong way risk）。此外，管理交易对手信用风险时还会面临相关操作风险的影响。

（三）中央交易对手概述

在场外衍生品交易中，引入中央交易对手能有效减少交易双方所面临的交易对手信用风险。中央交易对手是指为证券交易买卖双方提供清算的中间媒介，同时作为一份交易买卖双方的交易对手而存在，一般是规模较大、信用质量好的金融机构。由于中央交易对手自身的特点及功能，使其能有效控制交易对手信用风险。总的来说，中央交易对手存在以下四个优点：

一是降低了交易成员的违约概率。中央交易对手拥有完善的风险管理体系，能及时监测交易成员风险敞口，通过盯市（Mark-to-market）的保证金和抵押品要求降低交易成员违约的概率。此外，由于推动实施匿名交易，实际交易双方的信息不对称，即使市场某个主要成员违约，也不会增加市场中其他交易成员违约的概率。

二是提供多边净额结算功能。中央交易对手提供集中交易清算的场所，采用多边净额结算的方式，对每个交易成员的所有交易进行轧差，降低了结算的头寸和交易对手违约的风险敞口。

三是减少了交易的成本。中央交易对手的存在，不仅减少了交易双方达成交易的搜索成本，而且其集中交易清算的功能，也减少了系统操作成本和结算成本。

四是具有完善金融体系的功能。采用中央交易对手需要完善的法律规则和机制，同时跨国界结算要求各国法律互相协调，有助于在全球建立统一的法律框架。同时，中央交易对手信息披露机制，提高了金融市场的透明度，有助于金融市场的健康发展。

尽管中央交易对手具有这些优点，但就中央交易对手自身而言也会面临一系列的风险，包括交易对手信用风险、流动性风险、结算银行风险、托管风险、投资风险、操作风险、法律风险七个风险，其中任何一个风险的发生，都会产生引发中央交易对手违约的交易对手信用风险。

二、交易对手信用风险的度量模型

一般交易对手信用风险资本计提包含两个方面的影响因素，一是一般交易对手的违约风险；二是一般交易对手信用估值调整（Credit valuation adjustments，CVA）的盯市损失。

（一）交易对手违约风险度量模型演进

1988年的巴塞尔Ⅰ介绍了计算外汇和利率衍生产品的现期风险敞口法（Current exposure method，CEM）及其风险转换因子。1995年，巴塞尔委员会规定了银行可以选择三种模型度量一般交易对手信用风险的违约风险敞口，分别是现期风险敞口法、标准法（Standardised method，SM）和内部模型法（Internal model method，IMM）。巴塞尔委员会规定，具备条件和批准使用内部模型法的银行，需要使用内部法计算交易头寸的违约风险敞口；不具备条件和没有批准使用内部模型法的银行，可以选用现期风险敞口法和标准法中的任何一种测算。具体来看，在现期风险敞口法下，交易对手信用风险的违约风险敞口由两个部分组成：一是交易对手合约的重置成本，二是未来潜在风险敞口的附加值。标准法和内部模型法则都是通过计算违约风险敞口值测算交易对手信用风险的违约风险敞口，而二者的计算方法存在本质的区别。标准法下，违约风险敞口值是监管尺度参数乘以证券交易组合的现期市场价值与所有单个交易种类风险敞口加总之间的最大者。内部模型法下，违约风险敞口等于Alpha值乘以有效预期正暴露，而有效预期正暴露是有效预期暴露在估算时间段内的加权平均值。巴塞尔委员会还将现期风险敞口法的应用范围扩展到远期、互换、期权和其他衍生产品，此时的现期风险敞口法模型已基本成型。2005年，巴塞尔委员会引入计算一般交易对手信用风险违约风险敞口的标准法和内部模型法，并在

2006年的巴塞尔Ⅱ中予以完善。

金融危机暴露出巴塞尔Ⅱ框架中对一般交易对手信用风险的监管存在不足之处。2009年，巴塞尔委员会在巴塞尔2.5中指出一般交易对手信用风险资本处理中未考虑由于交易对手信用状况恶化而带来的信用估值调整盯市损失。因此，巴塞尔委员会在巴塞尔2.5中提出了信用估值调整这一概念，指出银行应该重视和处理交易对手盯市损失的风险，并提出使用CVA模型计提交易对手预期信用风险盯市损失的资本要求。2010年的巴塞尔Ⅲ中详细完整地介绍了信用估值调整模型。

但在实践中，由于现期风险敞口法和标准法存在某些缺陷而受到限制，现期风险敞口法没有区分保证金交易和非保证金交易，监管附加因子没有充分反映在压力条件下的波动水平，对冲和净额结算的处理过于简单，并且没有考虑衍生品头寸之间的实质相关性。巴塞尔委员会认为，标准法也存在四点不足，同现期风险敞口法一样，标准法也没有区分保证金交易和非保证金交易，监管信用转换因子没有充分反映五年期限内压力条件下的波动水平；抵消组合的定义导致了操作的复杂性；现期暴露和未来潜在暴露这两个值缺乏明确的区分，常被混淆；对于不具备使用内部模型能力的银行，标准法没有提供计算风险敞口的替代方法。

鉴于此，巴塞尔委员会开发出了新的非内部模型法（Non-internal model method，NIMM），替代现期风险敞口法和标准法。此方法类似于现期风险敞口法，但在现期风险敞口法的基础上进行了改进，包括压力期限的标准化，充分识别抵押品的作用，更加有效地反映净额结算协议等。2013年6月，巴塞尔委员会首次提出采用非内部模型法替代现期风险敞口法和标准法，发布了采用非内部模型法的征求意见稿，详细介绍了包括现期风险敞口法、标准法、非内部模型法和内部模型法在内的四种计算一般交易对手信用风险违约风险敞口的方法。其中，批准使用内部模型法的银行，需使用内部模型法计算交易头寸的违约风险敞口；没有批准使用内部模型法的银行，可以选择现期风险敞口法、标准法或非内部模型法估计场外衍生品交易头寸的违约风险敞口。非内部模型法可以说是巴塞尔委员会对于交易对手违约风险度量的重要创新，不仅在重置成本计算中充分考虑了抵押品、保证金的影响，同时针对细分的五种衍生产品类别设置了更为精细的对冲规则，还采用了和内部模型法同样为1.4的监管尺度因子，使得计算出来的风险敞口更为审慎。总体而言，非内部模型法相比现期风险敞口法和标准法更具有风险敏感性的优点，但其也不可避免地存在过于保守、框架不完善和计算复杂的问题。此外，非内部模型法下需要计算一系列的因子，包括内部模型法中有效名义金额、监管相关性参数等，同时还要求银行拥有完善的抵押品管理体系。这在无意之中树立了较高的门槛，导致许多中小型银行无法达到应用的条件。

经过广泛的征求意见及更为深入的研究，巴塞尔委员会意识到了现期风险敞口法、标准法甚至非内部模型法中存在的缺陷。委员会提到，需要设计一种能应用于各式各样衍生品交易的方法（有保证金或无保证金，双边或清算）；简单、易实施，能克服现期风险敞口法和标准法的缺陷；遵循巴塞尔协议框架的审慎性原则，最小化国家监管机构和银行的自由裁量权；在不产生不必要的复杂性基础上，提高资本框架的风险敏感性。因此，2014年3月，巴塞尔委员会发布了《度量交易对手信用风险敞口的标准法》（*Standardised Approach for Measuring Counterparty Credit Risk Exposures*，以下简称SA-CCR），以此替代之前发布的非内部模型法、现期风险敞口法和标准法，使之成为与内部模型法并行的度量模型。在此基础上，巴塞尔委员会于2014年8月发布《度量交易对手信用风险敞口标准法的基础》（*Foundations of the Standardised Approach for Measuring Counterparty Credit Risk Exposures*），进一步解释了SA-CCR的模型假设，同时澄清之前文件未讨论的交易对手信用风险标准法中某些校准方面的信息，目的是建立一个更全面、更完善的框架，有助于计算不同资产类别的附加值。

（二）交易对手违约风险的度量模型

1. 交易对手信用风险标准法。交易对手信用风险标准法下，交易对手的违约风险敞口包括当前风险敞口和未来潜在风险敞口。当前风险敞口即为合约的重置成本，包括无保证金和有保证金的衍生品交易两种情况。未来潜在风险敞口包括两个组成部分：一是全部衍生品交易的总附加暴露，二是认可超值抵押或负盯市价值的乘数因子。乘数因子是总附加暴露、衍生品合约盯市价值、抵押品价值三个因子的函数，取值范围为5%到100%。

交易对手信用风险标准法是在净额结算组合层面上测算违约风险敞口，计算框架与内部模型法中的一致，即由乘数α与有效预期正暴露（Effective expected positive expection，EEPE）相乘而得。交易对手信用风险标准法中的EEPE等于RC与PFE之和。所以，EAD的计算公式为

$$EAD = Alpha \times (RC + PFE) \qquad (1)$$

式中，$Alpha$来自内部模型法，等于1.4；RC为重置成本，代表当前风险敞口；PFE（Potential Future Exposure,PFE）为潜在风险敞口。

（1）重置成本（RC）的度量。首先，对于无保证金净额结算组合，RC表示交易对手突然违约时银行遭受的损失，假设银行与交易对手交易的净额结算组合的当前盯市价值为V，故：

$$RC = \max(V;0) \qquad (2)$$

还有一种情形是，无保证金净额结算组合会受到抵押品的支撑，而且所有

抵押品都是在交易开始时以独立抵押品价值（*ICA*）的形式支付的。一般来说，银行既能接受*ICA*也能支出*ICA*，当银行接收到*ICA*时，能减少*RC*，因为其可以抵消交易对手违约发生时的损失。反之，支出的*ICA*在交易对手违约时会失去，除非该*ICA*被提交到破产隔离账户。因此，银行的净独立抵押品价值（*NICA*）等于收到*ICA*的总和与支出*ICA*的总和之差。

所以，在无保证金交易中，*RC*是净结算组合的盯市价值减去银行在一年期内可使用抵押品的当前现金等价价值之后的值，计算公式为

$$RC_{NoMargin} = \max\{V - C_{CE}(1year);0\} \tag{3}$$

式中，$C_{CE}(1year)$表示银行一年期内可使用抵押品的当前现金等价价值。对于非现金抵押品，$C_{CE}(1year)$则可以通过$C_{CE}(t)$的计算公式求得，即

$$C_{CE}(t) = \begin{cases} C_{MTM} \cdot [1 - h(t)] if\, C_{MTM} > 0 \\ C_{MTM} \cdot [1 + h(t)] if\, C_{MTM} < 0 \end{cases} \tag{4}$$

式中，C_{MTM}表示抵押品的盯市价值；$h(t)$表示期限t内抵押品价值的监管折扣率。

其次，对于有保证金净额结算组合，抵押品主要由*ICA*和变动保证金（*VM*）组成。有保证金净额结算组合的*RC*取自当前*RC*和未来*RC*之间的最大值。

当前*RC*的计算公式为

$$RC_{Margin}^{Current} = \max\{V - C_{CE}(MPR);0\} \tag{5}$$

式中，$C_{CE}(MPR)$是抵押品的现金等价价值，可以通过将式（4）中的t设定为保证金风险期限（*MPR*）求得。

未来*RC*是在一年期限内不可知时点上交易对手违约带来的损失，因为不确定违约时点，故净盯市价值不可知。交易对手信用风险标准法假设在违约时点上，净结算组合的盯市价值足够高以触发追加保证金，此时该盯市价值就是未来*RC*。故未来*RC*的计算公式为

$$RC_{Margin}^{Future} = \max\{TH + MTA - NICA;0\} \tag{6}$$

式中，*TH*为一个阈值，超过该阈值交易对手必须向银行提交抵押品；*MTA*是交易对手须向银行转移抵押品的最小数量；*NICA*为净独立抵押品的价值，代表在交易对手违约情况下，银行可以用来抵消风险敞口的抵押品价值。

最后，通过式（5）和式（6），我们可以得到有保证金净额结算组合*RC*的计算公式为

$$RC_{Margin} = \max\{V - C_{CE}(MPR);TH + MTA - NICA;0\} \tag{7}$$

有时保证金协议阈值设置在一个非常高的水平，导致*RC*非常高且不合理，因此，*EEPE*也会高得不合理。解决这个问题的方法是将另一个对等的无保证金

净额结算组合$EEPE$作为该有保证金净额结算组合$EEPE$的上限。

（2）潜在风险敞口（PFE）的度量。在交易对手信用风险标准法中，PFE的计算公式为

$$PFE = W\left(\frac{V - C_{CE}}{AddOn^{aggregate}}\right) \cdot AddOn^{aggregate} \tag{8}$$

式中，$W(\cdot)$表示乘数因子；$AddOn^{aggregate}$表示总附加暴露。

第一，附加暴露（$AddOn$）的度量。净额结算组合水平下的$AddOn$是在如下假设下对净额结算组合$EEPE$的保守估计：一是每笔交易当前的盯市价值为零；二是在净额结算组合中，银行不持有也不支付抵押品；三是在一年的资本期限内没有现金流入；四是每笔交易的盯市价值走势过程服从零漂移项、固定波动率的布朗运动。在这些假设下，每笔交易i在时间t的盯市价值可以表示为

$$V_t(t) = 1_{\{M_i \geqslant t\}} \sigma_i \sqrt{t} X_i \tag{9}$$

式中，$1_{\{\cdot\}}$表示布尔变量的指数函数；M_i表示剩余期限；σ_i是每笔交易i盯市价值的波动率；X_i是标准正态随机变量。

假设我们知道随机变量X_i与X_j之间的相关系数r_{ij}，净额结算组合盯市价值$V(t)$在时间t时的计算公式为

$$V(t) = \sigma(t) \sqrt{t} Y \tag{10}$$

式中，Y是标准正态随机变量；$\sigma(t)$表示在时间t时净额结算组合的年化标准波动率，公式为

$$\sigma(t) = \left[\sum_{i,j} 1_{\{M_i \geqslant t\}} 1_{\{M_j \geqslant t\}} r_{ij} \sigma_i \sigma_j\right]^{\frac{1}{2}} \tag{11}$$

首先，对于无保证金净额结算组合，预期敞口（*Expected Exposure*，EE）表示净额结算组合在t时的平均风险敞口，计算公式为

$$EE^{no-margin}(t) = E[\max\{\sigma(t) \sqrt{t} Y, 0\}] = \varphi(0)\sigma(t)\sqrt{t} \tag{12}$$

式中，$\varphi(\cdot)$表示标准正态密度函数，故$\varphi(0)=1/\sqrt{2\pi}$。

巴塞尔委员会将所有交易的剩余期限的上限设定为1年。当$t \leqslant 1$年时，根据式（12）我们就可以计算出无保证金净额结算组合的总附加敞口：

$$AddOn_{aggregate}^{no-margin} = \frac{1}{1year}\int_0^{1year} EE^{no-margin}(t)t = \frac{2}{3}\varphi(0)\sigma(0)\sqrt{1year} \tag{13}$$

注意，除可以从交易层面波动率的加总来阐述外，方程（13）还可以从交易层面附加敞口的加总来阐述：

$$AddOn_{aggregate}^{no-margin} = \left[\sum_{i,j} r_{ij} AddOn_i^{no-margin} AddOn_j^{no-margin}\right]^{\frac{1}{2}} \tag{14}$$

式中，交易i的$AddOn$表示一个仅包含交易i的净结算交易组合的$EEPE$，即

$$AddOn_i^{no-margin} = \frac{2}{3}\varphi(0)\ \sigma_i\ \sqrt{1year} \tag{15}$$

然而，由于设定剩余期限的上限是一年，可能会导致短期交易时的交易层面附加敞口非常高且不合理。因此，期限小于1年时，$AddOn$相应调整为

$$AddOn_i^{no-margin} = \frac{2}{3}\varphi(0)\ \sigma_i\ \sqrt{1year}\ MF_i^{no-margin} \tag{16}$$

式中，期限因子$MF_i^{no-margin}$用于降低交易盯市价值的波动率，定义为

$$MF_i^{no-margin} = \sqrt{\frac{\min\{M_i, 1year\}}{1year}} \tag{17}$$

式中，M_i表示交易的剩余期限，$M_i<1year$。

其次，对于有保证金净额结算组合，$AddOn$定义为在保证金风险期限（MPR）内净额结算组合盯市价值的预期增加，计算公式为

$$AddOn_{aggregate}^{margin} = EE^{no-margin}(MPR) = \varphi(0)\sigma(0)\ \sqrt{MPR} \tag{18}$$

对于一个仅包含交易i的净结算交易组合，$AddOn$计算公式为

$$AddOn_i^{margin} = \varphi(0)\ \sigma_i\ \sqrt{MPR} \tag{19}$$

同样，类似于无保证金交易，$AddOn$还可以表达为

$$AddOn_{aggregate}^{margin} = \left[\sum\nolimits_{i,j} r_{ij}\ AddOn_i^{margin}\ AddOn_j^{margin}\right]^{\frac{1}{2}} \tag{20}$$

式中，有保证金交易中的$AddOn_i^{margin}$可以参照无保证金交易中的式（16）表示为

$$AddOn_i^{margin} = \frac{2}{3}\varphi(0)\ \sigma_i\ \sqrt{1year}\ MF_i^{margin} \tag{21}$$

式中，期限因子MF_i^{margin}定义为

$$MF_i^{margin} = \frac{3}{2}\sqrt{\frac{MPR}{1year}} \tag{22}$$

第二，交易层面附加敞口的度量。

出于计算$AddOn$的目的，净额结算组合中的每笔交易都应该根据主要风险因子的本质，至少分配到利率、外汇、信用、股权和商品五类中的一种。对于更加复杂的，难以决定划分到单一主要风险因子的交易类别，银行监管机构需要将此类交易分配到多个资产类别中。资产类别a下单个交易i的$AddOn_i^{trade}$计算公式为

$$AddOn_i^{trade} = \delta_i\ d_i^{(a)}\ SF_i^{(a)}\ MF_i \tag{23}$$

式中，δ_i表示定向的$delta$值；$d_i^{(a)}$表示调整后名义额；$SF_i^{(a)}$表示监管因子；MF_i为

期限因子，对于无保证交易可根据式（17）求得，对于有保证交易则可根据式（22）求得。

式（23）与式（16）和式（21）本意相同，但区别在于式（23）计算出来的可能是负值，原因是相关系数r_{ij}可能为负。同时，通过上述三式，可以近似求得交易层面的波动率σ_i：

$$\sigma_i = \frac{3\ SF_i^{(a)}}{2\varphi(0)} \cdot |\delta_i| \cdot d_i^{(a)} \tag{24}$$

第三，抵消组合层面附加敞口。

对交易层面附加敞口加总可以求得净额结算组合层面附加敞口，而这个加总过程是在式（14）的相关矩阵r_{ij}上施加某些结构变化，其中一个关键的概念是抵消组合概念。抵消组合层面的附加敞口则可以通过以下两步加总过程求得，这个过程可以识别每个抵消组合中的净额结算。

第一步，假设抵消组合中所有交易都被指定为单因素子集（Single-Factor Subset，SFS），都由相同的市场因素影响，所以允许交易间的相互抵消，那么单因素子集j的附加敞口为

$$AddOn_j^{(SFS)} = \sum_{i \in SFS_j} AddOn_i^{(trade)} \tag{25}$$

式中，SFS_j表示给定抵消组合中的单因素子集j。

第二步，假设在一个抵消组合中，单因素子集不完全相关，那么可以通过加总所有单因素子集附加敞口求得该抵消组合层面的附加敞口。

$$AddOn_m^{HS} = \left[\sum_{j,k \in HS_m} \rho_{jk} \cdot AddOn_j^{(SFS)} \cdot AddOn_k^{(SFS)} \right]^{\frac{1}{2}} \tag{26}$$

式中，$j,k \in HS_m$表示抵消组合m下的任意两个单因素子集；ρ_{jk}表示两个子集之间的相关系数。

第四，净额结算组合层面附加敞口。

由于在不同的抵消组合之间中没有可识别的净额结算，所以净额结算组合层面附加敞口可以直接通过抵消组合层面附加敞口绝对值的加总求得，计算公式为

$$AddOn^{(no-margin)} = \sum_m |AddOn_m^{HS}| \tag{27}$$

式中，$AddOn_m^{HS}$是抵消组合m的附加敞口。式（27）等价于假设抵消组合盯市价值之间完全正相关。

第五，乘数因子的计算。

根据定义，$W(\cdot)$乘数因子等于PFE除以$AddOn^{aggregate}$，计算公式为

$$W_{model}(y) = \min\left\{1, yN(\varphi(0)y) + \frac{N(\varphi(0)y)}{\varphi(0)}\right\} \tag{28}$$

$$y = [V - C_{CE}(MPR)] / AddOn_{aggregate}^{margin} \tag{29}$$

式（28）中的乘数因子是基于净结算组合未来盯市价值服从正态分布的假设得出的，但现实中，净结算组合盯市价值很可能存在具有比正态分布更厚的尾部特征。考虑到这种可能性，可以将乘数因子优化为

$$W_{exp}(y) = \min\left\{1, exp(\frac{y}{2})\right\} \tag{30}$$

式中，分母取值为2是为使上式的斜率与y=0时$W_{model}(y)$的斜率近似。进一步，考虑到如果超值抵押无穷大时，乘数因子仍然会趋近于零。为解决这一问题，在式（30）中引入下限F，因此，交易对手信用风险标准法中的乘数因子为

$$W_{SA-CCR}(y) = \min\left\{1, F + (1 - F)exp(\frac{y}{2(1 - F)})\right\} \tag{31}$$

其中，F=5%。

2. 内部模型法。内部模型法计算的风险敞口EAD等于α乘以有效预期正暴露（*Effective EPE*），表达式如下：

$$EAD = \alpha \times EffectiveEPE \tag{32}$$

式（32）中的α一般设置为1.4，根据公司的风险敞口，监管者有权要求更高的α值。需要更高α的情形包括交易对手交易组合分散度低、一般错向风险的影响、交易对手市场价值之间高度相关性等。此外，金融机构可以利用自己的模型，以1.2为基准值估计α。

式（32）中的有效预期正暴露（*Effective EPE*）是每个计量日有效预期暴露（*Effective EPE*）的加权平均值，权重为$\Delta t_k = t_k - t_{k-1}$，公式如下：

$$EffectiveEPE = \sum_{k=1}^{\min(1year, maturity)} EffectiveEE_{t_k} \times \Delta t_k \tag{33}$$

式（33）中有效预期暴露（*EffectiveEE*）是从交易开始到计量日的时间区间内每个计量日预期暴露（*EE*）的最大值，表达公式如下：

$$Effective\ EE_{t_k} = \max(Effective\ EE_{t_{k-1}}, EE_{t_k}) \tag{34}$$

式中，当前日期定义为t_0，$EffectiveEE_{t_0}$等于当前风险敞口。预期暴露（*EF*）则为净额结算组合在存续期内未来每个计量日各种可能的当前风险敞口的均值。

最后，在内部模型法下，一般交易对手信用违约风险的资本要求公式为

$$Capital = EAD_j \cdot LGD_j \cdot \left[N\left(\frac{G(PD_j) + \beta_j G(0.999)}{\sqrt{1 - \beta_j^2}}\right) - PD_j\right] \cdot \frac{1 + (M_j - 2.5)b_j}{1 - 1.5b_j} \tag{35}$$

式中，PD_j和LGD_j分别表示银行内部估计的交易对手j的违约概率和违约损失率；$N(\cdot)$表示标准正态分布；$G(\cdot)$表示标准正态分布的反函数；β_j表示交易对手j的资产相关系数；b表示交易对手j的期限调整相关系数；M_j表示交易对手j调整后的有效期限。

（三）交易对手信用估值调整模型

信用估值调整（CVA）反映了交易对手潜在违约所引起的衍生工具和证券融资交易价值的调整。交易对手信用利差和市场风险因子的变化会引起CVA价值的变化，CVA风险则是CVA价值变化所导致的损失风险。在2017年12月发布的巴塞尔Ⅲ中，巴塞尔委员会修订了计提CVA风险资本的规则，提出了两种计算CVA风险资本的方法，分别是基本法（BA-CVA）和标准法（SA-CVA），其中基本法又分为简化版基本法和完整版基本法。按上述方法计算的CVA称为“监管CVA”（Regulatory CVA）。

1. 基本要求。

（1）计算对象的确定。所有开展担保交易（Covered transactions）的银行都必须计算CVA风险资本要求，担保交易不仅包括衍生品交易（直接与合格中央交易对手进行的交易除外），还包括银行为会计核算的目的而公允计价的证券融资交易。银行应对自身的“CVA证券组合”（CVA portfolio）计算CVA风险资本要求，CVA证券组合包括银行担保交易中全部证券组合的CVA及合格的CVA套期工具。

（2）计算方法的选择。巴塞尔委员会规定，除非获得监管当局的许可，银行只能使用基本法计算CVA风险资本要求。如果银行获得使用SA-CVA的许可，其可以将任意数量的净额结算组合从SA-CVA的计算中剥离，而这些所有被剥离的净额结算组合的CVA资本则必须通过BA-CVA来计算。此外，使用BA-CVA或SA-CVA计算CVA风险资本要求的银行，当采用内部评级法计算交易对手信用风险（CCR）资本要求时，可以将用于计算CVA风险资本的所有净额结算组合的期限调整因子的上限设定为1。

（3）资本计提的阈值。巴塞尔委员会为银行CVA风险资本的计提设定了一个实质性阈值。如果银行的非中央清算衍生品的总名义金额不大于1000亿欧元，那么该银行被视为低于实质性阈值。任何低于实质性阈值的银行可以选择将它的CVA风险资本要求设定为银行交易对手信用风险（CCR）资本要求的100%。在该处理规则下CVA套期工具是不被认可的。如果银行选择使用该处理规则，银行应将该规则替代BA-CVA或SA-CVA，并应用于银行的全部证券组合。然而，如果监管当局认为银行衍生品头寸导致的CVA风险对该行的总体风险构成重大影响，监管当局可以将银行的该选择权取消。

（4）合格CVA套期工具的标准。完整版基本法和标准法都会考虑CVA套期工具的使用。在完整版基本法中，只有用于缓释CVA风险中交易对手信用利差部分、并进行相应管理的交易，才能被认定为合格的套期工具。合格的CVA套期工具包括单一名称信用违约互换（Single-name CDS）、单一名称或有信用违约互换（Single-name contingent CDS）和指数信用违约互换（Index CDS）。其中，合格单一名称信用工具必须满足下列条件之一：（i）直接参考交易对手；（ii）参考的实体与交易对手有法定关系；（iii）参考的实体与交易对手同属于一个部门和地区。

在标准法中，只有用于缓释CVA风险并进行相应管理的完整交易（交易不能被分割成若干个有效交易）才能被认定为合格的套期工具。针对CVA风险中交易对手信用利差部分和风险敞口部分的套期工具都是合格的。在市场风险标准下，不能纳入市场风险内部模型法的工具（如被分层的信贷衍生品）不是合格的CVA套期工具。

（5）CVA套期工具的处理。CVA套期保值工具可以是外部的（与外部交易对手之间的套期工具），也可以是内部的（与银行某个交易部门之间的套期工具）。如果外部CVA套期工具属于担保交易，那么无论合格与否，都必须纳入这些套期工具交易对手的CVA计算。其中，对于合格外部CVA套期工具，其必须从银行交易账簿中市场风险资本的计算中剔除；对于不合格外部CVA套期工具，其必须按照交易账簿工具的要求进行处理，并通过市场风险标准计提资本。

内部CVA套期工具包括两个可以完全抵消的头寸：一个是CVA部门的头寸，另一个是交易部门的头寸。如果内部CVA套期工具是不合格的，上述两个头寸都属于交易账簿且可以相互抵消，那么CVA证券组合或交易账簿不会受到影响。如果内部CVA套期工具是合格的，CVA部门的头寸是CVA证券组合的一部分，那么该头寸应按照CVA监管框架对其计提资本；交易部门的头寸是交易账簿的一部分，那么该头寸通过市场风险标准计提资本。此外，在市场风险标准法（SA-TB）下，如果一个内部CVA套期工具包括一个受曲率风险、违约风险或者残差风险附加值影响的工具，那么只有在交易部门（CVA部门的交易对手）与外部交易对手执行一项交易且该项交易完全抵消了交易部门对CVA部门的头寸时，该套期工具才是合格的。

2. 基本法（BA-CVA）。银行可以自由选择使用简化版基本法或者完整版基本法。二者的区别是，完整版识别了交易对手信用利差套期工具，适用于那些对冲CVA风险的银行；简化版则剔除了完整版本中的对冲识别，适用于那些不对冲CVA风险的银行。

（1）简化版基本法。银行使用简化版基本法计算CVA风险资本要求（$K_{reduced}$）的公式如下：

$$K_{reduced}=\sqrt{\left(\rho\cdot\sum_{c}SCVA_{c}\right)^{2}+\left(1-\rho^{2}\right)\cdot\sum_{c}SCVA_{c}^{2}} \tag{36}$$

式中，ρ是监管相关性参数，取值50%；ρ^2=25%，表示任意两个交易对手信用利差之间的相关性；ρ的作用是，假如银行所有交易对手的信用利差不完全相关，那么该银行所暴露的CVA风险小于其所有交易对手CVA风险的总和；平方根下的第一个式子$(\rho\cdot\sum_c SCVA_c)^2$表示CVA风险的系统性部分，第二个式子$(1-\rho^2)\cdot\sum_c SCVA_c^{\,2}$表示CVA风险的异质性部分；$SCVA_c$是交易对手$c$的CVA风险资本要求，如公式（37）所示。

$$SCVA_{c}=\frac{1}{\alpha}\cdot RW_{c}\cdot\sum_{NS}M_{NS}\cdot EAD_{NS}\cdot DF_{NS} \tag{37}$$

式中，RW_c是交易对手c的风险权重，反映交易对手信用利差的波动率，取值时需同时考虑交易对手的部门类型和信用质量；巴塞尔委员会将交易对手部门类型分为8个大类，将交易对手的信用质量分为3个级别，具体如表39所示；M_{NS}是净额结算组合NS的有效期限；如果银行被监管当局允许使用内部模型法，M_{NS}按照巴塞尔Ⅱ框架附件4的第38~39段的要求计算，但是不考虑第38段中提到的5年上限期；如果银行没有被监管当局允许使用内部模型法，M_{NS}按照巴塞尔Ⅱ框架的第320~323段的要求计算，但是不考虑第320段中提到的5年上限期；EAD_{NS}是净额结算组合NS的违约风险敞口，计算方法与上述SA-CCR框架下计算EAD的方法一致；DF_{NS}是监管折扣因子，如果银行使用内部模型法计算EAD，则取值1，否则取值$\frac{1-e^{-0.05\cdot M_{NS}}}{0.05\cdot M_{NS}}$；$\alpha$取值1.4。

表39　　交易对手的风险权重

交易对手的部门类型	交易对手的信用质量	
	投资级	高收益和无评级
主权国家，包括央行、多边开发银行	0.5%	3.0%
地方政府、政府支持的非金融部门、教育和公共管理部门	1.0%	4.0%
金融部门，包括政府支持的金融部门	5.0%	12.0%
基础材料、能源、工业、农业、制造业、采矿业和采石业	3.0%	7.0%
消费品和服务、运输和仓储、管理和支持服务活动	3.0%	8.5%
科技、电信	2.0%	5.5%
卫生保健、公共事业、专业和技术活动	1.5%	5.0%
其他	5.0%	12.0%

注：如果银行没有外部评级或者外部评级不被监管当局认可，银行可以在经得监管当局许可后，将内部评级映射到外部评级，并赋予投资级（Investment grade, IG）和高收益级（High yield, HY）相应的风险权重，否则，应使用与无评级（Notrated, NR）相对应的风险权重。

资料来源：BIS，作者整理。

（2）完整版基本法。银行使用完整版基本法计算CVA风险资本要求（K_{full}）时，需先计算$K_{reduced}$。K_{full}的计算公式如下：

$$K_{full} = \beta \cdot K_{reduced} + (1-\beta) \cdot K_{hedged} \tag{38}$$

式中，β是监管参数，取值0.25，目的是限制银行通过对冲减少CVA风险资本要求的限度；K_{hedged}是识别合格套期工具的资本要求，计算公式如下：

$$K_{hedged} = \sqrt{\left(\rho \cdot \sum_c (SCVA_c - SNH_c) - IH\right)^2 + (1-\rho^2) \cdot \sum_c (SCVA_c - SNH_c)^2 + \sum_c HMA_c} \tag{39}$$

式中，$SCBA_c$和ρ的定义与简化版基本法中的定义相同；SNH_c是指银行使用单一名称信用利差风险套期工具而导致交易对手c的CVA风险的降低程度，如公式（40）所示；IH是指银行使用指数套期工具而导致所有交易对手的CVA风险的降低程度，如公式（41）所示；HMA_c是对冲偏差参数，因为间接套期工具不能完全抵消交易对手信用利差的波动，该参数的目的是限制间接套期工具降低资本要求的程度，也就是说，通过间接套期工具，K_{hedged}不会等于0，如公式（42）所示；平方根下的第一个式子$(\rho \cdot \sum_c(SCVA_c-SNH_c)-IH)^2$，是银行的交易对手、单一名称套期工具和指数套期工具所产生的CVA风险中的系统性部分；第二个式子$(1-\rho^2) \cdot \sum_c(SCVA_c-SNH_c)^2$，是银行的交易对手和单一名称套期工具所产生的CVA风险中的异质性部分；第三个式子$\sum_c HMA_c$，是指与银行交易对手信用利差不一致的间接套期工具部分。

$$SNH_c = \sum_{h \in c} r_{hc} \cdot RW_h \cdot M_h^{SN} \cdot B_h^{SN} \cdot DF_h^{SN} \tag{40}$$

式中，求和符号是指对所有被用来对冲交易对手c的CVA风险的单一名称套期工具h的加总；r_{hc}是交易对手c的信用利差和交易对手c的单一名称套期工具h的信用利差之间的相关系数，巴塞尔委员会对此作了具体规定，如表40所示；M_h^{SH}是单一名称套期工具h的剩余期限；B_h^{SN}是单一名称套期工具h的名义价值；DF_h^{SN}是监管折扣因子，取值为$\frac{1-e^{-0.05 \cdot M_h^{SN}}}{0.05 \cdot M_h^{SN}}$；$RW_h$是单一名称套期工具$h$的监管风险权重，反映套期工具参考实体的信用利差波动率，取值时需同时考虑交易对手的部门类型和信用质量，具体如表39所示。

$$IH = \sum_i RW_i \cdot M_i^{ind} \cdot B_i^{ind} \cdot DF_i^{ind} \tag{41}$$

式中，求和符号是指对所有被用来对冲交易对手c的CVA风险的指数套期工具i的加总；M_i^{ind}是指数套期工具i的剩余期限；DF_i^{ind}是指数套期工具i的名义价值；DF_i^{ind}是监管折扣因子，取值为$\frac{1-e^{-0.05 \cdot M_i^{ind}}}{0.05 \cdot M_i^{ind}}$；$RW_i$是指数套期工具$i$的监管风险权重，需要同时考虑指数成分的部门类型和信用质量，具体取自表39并进行如下调整：（i）对于所有指数成分属于同一部门且具有相同信用质量的指数，将表39中的数值乘以0.7，以考虑指数中异质风险的多样化；（ii）对于涉及多个部门或者混合了投资级成分和其他成分的指数，应该通过表39中的风险权重计算加权平均值，然后乘以0.7。

$$HMA_c = \sum_{h \in c}(1 - r_{hc}^2) \cdot (RW_h \cdot M_h^{SN} \cdot B_h^{SN} \cdot DF_h^{SN})^2 \qquad (42)$$

式中，r_{hc}、M_h^{SN}、B_h^{SN}、DF_h^{SN}和RW_h的定义与公式（40）中的一致。

表40　　监管系数r_{hc}

交易对手c的单一名称套期工具h	r_{hc}
直接参考交易对手	100%
参考的实体与交易对手有法定关系	80%
参考的实体与交易对手同属于一个部门和地区	50%

资料来源：BIS，作者整理。

3. 标准法（SA-CVA）。信用估值调整标准法（SA-CVA）源自市场风险标准法（SA-TB），但又有所不同，二者的区别主要有：SA-CVA对市场风险因子关注的精细度相对有所下降；SA-CVA没有考虑违约风险和曲率风险；SA-CVA使用了更加保守的风险加总方法；SA-CVA使用了更为保守的乘数m_{CVA}。

银行使用SA-CVA的最低标准包括：（i）银行必须能够对风险敞口进行建模，并至少按月计算CVA和CVA对市场风险因子的敏感性；（ii）银行必须设立一个CVA部门（或相似职能的部门），负责CVA的风险管理和CVA的对冲。此外，使用SA-CVA的银行必须按月向监管当局报送CVA的计算结果；必须有能力向监管当局提供其所需要的SA-CVA计算明细；必须按照SA-TB中的敏感性检验标准来计算有关敏感性。

SA-CVA框架下的资本要求是delta风险资本要求和vega风险资本要求的加总，而delta风险和vega风险资本要求的计算均是基于全部CVA证券组合（包括合格的套期工具）。其中，delta风险的资本要求是对独立计算的六种风险类型（利率、外汇、交易对手信用利差、参照信用利差、股权和大宗商品）delta资本要求的简单加总；vega风险的资本要求是对独立计算的五种风险类型（利率、外汇、参照信用利差、股权和大宗商品）vega资本要求的简单加总。具体计算步骤如下：

第一步，计算给定风险类型中风险因子k的加权敏感性WS_k^{CVA}和WS_k^{Hdg}，公式如下：

$$WS_k^{CVA} = RW_k \cdot s_k^{CVA} \tag{43}$$

$$WS_k^{Hdg} = RW_k \cdot s_k^{Hdg} \tag{44}$$

式中，s_k^{CVA}是加总CVA对风险因子k的敏感性；s_k^{Hdg}是CVA证券组合中全部合格套期工具市场价值对风险因子k的敏感性；敏感性被定义为，风险因子当前价值的细小变动所引起的加总CVA或全部CVA套期工具市场价值的变动幅度与风险因子变动幅度的比值；巴塞尔委员会对风险因子的变动大小明确了具体的数值，但是，银行也可以使用更小的风险因子变动数值以确保内部风险管理和计算的一致性；RW_k是风险权重，巴塞尔委员会详细规定了上述每一种风险类型中各个风险因子的风险权重。

在计算vega风险中的CVA敏感性时，银行的风险敞口模型必须应用两种波动率的变动：用于生成风险因子路径的波动率；用于期权定价的波动率。vega风险中的CVA敏感性始终是重要的，无论投资组合是否包含期权，银行都必须计算该敏感性。

如果套期工具是一个指数，那么银行必须计算该指数对所有影响它的风险因子的敏感性。当计算指数对风险因子k的敏感性时，银行必须先将风险因子k的变动应用于所有受此风险因子影响的指数成分，并重新计算该指数，再进行后续的计算。例如，当计算标准普尔500指数对大型金融公司的delta敏感性时，银行必须将风险因子的相对变化应用于所有大型金融公司的股票价格（这些公司都是标准普尔500指数的成分股），并重新计算该指数。

第二步，计算CVA证券组合对风险因子k的净加权灵敏度，公式如下：

$$WS_k = WS_k^{CVA} + WS_k^{Hdg} \tag{45}$$

第三步，计算给定风险类型中分区（bucket）b的资本要求K_b，公式如下：

$$K_b = \sqrt{\left[\sum_{k \in b} WS_k^2 + \sum_{k \in b} \sum_{l \in b; l \neq k} \rho_{kl} \cdot WS_k \cdot WS_l\right] + R \cdot \sum_{k \in b}\left[(WS_k^{Hdg})^2\right]} \tag{46}$$

式中，上述风险类型均被划分为不同的分区（如利率风险的分区是单一货币），每一个分区又分为delta风险因子和vega风险因子；ρ_{kl}指分区b中不同风险因子之间的相关系数；R是对冲否决参数，取值0.01，目的是消除完全对冲CVA风险的可能性。

第四步，将给定风险类型中各分区层面的资本要求加总即可求得该种风险类型的资本要求，公式如下：

$$K = m_{CVA} \cdot \sqrt{\left[\sum_b K_b^2 + \sum_b \sum_{c \neq b} \gamma_{bc} \cdot K_b \cdot K_c\right]} \tag{47}$$

式中，γ_{bc}是不同分区之间的相关系数；乘数m_{CVA}是为了抵消计算CVA敏感性时存在的较高模型风险，默认值为1.25，然而，如果监管当局认定银行的CVA模型风险更高（例如，银行在计算CVA时没有考虑交易对手风险敞口与交易对手信用质量之间的依赖关系），那么监管当局可以提高该乘数的默认值。

三、中央交易对手信用风险度量模型

2009年9月的G20匹兹堡峰会上，G20国家领导人同意标准的场外衍生品合约应该通过中央交易对手进行清算。此后，全球的主要标准制定机构采取了一系列促进中央清算的监管改革。这些改革主要包括非中央清算衍生品风险敞口中初始保证金和变动保证金的要求，衍生品合同中中央交易对手信用风险的度量，以及银行对中央交易对手风险敞口的资本要求。针对这些变化，场外衍生品协调小组（The OTC derivatives coordination group）对场外衍生品中央清算进行了激励评估，识别市场中可能存在破坏监管机制改革的动机，并由场外衍生品评估小组（The OTC derivatives assessment team）负责这项工作的进一步分析。场外衍生品评估小组开发了一个中央清算与双边交易机制金融成本比较的评估框架。

2010年12月和2011年11月，巴塞尔委员会先后两次发布《银行中央交易对手风险敞口的资本要求——征求意见稿》，建议对中央交易对手的风险敞口计提资本。2012年7月，巴塞尔委员会发布《银行中央交易对手风险敞口的资本要求》，称为“临时规则”（Interim rules），该规则考虑到了巴塞尔协议Ⅲ的全面实施，要求商业银行按此规则对中央交易对手风险敞口计提资本。2013年6月，巴塞尔委员会第三次发布《银行中央交易对手风险敞口的资本要求——征求意见稿》，主要解决了“临时规则”中对中央交易对手风险敞口计提资本存在“有些情况不足、有些情况过多”的问题，提供了两个计量合格中央交易对手预设违约基金贡献风险敞口资本要求的方法：比率法（Ratio approach）和分段法（Tranches approach）。在定量影响研究结果和广泛征求反馈意见的基础上，巴塞尔委员会于2014年4月发布了最终版的《银行中央交易对手风险敞口的资本要求》（以下简称最终稿）并要求于2017年1月生效。最终稿的修订内容主要包括：第一，针对合格中央交易对手违约基金贡献的风险敞口，确立了唯一的计量资本要求的方法；第二，使用交易对手信用风险标准法（SA-CCR）替代现期风险敞口法测算中央交易对手的虚拟资本要求；第三，为银行对合格中央交易对手风险敞口的资本计提设置了明确的上限；第四，明确了对多层次客户结构的处理；第五，纳入了对相关反馈问题的解答。

总结巴塞尔委员会对中央交易对手风险敞口度量模型的改进历程，首先将中央交易对手分为合格中央交易对手（Qualifying central counterparty）和不合格中央交易对手，其中，合格中央交易对手是指被授权作为一个中央交易对手经营，并且其经营的产品受到了监管机构许可的实体。然后分别阐述了合格中央交易对手和不合格中央交易对手风险敞口的资本要求细则，资本要求包括两个部分：一部分是预设违约基金贡献风险敞口的资本处理；另一部分是交易风险敞口的资本处理。具体的资本计提模型如下：

（一）合格中央交易对手风险敞口

巴塞尔委员会在最终稿中采用了新的方法度量预设违约基金贡献（以下简称为违约基金）的资本要求，遵循简单、一致性的原则，且更具风险敏感性。

1. 违约基金风险敞口资本要求的度量。如果违约基金由只存在结算风险（如股票和债券）的业务和可以产生交易对手信用风险（如场外衍生品、交易所交易衍生品、证券融资交易或多头清算交易）的业务共享，那么银行应该根据下文的公式和方法为全部违约基金赋予风险权重。然而，如果清算会员缴纳的违约基金已根据产品类型进行分配，并且只有特定类型的产品可以使用，那么就必须为每种可以引发交易对手信用风险的特定产品，按下文的公式和方法计算其各自的违约基金风险敞口资本要求。如果中央交易对手自身预设的资源由不同类型的产品共享，中央交易对手必须根据每种产品违约风险敞口（*EAD*）的占比对这些资源进行分配。

当作为清算会员的银行（Clearing member banks）被要求为违约基金风险敞口计提资本时，必须根据下文的公式和方法计算相应的资本要求。作为清算会员的银行根据风险敏感公式赋予违约基金相应的风险权重，而且需要考虑以下三点：第一，合格中央交易对手财务资源的规模和质量；第二，每个中央交易对手的交易对手信用风险敞口；第三，如果一个或多个清算会员违约，中央交易对手的财务资源要能覆盖这些损失。只要条件满足，中央交易对手、银行、监管者或其他团体都能根据所需数据计算相关资本要求。具体计算步骤如下：

首先，计算中央交易对手对所有清算会员（Clearing member，CM）和客户的交易对手信用风险应计提的虚拟资本要求K_{CCP}，公式如下：

$$K_{CCP} = \sum_{CM_i} EAD_i \cdot RW \cdot capital\ ratio \quad (48)$$

式中，RW表示20%的风险权重；*capital ratio*表示资本比率8%；EAD_i表示中央交易对手对清算会员i的风险敞口，不仅包括清算会员自己的交易和由其担保的客户交易，还包括中央交易对手持有的全部抵押品价值（包括清算会员缴纳的违约基金）。

（1）对于衍生工具，银行须使用交易对手信用风险标准法（SA-CCR）计算中央交易对手对清算会员的双边交易风险敞口EAD_i。中央交易对手持有的全部抵押品（包括清算会员的违约基金DF_i，而且清算会员或客户违约时，中央交易对手对这些抵押品依法拥有索偿权）用于抵消中央交易对手对清算会员或客户的风险敞口，该抵消作用可以通过交易对手信用风险标准法（SA-CCR）框架中的PFE乘数反映。

（2）对于证券融资交易，违约风险敞口等于$\max(EBRM_i-IM_i-DF_i;0)$。其中，$EBRM_i$是指清算会员i风险缓释前的风险敞口；为方便计算，追加的变动保证金反映在对各交易的市价估值中；IM_i是清算会员i缴纳的初始保证金；DF_i是清算会员缴纳的违约基金。

其次，计算每个清算会员$_i$的资本要求：

$$K_{CM_i} = \max\left[K_{CCP} \cdot \left(\frac{DF_i^{pref}}{DF_{CCP} + DF_{CM}^{pref}}\right);8\% \cdot 2\% \cdot DF_i^{pref}\right] \quad (49)$$

式中，K_{CM_i}表示清算会员i违约基金的资本要求；DF_{CM}^{pref}表示清算会员总的违约基金；DF_{CCP}表示中央交易对手自身的违约基金；DF_i^{pref}表示清算会员i缴纳的违约基金；该方法为违约基金风险敞口的风险权重设置了上限2%。

2. 交易风险敞口资本要求的度量。

（1）作为中央交易对手的清算会员：对中央交易对手风险敞口。银行作为中央交易对手的清算会员，如果为自身提供清算，与中央交易对手交易风险敞口的风险权重为2%；如果银行为客户提供清算服务，且中央交易对手违约导致客户损失时需弥补客户损失，银行对该中央交易对手交易风险敞口的风险权重也为2%。银行应使用内部模型法（IMM）和交易对手信用风险标准法（SA-CCR）计算交易风险敞口，并且要考虑信用风险缓释技术的影响。

（2）作为中央交易对手的清算会员：对客户风险敞口。银行作为中央交易对手的清算会员，不论银行为该交易提供保证，还是仅作为客户与中央交易对手之间的中介，均应按照双边交易对客户风险敞口（包括潜在的信用估值调整风险敞口）计提资本。鉴于银行提供清算服务的交易能够在较短时间内平仓，银行采用内部模型法（IMM）或交易对手信用风险标准法（SA-CCR）计算风险敞口时可将保证金风险期间设定为不小于5天。

如果客户向清算会员提交抵押品，且又被转交给中央交易对手，那么清算会员可以对这些抵押品进行双重认定，不仅是中央交易对手与清算会员之间的交易流（Leg），也是清算会员与客户之间的交易流。因此，客户向清算会员缴纳的初始保证金可以缓释清算会员对客户的风险敞口。对于多层客户结构（较高层级的客户和较低层级的客户）也可以采取类似的处理方法。

（3）作为客户：对清算会员和中央交易对手风险敞口。

第一，银行作为中央交易对手清算会员的客户，在该交易中清算会员充当银行与中央交易对手之间的中介，并与中央交易对手开展抵消交易，银行对该清算会员风险敞口的风险权重为2%；如果银行与中央交易对手直接交易，该清算会员提供保证，银行对中央交易对手风险敞口的风险权重也为2%。同样，在多层客户结构中，较低层级的客户对较高层级客户的风险敞口的风险权重也为2%。上述采用2%的风险权重应满足以下两个条件：

a. 中央交易对手将抵消交易识别为客户交易，并持有相应的抵押品，且清算会员具备相应制度安排，确保在清算会员违约或破产、清算会员的其他客户违约或破产、清算会员及其他客户同时违约或破产等三种情形下，清算会员都能防止该客户的任何损失。银行应按照监管当局要求提供独立的法律意见书，证明在上述三种情形下，都将受到相关法律保护而不会遭受损失。

b. 相关的法律、制度、规则、合同或监管安排能够保证，若清算会员违约或破产，与该清算会员的抵消交易将非常有可能通过中央交易对手或被中央交易对手间接执行。

第二，如果在清算会员和清算会员的其他客户同时违约或破产时，不能保证作为客户的银行免受损失，但在上述两个条件中其他条件都满足的情形下，客户对该清算会员或较高层级客户风险敞口的风险权重为4%。

第三，若上述两个条件中任一条件不能满足，银行作为清算会员的客户，应按照双边交易计算对该清算会员风险敞口（包括潜在的信用估值调整风险敞口）的资本要求。

（4）抵押品的处理。不论银行提交的资产是否作为抵押品，均应对其计提资本。如果银行作为清算会员或客户，其资产或抵押品提交给中央交易对手或另一家清算会员，且无法实现破产隔离，必须按照资产或抵押品持有主体确定风险权重，进而计算交易对手信用风险资本要求。

如果上述资产或抵押品的持有主体为中央交易对手，风险权重为2%。如果银行提交的资产或抵押品是为其他目的，中央交易对手将赋予这些资产或抵押品相应的风险权重。对于使用交易对手信用风险标准法（SA-CCR）计算风险敞口的银行，如果其所提交的抵押品没有实现破产隔离，银行必须按要求将这些抵押品考虑进SA-CCR 框架下的净独立抵押品价值（Net independent collateral amount，NICA）。如果银行使用内部模型法（IMM），其必须将Alpha乘数应用到抵押品的风险敞口上。

如果抵押品由托管人保管且以破产隔离方式持有，无须对该抵押品计提交易对手信用风险资本要求。如果中央交易对手代表客户持有抵押品且无法实现破产隔离，但满足上述（3）中的第一个条件的该抵押品风险权重为2%；满足（3）中的第二个条件的该抵押品风险权重为4%。

3. 对合格中央交易对手风险敞口资本计提的上限。银行对合格中央交易对手所有风险敞口（包括违约基金风险敞口和交易风险敞口）的资本计提高于对等条件下对不合格中央交易对手所有风险敞口的资本计提时，应取后者作为资本计提要求。

（二）不合格中央交易对手风险敞口

对于交易风险敞口（trade exposure），巴塞尔委员会要求银行根据交易对手的种类，使用度量信用风险框架下的标准法计算其对不合格中央交易对手的交易风险敞口。

对于违约基金（default fund）的风险敞口，银行对不合格中央交易对手违约基金风险敞口的风险权重为1250%。银行的违约基金包括已缴纳的违约基金、未缴纳但应中央交易对手要求必须缴纳的违约基金；如果银行有未缴纳的违约基金承诺，国家监管者应该在第二支柱框架下要求其按照1250%的风险权重计提资本。

四、交易对手信用风险的防范

在过去，银行采用各种衍生产品对冲交易头寸的市场风险，但仍广泛面临交易对手信用风险。交易对手信用风险多存在于场外衍生品交易和证券融资交易中，在2008年国际金融危机中表现出了巨大的破坏力。图5和图6分别表示全球场外衍生品历年的总名义价值和总市场价值及其同比增长率。进入21世纪以来，全球场外衍生品总名义价值和总市场价值急速增长，到2008年国际金融危机时，总名义价值和总市场价值分别达到598.15万亿美元和35.28万亿美元，均比2000年时增长了6倍以上。随后，全球场外衍生品的总名义价值冲高回落，总市场价值则急速下降，尽管如此，我们仍要看到目前全球衍生品的交易量还很大。截至2017年6月，全球场外衍生品的总名义价值达到542.4万亿美元，总市场价值达到14.95万亿美元。为此，我们不能放松对交易对手信用风险的警惕，采取一系列的审慎监管措施防范交易对手信用风险，防止历史重演。

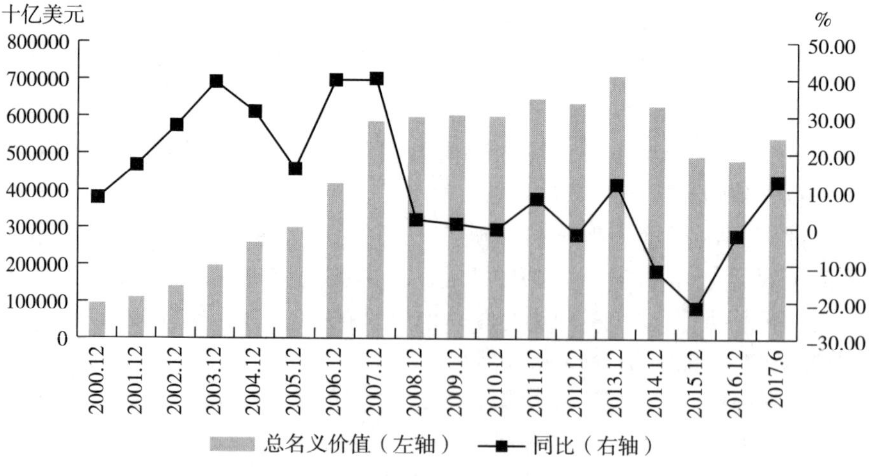

图5 场外衍生品总名义价值

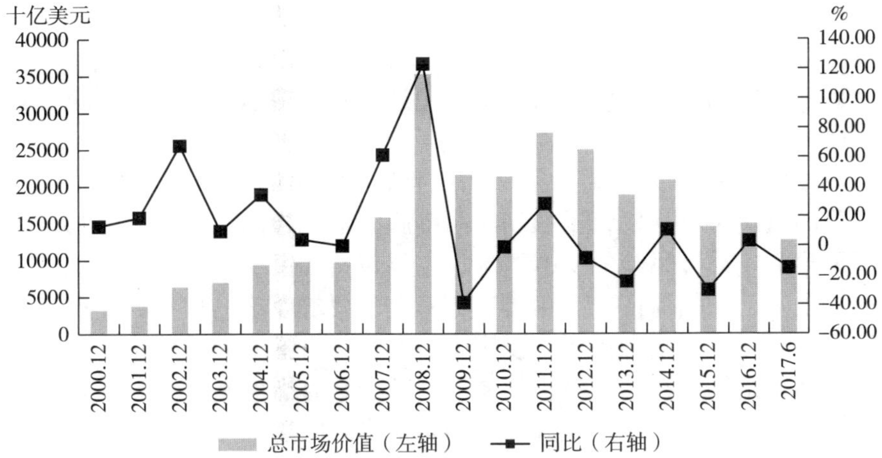

图6　场外衍生品总市场价值

（资料来源:https://www.bis.org/publ/otc_hy1711.htm）

第一，限额管理和签订主协议（Master agreement）。1998年，巴塞尔委员会提出了限额管理和签订主协议来加强信用风险管理。限额管理规定交易对手风险敞口的上限，一旦触及阈值，便禁止交易对手从事任何其他交易。限额管理不仅限制了交易对手信用风险敞口，而且减少了交易对手违约的概率。主协议条款适用于所有子协议，包括净额结算和其他形式的双边结算。使用主协议不仅减少了法律协商和信用条款交易事务的低效率，而且通过使用净额结算，减少了交易对手的风险敞口。

第二，提高抵押品和保证金管理水平。抵押品和保证金是风险缓释的重要手段，根据国际掉期与衍生品交易协会的信用支持协议，对交易双方抵押品和保证金管理的具体细节做出了规定。2009年，中国银行间市场交易商协会推出了首个抵押品管理协议《中国银行间市场金融衍生品交易主协议》。抵押品和保证金的使用，减少了交易对手信用风险的暴露。同时由于某些抵押品可能是交易对手重要的资产，大大减少了交易对手违约的概率。

第三，使用交易压缩。交易压缩是指在合约到期前，将大量的衍生品合约替代为少量等价有效的合约。2010年，巴塞尔委员会指出在信用违约掉期市场减少交易对手信用风险最重要的结构措施之一就是加速使用交易压缩。在2007年末，交易压缩减少了58万亿美元名义价值的信用违约掉期合同。稻村和福田（Inamura and Fukuda）指出交易压缩的使用减少了多个市场参与者间未偿付交易的数量和交易对手的风险敞口。通过交易压缩不仅降低了交易的复杂性，而且减少了交易对手的风险敞口。

第四，建立完善的风险管理体系。完善的风险管理体系，首先需要监管机构或银行能有效地识别交易对手信用风险；其次能够准确度量交易对手信用风险，银行应借鉴巴塞尔委员会规定的相关模型，结合自身特点开发出适合的模型；最后能有效控制风险，当风险敞口超过某一设定值时，管理系统要有相应的措施控制和减少风险敞口。

但对于特殊的中央交易对手信用风险，我们还需要从引发中央交易对手信用风险的风险来源出发，采取相应的措施防范风险的产生。一是制定交易对手信用风险和流动性风险的防范措施，主要包括加大交易成员的准入要求、头寸或交易限制、初始保证金和预设违约基金的要求、违约程序的处理等。二是制定结算银行风险的防范措施，使用中央银行作为唯一的结算银行或通过选择信用质量高的结算银行、签订合约要求、减少结算金额和结算期限来控制和管理结算银行风险。三是制定托管风险的防范措施，中央交易对手通过选择托管机构和监控托管机构提供的账户、保管服务，从而限制托管风险。四是建立投资风险的防范措施，包括建立债务人的信用标准、将投资对象仅限于流动性工具、限制投资的集中度和分散投资对象等。五是建立操作风险的防范措施和法律风险的防范措施等。

第五节　巴塞尔Ⅲ操作风险的监管与度量

20世纪80年代以来，国内外各类操作事件频频发生，凸显操作风险管理的重要性。随着经济全球化、商业银行综合化发展，各类先进、复杂的金融技术和金融工具应运而生，加剧银行业务和风险的复杂性，业务违规、人员失误、系统崩溃的操作事件逐渐增加，要求银行有必要建立完备的操作风险管理机制，有效地识别、衡量和管理操作风险。从与此对应的操作风险管理发展情况看，不断发展并适应金融市场的变化。巴塞尔委员会在1997年发布的《有效银行监管核心原则》中最早提到了操作风险监管，随后于巴塞尔Ⅱ中首次明确了操作风险的概念，分别从三大支柱对操作风险的管理和计量汇总提出要求。但金融危机暴露出操作风险管理的诸多薄弱环节，巴塞尔委员会及时进行审视和反思，作出了一系列计量和管理政策的修订和完善工作，并于2017年12月完成了巴塞尔Ⅲ的最终修订，对操作风险管理的规范和操作风险的计量进行了改进。

在中国，相比信用风险、市场风险和流动性风险，操作风险的监管理念出现较晚。在中国金融市场发展的早期阶段，商业银行业务主要以存贷款为主，科技信息技术较为落后，内部系统建设也主要服务于存贷款业务，操作风险事件的损失较小、发生概率较低。直到2002年，人民银行和原中国银监会发布两份有关文件，操作风险的监管进入起步阶段，2012年后系列文件的颁布，标志着中国商业银行操作监管迈入发展完善阶段。近年来，随着中国金融市场不断深化、商业银行业务多元化、科技技术全面应用，中国商业银行操作风险管理的难度加大。同时看到，中国操作风险管理体系与发达国家存在一定的差距，需要中国银行业吸取国外经验，尤其是巴塞尔委员会的操作风险监管框架，从而前瞻性地防范操作风险，维护中国金融系统的稳定发展。

一、操作风险概述

操作风险伴随着银行的兴起而存在，几乎所有的操作活动都和操作风险有关，可以说操作风险是银行与生俱来的最古老的风险，而且操作风险涉及范畴广泛，几乎涉及银行内部的所有部门，其涉及内容复杂，所以操作风险是银行面对的一项重要风险，也是风险管理的重中之重。相对于古老的操作风险历史而言，关于操作风险的科学认知和管理则显得过于单薄。

近年来，银行机构经营规模不断扩张，金融产品日趋多样复杂，金融业和金融市场的全球化趋势明显，新技术尤其是信息技术在金融领域广泛应用，这些因素在一定程度上加大了银行的操作风险，银行业不断爆发“操作”失误引致一系列重大损失案件，操作风险作为银行业面临的单一风险种类越发引起银行业和监管层的高度重视。在过去一二十年，国内外银行操作风险方面已经有许多惨痛的教训：1995年尼克·里森违规操作致使巴林银行损失8.6亿英镑；2001年瑞银集团因交易员操作失误致使公司损失7100万英镑；2002年美林公司因偏激建议误导投资者支付1亿美元赔款；2004年，澳大利亚国民银行因四名交易员违规操作导致3.6亿美元的损失；2006年，中国交通银行沈阳分行发生挪用客户2亿元资金的案件；2008年，法国兴业银行因交易员违规操作导致71.6亿美元巨额税前损失；2008年德国复兴信贷银行误汇款雷曼兄弟3亿欧元；2010年，齐鲁银行发生伪造金融票证案共骗贷10亿～15亿元；2013年，中国邮政储蓄银行因网络系统漏洞发生21个城市百余名客户储蓄卡遭盗刷案；2015年3月，中国工商银行长沙市韶山路支行因员工违规代售信托产品导致损失2亿元；2017年民生银行北京分行航天桥支行行长涉嫌伪造理财产品，并以产品“让利”转让的方式吸引高净值客户，致使150名投资者损失近30亿元；2018年，印度第二国有银行遭遇最大贷款欺诈案，涉案金额达18亿美元。这些案例足以证明操作风险在银行风险中的普遍性，其对银行产生的损失和破坏力不亚于市场风险和信用风险。

相较于市场风险和信用风险，操作风险更加难以计量和预测，其带来的损失往往也是巨大的，操作风险损失事件不仅给银行业带来了财务损失，增加了经营成本，而且会严重影响银行的声誉和公众信任度，极端的操作风险甚至会直接导致银行破产倒闭。操作风险带来的后果，使银行经营者和监管者普遍认识到了操作风险的重要性，国际金融界和监管组织开始致力于操作风险管理技术、方法和组织框架的探索和构建。

（一）操作风险的定义

操作风险是银行内部每项业务、产品、服务和职能固有的风险，在不少金融机构中，操作风险导致的损失已经明显大于市场风险和信用风险，操作风险管理逐渐受到各国商业银行的重视，然而操作风险的界定一直处于不断发展和争论之中，国际上不同组织机构对操作风险提出了不同的定义。近年来，国际上主要几种操作风险的定义，如表41所示。

表41　国际金融机构对操作风险的定义

机构	操作风险的定义
英国银行家协会（BBA）	操作风险与人为失误、不完备的程序控制、欺诈和犯罪活动相联系，它是由技术缺陷和系统崩溃引起的。
IBM公司发起设立的操作风险论坛	遭受潜在经济损失的可能，是指由于客户、设计不当的控制体系、控制系统失灵及不可控事件导致的各类风险。
全球风险管理协会（GABP）	操作失败风险和操作战略风险。操作失败风险指在操作业务过程中发生失败的可能性；操作战略风险则来自一些环境因素。
世界银行	由于内部行为或外部事件引起信息、交流、安全装置、业务联系性、监管、交易程序、清算系统和程序，以及执行法律、信托、代理职责出现故障，造成损失的风险。
JP摩根	各公司业务和支持活动中内生的一种风险因素，这类风险表现为各种形式的错误、中断或者停止，可能导致财务损失或者给公司带来其他方面的损失。
花旗银行	由于内部流程、人员或系统不完善或者失败，以及外部事件而造成损失的风险。包括与业务操作和市场行为相关联的声誉和授权风险。
美洲银行	由于涉及人员、过程、技术、外部事件、执行、法律、合规与监管、声誉等事件造成损失的可能性。
渣打银行	源于技术、流程、基础设施、人事等方面的失误所造成的直接或间接损失的风险，以及其他具有操作影响的风险。
德意志银行	由员工、合同规定和档案保存、技术、基础设施故障和灾祸、外部影响，以及客户关系等方面产生损失的潜在风险。
巴塞尔Ⅱ	由不完善或有问题的内部程序、人员及系统或外部事件所造成损失的风险，包括法律风险，但不包括策略风险和声誉风险。
原中国银监会	由不完善或有问题的内部程序、员工和信息科技系统，以及外部事件所造成损失的风险，包括法律风险，但不包括策略风险和声誉风险。

资料来源：BIS，作者整理。

操作风险的定义最早由英国银行家协会（British Banker Association，BBA）提出，基于人的因素、流程、系统及外部事件四个角度来阐述操作风险的定义。IBM（英国）公司在1998年发起设立了第一个行业先进思想管理论坛——操作风险论坛，产生了操作风险结论性的定义，开始为大多数银行所接受。巴塞尔委员会关于操作风险的定义也是建立在这个基础之上的。巴塞尔委员会对于操作风险的认识和定义经历了一个长期的过程，2001年1月发布的巴塞尔新资本协议的草案对当时有关操作风险的定义进行了总结归纳，并将操作风险定义为：由于不完善或有问题的内部操作过程、人员、系统或外部事件而导致的直接或间接损失的风险。在2004年发布的巴塞尔Ⅱ中巴塞尔委员会将操作风险纳入资本监管的范畴，并经审定明确定义操作风险：由不完善或有问题的内部程序、人员及系统或外部事件所造成损失的风险，该定义包含法律风险，但不包含策略风险和声誉风险。巴塞尔Ⅱ对操作风险给出了兼顾其内涵和计量操作风险可行性的定义，强调操作风险是由银行内部人员操作和系统因素导致的风险，几乎涵盖银行所有的业务线。它包含以下几层含义：（1）关注内部操作，即银行及其员工的作为或不作为，银行应对其加强管理和约束；（2）重视过程导向；（3）人员和人员失误起着决定性的作用，但人员失误不包括因个人利益和知识不足导致的情况；（4）外部事件是指自然、政治或军事事件、技术设施的缺陷，以及法律、税收和监管方面的变化等；（5）内部控制系统也具有重要作用。

在2005年3月28日，原中国银监会发布《关于加大防范操作风险工作力度的通知》（以下简称“十三条”），同时对操作风险的定义作出解释，即操作风险来自银行内部控制及公司治理机制的失效，这种失效可能因为失误、欺诈，未能及时作出反应而导致银行财务损失，或使银行其他方面的利益受到损失，如银行交易员、信贷员、其他工作人员越权或从事职业道德不允许的或风险过高的业务。操作风险还包括信息技术系统的重大失效或诸如火灾和其他灾难等事件。可以看出原中国银监会就操作风险的定义和巴塞尔委员会本质上是一致的，都着重说明了造成操作风险的原因，即内部程序问题、人员系统和外部事件。在2007年5月14日，原中国银监会制定了《商业银行操作风险管理指引》（以下简称《指引》），此《指引》参照新资本协议，将操作风险定义为：由不完善或有问题的内部程序、员工和信息科技系统，以及外部事件所造成损失的风险，本定义包括法律风险，但不包括策略风险和声誉风险。而且《指引》强调了内部控制对于操作风险产生的重要作用。

（二）操作风险的分类

1998年9月巴塞尔委员会发布《操作风险管理报告》，对来自不同国家的30多个大型银行操作风险管理的状况进行总结，突出强调了操作风险对银行的影响。作为进一步阐述，巴塞尔委员会在《巴塞尔新资本协议》中对操作风险设置了两大分类标准。一是根据损失事件分类详表划分的7类一级科目：（1）内部欺诈：故意骗取、盗用财产或违反监管规章、法律或公司政策导致损失的行为，此类事件至少涉及内部一方，但不包括性别/种族歧视事件；（2）外部欺诈：即第三方故意骗取、盗用财产或逃避法律责任导致损失的行为；（3）就业政策和工作场所安全性：因违反就业、健康或安全方面的法律或协议，个人工伤赔付或者因性别/种族歧视事件所引起的赔偿要求；（4）客户、产品和业务操作：因疏忽未对特定客户履行分内义务，或者产品性质、设计缺陷导致的损失；（5）实体资产损坏：实体资产因自然灾害或其他时间丢失或毁坏导致的损失；（6）业务中断和系统失败：业务中断或系统失败造成的损失，如软件或硬件错误、通信问题及设备老化；（7）执行、交割及流程管理：即交易处理或流程管理失败和因交易对手及外部销售商关系导致的损失。二是按公司业务线划分的以下8种类别：公司金融、交易与销售、零售银行、商业银行、支付清算、代理服务、资产管理和零售经纪。

（三）操作风险的特征

巴塞尔委员在2001年、2002年和2008年分别进行了三次操作风险损失数据收集工作（Loss Date Collection Exercise，LDCE），2001年和2002年损失数据收集工作由巴塞尔委员会下属的风险管理组在国际范围内组织进行，旨在要求参与机构提供各自的操作风险损失信息，包括为操作风险配置的资本，预期操作风险损失数据，特定业务现有的风险敞口指标等，2008年的操作风险损失数据收集工作由巴塞尔委员会下属的标准实施组操作风险小组组织进行，调查范围涉及欧洲、南北美洲、亚洲、大洋洲17个国家的121家银行，调查活动覆盖面广，为了解当时巴塞尔新资本协议下的操作风险衡量和管理近况提供丰富的第一手资料，同时揭示了操作风险在全球银行间的最新演进情况。相较于2001年和2002年的损失数据收集工作，2008年的报告数据充足性得到显著提高，风险频率和风险强度均显示出现代商业银行向全能化方向转型的变化，其结果具有普遍的可借鉴性。

从操作风险的定义和三次损失数据收集工作（LDCE）的结果看，操作风险具有以下三个方面的主要特征。

一是内生风险为主。操作风险主要由内部因素引发，如内部程序、人员及系统的不完善或失效，银行工作人员越权或从事职业道德不允许或风险过高的业务等，因此大多数操作风险是在银行可控范围内的内生性风险。

二是覆盖范围广。操作风险既包括内部风险，也包括外部风险。因为操作风险既包括来自银行日常业务的高频低损型，也包括由于外部环境、突发状况导致的低频高损型，其发生可能遍布银行的所有业务环节，覆盖所有部门，因此，操作风险管理必须贯彻三全原则（全面性、全员性及全程性）。

三是难以度量。与市场风险和信用风险不同，影响操作风险的因素基本都在银行内部，并且操作风险因素与其发生的可能性和损失大小之间不存在清晰的、可界定的数量关系，也不存在“高风险高收益”的对应关系，因此，操作风险通常以不经常发生的离散事件等形式出现。

二、操作风险监管框架的演进

在1997年巴塞尔委员会发布的《有效银行监管核心原则》中提到了操作风险监管，但仅作为“其他风险”监管的其中一种予以体现。2001年，巴塞尔委员会发布的巴塞尔新资本协议第二次意见稿中正式确立了操作风险的概念，直到2004年巴塞尔委员会发布的巴塞尔Ⅱ，操作风险被视为一项独立风险正式提出。这也是该协议相较于1988年的巴塞尔Ⅰ作出的诸多改进中最为突出的一点。巴塞尔Ⅱ将操作风险与市场风险、信用风险并列为三大风险，并将其纳入资本监管范畴，提出了明确的资本要求，使其共同构成第一大支柱——最低资本要求的三个组成部分，在第一支柱下单独计提监管资本，从而共同构成了银行风险资本的计提和监管框架，这既是国际金融行业对操作风险日益重视的制度体现，也为研究操作风险管理提出了新的要求。近年来，针对银行操作风险的一系列规定、指引和监管文件相继发布，操作风险监管框架处在不断地更新和完善之中，以巴塞尔Ⅰ、巴塞尔Ⅱ及金融危机为分界点，可以将巴塞尔资本协议下操作风险监管框架分为巴塞尔Ⅰ下操作风险框架监管、巴塞尔Ⅱ下操作风险监管框架的确立及金融危机后操作风险监管框架的改革进展三个阶段。

（一）巴塞尔Ⅰ操作风险监管

1997年9月，巴塞尔委员会制定了《有效银行监管的核心原则》，提出“有效银行监管理念”的25条基本原则，确立了全面风险管理的理念，操作风险在第13条被列为“其他风险”的一种进行监管，操作风险首次被纳入巴塞尔委员会的风险管理监管范围。该原则提出最大的操作风险是内部控制及公司治理机制的失效，强调监管者要确保银行建立全面的风险管理程序，以识别、计量、监测和控制各项重大的风险并适时设立资本金，强调监管行为的全程化、合规化，以及实时持续监控，成为对操作风险实施有效监管的基础。

在1998年9月，巴塞尔委员会发布《操作风险管理》文件，着重强调了控制银行操作风险的重要性，建议对操作风险设立最低资本标准，操作风险作为一项单独的风险范畴引起了重视。由于对操作风险的逐渐重视始于检讨银行内部控制的失效，1998年《内部控制系统的评估体系框架》对内部控制失效几种表现的描述、对内部目标种类的划分，以及提出督促检查银行是否建立有效内控系统的改进措施等，都推动了操作风险监管的发展。

2001年1月，在总结国际活跃银行风险管理经验的基础上，巴塞尔委员会发布了巴塞尔Ⅱ的征求意见稿，正式确立了操作风险的定义，介绍了度量操作风险的基本指标法、标准法和高级计量法三种方法，详细阐述了适用于基本指标法和高级计量法的内部管理机制。本次征求意见稿对操作风险提出了较为详尽的阐述，并且首次提出了度量操作风险的方法，是对旧协议的强力补充与完善。

2002年7月，巴塞尔委员会发布《操作风险管理和监管的良好做法》，为各国银行和监管机构提供了管理、监管操作风险的可行性建议。2003年2月，在与业界进行广泛的意见交流后，巴塞尔委员会发布了新的《操作风险管理和监管的良好做法》，该文件主要内容包括：如何建立良好的风险管理环境，如何确认、监控操作风险，如何监管操作风险的管理，如何对操作风险进行披露。在此文件中巴塞尔委员会认识到银行操作风险管理的方法选择取决于一系列因素，包括其规模和复杂性，以及业务活动的性质等，而明确的策略、董事会和高级管理层的监督、强大的操作风险文化和内部控制文化，以及有效的内部报告和应急计划，都是任何规模和范围的银行建立一个有效的操作风险管理框架的关键元素。

（二）巴塞尔Ⅱ操作风险监管框架的确立

巴塞尔Ⅱ新增加了对操作风险的资本要求，构建了三大支柱的监管框架，即资本充足率、外部监管和市场约束。这三大支柱互为补充，对操作风险计量提出了新的要求，操作风险监管在每一支柱中均扮演着重要角色。巴塞尔Ⅱ在第一支柱中提出了操作风险的最低资本要求。最低资本要求仍然是新资本协议的重点，该部分涉及与信用风险、市场风险，以及操作风险有关的最低总资本要求的计算问题，在原有对信用风险和市场风险进行资本计提的基础上，补充了对操作风险资本计提的要求。首先，确保银行为抵御操作风险持有足够的资本，并有充分的积极性开发操作风险的计量办法，巴塞尔委员会认为将操作风险纳入第一支柱十分必要。其次，提出了操作风险监管资本的三种计量办法，即标准法、高级计量法及基本指标法，要求监管者依照严格标准确定银行计提操作风险最低资本要求的方法。基本指标法和标准法都属于“自上而下”的方法，即由监管机构根据监管经验、调研结果及历史数据等，制定统一的行业操作风险资本计提比例或不同业务类型的操作风险资本计提比例，高级计量法属于“自下而上”的方法，需要通过银行的内部数据来计量操作风险，从而为操作风险配备资本计提。

第二支柱是通过建立完善的监管指标使银行满足资本充足要求，其提出的资本充足要求是基于翔实的银行内部评估提出的。与第一支柱相比，第二支柱包含更多的内容，是对第一支柱的补充完善，对操作风险提出以下几个方面的监管要求。第一，比照其他重大银行业风险的管理严格进行操作风险监管。第二，评估第一支柱中的操作风险高级计量法是否达到了最低资本标准和披露要求，并注意检验使用基本指标法和标准法得出的操作风险资本要求是否被低估。第三，要求银行制定操作风险管理框架并用其评价资本充足率。第三支柱是通过市场力量来约束银行，其运作机制是依靠利益相关者的利益驱动，出于对自身利益的关注，在不同程度上和不同方面关心其利益所在银行的经营状况，对操作风险的监管则体现在信息披露机制上，包括定性披露和定量披露两个方面。定性披露对于操作风险的总体要求是描述操作风险管理的目标和政策，包括：操作风险管理的策略和过程、操作风险管理组织体系和职责架构、操作风险报告和操作风险测量系统的范围和特点、规避或缓释操作风险的政策，以及监测缓释工具持续有效性的策略和过程。定性披露除需要满足市场披露的总体要求外，还需描述银行使用的操作风险资本评估方法。定量披露则要求使用高级计量法的银行披露其保险前、后的操作风险资本要求。

（三）金融危机后操作风险监管框架的改革进展

2010年12月10日，巴塞尔委员会在总结近年来操作风险管理和监管实践经验的基础上再一次发布了《操作风险管理和监管的良好做法》，明确了监管机构对操作风险的监管职责，指出银行应建立三道防线以应对操作风险，并提出了银行操作风险管理的11条原则。同时，巴塞尔委员会发布了《操作风险高级计量法监管指引》的征求意见稿，旨在通过设定有关管理、数据和建模的监管指引，更好地实现不断成熟并收敛于一个波幅更小的有效操作风险管理和计量的目标。2011年6月，经委员会讨论通过，其最终文件《操作风险健全管理原则》（以下简称《原则》）和《操作风险高级计量法监管指引》正式发布并生效。这是对前期建立操作风险管理框架和管理过程中有效信息的提炼和总结，进一步明确了操作风险的监管框架。

《原则》是对2003年相同主题指导原则所作的更新，强调了操作风险管理自2003年以来基于行业最佳实践和监管经验所取得的进展。文件包括三个部分：一是明确了监管机构对操作风险的监管职责；二是指出银行应对操作风险建立三道防线：业务条线管理、独立的法人操作风险管理部门，以及独立的审查；三是提出反映金融危机经验教训，以及操作风险管理良好实践的演变的11条监管原则，为银行在操作风险上的管理提供指导。而上述11条原则可分为公司治理、风险管理环境及信息披露的作用三大部分。《原则》同时明确规定了监管机构应该明确建立起的四大职责：建立评估机制、监管评估的范围、监管措施的制定，以及鼓励银行持续改善内部管理。从而使监管机构可定期独立评估并掌握银行的发展情况；展开与其他监管机构或外部审计机构的合作和信息交流；矫正银行在监管评估过程中暴露的操作风险管理缺陷；并且通过监测、评估银行操作风险管理情况，分析影响其有效性的原因，并与其他银行进行对比、反馈，进而帮助银行针对自身操作风险管理进行改善。

2014年初，鉴于近年来以显著数量发生的银行操作风险相关损失事件，并与巴塞尔委员会更加集中于对操作风险标准和治理实施情况的监测相一致，巴塞尔委员会开展了对操作风险原则实施情况的审查工作，并在2014年10月《操作风险健全管理原则》出台3年后，发布了关于各国银行实施该原则的审查情况调查报告。此次审查范围包括20个行政辖区内的60家系统重要性银行，覆盖11条原则，并集中在与三条防线相关的指导上。审查采用调查问卷的形式，参与银行对《原则》实施的程度和质量进行自我评估。图7为调查报告中总结出的60家参与银行对每条原则和三道防线的平均自我评估水平。

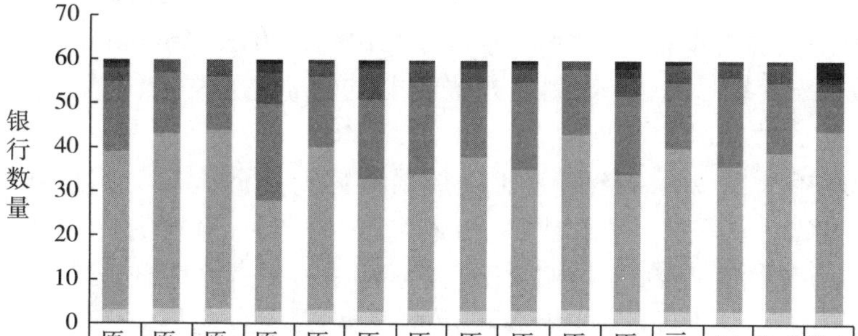

	原则1	原则2	原则3	原则4	原则5	原则6	原则7	原则8	原则9	原则10	原则11	三道防线	1st防线	2nd防线	3rd防线
不适用	1	0	0	1	0	1	0	0	1	0	2	1	0	0	4
尚未实施	1	0	0	2	1	1	1	2	1	0	2	0	1	1	1
实质上没遵守	3	3	4	7	3	7	4	3	3	2	4	4	3	4	2
大部分遵守	16	14	12	22	16	18	21	17	20	15	18	15	20	16	9
完全遵守	39	43	44	28	40	33	34	38	35	43	34	40	36	39	44
平均等级	3.5	3.64	3.65	3.25	3.59	3.32	3.45	3.54	3.5	3.68	3.37	3.52	3.55	3.56	3.47

图7　《原则》的自我评估平均等级

（资料来源：BCBS,Review of the Principles for the Sound Management of Operational Risk）

可以看出，包括系统重要性银行（Systemically important banks, SIBs）在内的很多银行已经不同程度地执行了《原则》及其操作风险管理工具，实施最不彻底的四项原则分别为：操作风险的识别与评估、变更管理、操作风险偏好和容忍度及信息披露。因为未能全面实施适当的操作风险识别和管理实践，可能会导致直接且重大的经济、声誉及相应的损失，并可能对其他银行、顾客、交易对手和金融系统引发系统性影响。报告显示各银行实施《原则》正处于不同阶段。针对各项原则的实施情况，巴塞尔委员会对其操作风险管理工作中存在重大改进余地的具体领域提出了建议。尤其针对总体上银行没有充分实施和处理的相关风险管理实践的几条原则，巴塞尔委员会给出了相应建议。建议完善每个操作风险识别和评估工作的实施；增强变更管理程序和流程的实施，并确保其有效监测；强化三道防线的实施，尤其是通过优化角色和职责的分配方式；

并加强董事会和高级管理层的监督、操作风险偏好和容忍度声明的衔接及风险披露。

2016年3月，巴塞尔委员会提出操作风险的标准化测量方法的咨询文件，是委员会对资本框架广泛审查的进一步修订，委员会对银行操作风险模型实践和资本结果的审查表明，高级计量方法（Advanced measurement approach, AMA）固有的复杂性及其内部建模实践缺乏可比性，加剧了风险加权资产计算的可变性，并削弱了风险加权资本比率的信心，委员会建议从监管框架中取消高级计量法（AMA）的使用，修订后的操作风险资本框架将基于一种单一的非模型的操作风险资本估计方法，称为标准化测量方法（Standardised measurement approach, SMA），标准化测量方法建立在标准化方法的简单性和可比性上，体现了先进方法的风险敏感性。

2017年12月7日，巴塞尔Ⅲ完成最终修订，此次修订将操作风险三种计量方法（基本指标法、标准法、高级计量法）统一为新的标准法，增强了各银行间的可比性，与修订前主要有三点不同：一是以商业系数替代营业收入作为计算基础，对银行会计报表提出更高要求；二是将监管罚款、违规交易损失等历史损失纳入计算，在强监管背景下对银行资本充足率形成考验；三是大幅提升披露要求，明确银行需要公开操作风险面损失额及商业系数中子项目信息。

三、巴塞尔Ⅲ操作风险监管框架的计量方法

操作风险计量是操作风险管理的一部分，是操作风险防范和监督的前提与基础，也是确定资本充足水平的重要依据，最初操作风险计量使用的是最简单的计量技术方法，包括流程制图法、自我评估法等。这些方法在内部数据缺失时，尤其是在低频高损类型时间记录过少的情况下，仍能发挥重要的作用。巴塞尔Ⅱ将操作风险资本计量方法分为三种，即基本指标法（Basic indicator approach, BIA）、标准法（SA,含替代计量法）和高级计量法（AMA），这三种计量方法打破了操作风险无法计量和不可定量描述的传统理念，在计算方法的复杂程度上呈由低到高的梯度变化，适合风险管理水平由低到高的银行。然而，从巴塞尔委员会的要求看，希望操作风险计量技术水平的发展沿着风险敏感性和精确性从低到高、并且同时保持方法简单性和资本结果可比性的路径不断改进。因此，2014年10月，巴塞尔委员会发布了《操作风险简单方法的修订》（征求意见稿），对操作风险资本计量的较简单方法进行审查，拟将操作风险的较简单方法改为修订后的标准法（SA，以下简称新标准法）代替基本指标法和标准法，与高级计量法共同构成操作风险资本计量的新框架。为提升操作风险计量框架的可信度，达到可比性、简单性和风险敏感性之间的平衡，巴

塞尔委员会于2017年12月完成了巴塞尔Ⅲ的修订，此次修订简化了操作风险的计量方法，将操作风险计量方法简化成统一的标准法，取消了高级计量法的应用，减少了银行通过使用内部模型降低资本计提的行为，提高了标准法的风险敏感度。

（一）操作风险计量方法的改进方向

金融危机爆发后，巴塞尔委员会一直在检讨资本框架的充分性问题。不仅是为解决金融危机过程中暴露的薄弱环节，也是为反映自2004年引进巴塞尔Ⅱ以来实施操作风险框架获取的经验。尽管在金融危机期间和之后，操作风险事件的数量和严重程度均有所增加，但操作风险的资本要求保持稳定甚至在标准法下有所下降。这对其有效性产生了质疑，表明之前的操作风险较简单方法（基本指标法和标准法，以及标准法演化的可替代标准法）不能准确地估计广泛的银行操作风险的资本要求。基于此，巴塞尔委员会对操作风险的计量方法进行全面的修订，将之前的三种计量方法简化为统一的标准法。

巴塞尔协议Ⅱ提供了三种计量操作风险资本要求的方法，即基本指标法、标准法和高级计量法。其中最简单的是基本指标法（BIA），资本要求根据操作风险敞口的监测指标GI乘以其百分比α（15%）计算，其使用无须事先监管批准。最先进的方法是高级计量法（AMA），它允许银行使用内部模型计算资本要求。第三种标准法（TSA），定位在BIA和AMA中间，要求银行将其总收入GI分为八个业务线，并通过归属到每条业务线的总收入与分配到每条线上的具体监管系数β相乘，继而将各业务条线的乘积加总计算资本要求。

在巴塞尔Ⅲ修订初期，巴塞尔委员会的目标是制定一个简单标准法，以取代基本指标法（BIA）、标准法（SA）和替代标准法（ASA），仍保留高级计量法（AMA）。但是，随着许多国际化大银行操作风险事件的不断暴露，操作风险损失显著上升，用高级计量法计量的操作风险资本远不能覆盖相应的损失，其内在缺陷进一步暴露。为弥补操作风险计量方法的缺陷，巴塞尔委员会于2014年10月发布了一份经修订的操作风险标准化办法，并着手审查框架的操作风险先进计量方法的成本和效益。经审查，委员会得出的关键结果是，将操作风险的简单标准化度量和银行特有的损失数据结合起来，可以充分度量操作风险的风险敏感度。委员会认为这样的结合可以符合促进基于风险的资本度量和降低内部模型复杂度的目标。根据这一结论，委员会制定了标准化计量方法（SMA），提供了一种基于非模型的度量操作风险资本的方法，其核心思想是使用业务指标（Business Indicator，BI）替代原框架中的总收入指标，采用单一模型法进行资本计量，从而实现资本计量的简洁性、可比性，体现了操作风险监管框架“去模型”“去复杂化”的特征。标准计量法（SMA）不仅建立在标准化方法所提供的简单性和可比性基础之上，还结合了高级方法的风险敏感性，以标准化的方式综合使用银行的财务报表信息及其内部亏损经验。

在危机后的监管改革方面建立一致性是巴塞尔委员会的一个重要关注点，全球银行标准的持续实施将提高全球银行体系的弹性，提高公众对监管资本比率的信心，并为全球银行体系构建公平的竞争环境增添助力。巴塞尔委员会以操作风险标准法的修订为主要方向，旨在寻求考虑大型银行在内的所有银行在银行规模、复杂性和活动性质的基础上，对《操作风险健全管理原则》全面均衡的实施，以达到可比性、简单性和风险敏感性均衡的目的。

（二）操作风险计量新方法

新标准法基于以下几个部分构成：（1）业务指标（Businessindicator, BI），是基于财务报告的操作风险代理；（2）业务指标参数（Business indicator component, BIC），此参数通过BI与一组可调节边际系数乘积获得；（3）内部损失乘数（Internal loss multiplier, ILM），是基于银行平均历史损失和业务规模乘数的换算因子。

首先，对业务指标（BI）给予介绍，BI的定义如表42所示。

表42　　业务指标定义

BI组成部分	利润表或资产负债表项目	内容	典型子项目
利息、租赁及股息	利息收入	所有金融资产的利息收入和其他利息收入（包括融资和经营租赁的利息收入和租赁资产的收入）。	贷款和垫款、可供出售金融资产、持有到期金融资产、交易性金融资产、融资租赁和经营性租赁的利息收入； 套期保值衍生品的利息收入；其他利息收入； 租赁资产收入。
	利息支出	所有金融负债的利息和其他利息支出（包括融资和经营租赁的利息支出，经营租赁资产的损失、折旧和减值）。	存款、已发行债券、融资租赁和经营性租赁的利息支出； 套期保值衍生品的利息支出； 其他利息支出； 租赁资产损失； 经营性租赁资产的折旧及减值。
	生息资产	未偿还贷款、垫款、固定利息证券（包括政府债券）和租赁资产年末价值总额。	
	股息收入	未纳入银行合并财务报表的股票和基金投资的股息收入，包括未并表子公司、联营企业和合资企业的股息收入。	

续表

BI组成部分	利润表或 资产负债表项目	内容	典型子项目
服务	手续费及佣金收入	提供咨询和服务获得的收入，包括银行作为金融服务外包商获得的收入。	手续费及佣金收入包括： 证券（发行，创设，交易，执行客户指令）； 清算和结算，资产管理，存托管，信托交易，支付服务，结构化金融服务，贷款承诺和担保，外汇交易。
	手续费及佣金支出	获得咨询和服务的费用，包括银行为寻求金融服务外包支付的费用，但不包括非金融类服务项目。	手续费及佣金支出包括： 清算和结算，存托管，资产证券化服务，贷款承诺和担保，外汇交易。
	其他业务收入	未被前序项目所包含的一般银行类服务收入（不包括经营性租赁）。	投资性房地产租金收入； 非流动资产持有待售及终止经营业务的收益。
	其他业务费用	未被前序项目所包含的一般银行类服务支出及经营过程中的损失事件（不包括经营性租赁支出）。	非流动资产持有待售及终止经营业务的损失； 因业务损失事件而发生的损失； 为业务损失事件提前计提而产生的损失。
财务	交易账簿的净利润（亏损）	交易性金融资产和负债（衍生金融产品、债券、股票、贷款和垫款、卖空头寸、其他资产和负债）的净利润/亏损； 套期保值会计净利润/亏损； 汇兑差额净利润/亏损。	
	银行账簿的净利润（亏损）	按公允价值计量且其变动计入当期损益金融资产的净利润/亏损； 未按公允价值计量且其变动不计入损益的金融资产的已实现收益/损失（贷款和预付款、可供出售资产、持有至到期资产和按摊销成本计量的金融负债）； 套期保值会计净利润/损失； 汇兑差额净利润/亏损。	

资料来源：BIS，作者整理。

与2014年的征求意见稿所述基本一致，BI是由在总收入（GI）中的利润表项目组成的，包括：利息、租赁和股息参数（Interest, lease and dividend component，ILDC）、服务参数（Services component，SC）和财务参数（Financial component，FC）三个部分。业务规模（BI）的计算公式定义如下：

$$BI=ILDC+SC+FC$$

式中，*ILDC*、*SC*、*FC*的计算公式如下：

利息参数=[（利息收入–利息支出）的绝对值]与（盈利性资产×2.25%）的最小值

服务参数=（其他营业收入与其他营业支出的最大值）+（手续费收入与手续费支出的最大值）

财务参数=交易账户净损益的绝对值+银行账户净损益的绝对值

业务指标参数（BIC）由业务指标（BI）和边际系数（α）两部分构成。根据业务指标的大小，巴塞尔委员会设置了三个边际系数层级。从表43看出，各层级对应的边际系数（α）随业务指标（BI）的增加而增大。如表43所示是由非预期损失（Unexpected loss，UL）与BI 之间的光滑函数确定的分段结构，以及相应的边际系数值。

表43 业务规模（BI）和边际系数

档次	*BI*（十亿欧元）	边际系数（α）
1	≤1	12%
2	1<*BI*≤30	15%
3	>30	18%

资料来源：BIS，作者整理。

对于处于第一档次的银行而言，*BIC*=*BI*×12%，*BIC*因*BI*增加一个单位而产生的边际增长值为12%，同样地，在第二档次和第三档次中，*BIC*因*BI*增加一个单位而增加的边际增长值为15%和18%。从计算过程中，可以看出业务规模参数（BIC）是衡量银行总体规模、蕴含风险量级的核心系数。相比巴塞尔协议Ⅱ框架中仅以营业收入体现银行规模的思路，此次修订对业务规模的计算要求更为细致，对银行财务报表提出了更高要求。

为提高风险敏感性，新标准法引入操作风险损失乘数（ILM），对业务规模参数（BIC）进行调整，以反映银行操作风险管理水平。银行内部操作风险损失经验通过内部损失乘数（ILM）影响操作风险资本的计算，内部损失乘数的计算公式如下：

$$ILM = \ln\left[\exp(1) - 1 + \left(\frac{LC}{BIC}\right)^{0.8}\right]$$

式中，损失参数（Losscomponent，LC）相当于前10年年度平均操作风险损失的15倍，内部损失乘数取损失与业务规模参数（BIC）相等时的值。当*LC*大于*BIC*时，*ILM*大于1，即将内部损失纳入计算范围，相对于*BIC*损失较高的银行要求持有较高的资本。相反，当*LC*低于*BIC*时，*ILM*小于1，即由于将内部损失纳入计算范围，相对于BIC损失较低的银行必须持有较低的资本。

损失参数的平均损失计算必须以10年高质量的年度损失数据为基础，假如没有10年高质量损失数据，银行可以使用5年以上的数据计算损失部分。如果缺乏5年高质量数据，银行必须完全基于业务规模参数（BIC）计算资本要求。但是，如果*ILM*大于1，监管部门可能会要求银行使用5年以上的数据计算资本要求，因为他们认为这样计算出的损失可以替代操作风险敞口。

操作风险资本要求由业务规模参数（BIC）和内部损失乘数（ILM）决定，对于处于第一档的银行而言，内部损失数据基本不影响资本计算，也就是说，ILM等于1，操作风险资本等于*BIC*（$BIC=12\% \times BI$），最低操作风险资本（Operational risk capital，ORC）是通过*BIC*和*ILM*的乘积计算的，其计算公式如下：

$$ORC=BIC \cdot ILM$$

业务指标（BI）大于10亿欧元的银行必须使用损失数据作为操作风险资本计算的直接输入，数据收集的可靠性、质量和完整性对于银行操作风险敞口的资本结果起着至关重要的作用，因此，监管机构应定期审查银行损失数据的质量和完整性。不符合损失数据标准的银行必须持有业务指标参数（BIC）100%以上的资本，此时，监管部门可以要求银行的内部损失乘数（ILM）大于1，由于不符合损失数据标准而被排除的内部损失数据，以及各项产生的乘数应用必须公开披露。此次修订大幅提升了银行操作风险计算相关信息的披露要求，不仅要求披露业务规模各项子项目数据，还首次要求部分银行对外披露操作风险内部损失数据，对银行操作风险管理、记录、分类及专业信息系统的建设提出了更高的要求。

四、操作风险监管框架对中国的启示

此次操作风险框架的修订主要有两个方面。一是在操作风险监管框架中取消监管资本内部计量模型的使用。高级计量法是在充足的内外部损失数据的基础上，运用统计方法刻画操作风险损失分布规律，进而计算操作风险监管资本。该方法一度为操作风险提供了较为灵活的计量方法，但由于其在本质上较为复杂，且易导致结果缺乏可比性，巴塞尔委员会认为有必要取消操作风险监管资本内部模型的使用。二是简化操作风险计量方法。在巴塞尔Ⅱ框架中银行采用基本指标法（BIA）、标准法（TSA）和高级计量法（AMA）三种方法计量操作风险资本要求。在巴塞尔Ⅲ修订初期，巴塞尔委员会的目标是制定一个简单标准法，以取代基本指标法（BIA）和标准法（TSA），仍保留高级计量法（AMA），但是随着许多国际化大银行操作风险事件的不断暴露，操作风险损失显著上升，用高级计量法（AMA）计量的操作风险资本远不能覆盖其相应的损失，AMA内在缺陷进一步暴露，巴塞尔委员会确定放弃使用高级计量法，将三种方法统一为新的标准法。

中国商业银行操作风险监管框架建立发展的过程可以分为以下三个阶段。

第一阶段：20世纪90年代至2002年，中国商业银行操作风险的监管进入萌芽阶段。此时，中国金融业改革刚开始，更多关注的是银行的外部经营环境和内部治理结构，操作风险管理框架的构想较少提及，操作风险的监管政策几乎空白。

第二阶段：2002—2006年，中国商业银行操作风险的监管进入起步阶段。在这一阶段中国人民银行和原中国银监会发布了两份重要文件（《商业银行内部控制指引》和《关于加大防范操作风险工作力度的通知》），正式提出了操作风险。2002年9月，中国人民银行发布《商业银行内部控制指引》（以下简称《指引》）。《指引》首次在正式文件中提出“操作风险”的概念，并将其与信用风险、市场风险和流动性风险并列，强调风险管理之于内部控制的重要性。健全的内部控制体系是商业银行有效防范和控制操作风险的重要手段，《指引》拉开了中国银行内部控制建设的序幕，要求银行构建强大的内部控制体系来实施全面风险管理。2005年3月，原中国银监会发布《关于加大防范操作风险工作力度的通知》（以下简称《通知》），《通知》共提出了13条指导意见，分别从规章制度建设、稽核体制建设、基层行合规性监督、订立职责制、行务管理公开等方面对银行机构提出要求，从轮岗轮调、重要岗位人员行为失范监察制度、举报人员的激励机制等方面对银行人员管理提出要求，从对账制度、未达账项管理等方面对银行账簿管理提出要求。《通知》的发布，有助于中国银行监管标准与国际通行规则逐步接轨，有助于进一步防范银行业大案要案的发生。可以看出，无论是《指引》还是《通知》，其关于操作风险的监管只是针对某些局部具体环节，仍是治标不治本。

第三阶段：2007年至今，中国商业银行操作监管迈入发展完善阶段。这一阶段，先后有《中国银行业实施新资本协议指导意见》《商业银行操作风险管理指引》和《商业银行操作风险监管资本计量指引》等操作风险监管的重要文件出台。2007年2月，原银监会发布《中国银行业实施新资本协议指导意见》（以下简称《指导意见》），标志着中国正式启动实施《巴塞尔新资本协议》的工程，不仅明确了当时中国监管的政策方向，还直接促进国内银行按照新资本协议，建立科学的风险管理体系。此外，《指导意见》还指出中国银监会将加快操作风险资本监管的研究和规制的进程。为加强商业银行的操作风险管理，推动商业银行进一步完善公司治理结构，提升风险管理能力，原中国银监会于2007年5月发布《商业银行操作风险管理指引》（以下简称《管理指引》），《管理指引》分别描述了董事会、高管层、操作风险管理部门和其他部门的操作风险管理职责，进一步完善了中国银行业监管标准与国际银行监管标准的接轨，有助于中国强化风险管理，提高识别、控制操作风险的能力和风险管理水平。2007年10月，原中国银监会出台《商业银行操作风险监管资本计量指引》（以下简称《计量指引》），明确规定了中国商业银行操作风险的计量方法、计量操作风险监管资本应符合的条件等内容，是原中国银监会关于商业银行操作风险管理系列规章和规范性文件的组成部分，有助于完善商业银行资本监管体系，推进商业银行改进操作风险管理，促进商业银行稳健经营。2012年，原中国银监会发布《商业银行资本管理办法（试行）》，至此，中国商业银行操作风险监管有了针对自身实际的规范约束。文件规定，中国商业银行可采用基本指标法、标准法或高级计量法计量操作风险资本要求，基本沿用了巴塞尔Ⅱ的相关规定。

近年来，伴随着与操作风险相关的案件频发，中国商业银行在操作风险的防范方面日趋完善，但与巴塞尔协议操作风险的监管要求仍存在较大差距。一是商业银行管理体系尚需进一步完善。中国有些商业银行缺乏专门的操作风险管理部门，操作风险管理职能由多个业务经营管理部门分散执行，各部门的经营目标不一致、管理方式不同等状况削弱了银行风险管理的能力，导致商业银行难以全面、及时地掌握银行操作风险的整体情况，致使商业银行难以形成全面统一的操作风险管理和执行策略。二是操作风险监管制度尚不完备。目前，中国大多数银行的操作风险制度覆盖范围多局限于一线业务人员而非管理人员，缺乏对管理人员的权力制衡，以及对一线人员的有力监控，并且难以做到对银行员工工作以外时间的行为监督，这尤其为由内外部欺诈造成的操作风险损失事件发生提供了机会。三是操作风险损失数据的收集和整理工作相对薄弱。由于操作风险的特有属性，采集、整理和验证数据工作难度较大，操作风险识别、评估和监测等数据整理不够，导致数据质量不高。此外，部分中小商业银行普遍尚未建立统一的操作风险计算机管理系统，不利于实现全行范围的操作风险识别、评估、监测等。四是银行工作人员的操作风险防范风险意识有待加强。操作风险意识的缺失容易导致工作人员对操作风险的监管存在忽略或偏差，再加上中国商业银行部门间权责划分不明确，造成风险责任缺失，在一定程度上助长了操作风险事件的频发。五是操作风险管理的计量和监测手段尚不完善。由于很长的一段时间缺乏相关的操作风险度量模型，以及所需足够的历史损失数据，并且使用定量方法测量操作风险还处于起步期，中国无法采用巴塞尔协议推荐的计量法有效地计量操作风险。

近年来，在经济全球化背景下中国经济飞速发展，商业银行业务不断拓展更新，复杂的金融技术和工具也在银行业务中广泛应用，使得银行操作风险发生概率大大增加。商业银行操作风险发生的主要原因在于风险管理不足，而中国在实施操作风险管理框架的过程中，监管机构的关注点仍多集中在操作风险案件防控等领域，在操作风险统筹管理层面还存在着较大的进步空间。因此，中国商业银行必须将操作风险管理作为重点，通过加强基础管理和内部控制体系建设，防范操作风险并加强操作风险管理水平，并结合操作风险在全球银行业受到的关注，从以下几点进行操作风险监管的改革和完善。一是构建完善的操作风险管理体系，明确董事会、高级管理层等各部门在操作风险管理中的分工，要求银行董事会和高级管理层从战略上重视银行操作风险的管理，把对银行操作风险管理的认识提升到应有的高度，建立与其自身规模、复杂程度、业务活动性质和风险敞口相适应的操作风险管理体系。二是强化银行操作风险监管制度建设，建立内外部相互配合的操作风险监管体系，有效降低商业银行操作风险发生的概率，强化银行业自律管理，进一步完善商业银行操作风险监管体系。三是加强商业银行操作风险数据建设，损失数据的缺失是银行在进行操作风险度量时面临的严重障碍，为保证并提高数据收集的质量、完整性和时效性，商业银行应逐步开展操作风险损失数据收集工作，定期审查和监测操作风险指标。四是强化银行工作人员的操作风险防范意识。相关管理层人员应积极引导员工严格按照银行规定进行业务处理，增强工作人员的操作风险防范意识，具体可以通过开展更深入、频繁的操作风险培训和宣传教育，以及组织集中学习的形式实现。五是逐步建立完善的风险计量和监测机制，将管理与计量相结合，在操作风险监管过程中，通过事前对业务与操作环节风险的计量，为业务部门决策提供参考，提高决策的可靠性和准确性，将操作风险计量结构更好地融入操作风险管理决策。六是强化操作风险管理的文化建设，在银行内部形成科学合理的操作风险管理理念，建立与完善操作风险管理的激励约束机制，逐步形成防范操作风险的管理文化，全面提升银行的操作风险管理水平。

第六节　巴塞尔Ⅲ市场风险的监管与度量

经历了20世纪90年代以来一系列的国际金融危机后，市场风险的管理和控制逐渐得到重视和加强。伴随着商业银行全球化步伐的加快、从事国际金融市场业务的复杂性不断增加、国际金融市场的波动性日益增大，巴塞尔Ⅰ到巴塞尔Ⅲ对市场风险监管框架的演变呈现出认识日益全面、监管不断严格的趋势。2008年的国际金融危机中，传统的市场风险管理理念暴露出的缺陷，促使巴塞尔委员会对原有市场风险框架进行了大幅修订和改进，作为应对全球金融危机的快速产物，2010年12月17日发布的2010版巴塞尔Ⅲ，强化了资本工具的合格标准，提高了资本充足率监管要求。为解决巴塞尔Ⅱ市场风险框架（及其后续补充文件）中关于市场风险框架的一些结构性缺陷问题，巴塞尔委员会于2016年1月发布了《市场风险最低资本要求》，对市场风险框架进行了修订。2017年12月7日发布的巴塞尔Ⅲ，对2010版巴塞尔Ⅲ进行了补充修订，其核心是重新构造风险加权资产计量监管框架。随着巴塞尔委员会在监测市场风险标准实施和影响过程中发现了一些问题，巴塞尔委员会在2018年3月22日发布了《市场风险最低资本要求的修订文件》，对《市场风险最低资本要求》提出了若干修改建议，旨在解决发现的问题。2019年1月，巴塞尔委员会发布最终版《市场风险最低资本要求》，明确交易账簿和银行账簿的划分，并将实施时间延迟至2022年1月。至此巴塞尔Ⅲ监管框架下市场风险监管要求修订工作告一段落，巴塞尔委员会从2019年11月开始对市场风险的披露要求进行一系列修订和变更，旨在匹配市场风险最低资本要求的变化，并通过进一步加强披露要求继续促进市场纪律，最终将变更后的相关披露要求也纳入完整的监管框架。

一、市场风险概述

市场风险、信用风险和操作风险并称为商业银行的三大风险。随着金融创新不断发展，商业银行所处的经营环境逐渐发生变化，尤其是资本市场的发展和银行交易活动的增加，使得商业银行承担的市场风险不断增大，其市场风险的来源也越来越多样化。在此背景下，市场风险的内涵和外延不断丰富，市场风险已经成为银行和监管机构亟须重视和管理的主要风险之一。

1988年，巴塞尔委员会发布了《统一资本计量和资本标准的国际协议》，制定了资本充足率标准，首次将风险引入资本充足率的计算。但此版协议仅考虑了信用风险，并未对市场风险提出资本计提要求。随着银行业金融机构在业务和功能上的不断创新，越来越多的全球性商业银行参与到金融市场的交易中，市场风险越发受到关注。特别是巴林银行和大和银行事件的发生，推动银行业加大市场风险管理力度。1993年，巴塞尔委员会发布了《市场风险监管措施》，明确了市场风险的定义，制订了银行市场风险资本要求的计划，提出了标准法计算市场风险监管资本。

（一）市场风险的定义

1993年颁布的《市场风险监管措施》中，巴塞尔委员会将“市场风险”定义为“可能由于市场价格波动导致银行资产负债表内和表外头寸出现亏损的风险”。根据定义，巴塞尔协议中的市场风险包括交易账簿中受利率影响的各类工具及股票所涉及的风险，以及整个银行的外汇风险和商品风险。其中，银行持有的金融资产基于不同的持有目的和会计处理而导致不同资产遭受市场风险的影响不尽相同。以公允价值计量且公允价值变动计入当期损益的金融资产和持有待售的金融资产受市场风险影响较大，持有至到期投资和贷款应收款项等金融资产受市场风险影响较小。此后颁布的《补充规定》《核心原则》，以及巴塞尔Ⅱ肯定并沿用了这里对市场风险的定义和范围的界定。

（二）市场风险的来源

市场风险的来源通常包括利率、汇率、股票、商品和金融衍生品等多个方面。随着金融自由化和金融创新不断发展，市场风险的来源渠道日益广泛。

第一，利率风险和汇率风险是银行市场风险的主要来源。利率风险存在于银行账簿和交易账簿中，是最基础的市场风险，在金融市场转型阶段，随着利率市场化的改革，利率风险尤其明显，许多银行因此倒闭。汇率风险是涉及外汇经营的银行所面临的基本市场风险，银行持有非交易性外币资产或负债和参与代理或自营的外汇交易将不可避免地产生汇率风险。

第二，股票风险、商品风险和金融衍生品风险是现代商业银行的新兴市场风险来源。现代商业银行不断拓展业务线，必然会面临新领域内的市场风险。尤其是在金融创新全球化、资产证券化和衍生品快速发展的大背景下，现代商业银行愈加广泛地参与到股票、股票衍生品及商品衍生品等一系列证券交易中，在缺乏足够的风险意识下，无疑会加大银行面临的市场风险。

二、巴塞尔Ⅲ市场风险监管框架的演进

从1988年以防范信用风险为主的巴塞尔Ⅰ，到1996年巴塞尔银行业全面监管原则的提出，再到巴塞尔Ⅱ、巴塞尔Ⅲ中市场风险监管框架的修订完善，市

场风险逐步得到国际金融监管当局的重视。近年来，随着针对银行市场风险的一系列规定、指引和监管文件的相继发布，市场风险监管框架一直处在修订完善中，根据市场风险相关文献的发布时点，可以将巴塞尔资本协议下的市场风险监管框架分为四个阶段：巴塞尔Ⅰ和巴塞尔Ⅱ下市场风险监管框架的确立、巴塞尔2.5下市场风险监管框架的修订、2008年国际金融危机后巴塞尔Ⅲ下市场风险监管框架的改革，以及最终版市场风险监管框架的实施（见表44）。

表44　　巴塞尔委员会关于市场风险的相关文献

时间	文件名	修订内容
1993年4月	市场风险监管措施	定义了市场风险和三级资本，提出了债券、股权和外汇风险资本计提标准法
1996年1月	资本协议市场风险补充规定	将市场风险正式纳入资本监管框架，首次提出交易账簿的概念，定义1993年提议的计算方法为标准法，并引入内部模型法
1996年1月	市场风险内部模型法事后检验监管框架	提出内部模型法的一般标准、定性标准、应考虑的风险因素和定量标准等
1997年9月	巴塞尔资本协议市场风险补充规定的解释性说明	允许满足要求的银行基于模型法计提特定风险
2005年6月	巴塞尔Ⅱ在交易业务中的应用和双重违约影响的处理	改进交易账簿的体制，特别是特定风险的处理；提出交易账簿定价应考虑流动性因素，并将压力测试作为VaR模型的补充
2005年11月	资本协议关于市场风险的修订	汇总此前关于市场风险的改进，修订1996年市场风险监管框架
2007年1月	交易账簿新增风险资本计量指引讨论稿	对银行如何达到新增违约风险模型要求和监管当局如何评估模型进行指导
2008年7月	交易账簿新增风险资本计算指引	增加关于新增迁徙风险的模型法的应用及评估指导
2008年7月	巴塞尔Ⅱ市场框架的修订稿（征求意见稿）	将新增违约风险扩展为更大范围的新增风险，包括违约风险和迁徙风险
2009年7月	交易账簿新增风险资本计提指引（最终稿）	提出了新增风险计提（IRC）的方法
2009年7月	巴塞尔Ⅱ市场风险框架的修订稿	改进市场风险的内部VaR模型，改进巴塞尔Ⅱ下的市场风险头寸的审慎性评估指引
2011年2月	巴塞尔Ⅱ市场风险框架的修订稿	根据征求意见的反馈，吸收了对于新增风险模型计量、证券化产品处理的发展，以及压力状态下VaR值的补充，并重点对关联交易产品压力测试作出指导
2012年5月	交易账簿基础评估报告（征求意见稿）	提出市场风险监管体系的全面改革方向，并对内部模型法和标准法的计量体系提出具体改革方案

续表

时间	文件名	修订内容
2013年1月	关于市场风险的风险加权资产监管评估报告	关于银行交易账簿和银行账簿市场风险的风险加权资产分析
2013年10月	交易账簿基础评估报告：修订后的市场风险框架（征求意见稿）	根据征求意见反馈，再次修订市场风险监管框架的改革方案，提出新的市场风险标准法，并重新对内部模型法进行修订
2013年12月	监管一致性评估计划（RCAP）：对银行交易账簿市场风险的风险加权资产的评估报告（第二版）	关于银行交易账簿和银行账簿市场风险的风险加权资产的进一步评估，对银行资产类别中更具代表性和复杂性的交易头寸进行深入分析
2014年12月	交易账簿基础评估报告：悬而未决的方案（征求意见稿）	根据征求意见反馈，对市场风险框架作出进一步修订和完善
2015年11月	交易账簿基础评估报告：中期影响分析	根据征求意见反馈，对交易账簿基础评估报告中建议修订的市场风险框架的资本影响进行第二次评估
2016年1月	市场风险最低资本要求	修订了巴塞尔银行监管委员会对市场风险最低资本要求的标准
2017年1月	关于市场风险资本要求的常见问题	列出了关于修订后的市场风险标准常见问题的解答，包括对标准化方法和内部模型方法相关问题的解释
2017年6月	市场风险资本要求标准化方法的简化替代法	提出了简化替代敏感性分析方法的建议
2017年12月	巴塞尔Ⅲ：后危机改革的最终方案	在标准法的基础上，巴塞尔Ⅲ提出的资本底线取代了原有的资本底线
2018年3月	市场风险最低资本要求的修订	对《市场风险最低资本要求》标准提出若干修改意见，主要是对标准法计量及风险权重提出修改建议
2019年1月	市场风险最低资本要求（最终版）	明确交易账簿和银行账簿的划分，并将实施时间延迟至2022年1月(考虑到新冠肺炎疫情的影响，实施时间进一步延迟至2023年1月）
2019年11月	修订市场风险信息披露要求	进一步加强信息披露要求，适应最终版市场风险最低资本要求的调整，促进市场纪律完善
2021年11月	市场风险信息披露要求（最终版）	将变更后的相关披露要求纳入完整的巴塞尔监管框架

资料来源：BIS，作者整理。

（一）市场风险监管框架的确立

1. 将市场风险纳入资本监管框架。1993年巴塞尔委员会发布了《市场风险监管措施》，制定了银行市场风险资本要求的计划，1996年初公布了《巴塞尔资本协议市场风险补充规定》（以下简称《补充规定》），制定了评估和监管商业银行市场风险的全球统一标准。委员会于1998年颁布《有效银行监管的核心原则》（以下简称《核心原则》），明确将市场风险纳入巴塞尔协议全面风险管理的框架。巴塞尔委员会不仅明确了对市场风险的表述，而且在市场风险计量方法上，首先按照金融工具将交易分为债券、股票、外汇和商品等交易组合，然后分别量化每个交易组合净头寸的市场风险并以此计量风险资本要求，最后加总各个交易组合的风险资本得到市场风险需计提的全部资本。《市场风险监管措施》分别针对债券、股权和外汇风险的标准法资本计量作出规定，但对于内部模型法计量风险并不认可。此后，巴塞尔委员会通过对内部模型的调研和测试，决定使用内部模型法计量市场风险，这代表了监管方法上的重大创新。《补充规定》明确指出，允许银行选择标准法或内部模型法计量市场风险，再以此为基础计算资本充足率。巴塞尔委员会还为希望使用内部模型法计量的银行制定了一套定性和定量的标准，确保各家银行在达到审慎经营的最低资本要求、并保证资本要求透明度和一致性的同时，保持银行内部模型的整体性和灵活性。

另外，委员会在巴塞尔Ⅰ资本监管框架（一级资本和二级资本）的基础上，引入用于防范市场风险的三级资本的概念。三级资本由短期次级债务构成，不能超过用于防范市场风险的一级资本的250%，即交易账簿市场风险至少有28.57%需要用一级资本抵补。此外，在保证一级资本至少占全部合格资本的50%、二级资本不能超过一级资本的总额、长期附属债券不能超过一级资本50%的前提下，可以使用二级资本取代三级资本。在一定限制条件下，短期次级债务也可以作为合格的三级资本满足市场风险所需的资本要求。

2. 特定风险和新增风险的提出。巴塞尔委员会定义一般市场风险为多种风险因素发生变动对银行相关资本组合整体带来的不确定性，特定风险为单一证券头寸在一般市场风险之外价值发生变化引起的风险，并分别规定各自所需的资本要求。特定风险资本要求的适用对象为银行交易记录中股权和利率相关的交易工具敞口头寸（包括衍生产品头寸）的现行市场价值，以及外汇风险和商品风险下银行现金头寸和商品总量。1993年发布的《市场风险监管措施》规定可以使用内部模型法计量市场风险的银行，应使用独立的资本要求抵补未包括在模型内的债券和股票的特定风险。但考虑到由于不能涵盖事件风险和违约风险等主要的特定风险，银行内部模型法计提资本可能造成低估，在模型中如何最适当地表现某些特定风险也尚未达成一致意见。因此，巴塞尔委员会规定了使用内部模型法计量的特定风险资本不能低于标准法的50%的下限。

巴塞尔委员会1997年发布的《巴塞尔资本协议市场风险补充规定的解释性说明》取消了50%的限制条款，巴塞尔委员会认为，运用模拟特定变化这类技术的模型已经取得了较大的改进和革新，各家银行确定模型运算的方法已经趋于一致。但巴塞尔委员会仍然无法验证模型法完全涵盖事件风险和违约风险，同时，计量和检验特定风险的方法差异很大并且变化迅速，对此委员会无法制定出总体指导原则。因此，委员会规定只有满足要求的银行才能基于模型计量特定风险资本，并且设定特定风险模型的乘数因子为4。只有认为能够涵盖市场风险诸多方面的特定风险计量模型才能使用乘数因子3，4倍的乘数因子意味着计量模型的改进反而会增加特定风险资本的计提，因而也阻碍了商业银行对特定风险模型的继续改进。

为解决这些问题，巴塞尔委员会于2005年发布了《新资本协议在交易业务中的应用和双重违约影响的处理》，改进了交易账簿的资本监管框架，特别是对特定风险的处理，取消了模型法特定风险资本要求乘数因子为4的限制，但是要求特定风险模型必须捕捉价格风险的所有重要部分，并且能够反映市场变化和资产组合变化等。同时，该文件要求使用模型计量特定风险的银行还需要计量新增风险资本，将新增违约风险纳入交易账簿资本框架体系，以覆盖债务违约的直接损失和诸如资产支持证券等结构化工具带来的间接损失，弥补风险价值模型存在的缺陷。规定可以使用内部模型法或附加资本来计量新增违约风险的监管资本，但没有给出具体的计量方法。2005年11月巴塞尔委员会将此前的修订内容汇总，发布了《资本协议关于市场风险的修订》，并纳入2006年发布的巴塞尔Ⅱ，进一步明确了特定风险的范围，主要包括资产组合的历史价格波动、集中度、标的相关的基差风险、事件风险及新增违约风险等。

（二）市场风险监管框架的修订

国际金融危机暴露了巴塞尔Ⅱ在市场风险管理方面存在重大缺陷。从2009年7月开始，巴塞尔委员会陆续对资本协议市场风险监管框架进行了大幅度的修订，发布了《巴塞尔Ⅱ市场风险框架的修订稿》《交易账簿新增风险资本计量指引》，引入压力状态下VaR、新增风险模型要求和证券化产品的处理，被称为巴塞尔2.5下市场风险的监管改进（见表45）。主要修订内容如下：

第一，在内部模型法中引入压力VaR，增加资本要求。金融危机暴露了VaR模型法不能反映市场突发事件情况下的极限损失情况或程度的问题。在内部模型法下补充压力VaR能够缓解市场风险最低资本要求的这种顺周期性。压力风险价值指的是压力情景下的风险价值，即银行需要判断投资组合持续一年压力情景下的历史时间区间，并以区间内的相关市场风险因子数据作为参数计算风险价值。

第二，提高内部模型法下对新增风险的要求。为鼓励更多的银行采用模型法计量新增风险资本要求，2007年巴塞尔委员会发布了《交易账簿新增风险资本计量指引讨论稿》，将新增违约风险定义为交易头寸中因信用违约而计提的资本减去模型中隐含的任何违约损失计量的资本，并对银行如何达到新增违约风险模型要求和监管当局如何评估模型进行了指导。2009年7月巴塞尔委员会发布了《交易账簿新增风险资本计量指引》，指出新增风险资本计量不仅应该反映违约风险，还需反映信用迁徙风险和流动性丧失的风险。新增风险资本要求代表了对资本计划期为一年、置信度为99.9%的非证券化信用产品的违约和信用迁徙风险的估计。

表45　　市场风险VaR模型法风险计提

	模型方法	持有期	观察期	置信度
一般风险 特定风险	VaR	最短10个交易日	最短1年	99%
	压力VaR	最短10个交易日	连续12个月包含重大金融亏损的历史期间	99%
新增风险	VaR	1年（流动性计划期最短3个月）	—	99.9%

资料来源：BIS，作者整理。

第三，提高了标准法下证券化资产的利率风险资本要求。考虑到证券化产品结构的复杂性，巴塞尔委员会不允许将证券化头寸纳入新增风险模型，认为在技术手段能够充分捕捉证券化头寸风险之前，仍应采用标准法计提证券化头寸的资本。因此，证券化产品的资本要求由压力状态风险价值计算的资本要求、正常状态风险价值计算的资本要求和标准法下不考虑空头和多头对冲效果计算证券化头寸的特定市场风险资本要求三个部分加总组成。而对于相对简单的关联交易组合，则需要计算综合风险，并计提额外资本进行覆盖。同时允许关联交易活跃的银行在满足一定条件下，使用内部开发的方法计量关联交易产品全面的价格风险，即采用全面风险模型（CRM）计量关联交易组合的监管资本。

（三）巴塞尔Ⅲ市场风险监管框架的改革

2010年12月，巴塞尔委员会发布了《巴塞尔Ⅲ：更具稳健性的银行和银行体系的全球监管框架》，吸收了巴塞尔2.5市场风险监管改革方案，又提出三个涉及交易活动和市场风险的资本监管措施。其一，针对交易对手信用风险，要求覆盖由于交易对手信用恶化造成的CVA风险带来的潜在市场损失，增加诸如场外衍生品和证券融资交易（SFTS）等交易对手信用风险的资本要求。其二，考虑到资本定义变化导致的以公允价值计价的金融工具的估值变化对监管资本产生的直接影响，巴塞尔委员会将审慎估值指引的范围扩大到所有运用公允价值会计计量的产品，包括银行账簿中的金融工具，并纳入金融工具未实现损益估值的变动对监管资本的影响。其三，对交易账簿合格监管资本的要求进行了修订，原来可满足市场风险的三级资本不再被作为监管资本的组成部分。

2011年2月，巴塞尔委员会再次发布《巴塞尔Ⅱ市场风险框架的修订稿》，根据截至2010年12月收集到的各国对修订稿征求意见的反馈作出更新，吸收了此前对于新增风险模型计量、证券化产品处理的发展，以及压力状态下VaR值的补充，并重点对关联交易产品压力测试作出指导。2011年11月，巴塞尔委员会又发布了《关于巴塞尔Ⅱ市场风险框架修订的解释性文件》，对市场风险框架的修订稿进行解释，同时对相关细节给予进一步明确规定。规定至少每周进行压力测试是银行使用综合风险模型计量关联交易产品特定风险资本要求的首要前提，并需考虑违约率、资产回收率、信用利差和相关性等因素的极端性变化。压力测试成为特定风险内部模型法计量结果的重要补充。

2012年5月，巴塞尔委员会发布了《交易账簿基础评估报告（征求意见稿）》（*Fundamental Review of the Trading Book*，FRTB）。国际金融危机的爆发，使众多的欧美金融机构都遭受了巨大的损失，其中大部分亏损和高杠杆的积累实际上都来自交易账簿，并且远超商业银行按照原有监管要求计提的市场风险资本。基于此，巴塞尔委员会提出了巴塞尔Ⅲ下市场风险监管框架的全面改革方向，并对内部模型法和标准法的计量体系提出改革方案。

2013年10月巴塞尔委员会发布《交易账簿基础评估报告：修订后的市场风险框架（征求意见稿）》，对2012年的报告作了进一步的修订，明确了市场风险监管体系的改革方案，对市场风险框架在监管部门得到一贯执行作出指导。在之前提出的内部模型法计量体系改进方案中，巴塞尔委员会为确保压力时期银行资本充足及风险类别相关性的一致，提出了新的市场风险内部模型法的计量评估流程。通过增加交易柜台层面模型法的适用性评估，以及风险因素可否建立模型的评估，形成三个步骤的审批模式，提高内部模型法的审慎应用。同时根据2012年报告的反馈意见，将标准法的研究重点放在了部分风险因素的测算上，基于最高现金流法提出了修订后的标准法下资本要求和计算方法。

2014年12月，巴塞尔委员会再次发布《交易账簿基础评估报告：悬而未决的方案（征求意见稿）》，此次报告根据征求意见反馈，对银行现金流量法提出了几点意见，对市场风险框架又作了进一步的完善。提出了敏感性分析方法来替代现金流量法，减少了修订后标准法的实施成本，大大提高了标准法下测算的风险敏感度。

2015年11月，巴塞尔委员会发布了《交易账簿基础评估报告：中期影响分析》，根据征求意见反馈，对交易账簿基础评估报告中建议修订的市场风险框架的资本影响进行第二次评估。巴塞尔委员会利用2014年12月31日的数据进行了交易账簿定量影响的研究，以便更好地了解资本影响和实施动态。

2016年1月，巴塞尔委员会发布了《市场风险最低资本要求》，对交易账簿和银行账簿之间的界限进行了改进。巴塞尔委员会试图建立一个更加客观的界限，以减少银行账簿和交易账簿之间套利的动机。修订后的边界划分保留了交易账簿与银行通常以交易为目的持有票据的账户之间的联系。为使监管者对两个账户中所列工具种类达成共识，巴塞尔委员会提供了哪些工具必须在或者必须排除在交易账簿中使用，以及假定哪些工具将会在交易账簿中使用的指南。如果一种工具被认为是不正确的指定，监管者可将交易账簿改为银行账簿，反之亦然。目前，对于信贷、股票和利率的风险转移，内部风险从银行账簿转移到交易账簿的处理是明确的，但从交易账簿转移到银行账簿并没有在框架内得到确认。

2018年3月，巴塞尔委员会发布了《市场风险最低资本要求的修订文件》，对结构性外汇头寸（对冲银行资本比率、不需要计提外汇风险资本的头寸）标准进行了修订，允许银行根据投资产生的外汇风险而不是投资金额本身来衡量可能不受市场风险资本要求约束的结构性外汇头寸数量。

（四）最终版市场风险监管框架的实施

2019年1月，巴塞尔委员会发布最终版《市场风险最低资本要求》，取代了2016年1月发布的版本。最终版的市场风险标准与前一版本相比有系统性的修订，旨在解决2016年版市场风险计量方法过于复杂、银行账簿和交易账簿划分界限不够明晰的问题。

1. 银行账簿与交易账簿的划分。“交易账簿”的概念在巴塞尔协议中最早于1996年提出，经过几番修订后巴塞尔委员会在2019年发布的最终版《市场风险最低资本要求》中对交易账簿和银行账簿的定义作了明确区分。一是明确了交易账簿的定义。具体指出于交易目的或用于对冲交易账簿风险所持有的可自由交易的金融工具或商品头寸，计入交易账簿的金融工具交易时不得有任何限制条款，或能完全对冲其交易风险。此外，交易账簿的头寸也能随时进行准确的估值并进行投资组合管理，且商业银行必须每日对划入交易账簿的金融工具进行估值，并在利润表（P&L）中记录相应变动。二是明确了哪些金融工具应划入交易账簿。对于商业银行而言，可计入交易账簿的包括以交易为目的的金融工具（金融资产、金融负债和权益类工具）、外汇工具及可供出售或对冲风险的商品头寸。具体而言，当银行为下列一项或多项目的而持有的金融工具，需在首次记账时划入交易账簿：

（1）短期内买入转售；

（2）从短期价格变动中获利；

（3）锁定套利收益；

（4）对冲上述三类交易的风险。

因此，对于关联交易组合工具、银行账簿中的净短期债权或股权头寸、包销承诺等，除非银行能提供非交易为目的而持有的证明并经监管机构批准，否则均应纳入交易账簿管理。除此之外，所有非交易目的而持有的金融工具，全部纳入银行账簿管理。一般而言，以下工具如无特殊情况，应纳入银行账簿管理：

（1）未上市股票；

（2）资产证券化资产池中的标的资产；

（3）房地产或房地产衍生品；

（4）零售和中小企业信贷；

（5）投资基金；

（6）对冲基金；

（7）以上述金融工具为基础资产的衍生品和基金或为对冲上述金融工具头寸的特定风险而持有的金融工具。

对交易账簿和银行账簿金融工具作出上述划分后，巴塞尔委员会严格限制了金融工具在交易账簿和银行账簿之间互相转换的行为。对于内部风险转移[①]，由交易账簿向银行账簿转移的内部风险，无须在监管资本计提时作调整，而由银行账簿向交易账簿转移的内部风险需根据相关的金融工具在计提监管资本时作出特殊处理。

2. 市场风险计量新框架。

一是引入“交通灯”评估法。由于需要对使用内部模型法（IMA）的银行进行损益归属（Profit and Loss Attribution, PLA）测试，最终版修订引入了市场风险资本要求的“交通灯”方法。PLA测试的结果从以前二元的“通过”或“失败”变为带有中间值“黄灯”的三层“交通灯”方法。具体而言，亮“绿灯”的银行被视为通过了PLA测试，可以使用IMA。亮“黄灯”的银行可继续使用IMA，但需要承担额外的资本要求。亮“红灯”的银行未通过PLA测试，不允许使用IMA，而必须使用标准法（SA）来确定其市场风险的资本要求。

二是引入简化的标准法（SSA）作为计算市场风险资本要求的替代方法。对于拥有相对较小或不复杂业务构成的银行，SSA作为市场风险标准化方法的重新校准版本，可在监管当局批准后用于代替“完整的”标准法。

① 内部风险转移指银行账簿、交易账簿、银行与交易账簿之间的风险转移。

三、巴塞尔Ⅲ市场风险的计量方法

（一）市场风险计量方法的最新修订进展

随着金融市场的发展和交易业务的愈加复杂，银行需要更加全面和敏感的方法捕捉并处理各类风险，同时，巴塞尔委员会也没有停止对市场风险计量方法的反思和研究。

2016年1月，巴塞尔委员会发布了《市场风险最低资本要求》。该文件修订了市场风险最低资本要求的标准。主要包括以下几项关键的改进:

第一，修订内部模型法（IMA）。新的内部模型法引入了一种更为严格的模型审批流程，使监管机构能够删除单个交易部门的内部建模许可，能更一致地识别银行重大风险因素，并限制对冲和多样化的资本减少效应。

第二，修订标准化方法（SA）。从根本上改革了以往的标准化计量方法，使其对风险有足够的敏感性，从而成为一种可靠的备选机制，同时为内部模型法计量风险资本提供了资本要求底线，也为不需要对市场风险进行复杂处理的银行提供了相应标准。

第三，从风险价值（VaR）模型向预期风险损失（ES）模型的转变。使用ES将有助于确保在重大金融市场压力期间能更谨慎地捕捉“尾部风险”和提高资本充足率。

第四，合并市场流动性不足的风险。把标准化方法（SA）和内部模型法（IMA）纳入不同的流动性范围，以减轻市场突然出现流动性严重不足的风险。在新的框架下，修改了VaR下交易工具的10天静态期限。

2017年6月，为促进大型国际活跃银行以外的其他银行采用2016年1月委员会发布的《市场风险最低资本要求》标准，巴塞尔委员会发布了《市场风险资本要求标准化方法的简化替代法》，主要对敏感性分析方法进行了简化。相对于《市场风险最低资本要求》中规定的敏感性分析方法，简化方案中具有明显变化的内容如下：

第一，取消Vega和 Curvature风险的资本要求；

第二，简化基础风险计算；

第三，减少风险因素的观测时间间隔，以及相关场景在关联计算中的应用。

2017年12月，巴塞尔委员会发布的《巴塞尔Ⅲ：后危机改革的最终方案》在权衡利弊的基础上，形成了资本底线要求的折中方案。一是以巴塞尔Ⅲ框架下的新标准法作为计算资本要求底线的基准；二是将底线设定为72.5%，这意味着内模法降低资本的幅度不能超过27.5%；三是该底线是永久性的，银行一直受此底线的约束。

为解决在监测市场风险标准实施过程中发现的一些问题，巴塞尔委员会于2018年3月发布了《市场风险最低资本要求的修订文件》，并于2019年1月发布最终版《市场风险最低资本要求》，对原标准提出了若干修改意见，明确了标准法下市场风险资本计量由三部分组成：敏感性资本、违约风险资本（DRC）和剩余风险附加（RRAO）。其中敏感性资本由Delta、Vega和 Curvature三个风险测度指标组成，违约风险资本旨在捕捉“跳变违约”（Jump-to-default，JTD）风险，剩余风险附加则要求底层资产是“奇异资产”[①]（Exotic assets），以及其他所有承担剩余风险的金融工具都要分别计算剩余风险。重新校准了一般利率风险、股票风险和外汇风险在标准化方法下的风险权重，在整体模型设计上覆盖的风险更为广泛且更具风险敏感性。对于内部模型法则从审批流程、模型验证标准、压力测试等方面进行了细化和修订，以确定银行内部风险管理模型能否有效反映个别交易柜台的风险，并说明了受市场风险资本要求影响的风险敞口范围。

（二）内部模型法计量体系

在之前提出的内部模型法计量体系改进方案中，巴塞尔委员会为全面、对称地覆盖市场可能发生的各种风险情况，根据市场风险框架的意见反馈，发布了整合后的内部模型法计量评估框架。该评估流程可识别并覆盖所有重大风险因素，并对银行交易日常风险作出一般处置。同时，该评估框架设立重大风险防火墙，通过实证检验和模拟测算在压力时期有效防御系统性重大风险的发生和蔓延。2016年1月，巴塞尔委员会发布了《市场风险最低资本要求》，对原内部模型法作了一系列改进：第一，提高使用模型的审批要求，包括引入损益归因（PLA）测试，交易柜台必须持续通过该测试才能符合内部模型法（IMA）要求；第二，用更一致和全面的方法来衡量风险，包括引入针对不可建模风险因素的不同资本要求（NMRFs）。另外，比较了交易柜台每日损益的两项测量指标的历史时间序列：HPL和RTPL。图8所示为新内部模型法（IMA）的流程和政策设计。整体上被批准使用内部模型法的银行，IMA总资本要求等于ES模型计算汇总的资本要求、违约风险资本要求（DRC）和压力情景下不可建模风险因素计算的附加资本（SES）的总和。

① 奇异资产风险暴露：如长寿风险、气候、巨灾等相关的风险暴露。

1. 内部模型法审批流程。

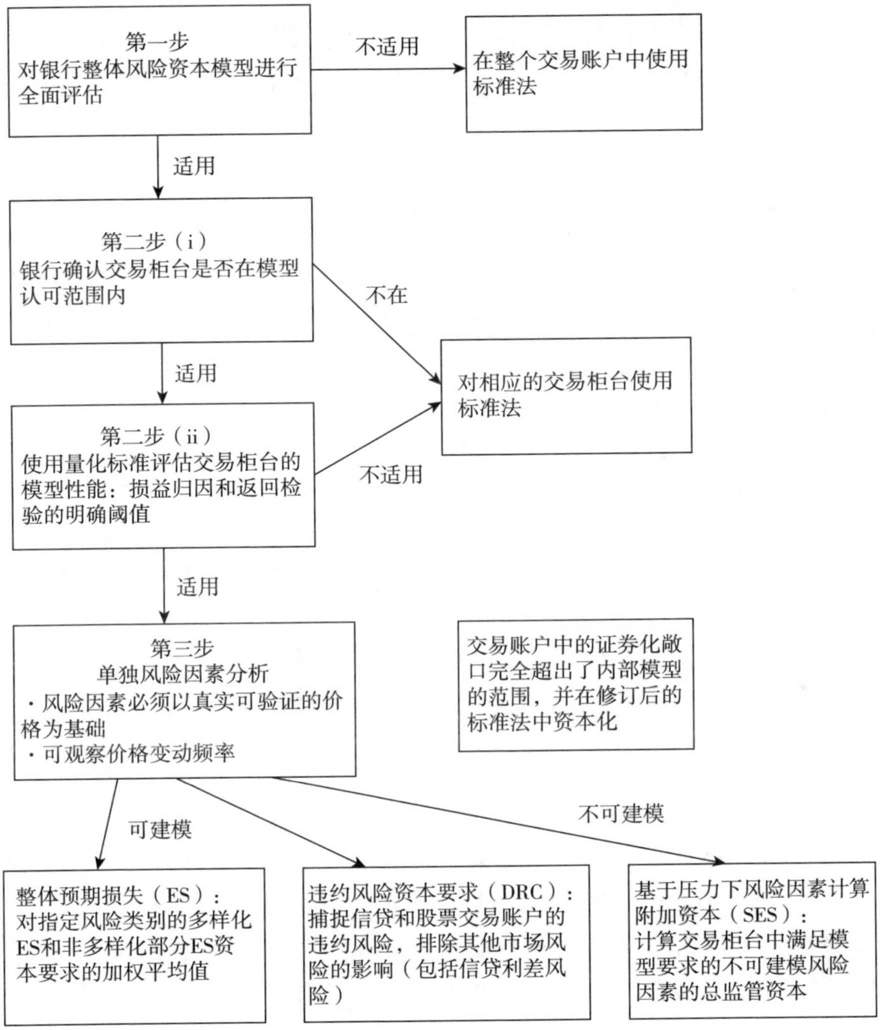

图8　市场风险内部模型法审批流程

第一步，对银行整体风险资本模型进行全面评估，侧重于对银行内部模型和组织结构的整体评估，如是否定期开展压力测试、是否对风险敞口进行评估和验证等，大致相当于现行的模型审批过程。若未能通过评估则对整个交易账簿使用标准法计算资本要求。

第二步，在第一阶段［第二步（i）］，银行必须指定哪些交易柜台可以使用内部模型法，不能使用内部模型法的交易柜台将整合为一项资产组合而转为使用标准法计量。在第二阶段［第二步（ii）］，被纳入内部模型法计量的交易柜台将通过使用返回检验和损益归因方法来衡量是否满足资本要求和定量标准。P&L分析和返回检验的阈值共同确定交易柜台层面模型法的适用性，对于不符合要求的交易柜台使用标准法。损益归因分析是指用交易柜台中包含的满足建模要求并进行监管资本计提的所有风险头寸计算理论的P&L（Profit and Loss）值，并与银行实际的盯市P&L值相比较，判断交易柜台风险管理模型中的风险因素是否有效地捕捉了影响银行实际P&L值的驱动因素。巴塞尔委员会引入PLA测试，是为客观、定量地评估银行用于计算市场风险资本要求的模型是否恰当地衡量了与每个交易柜台相关的所有重大风险。如果某家银行的模型未能满足PLA测试的要求，交易柜台需要使用标准法计量资本要求。PLA测试是市场风险框架的一项重要创新，但委员会在日常监测过程中发现原来的方法存在问题，可能达不到预期目的。因此，巴塞尔委员会在2018年3月发布的《市场风险最低资本要求的修订文件》建议修改HPL和RTPL的定义，认为PLA测试应使用过去12个月收集的时间序列数据，并按季度计算。巴塞尔委员会建议采用一种经过修改的“交通灯”方法，以使交易柜台顺利过渡到标准法。这种红绿灯方案以三个“区域”为特色，交易柜台根据其PLA测试结果进行分类。通过PLA测试的交易柜台归入“绿区”，未通过PLA测试的交易柜台归入“红区”，且必须重新使用标准法计量。而位于“黄区”，则表明交易柜台不完全满足PLA测试要求，可采用内评法进行计量，但需要计提更高的资本。

第三步，单独风险因素分析。在确定合格的交易柜台之后，这一步将确定哪些风险因素在所确定的交易柜台内有资格被纳入银行的内部监管模型用作资本监管。如果银行能够获得可用的交易价格并满足真实性的要求，则可判断该风险因素适用ES模型法计量。如果不满足要求，则依据监管要求，在给定的压力情景下计算附加资本。在2016年1月修订后的市场风险监管框架中，巴塞尔委员会明确规定了价格具备真实性的条件：该价格为机构进行交易的价格；该价格是独立第三方实际交易的可验证价格；该价格来自公司报价。如果价格是从第三方获得且满足：（1）交易是通过供应商处理的；（2）卖方同意在特定情况下向主管单位提供交易证据。那么可以认为其价格是真实的。另外，可建模风险因素一年至少要有24次观察值，连续交易的观测间隔不超过一个月。

2. ES资本要求计量。巴塞尔委员会2016年1月发布的《市场风险最低资本要求》提出从风险价值模型（VaR）向预期损失法（ES）转变。使用预期损失法（ES）将有助于确保在重大金融市场风险压力期间更谨慎地捕捉“尾部风险”和提高资本充足率。预期损失法（ES）规定银行每天必须以资本监管为目的的内部模型为基础且根据交易柜台进行计算。因此，银行希望将以资本监管为目的的内部模型纳入计算范围。在计算预期损失时，将使用97.5%的单尾置信度。

流动性水平的预期损失必须以10个交易日为基础计算，计算公式如下：

$$ES = \sqrt{(ES_T(P))^2 + \sum_{j\geqslant 2}\left\{ES_T(P,j)\sqrt{\frac{(LH_j - LH_j - 1)}{T}}\right\}^2}$$

式中，ES是流动性监管调整后的预期损失；t是基准长度（10天）；ES_T（P）是指投资组合在T水平上的预期损失，其头寸$P=$（P_i）对应于P头寸所面临的所有风险因素；ES_T（P，j）是指在风险因素Q（P_i，j）的子集中的每个坐标P_i与所有其他风险因素有关的坐标$P=$（P_i）的期望t的组合；LH_j是流动性水平。

进一步，巴塞尔委员会对ES进行压力期校准。基于近12个月内的交易数据，通过挑选主要风险因子和全量风险因子进行比较建模，其中主要风险因子得出的ES值需至少反映通过全量风险因子得出的ES值75%的变化，在此基础上：

$$ES = ES_{R,s} \times \frac{ES_{F,c}}{ES_{R,c}}$$

式中，$ES_{F,c}$表示用全量风险因子计算的预期损失，$ES_{R,c}$表示用主要风险因子计量的预期损失，$ES_{R,s}$表示历史压力情况下的预期损失。

内部模型资本要求（internally modelled capital charge，IMCC）：计算可建模风险因素的资本要求主要基于约束和非约束的预期损失要求的加权平均值，其公式为

$$IMCC = \rho[IMCC(C)] + (1-\rho)\left\{\sum_{i=1}^{R} IMCC(C_i)\right\}$$

$$IMCC(C) = ES_{R,S} \times \frac{ES_{F,C}}{ES_{R,C}}, IMCC(C_i) = ES_{R,S,i} \times \frac{ES_{F,C,i}}{ES_{R,C,i}}$$

式中，ρ值是分配给公司内部模型的相对权重，ρ值为0.5。

考虑到资本监管的目的，获批交易柜台（approved desks，C_A）的整体资本要求等于最近一次的观测值和过去60天增加乘数（m_c）后的加权平均值中的最大值：

$$C_A = \max\{IMCC_{t-1} + SES_{t-1}; mc \times IMCC_{avg} + SES_{avg}\}$$

式中，SES为具备内部模型资格的柜台中不可建模风险因素的资本监管要求水平；mc是银行资本要求乘数，反映了使用基于99%置信水平的日常VaR测度的返回检验对全面风险因素的测算结果。

3. DRC计量。违约风险是由于债务人违约而产生的直接损失风险，以及违约事件可能产生的间接损失风险。银行必须建立单独的VaR模型来衡量交易账簿头寸的违约风险。VaR值必须每周计算一次，并以一年、单尾99.9%的置信水平为基础。巴塞尔委员会规定，违约风险资本要求计量模型必须满足以下要求：第

一，模型中要包含主权风险敞口、股票头寸和违约债务头寸，对于股票头寸，建模时，发行人的违约必须作为股票价格降至零的因素；第二，模型要计算每个债务人的违约风险；第三，必须考虑到不同债务人多空敞口之间抵消违约风险的可能性；第四，违约风险资本要求计量模型必须考虑债务人之间违约相关性的影响；第五，该模型还要反映期权和其他头寸对违约的非线性影响；另外，巴塞尔委员会规定一家银行必须在一年的期限内，或者在指定的股权投资组合中的60个交易日内保持头寸不变。对于资本期限为一年的违约风险，模型必须考虑违约时间风险，以捕捉长短期相对不匹配的风险。

4. SES计量。对于不可建模的重大风险因素，其资本要求计算方法单独使用压力情景测试，按照ES对内部模型的校准方法进行风险校准，各个不可建模风险因素的资本要求加总后可得到不可建模风险因素的整体资本要求（SES）。2016年1月发布的《市场风险最低资本要求》提出，如果模型在过去12个月内至少有24个风险因素实际价格观测值，且任意两个观测值之间的间隔不超过一个月，那么巴塞尔委员会允许银行在内部模型中包含风险因素。巴塞尔委员会将这一要求称为风险因素合格性测试（Risk factor eligibility test，RFET），如果给定的风险因素不满足RFET，则将其归类为不可建模风险因素（Non-modellable risk factors，NMRF），将被排除在预期损失（ES）模型之外，并在压力情景下计算资本要求。

在2018年3月发布的文件中，巴塞尔委员会指出，银行会使用许多不同类型的模型来计算交易头寸带来的风险，不同模型的数据要求可能不同。对于任何给定的模型，银行可以使用不同的数据源或数据类型来表示模型的风险因素，但银行不能仅仅依靠观察数据的数量来判断一个风险因素是否可以模型化。因此，巴塞尔委员会规定银行在模型中使用的数据必须遵循以下规则，以确定通过RFET的风险因素是选择ES模型，还是应该按NMRF建模计算资本要求。规则如下：第一，使用的数据应包含可建模风险因素组合；第二，使用的数据必须允许模型同时承担特殊和一般市场风险；第三，使用的数据必须允许模型反映风险头寸的波动性和相关性；第四，使用的数据必须反映观察到的价格或市场报价；第五，使用的数据必须以足够的频率更新；第六，用于确定ES模型的数据必须在压力期间反映市场价格；第七，代理的使用必须受到限制，并且代理必须与它们所代表的事务具有足够相似的特性。

另外，根据2016年1月的标准要求，不可建模风险因素是在压力情景下使用每种类型NMRF计算资本要求；2019年1月，巴塞尔委员会最新规定，对于与特殊信用利差风险相关的NMRFs，允许银行使用单一压力情景计算资本要求。具体的通过分别计算特定信用利差风险因子、特定股权风险因子以及其他不可建模风险因子平方和的平方根，直接加总得出总的不可建模风险因子资本：

$$SES = \sqrt{\sum_{i=1}^{I} ISES_{NM,i}^2} + \sqrt{\sum_{j=1}^{J} ISES_{NM,i}^2} + \sqrt{\left(\rho \times \sum_{k=1}^{K} SES_{NM,k}\right)^2 + (1-\rho^2) \times \sum_{k=1}^{K} SES_{NM,k}^2}$$

式中，$ISES_{NM,i}$是特殊信用价差不可建模风险因素i在压力情景下的资本要求；$ISES_{NM,j}$是特定股权风险因子不可建模风险因素j在压力情景下的资本要求；$SES_{NM,k}$是不可建模风险因素k在压力情景下的资本要求，ρ的取值为0.6。

5. 内部模型法下市场风险总资本要求。2018年3月，巴塞尔委员会发布的《市场风险最低资本要求的修订》给出了内部模型法计算市场风险总资本要求（ACC）的方法。ACC等于符合条件的交易柜台的总资本要求（C_A+DRC），加上不可建模交易柜台的风险资本要求，再加上PLA测试下的附加资本要求。其计算公式为

$$ACC = C_A + DRC + C_U + Capital\ surcharge$$

式中，C_A是获批交易柜台的整体资本要求；DRC是对可能出现违约风险的可建模风险头寸的额外监管资本要求；C_U为不可建模交易柜台的风险资本要求；*Capital surcharge*为PLA测试下附加资本要求，其计算公式为

$$Capital\ surcharge = k \cdot \max\{0, SA_{G,A} - IMA_{G,A}\}$$

（三）标准法计量体系

考虑到以前的标准法计量体系存在若干问题，巴塞尔委员会分别于2016年1月、2017年6月和2018年3月发布了《市场风险最低资本要求》《市场风险资本要求标准化方法的简化替代法》和《市场风险最低资本要求的修订文件》一系列文件，对标准法计量体系提出了彻底改革。

第一，在标准法和内部模型法下，假定某些特定货币对具有足够的流动性，以保证较低的相关资本要求。然而这两种方法都没有认识到，将两种流动性货币对组合在一起，就有可能创造出一种新的三角组合。由于这种组合是两种流动性工具组合的结果，也具有流动性，因此，巴塞尔委员会允许银行将当前流动性外汇货币对列表中的两种货币对组合在一起，并认为由此产生的新的外汇货币对具有流动性。

第二，2016年1月的标准法要求银行对每一类风险的资本要求进行三次计算：（1）按照标准法中规定的相关假设（“中等相关性”场景）计算，（2）按相关系数提高25%（“高相关性”场景）计算，（3）按相关系数降低25%（“低相关性”场景）计算。每种风险类别的资本要求在每个场景中分别计算，总资本要求由三个场景中的最高结果决定，并在整个交易账簿组合中进行

汇总。对于观察到的风险因素在所有市场条件下始终高度相关的情况，巴塞尔委员会指出“低相关性”场景可能使标准法计算的结果过于保守。因此，2019年发布的文件中，巴塞尔委员会提出，在“低相关性”场景中，把相关参数ρ_{kl}和γ_{bc}修订为

$$\rho_{kl}^{low} = \max(2 \times \rho_{kl} - 100\%; 75\% \times \rho_{kl})$$
$$\gamma_{bc}^{low} = \max(2 \times \gamma_{bc} - 100\%; 75\% \times \gamma_{bc})$$

第三，敏感性分析法中，在测度风险因素的风险敏感度时，要考虑每一类资产的相应风险权重。2016年1月发布的《市场风险最低资本要求》，要求必须通过Delta、Vega及Curvature三个风险计量方法来进行计算风险资本，针对不同的计量方法，规定了不同的风险权重。巴塞尔委员会在监测《市场风险最低资本要求》对银行产生的影响的过程中发现资本影响与最初预期不符。巴塞尔委员会认为有必要在标准法中降低风险权重，使市场风险资本要求更接近最初预期水平。因此，根据截至2018年3月所获得的相关数据，巴塞尔委员会建议将一般利率风险类别的风险权重降低20%~40%，股票和外汇风险类别降低25%~50%。而对信用利差和商品风险类别的风险权重暂不作具体修改。

新的市场风险标准法资本要求由三个部分组成：基于敏感性方法下的风险资本要求、违约风险资本要求和剩余附加风险资本要求，如图9所示。

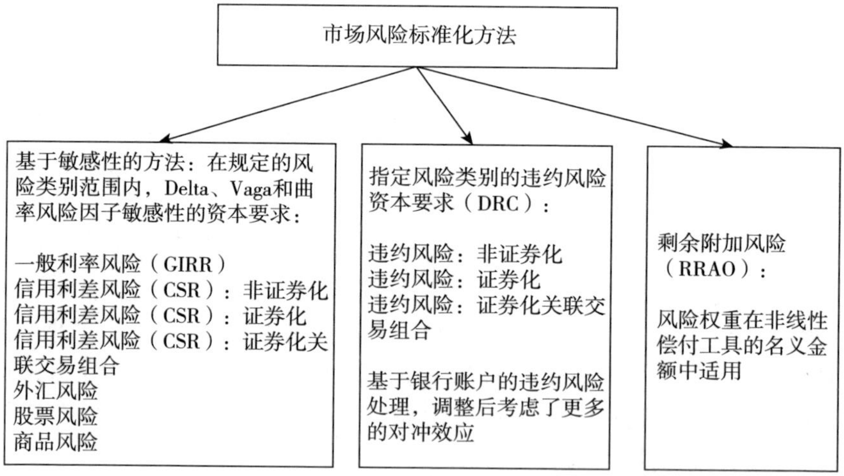

图9 市场风险标准法体系

敏感性分析方法建立在以前的市场风险标准法基础上，允许在风险等级和某些工具的风险处理中使用敏感性分析。基于敏感性分析方法需要扩大对标准法的敏感性。巴塞尔委员会认为，这种基于敏感性的方法提供了一个一致的、

风险敏感的框架，在不同银行中都适用。

标准法下的违约风险资本要求（DRC）是在银行账簿中对信用风险进行校准，以此减少银行账簿和交易账簿中的潜在差异。与基于敏感性的方法一样，违约风险资本要求允许有限的对冲识别。

引入剩余附加风险，以捕捉基于敏感性方法和默认风险资本要求中已经包含的主要风险因素以外的其他风险。它提供了一种简单而保守的资本处理方法，使得巴塞尔委员会在市场风险标准法下可以避免制定详细标准，从而限制过度的冒险行为和监管套利。

1. 敏感性分析方法（SbM）。2016年1月，巴塞尔委员会发布的《市场风险最低资本要求》提出，基于敏感性分析方法下的风险资本要求必须通过Delta、Vega及Curvature三个风险计量方法来进行计算。其中，Delta法是一种基于银行交易账簿对Delta风险因素敏感性监管的风险度量法；Vega法是一种基于对Vega风险因素敏感性监管的风险度量法；Curvature法是一种主要捕捉期权价值中价格变动的风险度量法。基于敏感性分析方法定义了七种风险类别：一般利率风险（GIRR）、信贷利差风险（非证券化）、信贷利差风险［证券化（非关联交易组合）］、信贷利差风险［证券化（关联交易组合）］、外汇风险、股票风险及商品风险。分析方法如下：

（1）Delta和Vega风险的计量采用所有相关风险因素加总的方法。对风险因素k的净风险敏感度的测算公式为

$$WS_K = RW_k S_k \text{（}RW_k\text{为每一类资产的相应风险加权）}$$

对单一风险因素的敏感度分析进行加总后得到适用于风险篮的资本要求计算公式：

$$K_b = \sqrt{\sum_k WS_k^2 + \sum_k \sum_{k \neq l} \rho_{kl} WS_k WS_l}$$

加总后进一步可得到不同资产类型下的风险篮的资本要求计算公式：

$$Delta(respectively\ Vega) = \sqrt{\sum_b K_b^2 + \sum_b \sum_{c \neq b} \gamma_{bc} S_b S_c}$$

（2）Curvature风险资本要求由一组给定风险因素条件下的压力情景组成。Curvature风险因素k的风险资本要求测度公式为

$$CVR_k^+ = -\left[\sum_i V_i(x_k^{RW(Curvature)+}) - V_i(X_k) - RW_k^{Curvature} \times S_{ik}\right]$$

$$CVR_k^- = -\left[\sum_i V_i(x_k^{RW_k(Curvature)-}) - V_i(X_k) + RW_k^{Curvature} \times S_{ik}\right]$$

Curvature风险资本要求须在每个风险篮内进行加总，其计算公式为

$$K_b^+ = \sqrt{\max[0, \sum_k \max(CVR_k^+, 0)^2 + \sum_{l \neq k} \sum_k \rho_{kl} CVR_k^+ CVR_l^+ \psi(CVR_k^+, CVR_l^+)]}$$

$$K_b^- = \sqrt{\max[0, \sum_k \max(CVR_k^-, 0)^2 + \sum_{l \neq k} \sum_k \rho_{kl} CVR_k^- CVR_l^- \psi(CVR_k^-, CVR_l^-)]}$$

加总后进一步可得不同资产类别下的风险篮的资本要求计算公式：

$$Curvature\ risk = \sqrt{\max[0, \sum_b K_b^2 + \sum_b \sum_{c \neq b} \gamma_{bc} S_b S_c \psi(S_b, S_c)]}$$

2. 降低的敏感性分析方法（R-SbM）。2017年6月，巴塞尔委员会发布了《市场风险资本要求标准化方法的简化替代法》，对敏感性分析方法进行了简化，取消了Vega和 Curvature风险的资本要求，以及简化了基础风险计算，规定Delta风险通过以下步骤进行计算：

第一步，找到每个风险因素k的净敏感性S_k;

第二步，通过相应的风险权重RW_k加权每个风险因子k的净敏感性S_k，以计算加权灵敏度WS_k;

$$WS_K = RW_k S_k$$

第三步，对风险因素的敏感度分析进行加总后得到适用于风险篮的资本要求计算公式：

$$K_b = \sqrt{\sum_k WS_k^2 + \sum_k \sum_{k \neq l} \rho_{kl} WS_k WS_l}$$

第四步，风险要求应该在不同风险类型下的风险篮中进行加总，其计算公式：

$$Delta = \sqrt{\left| \sum_b K_b^2 + \sum_b \sum_{c \neq b} \gamma_{bc} S_b S_c \right|}$$

在风险篮b中：

$$S_b = \sum_k WS_K$$

在风险篮c中：

$$S_c = \sum_k WS_k$$

3. 违约风险分析。违约风险资本要求的目的是捕捉突发性违约风险，计量方法包括以下几个步骤：第一步，确定每种突发性违约风险的损失金额；第二步，抵消同一债务人（在允许的情况下）长期和短期风险敞口的突发性风险数额，在不同的承付人中产生净多头和净空头风险头寸；第三步，净空头敞口按套期保值收益比率贴现；第四步，采用违约风险权重计算资本要求。

违约风险资本要求分析方法定义了三个风险类别：信贷利差风险（非证券化）、信贷利差风险［证券化（非关联交易组合）］、信贷利差风险［证券化

（关联交易组合）]。非证券化和证券化的违约风险资本要求独立于市场风险标准法中的其他资本要求，尤其是独立于信贷利差风险（CSR）资本要求。

对于关联交易组合（CTP），包括证券化敞口和非证券化套期保值的违约风险资本要求。这些套期保值将从违约风险非证券化计算中扣除，因为在非证券化违约风险资本要求、证券化（非关联交易组合）违约风险资本要求和证券化（关联交易组合）之间不能多方受益。

4. 简化替代法计算总资本要求。2018年3月发布的《市场风险最低资本要求的修订文件》，对如何简化计算市场风险资本要求作了说明，巴塞尔委员会提出市场风险总资本要求由经重新调整的利率风险、股票风险、外汇风险和商品风险资本要求加总计算，其公式为

$$Capital\ requirement = CR_{IRR} \times SF_{IRR} + CR_{EQ} \times SF_{EQ} + CR_{FX} \times SF_{FX} + CR_{COMM} \times SF_{COMM}$$

式中，CR_{IRR}对应利率风险资本要求，SF_{IRR}取值范围为[1.50, 2.00]；CR_{EQ}对应股票风险资本要求，SF_{EQ}取值范围为[3.00, 3.50]；CR_{FX}对应外汇风险资本要求，SF_{FX}取值范围为[1.50, 2.50]；CR_{COMM}对应商品风险资本要求，SF_{COMM}取值范围为[1.25, 1.50]。

四、市场风险监管框架在中国的实施

最终版的《市场风险最低资本要求》将于2023年1月正式实施，各成员国的实施进度存在差异性，巴塞尔委员会于2022年9月对各国的实施进展进行了最新的一轮评估，超半数成员国已经拟订了实施草案，加拿大、日本、沙特阿拉伯三国已经出台了正式的实施文件，日本、沙特阿拉伯将分别于2023年4月和2023年1月开始正式实行，加拿大预计于2024年第一季度开始实行，巴西和欧盟国家则实施了部分监管法规。长期以来，中国商业银行的业务主要集中在存贷款等传统业务上，如何控制好贷款业务的信用风险成为商业银行风险管理的核心。由于中国利率、汇率等市场波动因素长期以来受到政府的严格管制，导致多数商业银行忽视市场风险的影响。随着中国金融开放程度的加大，以及市场化改革的推进，借鉴巴塞尔协议、重视市场风险的控制、提升商业银行全面风险管理水平已经成为监管部门及银行自身关注的重点。中国商业银行市场风险监管框架的建立发展过程可分为以下三个阶段。

第一个阶段：中国商业银行市场风险审慎监管框架的初步形成。2004年原中国银监会先后发布了《商业银行资本充足率管理办法》和《商业银行市场风险管理指引》。2007年2月，原中国银监会印发了《中国银行业实施新资本协议指导意见》的通知，标志着中国银行业正式开始实施巴塞尔协议，并在同年对《商业银行资本充足率管理办法》进行了修订。《商业银行资本充足率管理办

法》明确要求交易账簿总头寸高于表内外总资产10%或超过85亿元人民币的商业银行对市场风险计提相应的监管资本，规定商业银行可以使用标准法或在监管机构审批情况下使用内部模型法计量市场风险资本。同时，借鉴巴塞尔委员会的要求将市场风险细分为利率风险、股票风险、外汇风险、商品风险和期权风险，并根据每一类风险的价格、持有期限、利差等因素设置不同的档次，并设定相应的资本要求系数计提风险资本。《商业银行市场风险管理指引》对商业银行建立市场风险监管体系作出了一系列基本要求和指导性建议，分别从董事会和高级管理层的有效监控，市场风险管理政策和程序，市场风险的识别、计量、监测和控制，市场风险资本要求，内部控制与外部审计五个方面提出了市场风险管理要求。至此，中国商业银行市场风险资本监管框架初步形成，但监管框架对于内部模型法的具体实施还没有制定明确的规定。

第二个阶段：内部模型法计量市场风险资本的基本标准。2010年原中国银监会在初步监管框架的基础上，发布了《商业银行市场风险资本计量内部模型法监管指引》（以下简称《监管指引》），全面反映了2009年巴塞尔市场风险监管框架修订中的新变化，分别从定性要求和定量标准两个方面对商业银行使用VaR模型法进行市场风险资本计量作出指导，明确了商业银行使用内部模型法计量市场风险资本时应该达到的基本标准以及监管要求。《监管指引》规定，商业银行至少每个交易日计算一次持有期为10天、99%单尾置信度的正常风险价值VaR，并至少每周计算压力风险价值SVaR，必须确保用于模型计算的数据的可靠性，并至少每月更新一次数据集。同时要求使用内部模型法计量市场风险的商业银行定期实施相应的压力测试，并每日进行返回检验。《监管指引》明确规定了商业银行可以使用内部模型法计量利率风险和股票风险特定市场风险资本要求的标准，对于无法使用内部模型法覆盖交易账簿新增风险则应根据规定独立计算其额外资本要求。至此，中国市场风险监管框架下的市场风险模型法基本和巴塞尔资本协议框架下的市场风险模型法一致。

第三个阶段：中国商业银行市场风险监管框架的持续完善。2011年8月，原中国银监会借鉴并吸收巴塞尔Ⅱ和巴塞尔Ⅲ，并结合中国银行业的监管实际，制定了《商业银行资本管理办法（试行）》，并于2012年6月正式颁布，于2013年1月正式实施。《商业银行资本管理办法（试行）》进一步对市场风险标准法和内部模型法作出详细规定，明确提出商业银行可以采用标准法、内部模型法或组合采用内部模型法和标准法计量市场风险资本要求。采用内部模型法计量的资本要求不应低于其与按标准法计量的资本要求之和的50%。同时，标准法下特别针对承销业务和交易账簿信用衍生产品作出了规定，要求每日计提采用包销方式的承销业务市场风险资本要求，交易账簿信用衍生产品应转换为相关信用参考实体的本金头寸，并使用其当前市值计算利率风险的市场风险资本要求。内部模型法下，吸收了《商业银行市场风险资本计量内部模型法监管指引》中的大部分监管要求，并对特定风险和新增风险资本计提作出了更为详细的要求。另外，考虑到中国商业银行市场风险头寸较少，并且产品结构相对简单的实际情况，《商业银行资本管理办法》对于新增风险的处理并没有明确证券化产品和非证券化产品的区别，也并未涉及关联交易产品特定风险的处理。

虽然中国商业银行市场风险监管框架经历了一段时间的发展完善，但与发达国家相比，中国在商业银行市场风险监管方面总体处于起步阶段。首先，监管部门的基本思路还是借鉴巴塞尔协议鼓励商业银行审慎运用VaR法计量市场风险资本要求。其次，当前中国商业银行交易账簿规模普遍较小，银行账簿是以人民币贷款和债券投资为主，同时，中国金融市场还不成熟，缺乏对冲风险的金融工具，这些都制约着中国商业银行市场风险管理能力的提高。最后，商业银行市场风险管理的状况不一，总体来说大型商业银行市场风险管理状况较好，大部分中小银行市场风险管理水平尚待提高，而农村金融机构的市场风险管理更是尚处于萌芽阶段，甚至有的银行没有把市场风险纳入统一的风险管理口径。总之，中国商业银行市场风险监管框架的实施距离巴塞尔委员会关于市场风险资本监管的规定还有很长一段路要走。随着中国利率市场化改革的基本完成和汇率形成机制的进一步完善，这对中国商业银行的市场风险管理能力提出了新的要求。因此，中国的监管机构和商业银行应将市场风险管理作为重点，从以下几点对市场风险监管框架进行改革和完善。第一，监管机构需要保持监管的前瞻性，积极跟踪研究巴塞尔委员会关于市场风险监管度量的最新动态，主动参与到国际监管政策的制定中来；第二，监管机构要引导商业银行研究学习巴塞尔协议下市场风险监管度量标准，以新的监管规则为契机，选择合适的市场风险计量模型，准确计量市场风险，充分计提监管资本，有效抵御市场风险的冲击；第三，在国内实施新的监管标准时要充分考虑国内金融市场的特殊性以及国内银行市场风险管理的实际情况，循序渐进；第四，商业银行要主动进行市场风险管理，建立完备的市场风险监管体系，在借鉴学习的基础上，推进自身市场风险管理水平的提升；第五，鼓励国内的具有数据及技术基础的大型商业银行持续探索市场风险管理方法，完善具体落地细节，为中小型银行输出落地实施经验。

第七节 巴塞尔Ⅲ介入风险的识别与管理

2008年国际金融危机期间，银行采用证券化通道、结构性投资工具和货币市场基金（MMFs）等工具为与它们关系不甚紧密的企业提供信贷或流动性支持。尽管银行既没有所有权利益的驱使，也不受任何合同义务的约束，但仍然倾向于在财务困境时支持某些影子银行机构，不让它们面临名誉损失或破产。金融危机之后，针对银行对未合并企业的介入行为可能导致的风险，巴塞尔委员会制定了许多有助于解决介入风险的政策。在识别介入风险议题上，巴塞尔委员会的规制改革分别从资本要求、流动性要求、第二支柱下的风险管理和压力测试、会计改革、地方性规定方面作出了回应。尽管这些举措总体上降低了银行介入提供金融支持的可能性，但这种介入风险仍然存在并具有特殊性，故需要一种结构化的方法来处理它。所以巴塞尔委员会提供了结构性的指导方针，允许银行对每一种情况进行一次性评估，主管部门对此类评估进行监督评估。结构性指导方针主要包括银行风险自我评估，并向监管部门汇报；然后监管部门作出回应。

一、介入风险的定义与范围

（一）介入风险

"介入风险"是指在没有或超过任何合同义务的情况下，银行决定为面临资金压力的未合并企业提供财务支持[①]。介入风险可能是银行为避免声誉风险，给面临资金压力企业提供财务支持而产生的风险。例如，金融危机期间一家银行可能会有超越合同义务或股权关系的激励机制，以"介入"来支持与之相关的未合并企业。

2009年，巴塞尔委员会定义声誉风险[②]为"风险来自一部分客户、交易对手、股东、投资者、债权人、市场分析师、其他有关各方或监管机构对银行的负面看法，这些看法能够负面影响银行维持现有能力，或建立新的业务关系，

① 如果银行有义务支持某一经济单位，这一承诺应已根据现有框架进行审慎考虑。银行向第三方提供的合同承诺受到资本和流动性的指控。

② 详见BCBS, *Enhancements to the Basel II framework*, July 2009, paragraph 47.

继续获得资金来源（如通过同业银行或证券市场）”。照此来说，介入风险是声誉风险的一个可能结果。[①]当一家银行认为它可能会受到某一企业单位衰落或破产的负面影响时，它就会得出这样的结论：在其他条件不变时，通过介入提供金融支持，将最大限度减少这种负面影响。因此，介入风险就产生了。

如果介入风险与声誉风险有关，则与操作风险截然不同。操作风险在巴塞尔协议框架内被单独考虑，操作风险被定义为由于内部过程、人员和系统或外部事件的不充分或失败而导致的损失风险，包括法律风险，但不包括战略和声誉风险。[②]

（二）企业审查评估范围

银行可能对某些企业提供金融支持而导致介入风险，为防范介入风险，对相关企业需进行评估审查。初始受审查的企业，包含未合并的企业和与银行具有某种特殊关系的企业。

1. 未合并企业。根据巴塞尔协议框架[③]，所有银行和相关的金融企业，都符合监管标准或触发整合的门槛，属于监管整合的范围。但未合并企业不在监管整合范围内。监管整合的范围可能与会计整合的范围不同，会计整合的范围包括根据相关会计框架合并的所有企业，并反映在集团的合并财务报表中。从会计的角度来看，目前的合并是基于相关会计准则所定义的“控制”概念。会计和监管范围可能有两个方面的差异：（1）包含在两个范围内的各种类型的企业不同；（2）整合需要的方法不同。除非另有说明，包括在会计合并范围内，但被排除在监管合并范围之外的企业应接受评估。银行集团基于会计目的通过使用股权方法或比例合并法合并的所有企业，都将接受一次介入风险审查。例如，在银行的资产负债表中，通过股权方法或比例合并的合资企业，不被认为是合并的，应该被评估。

2. 应接受识别和评估的企业。金融稳定委员会将影子银行系统描述为“在常规银行系统之外涉及企业和活动（完全或部分）的信用中介”。然而，对于介入风险可能涉及的各种企业既没有一般的定义，也没有完整的企业列表。巴塞尔委员会关注的是导致介入风险的情景，而不是试图提供一个应该被考虑的企业类别的定义。

因此，没有指定应该接受识别和评估的企业类型列表，但至少银行将被审

① 详见BCBS, *Basel II: International Convergence of Capital Measurement and Capital Standards: A Revised Framework – Comprehensive Version*, June 2006, paragraph 742.

② 详见BCBS, *Principles for the Sound Management of Operational Risk*, June 2011.

③ 详见BCBS, Basel II: International Convergence of Capital Measurement and Capital Standards: A Revised Framework – Comprehensive Version, June 2006, ibid, paragraph 20–39.

查证券化工具、投资基金和其他企业。金融稳定委员会列出应接受识别和评估的企业类型如表46所示。

表46 金融稳定委员会列出应接受识别和评估的企业类型

企业类型	具体例子
证券化工具	发行住房抵押贷款支持证券（RMBS）和商业按揭支持证券（CMBS）或其他资产（如信用卡、汽车贷款）的企业；发行担保债券的企业；发行债务抵押债券(CDOs)和抵押贷款（CLOs）的企业；发行选择权债券（TOBs）的企业；发行资产支持商业票据（ABCP）的企业；证券套利通道；结构性投资工具（SIVs）；再包装工具
投资基金	房地产投资信托基金；共同基金；货币市场基金（以及其他司法管辖区的等效共同基金）；交易所交易基金；对冲基金；私人股本基金
其他企业	财务公司；证券公司

资料来源：BIS，作者整理。

3. 与银行具有重要联系的企业。银行无须评估与它有关系的所有企业，而是评估存在一个或多个下列关系的企业：

（1）发起人/赞助商（Sponsor）[①]：银行赞助或建议企业，将其证券放入市场，或提供流动性和/或信用提升。

（2）债权或股权投资者：银行给企业提供债务或投资权益性工具。然而，银行应该排除一些常规业务，例如，向企业提供的批发贷款和做市商在交易账簿中持有的股票或可忽略的投资等关系。

（3）其他合同和非合同的参与：银行面临风险从企业资产中获得的股本回报率，或与其业绩相关的股票收益。

4. 其他特定的企业。保险公司，目前被排除在合并监管范围之外，在遭受特定的审慎处理时，不包括在被考虑的企业类型中。这种处理方法同样适用于受银行监管机构监管的银行业。

资产管理公司为避免监管而未被合并的相关资产，可能为银行带来介入风险。因此，这些都不应该被排除在识别过程之外。证券化企业受制于这一框架。当证券化资产满足对重大风险转移（SRT）识别的操作要求时，银行仍然需要评估与此类企业相关的介入风险，因为在特定情况下，非合同性的介入风险可能仍然存在。实际上，重大风险转移（SRT）标准关注的是信用风险转移，可能忽略了介入风险框架中考虑的其他风险因素。现有的符合基于风险资本要求

① 该定义详见BCBS, *Revisions to the securitization framework*, December 2014, paragraph 7，在本书中对其在介入风险中的应用范围进行了拓展。

的重大风险转移（SRT）标准和巴塞尔协议Ⅲ的杠杆比率衡量标准对证券化资产的审慎处理，不应被这一条款修改。

一般来说，非金融类商业企业可能被排除在介入风险分析之外。然而，银行提供关键业务服务的商业企业，不能立即被替代或不需要支付过高的费用时，应考虑到银行的复苏和解救计划。特别是，监管者应该至少要求银行是这些企业唯一的客户，并对银行具有重大银行风险的非金融业务。

如果考虑到一个企业的规模，介入支持它不会对银行的流动性和/或资本状况产生重大影响，则该企业可能被排除在介入风险分析之外。为达到这一目的，银行应该建立自己的内部政策，以确定审计的重要性，并接受监督检查。这种审计政策应该考虑银行介入支持企业对资金流动性和资本充足率的影响，以及不介入时更广泛的不利后果，在进行审计评价时，应与相似的企业进行综合对比。即使对于某个企业来说，介入风险似乎是微不足道的，但当考虑到对类似企业的“传染”风险时，介入风险可能是非常重要的。尽管被认为是不重要的企业，考虑介入风险的情况下，仍然应该向监管者进行总体汇报。[①]

国家监管辖区可能明确禁止银行介入支持某些企业。在这种情况下，银行不需要分析或报告与此类企业相关的介入风险。只有明确强制执行的法律或规定一般适用，这项法律明确禁止提供支持，可视为集体反驳。它的反驳效果只能被那些受到这些规则影响的企业所认可，如果有立法上的改变，那些基于排除法提供的规定就不再适用，则应在变更后立即实施介入风险指导方针。银行应在其政策和程序中指定因集体反驳而被排除在外的企业类型，并在监管请求中保留此类企业的列表。然而集体反驳而被排除在外的企业不需要定期向上级报告。合同法律或行业标准本身并不能具有集体反驳的资格，而禁令也不能根据银行的资本或流动性状况、计划流程或风险管理的方法而变化。

二、介入风险的识别

本节描述银行应识别企业是否实际上构成了包括与它们的流动性和/或资本状况相关的重大介入风险的指标。这些指标可能适合于纳入管理介入风险的银行政策和程序。为识别出对介入风险作出反应的企业，银行必须通过考虑这些指标来评估它们。在实行评估时，银行应该关注企业的目的和设计，特别是考虑到企业执行和管理的相关活动，关于这些活动的决策是怎样形成的，目前谁有能力去指导这些活动，银行与企业的关系（合同或其他），并有权按合约获得预期回报或者面临企业的风险。

---

① 详见附录1中模板1。

在前文中确定的最初被审核的企业应该根据下面列出的指标进行重新评估。这些指标不是按重要性排序的，也不应该被认为是详尽的；所有指标包括附加的或改编的都是必要的，尽管如此，还是有必要对特定结构进行适当的评估。一般来说，所有指标都需要综合考虑才能得出结论。然而，在某些情况下，仅一个指标就足以对介入风险进行识别。类似地，个别指标的例子和反例也应该是说明性的，而不是决定性的。

（一）银行对企业的支持程度

银行对企业的支持程度主要包括担保的性质和程度、银行对企业的影响程度、银行对企业的隐性支持。

担保的性质和程度指的是银行对某一企业担保的性质和程度。在其作为担保人的角色中，在下列情况下银行可能会面临较大程度的介入风险：（1）通过担保或其他信用增强，提供完整的担保支持[①]；（2）通过提供部分信用增强和流动性工具在决策过程中扮演角色。例如，银行是某个企业的完全的保荐人；银行向某个企业提供部分前期设施，致使银行在一定程度上是企业的一个决策者。

影响程度是指银行对企业施加影响的程度，它不是会计概念的同义词，只是会计整合的前提。对一个企业较大程度的影响可能意味着在资金紧张时更有动力介入。银行对企业施加影响，视情况不同，有正负两个方面的效应。（1）银行对企业施加影响的正效应。资本纽带<50%，权力对管理产生重大影响；资本纽带>50%，没有管理整合，没有资本关系，但有能力罢免和任命董事会成员。在SPEs（包括“控制”工具）的情况下，组织和财务关系的存在，有效地给银行带来转移大部分风险和/或获得企业活动的好处。（2）银行对企业施加影响的负效应。银行仅仅是一个代理，根据合同的授权进行决策，并且没有涉及企业的可变收益。这并不妨碍银行评估其他指标，因为其他指标可能表明介入风险的存在。

隐性支持考虑了银行是否提供了隐性担保，如投资者的预期回报，银行通过与其他类似企业相比较来评估投资者是否接受关于风险投资的较低回报率，这可能表明，投资者希望在资金紧张情境下，担保银行能够支持该企业。隐性支持还应考虑企业的信用评级，无论是由第三方评级机构还是银行内部评级机构评定，具体的企业评级程度取决于银行和/或母公司的信用评级。例如，在没

① 在大多数情况下，向结构化工具提供充分的信贷或流动性支持将导致会计整合。因此，将此类企业排除在监管整合之外是监管指导允许或要求此类处理的结果，如欧洲银行管理局（EBA）资本要求监管对重大风险转移证券化的第248条。

有考虑与银行关系的情况下，被赋予了更好评级的企业一直如此（企业的评级取决于银行或母公司的评级，其程度超过了合同的安排）。投资者接受的回报率，比企业资产的风险所表明的回报率要低得多。

相对于其所持有资产的风险而言，一个企业在初始阶段可能具有很高的杠杆率，通常是通过财产运营控制而不是传统的投票权。尽管这些企业已经在会计整合的要求下进行了评估，但这个指标的目的是强调这些企业比资本充足的企业更容易遭受介入风险。例如，根据美国公认会计准则，在IFRS和可变利益企业下的结构性工具，或在相关会计制度下类似的企业更容易产生介入风险。

（二）流动性压力

介入风险中考虑的一个关键因素是银行的流动性压力可能会增加和加剧。流动性压力或先发动力是指当面对赎回请求不可预期增加时（它们不能卖出足够的资产以满足赎回要求），获取流动性能力有限的企业将会影响到银行的流动性，因为它认为它必须提供介入支持。这将包括长期资产由短期负债（期限不匹配）提供资金的情况。其他条件不变，通过持有非无风险资产（非主权担保债券）进行到期转换的表外企业，增加了介入的可能性。持有大量现金储备或高质量流动性资产（HQLA）的企业，由于监管原因，将不太可能增加介入风险，因为它们在资金紧张时期增加的流动性需求已经被考虑，至少部分如此。

作为流动性问题的必然结果，当投资者先于其他人离开企业处于有利位置时，负债经营风险就会提高。当没有潜在的赎回障碍时，这种情况会更加严重。值得注意的是，这些企业的绩效依赖于一个非流动性指标，因此在流动性紧张时期企业的绩效更容易出现波动和大幅下跌（如新兴市场股票指数基金、公司债券基金和高收益债券基金）。例如，在金融危机期间，结构性投资工具（SIVs）尤其容易受到投资者的挤兑；基金可赎回固定净资产值（NAV）的基金可赎回；不行使任何形式的赎回惩罚的基金（如赎回费、波动价格）；资产和负债期限之间的严重错配。反例有：指数基金，被动投资基金[如交易所买卖基金（ETFs）]，有浮动/可变的NAVs的基金（如开放式共同基金），有大量赎回成本的基金，或强加赎回门槛的法律能力，直通证券化，单独管理基金/隔离基金（只有一个合法客户的基金）。

（三）信息披露

信息披露主要包括投资者的风险透明度和企业会计信息的披露程度。

投资者的风险透明度是指一个企业的透明度程度，以及在多大程度上投资者被提供了详细的信息，使他们能够理解并评估其风险调整后的回报。在投资提供文件（如投资招股说明书）中，向投资者披露任何关于银行支持企业的合同义务中的限制信息。具体指标界定时分为透明度较低的企业和透明度较高的企业。（1）投资者风险透明度较低的企业。如潜在投资风险不透明的企业；不能被评级的企业或者评级取决于一系列未经证实的假设；收益取决于难以量化的间接因素的企业。（2）投资者风险透明度较高的企业。在一个监管制度下，企业服从于一个健全的披露制度，该制度规定风险被投资者吸收；企业提供清晰且经常更新的资产和负债信息。

会计信息披露要求提供有意义的信息，以评估一家银行与未合并企业关联的性质和风险。例如，在IFRS12或美国公认会计准则下披露的未合并企业的风险敞口，或在相关会计制度下进行的类似披露；与固定资产市场基金相关美国公认会计准则披露。或有负债符合披露要求但不符合会计准则下的损失识别阈值。反例有通过承认相关或有负债，以及资本的相关性减少，风险敞口已经在资本中得到辨认。

（四）风险指标

风险指标包括投资者的风险及声誉风险。投资者风险是指随着风险敞口，企业活动不能充分匹配其客户或投资者风险状况的企业。这种风险并不局限于不当销售的狭义案例（如果在某个特定的司法管辖范围内存在这样的概念）；相反地，需要进行广泛的分析，以确定企业的风险敞口是否与投资者的风险偏好相一致，以确定风险是否存在。例如，将不同期限和/或财富预期混合在一起的基金；向那些规避损失的投资者提供投资产品的银行（对信心敏感的产品）；投资者未接受对风险作出合理解释的企业，如不当销售）；银行出售给零售客户的产品，这些产品捆绑在一起，具有难以定价的特性（如次级债务、优先股、带有嵌入式选择权的债务工具）。反例有：在银行有法律义务的管辖范围内的企业，以确保特定的投资产品是合适的，并符合投资者的需求。

品牌和交叉销售带来的声誉风险指的是当一个企业客户与银行有共同之处并持有该银行的品牌时，如企业名称、商标或标志，银行声誉可能受到损害。不同的品牌策略会造成不同的风险。如果某种品牌与同一银行集团的吸储机构相关联，品牌推广可以加强对其介入支持；“单一品牌”战略与“多品牌组合”战略之间是有区别的。

1.“单一品牌”战略。在“单一品牌”战略下，银行保持一个统一品牌，作为一个统一旗帜的信誉来源，为所有的产品和服务提供联合的力量。

2.“多品牌”战略。在“多品牌”战略中，一家银行通过一组相互独立的独立品牌运作，同时保持公司品牌本身的独立性。在某种程度上，单一品牌战略集合了众多的产品和业务线，对于银行来说为保护其声誉和品牌，在其产品或业务受到损害时可能有更强的介入动机。

3. 声誉风险评估路径。这个指标的评估应该考虑到交叉销售是银行整体战略一部分的程度，因为交叉销售的程度增加会增加声誉风险，从而激励提供介入支持。一家银行或银行集团有独立的存款吸收机构、经纪自营商和交叉销售产品的资产管理部门，情况尤其如此。例如，那些积极且成功地将资产负债表表内表外的产品销售给主要客户的银行，使用单一品牌战略的银行，其品牌与企业紧密相关。

（五）其他指标

除前文所述的风险以外，还有历史依赖、监管限制和风险缓释等指标来识别介入风险。

历史依赖指银行在过去已经提供给某一特定企业介入支持的证明文件案例。例如， 在金融危机期间，为货币市场共同基金和结构性投资工具（SIVs）提供了支持。

前文关于集体辩驳部分已经描述了对介入的完全监管禁止及相关后果。监管限制和风险缓释是指银行业、证券、市场或其他金融法规限制了但没有禁止银行在一些条款下能够和/或倾向于支持某一企业，而这些条款对银行不利。对企业设置较高资本要求是为掩盖潜在的介入局面，如欧盟的资本要求规定，为避免操作风险计算自己的资金要求，操作风险包括声誉风险，这可能是考虑到如果银行可以提供证明和文件，具体介入风险识别也被要求计算。具有介入行动的企业将服从联邦储备法23A和23B（W条例）[①]。

三、银行对介入风险的潜在反应

当前的指导方针旨在利用巴塞尔协议框架中的现有条款。《巴塞尔协议Ⅱ框架增强》已经要求银行测度它们可能提供的支持数量或者可能遭受的损失。这些指导方针将通过加强介入风险识别过程和提供一套银行可以管理风险和采取行动的选项来补充现有条款。银行对介入风险管理和度量的方法应该需要对遗留风险具有敏感性，即考虑到可能的风险缓解因素。银行应考虑到任一措施对介入风险的缓解程度和有效性，如银行提供了介入风险支持，包括减少银行潜在影响的缓解措施。银行的风险度量和管理过程旨在确保银行在潜在的介入支持之前拥有充足的资源，从而减少此类压力的顺周期性。其目的是避免一种情况，即银行提供的意外支持削弱了其履行自身合同承诺、流动性和/或资本金要求的能力。

① W条例要求与附属公司的交易必须以市场为基准，并为被保险的存款机构与其关联方之间的信贷关系风险敞口设置限额。

当一家银行确定一个企业存在重大的介入风险时，它可以应用一系列潜在的风险度量和管理措施。下面讨论的一些措施对银行的影响比其他措施都要大，因为它们可能影响各种监管指标，其他措施可能会产生更有针对性的影响。银行可以根据每个事例中预期介入支持的性质和范围，根据潜在的监督审查确定适当的措施，银行和监管机构可以在隔离或者联合的情况下使用这些方法。

（一）纳入合并的监管范围

在企业资金紧张时期，银行已经有了实质性的合同义务向另一个企业提供支持，如果银行超越这些合同义务就增加重大风险，这时将企业纳入监管整合范围可能是最适当的措施，特别是企业的资产负债表结构和活动要服从银行业监管。

1. 应当纳入合并监管范围的企业。企业纳入监管整合范围的措施在下列情况可能被使用：

（1）似乎是专门设计来避免监管整合的企业（或呈现出对监管需求进行套利的企业的共有特征）。

（2）在类似情况下，以前已经存在有记录的介入案例。

（3）企业与银行之间存在组织和财务关系，实质上是向银行分配大部分来自企业活动的风险和/或利益。

（4）投资者期待在一个资金紧张时期有充分或重要的支持。

（5）监管部门预期介入支持的性质和范围将引起企业的会计整合，并因此将企业纳入监管的整合范围。

上述案例将产生一个强有力的假设，即整合应该被应用。然而，人们期望这种情况在实践中是受到限制的。这种处理可以看作是解决现有会计和监管框架存在不完善问题的解决方案。当合并将人为地改善银行的资本或流动性状况时，这一措施可能并不合适，因为该企业可能无法提供给银行资源。

2. 实际被纳入合并监管范围的企业。实际执行状况：根据不同权限，一个给定企业可能被纳入合并的会计范围①或者在整合的监管范围内。如果企业的杠杆率、资产和负债组合可以纳入监管指标，那么这个措施就易于实施了。它不需要进一步量化介入风险，因为风险本质上是通过企业的整合来解决的。合并将对所有使用合并监管范围作为出发点的监管指标产生影响，即资本金要求、杠杆比率、流动性要求、大规模风险敞口、全球性系统重要银行（G-SIB）识

① 在那些监管当局不对会计框架实施提出挑战的监管下和/或不允许会计范围和监管范围整合的监管辖区中实施。

别。它基本上不包括任何其他措施的使用。

（二）转换方法及准备金的提取

1. 介入风险转换的理论路径。通过介入风险识别和评估结果断定，银行在与某些未合并企业的关系中存在重要的介入风险，但合并措施并不适合解决介入风险问题，这时使用转换因子估计风险可能是合适的。例如，银行预期的介入支持相当于给企业提供一部分债务流动性工具的情况下，转换方法可能是合适的。一个转换因子将被应用到企业的风险敞口中，并根据增加的资本需求和/或流动性要求来确定监管部门的响应。

介入风险程度由于企业设计和关联交易的差异而存在很大的不同。如果没有统一的"通用型"的转换因子，也没有全面整合就足够辨识风险敏感的情况，那么银行（或监管当局）将根据特定环境，确定一个合适的转换因子。这种灵活的方法很容易实现，仅仅需要少量的数据即可。当对介入银行的影响较高时，将分配一个相对较高的转换系数；而介入风险的影响较小时，将分配一个相对较低的转换系数。

2. 介入风险转化的实践情况。在监管辖区内的实践情况：银行和监管机构必须调整这一措施，使其符合其管辖范围的介入风险指南，而衡量与合同没有关联的风险是一个更大的挑战。这个度量的出发点是将未合并企业总资产和资产负债表表外风险资产作为单个数字转换为资产等价物。然后，通过减去企业在银行集团中所持有的任何资产的数量，以及银行集团在企业中所持有的资产负债表表外资产（资产）的数量，就可以进行数字的调整。即银行集团在企业中已产生资本费用或资本扣除，或流动性现金流出，由此产生的总和将会受到一个转换因素的影响，类似于表外项目。这种度量方法可以反映介入风险对于银行监管资本要求的潜在影响。例如，给这个数量设定一个转换因子。在适当的情况下，也可以反映出介入风险对银行流动性要求的潜在影响，例如给这个数量分配一定的现金流出率。

3. 准备金的提取。银行和监管者可能为准备金的提取建立会计框架来衡量介入事件的影响。例如，这可能需要评估由于介入导致的潜在现金流出，以及企业资产的预期减少销售价值。这种方法可以与上面描述的转换方法相比较。然而，实际实施是从一级资本充足率CET1（如谨慎的估值调整就是一个例子）中扣除，而不是增加适当资本支出。

（三）流动性要求及压力测试

现有流动性标准中的规定可用于考虑介入风险，并较好地反映出介入风险评估的结果。为应用现有的规定，银行和监管机构应当首先确定非合同义务，并考虑与之相关的识别方法。流动性规定要求对或有融资义务进行度量，着重强调“有可能是合同或非合同的或非贷款承诺的义务”，特别值得一提的是，流动性覆盖率（LCR）描述了为减轻声誉风险，银行具有回购债务或履行非合同义务的潜在需求。然而，流动性覆盖率（LCR）并没有规定识别这种介入风险的方法。

与此类似，净稳定融资比率（NSFR）要求稳定的资产负债表表外风险投资因素，表外的风险敞口包括非合同义务，可以通过介入风险评估来确定。净稳定融资比率（NSFR）允许国家监管机构自行决定其他或有融资义务所需的稳定融资因素。如潜在的债务回购请求；证券投资工具和类似的融资设施；客户可以预测到市场开拓能力的结构化产品；以及目标为保持稳定价值的管理基金。

在涉及银行集团整合监管范围以外的松散的企业是否需要额外资金或流动性资金，银行和监管机构可能决定把企业纳入它们的压力测试框架，确保任何顺周期效应都被事前所持有的资本（以及适当的流动资金）所覆盖，并强调如果压力或场景测试的风险突然出现，是否应采取具体措施减轻负面影响。

（四）信息披露

为通过加强市场纪律来减轻介入风险，银行和监管机构可能决定要求公开披露具体的信息。

1. 信息披露证明银行存在显著介入风险时。在介入风险方面，要求对未合并企业的数量、规模和性质，以及银行自身的风险评估和对此类风险敞口的管理等信息进行披露。作为潜在的不利因素，公开披露可能会导致“自我实现的预言”或道德风险，因为市场参与者可能会将其解读为一个提示，即使在没有合约承诺的情况下，也有必要介入以提供支持。

2. 信息披露未证明银行存在显著介入风险时。如果银行明确表示一个未合并的企业发现自己陷入困境，那么这一风险披露并不意味着要介入，风险才可以得到缓解。该工具将被期望作为其他方法的补充，而不是孤立地使用。

（五）其他措施

如果一家银行真的采取措施来支持超出其合同义务的企业（事后），监管者可能会决定运用惩罚性的资本费用。监管者可以用这种方法来防止银行介入，从而降低银行的介入风险。

1. 惩罚性事后资本费用作用原理。监管者可能要求在事后介入中，银行风险资本比例要比在默认规则下高得多，或者要求企业的总资产进入到银行的资产负债表上，以达到目前的风险权重（类似于上面提到的转换方法）。

2. 惩罚性事后资本费用潜在负效应。监管者需要考虑的是这种措施是否会与减少顺周期效应的目标相冲突，而这又与激励银行识别并评估其介入风险的事实相一致。在银行介入为未整合企业提供支持的情况下，如果监管机构将其作为一种可信的审慎措施坚持使用，情况更是如此。

另外，大额风险敞口的内部限制建立在巴塞尔委员会庞大的、已经在某些监管辖区[①]内实施的风险敞口框架之上[②]，它要求银行对其所有的合同风险进行内部限制，或对影子银行企业的介入风险进行评估。与影子银行企业相比，这种方法对限制银行的集中融资风险很有用。

四、银行在评估介入风险中的作用

本节描述指导方针的关键组成部分，要求银行建立自己的政策和程序以作为银行风险管理系统的一部分，确定和评估介入风险。这些政策和程序确保银行能够定期向上级报告它们自我评估的结果[③]。此外，监管机构还将审查和评估银行的政策和程序，如果介入风险被认为是重大的，银行将被要求采取相应的行动。

（一）银行识别和管理介入风险的政策和程序

银行识别和管理介入风险的政策和程序作为银行风险管理框架的一部分。为达到监管目的，银行必须建立和维护自己的政策和程序来识别未合并企业以及相关介入风险的过程。这些政策和程序应该满足下列条件：

（1）清楚地描述银行用来确定介入的识别标准，它应该至少包括前文描述的指标。

（2）不是指令性或针对任何特定类型的企业（鉴于评估的性质，该指南被设想为足够灵活，主要是为达到监管目的，可以捕获所有可能构成重大介入风险的未合并企业）。

（3）作为集体反驳清楚地描述法律或法规的具体条款，并列出哪些法律或法规所涵盖的企业类型。

（4）描述负责识别、监控、评估、减轻和管理潜在介入风险的内部各方。

（5）很清楚地描述了银行自身的“重要性”（materiality）的定义和标准，在银行的介入风险评估中排除了非重要性企业（immaterial entities），并说明理由。

（6）记录过程，获取必要的信息，以便进行常规的自我评估。

（7）无论企业类型或风险概况有什么实质性的变化，必须定期进行检查。

---

① 详见EBA, Guidelines – Limits on exposures to shadow banking entities which carry out banking activities outside a regulatedframework under Article 395(2) of Regulation (EU) No 575/2013, June 2016.

② 详见BCBS, *Supervisory framework for measuring and controlling large exposures*, April 2014.

③ 然而，该问题可能存在于任何类型的事前政策工具中。

如果没有实质性的变化，政策和程序应该按照银行自己审查政策的频率进行审核，或者至少每三年一次。

（8）要求在内部风险管理过程中加入介入风险自我评估，包括独立控制，并由银行董事会（或类似机构）的相关风险委员会作为单独的议程项目讨论。

（9）按照要求进行记录并提供监督检查。

（二）定期进行介入风险识别和评估

根据相关政策和程序，银行必须定期鉴定所有企业引起的介入风险。对于所有企业应该评估介入风险引起的对其流动性和资本的潜在影响。银行应该使用其认为最合适的评估方法。监管相应列表，特别是前文所描述的综合度量，可能会提出适当的方法来估计这种影响。银行应描述在每种情况下，评估介入风险财务影响的方法。

（三）定期向风险监管当局报告评估

银行必须定期向风险监管部门报告对介入风险自我评估的结果。该报告可以是现有监督过程的一部分，也可以先于这些指导方针或是独立的介入风险报告，只需要适当地满足介入风险识别的目的，并带来预期的信息。这种报告是强制性的，应该每年提交。两个说明模板中包含的信息是按照以下方式组织的。

模板1　　关于最初接受监管企业的概述

企业类型（从附件2的列表中选择或包含有意义的企业类别）	企业数量	企业总资产规模	典型的对企业合同风险敞口	对评估的解释 对于（a）部分，包括关于不被考虑的企业以及企业总资产中近似值的部分的解释和标准 （i）根据银行内部实质性政策 （ii）基于信息可得性

（1）被视为非重要的企业（未进行评估程序）

…			
合计			

（2）重要但预计介入风险不显著

…			
合计			

（3）重要且预计介入风险显著（请在模板2中报告）

…			
合计			

说明：监管当局应当收集模板表格中的信息，但是可以选择报告要求的具体形式（格式和位置）。银行必须按照相关规定，向其监管单位报告满足条件的所有与之有关的企业的信息。不在介入风险准则范围内的企业不应当被报告。关于那些被认为非重要的企业，应当尽最大努力完成填写其总资产规模和企业的数量。近似值应当在解释栏作出标示，并且银行应该详细说明不提供资产规模数据的企业的比例。

模板1详细说明每组相似企业，用于审查目的所需要的企业最初确定的数量和类型，而法律禁止介入的企业被排除在外。这些企业被分成以下三个类别：

（1）被视为非重要（immaterial）的企业（在此过程中没有介入风险评估过程）；

（2）企业是重要（material）的，但介入风险不显著；

（3）企业是重要（material）的，且介入风险显著（在模板2中被报告）。

模板2　　关于处于显著介入风险的重要企业的详细报告

企业名称：
若评估多个独立企业，企业总数：
企业类型/类别（从附件2的列表中选择或包含有意义的企业类别）；
目的和设计（包括对资产、负债、关键客户、投资者和其他利益相关者的一般说明）

对介入风险潜在影响的估计：

日期：

（1）独立企业/企业集团

企业的资产规模

估计介入风险潜在影响所用方法

预期支持的类型

预期支持的规模（名义数量）

（2）银行对介入的评估（实施介入支持前后的差异）

对一级资本比率的影响（按百分点）

对杠杆比率的影响（按百分点）

（3）流动资金头寸

对流动性覆盖率的影响（按百分点）

对净稳定资金比率的影响（按百分点）

银行与企业的关系性质（选择所有适用项）：

是/否	附着关系	描述
	发起人/赞助者	
	债权投资者	
	股权投资者	
	其他存在合同关系或非合同关系的相关者	

风险指标分析：

指标	与企业是否相关（是/否）	讨论与分析
支持的性质与程度		
影响程度		
隐性支持		
市值及其对杠杆的依赖程度		
流动性压力/先发动力		
透明度和信息披露		
投资者披露		
会计数据披露		
投资者风险调整		
品牌和交叉销售带来的声誉风险		
历史依赖性		
监管限制		

结论与银行已经采取的风险管理措施

说明：本模板适用于那些存在显著介入风险因而需要报告的独立企业或企业集团。凡适用于模板1中（3）分类的企业或集团均应报告该信息。基于上述模板阐释数据所收集的信息，监管当局应当对银行的自我评估及其反馈进行质疑。

模板2的详细信息，对应于上面的类别（3）的每个企业或集合，介入风险的性质和银行采取的行动来限制、减轻或识别这种风险。

五、监管当局的职责和政策实施细则

本节明确界定监管当局所应承担的职责，以及为实现对介入风险的识别、度量和管理等过程应当采取的政策细则。

（一）审查银行的政策和程序

监管人员可以按照既定频率，要求银行完善介入风险的风险识别、评估政策和程序，并对银行进行评估，如对下列一些或全部项目进行评估：

（1）在对介入风险的识别、评估、管理和控制方面的政策和程序要充分考虑其妥善性和质量。

（2）内部政策的充分性决定该目标的重要性及其标准。

（3）风险管理和度量系统的充分性（如有能力及时对松散的企业进行追踪）。

（4）完整的管理信息系统。

（5）关于内部资金，流动性评估和充足性过程完整的概念。

（6）内部控制和内部审计的健全性，以及内部控制和内部审计在介入风险评估方面的任何发现。

（7）过去逐步向企业经济提供支持的条款，特别是对于那些仍然存在的，并且仍然服从于前一阶段的支持的相同管制制度的企业。

在审查银行的政策或程序时，监管人员可以利用其内部调查结果，包括银行内部控制或审计领域的调查结果。监管者希望通过审查银行政策或流程可以确保银行对于合理的集体反驳假定有准确的评估，包括合适的解释和相关法律和监管条例的运用。除了这些集合反例，银行可以提供有关对特定企业部门的介入风险缓和的证据。监管者同时希望看到银行有关“实质性”标准的政策和程序以确保它们合理、谨慎、适当地运用。

（二）审查银行定期的介入风险自评与修正措施

银行应该经常进行介入风险评估，不论是经常性的还是间歇性的或者正式的监管报告要求。当审查一个银行对于介入风险的评估时，监管者需要逐个考虑特别的事件和一次性事件具有的特殊特征。若监管评估显示重要的剩余介入风险还没有被恰当地估计或减少，监管者可以采取一些适合当时特定环境的相关措施。措施的选择取决于介入风险的性质和程度，考虑到介入风险发生的可能性和风险级别，以及评估的可信性。监管者需要更多地考虑评估的风险是否会带来群体传染或者系统性风险。

监管者运用评估报告衡量银行的自我评价和剩余介入风险的级别。例如，监管者可以评估介入风险是跨银行间的或者特定类型的表外业务的数量和频率是否在不断增加。这将帮助他们识别存在的非系统性风险和系统性风险。监管者需要银行纠正在风险管理识别中出现的风险的权威。尽管这种独特的监管行为会因不同的情况而有所变化，监管者可采取不同的回应，这些回应在第四部分已经列出。

（三）合作与信息交流

在对跨越多个监管辖区设立分支机构或分行的银行集团进行介入风险监管时，监管者应当与其他监管辖区的监管者共享信息。这种信息的共享可以在双边或多边基础上进行，利用从监管范本所获取的数据（如监管联席会议）。被共享的信息可以包含但不限于下列信息：评估和监控银行在介入风险识别，以及集团内不同部门对该风险的管理经验，银行的评估方法，监管运行中的阻碍，评估银行反映的规则或标准，以及观察到的银行对介入风险管理的优秀案例。

第三章　巴塞尔Ⅲ的流动性监管新框架

2008年国际金融危机前，巴塞尔Ⅱ的资本监管框架主要覆盖了商业银行面临的信用风险、市场风险和操作风险，对商业银行流动性风险没有给予足够的重视。然而，国际金融危机的爆发促使巴塞尔委员会开始重新审视，并对原有的风险监管框架进行了大刀阔斧的改革。最终，巴塞尔Ⅲ赋予流动性风险一套独立的监管标准，在全球范围内首次提出两个流动性风险量化监管指标：流动性覆盖率（Liquidity Coverage Ratio, LCR）和净稳定资金比例（Net Stable Funding Ratio，NSFR），成为巴塞尔Ⅲ系列改革的重要组成部分。

中国一直是巴塞尔Ⅲ监管规则的积极践行者，并不断根据国内银行业的发展情况更新流动性风险监管规则，促使商业银行不断防范流动性风险的发生。2017年12月，原中国银监会发布了《商业银行流动性风险管理办法（修订征求意见稿）》，不仅纳入巴塞尔Ⅲ流动性风险监管指标，而且创新性地提出适合中国银行业实际的监管指标，意在督促商业银行回归存贷款业务、服务实业发展、降低流动性风险。

因此，本章从巴塞尔Ⅲ流动性风险监管规则出台的背景入手，从监管指标本身内在含义的视角解读流动性覆盖率（LCR）和净稳定资金比例（NSFR），总结了巴塞尔Ⅲ流动性风险监管规则的特点和影响。同时，本章深入探讨了中国流动性监管新规的出台对商业银行的影响，并提出了商业银行的应对措施，以期为中国银行业的健康发展提供可借鉴的建议。

第一节　巴塞尔Ⅲ流动性风险监管改革进程

银行的流动性是指能够随时满足顾客提取存款及正常贷款需求的能力。商业银行借短贷长的期限转换功能和高杠杆率的经营特点从本质上决定了流动性风险防范在银行经营中的重要性。近年来，由于国际金融市场的流动性相对充足及对流动性风险的严重性认识不足，流动性风险监管问题没有得到商业银行和监管机构应有的关注。此外，随着金融市场的快速发展和新技术手段的运用，银行的融资渠道、产品复杂程度和业务模式等方面发生的深刻变化都对银行业的流动性风险管理和监管带来了巨大挑战。

此次国际金融危机暴露出各国金融监管体系在系统性和流动性风险防范上存在较大不足，使人们再次意识到流动性对于国际金融市场和银行业稳健运营至关重要，从而也成为推动流动性监管改革的直接动力。此时，重新分析巴塞尔资本协议下的流动性风险监管进程，审视各个国家的流动性监管实践及变化如何，吸取历史及各国监管经验并对之进行分析评述，对于研究全球流动性监管框架具有深远的借鉴意义。

一、流动性的定义及监管重要性

流动性的概念是随着货币层次的不断完善和金融体系的不断深化而逐渐丰富起来的。虽然在金融经济领域流动性一词被频繁使用，但一直都没有形成统一的定义。在金融领域，流动性不仅仅是一个单纯的货币问题，还对整个银行体系甚至社会经济体的安全起着重要决定作用。不断加深对流动性内涵的认识，进而对流动性风险进行合理有效的监管有着迫切的必要性。

（一）流动性定义的演变及流动性风险

流动性作为经济学领域专业术语最早出现在凯恩斯的《就业、利息和货币通论》中，是指最能代表财富支付能力的货币和现金，但此时还停留在比较浅显模糊的层次。随后，人们试图将流动性与资产的支付能力联系起来，反映资产的“货币化程度”，流动性的范围基本等同于支付工具意义上的传统货币。

随着经济的快速发展及金融产品的多样化，流动性定义的内涵逐步丰富起来，不仅包括传统意义上的支付工具，而且包括银行和非银行金融机构创造的所有短期流动资产。随着金融创新的进一步发展，具有变现能力的证券化债务、衍生产品等金融资产也纳入了广义流动性的范围，且所占比重也越来越大。在一项从广义范围内对全球流动性的测算中（具有流动性的资产都笼统地计算在内），99%的流动性属于广义货币及其他复杂的证券化产品（见图1）。

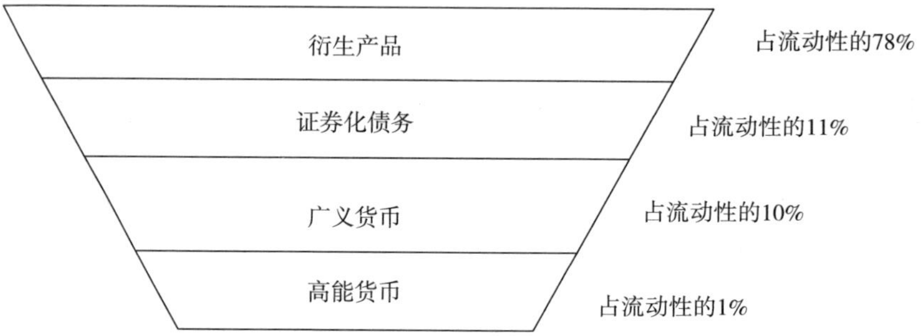

图1 全球流动性及其占比

广义流动性资产的变现能力和周转性在很大程度上依赖于市场环境。金融危机前，繁荣的市场条件让国际银行业机构忽略了这一事实，过于乐观地估计机构内的流动性。此次金融危机前期，全球热烈讨论的“流动性过剩”问题在危机中不复存在，接踵而至的是流动性的迅速枯竭，之前被认为具有很强流动性的资产在危机中无法变现，危机一触即发。

所以，危机后对流动性的重新界定更加侧重于从审慎的角度，把压力情景下资产是否具备良好的变现能力作为衡量流动性的标准。此外，各国监管层更加注重从整体市场广度和深度的角度，以及机构流动性与市场流动性的互动影响等方面来衡量及定义市场流动性。

对于商业银行面临的流动性风险，有着与流动性类似但不尽相同的定义。根据原中国银监会在2009年《商业银行流动性风险管理指引》中的定义，流动性风险是指商业银行虽然有清偿能力，但无法及时获得充足资金或无法以合理成本及时获得充足资金以应对资产增长或支付到期债务的风险。流动性风险可以分为融资流动性风险和市场流动性风险。融资流动性风险是指商业银行在不影响日常经营或财务状况的情况下，无法及时有效满足资金需求的风险。市场流动性风险是指由于市场深度不足或市场动荡，商业银行无法以合理的市场价格出售资产以获得资金的风险。

（二）加强流动性监管的必要性

银行业机构内在的期限转换功能及高杠杆率的经营特点，使得商业银行的流动性监管成为保证其持续稳定经营的重要内容。国际清算银行（BIS）下设的全球金融体系委员会（CGFS）曾在1999年公布的报告中指出，20世纪90年代以来金融领域中数次局部性银行危机爆发和蔓延最初的诱因均是公众对未来流动性的担忧所引发的抛售行为。国际金融组织和各国金融监管当局对流动性的重要意义都给予了高度评价，并采用了相关的流动性监管举措和建议来维护各家金融机构资金流动性的稳定。巴塞尔委员会在1992年9月发布的《计量与管理流动性的框架》中就指出："计量与管理流动性是商业银行最关键的一项业务。"

1. 流动性风险的特性。与其他风险不同，流动性风险具有不确定性强、冲击破坏力大的特点，且随着金融市场的迅速发展，这些特性日益凸显，这使得及时对流动性风险进行管理和监督更加必要。

第一，流动性风险与其他风险的密切相关性。流动性风险与其他风险有着紧密的联系，商业银行面临的流动性风险不一定是流动性管理问题所直接导致的，其他风险如信用风险、声誉风险、市场风险、操作风险等得不到有效控制，最终也会以流动性危机的形式表现出来。比如，由市场信心缺失带来的挤兑风波就是声誉风险演变为流动性危机的一种表现形式。

第二，银行的顺周期性在流动性风险的度量中得以集中体现。经济上行时，企业产能扩张及日益增加的消费者需求刺激银行不断扩张信贷规模，对抵押品价值的估计也偏向乐观，银行资产组合中高风险资产比重逐步提高。当经济情况发生逆转时，原来过高的资产价格潜在的问题迅速暴露，变现能力的迅速下降导致原来的高流动性资产瞬间贬值，银行的融资能力受到影响，进而缩小放贷规模，进一步引发市场流动性收紧，"流动性螺旋"加速经济的衰退。

第三，流动性风险具有较强的传染性和系统性。单一机构的流动性不足也可能对整个系统产生负面影响。随着经济一体化进程的加快，金融机构与金融市场之间的关联度越来越高。单一金融机构流动性出现问题，其对市场提供流动性的能力大幅减弱，市场资产价格的波动导致其他金融机构的资产负债结构恶化，银行的公众信用度下降，因而即使是与出现危机的机构相关度不高的其他银行的偿债能力也会出现问题，进而扩大危机范围，可能导致全球性的金融危机。

第四，流动性风险对商业银行来说具有较强的破坏性。充足的流动性是商业银行稳健经营的基石，加上流动性风险所表现出来的传染性及与其他风险的相关性，因此和其他风险相比，流动性风险对商业银行及金融系统的破坏往往是致命的。次贷危机所引发的流动性危机不仅使很多中小银行难逃破产的厄运，被迫进行合并或被收购，而且也使像花旗银行、瑞士联合银行等风险管理水平较高的国际性银行遭受了巨大损失。

2. 对流动性风险的重视程度不够。危机之前，流动性风险并没有得到应有的关注。一方面，由于过去几年全球总体上流动性过剩的现实使监管层忽视了流动性；另一方面，由于监管层和金融机构管理层对流动性能力乐观估计，低估了流动性紧缩对资产变现能力和机构融资能力的冲击。

虽然在巴塞尔Ⅰ中的资本充足率监管涵盖对流动性的要求，并对流动性监管进行了一些有益的探索，但商业银行的流动性问题不能完全地被监管层规定的资本要求所覆盖，与可用资本数量同样重要的还有其投资方式（如资产结构）。因此，流动性和资本要求一样，都是银行业风险管理最重要的核心，具有无可替代的重要性。此次金融危机中，流动性风险表现出来的复杂性和严重性，充分体现建立和完善银行业流动性风险监管制度的必要性和紧迫性。

二、流动性风险管理和监管的历史追溯

金融监管与金融危机是一个互动的过程，金融危机中暴露出来的不足往往是下一次金融监管改革的推动力和改革重点。历史上流动性监管的历次发展也是与数次流动性危机相伴而生的。在一定的阶段，风险管理能力往往也和监管水平较为一致。本文以流动性危机为线索，结合流动性风险管理和监管的演变历程，将其变迁划分为以下四个阶段。

（一）只关注资产流动性的阶段

1929—1933年的美国大萧条引发了各国对商业银行流动性问题的关注。银行流动性资产不足、负债来源单一，是此次银行危机的症结所在，银行救助机制的缺失也加剧了公众的恐慌情绪，使得银行体系的流动性风险集中爆发。大萧条催生了主张以资产流动性维持银行流动性的管理理论，强调通过对资产业务的主动控制实现与负债的匹配。随着经济环境和银行经营业务的发展，资产管理理论经历了三个发展阶段：（1）商业贷款理论，即真实票据论，是最早最传统的流动性管理理论，要求贷款应以具有真实交易背景的商业票据为依据。（2）资产转换理论，该理论是以金融工具和金融市场的发展为背景的，指商业银行为了应付存款提取所需保持的流动性，可以将一部分资金投资于可转让证券上，这些盈利资产能够随时出售，转换为现金。（3）预期收入理论，产生于20世纪40年代，该理论认为无论放款期限长短，只要借款人具有可靠的预期收入，就不至于影响流动性。可见，这些理论和观点只反映了银行流动性管理的某一方面，这种认识上的局限性是与当时的市场发展程度密切相关的。

在这种重视资产变现能力的流动性管理理念下，美国开始对商业银行的业务范围实施限制，其他各国也制定了如现金比率（现金占商业银行活期存款的比率）、流动性资产比率（流动性资产与各项流动性负债的比例）等监管指标。此外，对于流动性风险系统性和宏观性的关注促成联邦存款保险公司

（FDIC）公司的诞生，表明宏观视角下的流动性风险被纳入监管视野。

可以说，在20世纪60年代之前，流动性的风险管理和监管的重要性并没有得到充分的认识，银行业管理流动性还停留在只关注资产流动性，仅通过改变开展业务的模式来简单地保持流动性，并没有进行主动的流动性管理。流动性监管也停留在粗浅的、无足轻重的阶段。

（二）共同关注负债和资产流动性的阶段

20世纪60年代，利率管制和金融脱媒的趋势给商业银行带来巨大流动性压力的同时也促进了金融创新的不断发展。在此背景下，以银行主动负债管理为核心思想的“负债管理理论”兴起。负债管理理论认为，商业银行可以积极主动通过借入资金的方式来维持资产流动性，将低收益的流动性资产、主动负债获得的资金转换为高收益、高风险的贷款和投资，获取更高的盈利水平。负债管理开创了银行获取流动性的新途径，发展了拓宽融资渠道的主动型负债方式，为银行扩大业务规模和范围创造了条件。

然而，在负债管理思想的指导下，银行的资金来源更加依赖于变幻莫测的金融市场，在一定程度上造成了流动性风险敞口的增加，显著增加了经营风险和银行体系的不稳定性。20世纪70年代末至80年代，布雷顿森林体系的瓦解、浮动汇率制度的产生导致跨国银行业外汇投机活动盛行，金融自由化下利率管制的放松加剧了市场波动。这些变化都对商业银行的负债管理带来了极大的挑战，银行危机频出的严峻事实给国际银行业和监管机构敲响了警钟。

因此，针对上述风险管理的变化趋势，发达国家有意识扩大监管范围，侧重将银行的盈利性、安全性和流动性三者进行协调监管，即对资产和负债进行并重、综合的监管。发达国家开始引入兼顾资产和负债的监管指标，如英国在《1987年银行法》中从流动性缺口指标（指某一银行一定时期资产与负债的差额），即现金流的角度提出了银行流动性监管的基本要求。

作为国际银行业权威的监管协调和合作机构，巴塞尔委员会在着手研究跨国银行业流动性和清偿能力的国际监管问题时，也对如何保持银行业的流动性进行了探索。在1988年出台的巴塞尔Ⅰ中，巴塞尔委员会要求商业银行必须持有足够且低风险的流动性资产，这改变了之前的单纯指标监管模式。但是，此时对于流动性要求仍是涵盖于资本充足率监管之下，巴塞尔委员会并没有独立对流动性风险监管进行系统的关注及监管界定。

综观当时各国的流动性风险管理和监管实践，流动性风险管理主要由各家银行的领导层主观决定，监管大多仍停留在单纯、独立的指标监管层面，刚兴起的表外业务没有纳入监管考虑。国际银行业的流动性监管处于分散状态，尚未形成较系统的、一致的流动性管理体系和监管框架。

（三）流动性监管体系逐渐形成

20世纪90年代银行危机事件频发，金融产品创新不断，各国监管层对流动性风险越来越关注。各监管当局相继发布监管手册与指引，流动性监管体系逐步形成，各种流动性风险模型也开始逐步被采用。总体来看，各国都有意识地从单纯的指标监管转向流动性管理体系的建设。但是，定量的指标体系监管还是主要手段，少数国家通过建立压力测试和预警机制来加强流动性风险的管理，但测试条件大多只是基于银行自身出现流动性压力的情形，很少将整个市场范围内出现流动性危机的情形考虑在内。各个国家的监管广度和深度都呈现较大差异，全球并不存在一个统一的流动性监管标准。

在金融危机爆发之前，巴塞尔委员会就已经明确了流动性风险管理对整个风险管理体系的重要性，也对银行业流动性风险监管给予了一定的关注和努力，针对流动性风险的文稿主要有1992年制定的《计量与管理流动性的框架》和2000年公布的《银行机构流动性管理的稳健做法》。

1992年，基于对国际活跃银行在流动性管理方面实践和技术的归纳总结，巴塞尔委员会制定了《计量与管理流动性的框架》，试图提出一个稳健的银行流动性管理框架，并适用于所有银行。在框架中，巴塞尔委员会强调了合理的流动性报告安排、足够的信息系统投入，以及定期对流动性状况进行回溯和审核的必要性。此外，对于需要应对外币流动性敞口的跨国银行，巴塞尔委员会提供了几种国际上通行的管理架构安排，并提出了在制定外币流动性管理策略时需要考虑的问题（如通过外汇市场或表外项目来应对外币流动性敞口的能力），同时要求银行制定一套支撑流动性策略，以应对日常融入外币的能力遭到破坏的情景。

在《计量与管理流动性的框架》中，巴塞尔委员会构建的流动性风险管理框架主要包括三大维度：计量与管理流动性缺口、融资渠道管理和应急计划。其中：（1）计量和管理流动性缺口主要是基于对未来资产、负债和表外项目的假设，通过构造期限阶梯来分析银行的现金流和流动性状况；（2）融资渠道管理则要求银行定期从融资工具的种类、资金提供者的类型和市场的地理区域集中程度来审查其融资渠道多样化情况，且与资金提供者建立稳定、良好的业务关系，发展可变现资产或以资产为抵押进行融资的市场；（3）良好的应急融资计划需包括应对危机的策略及在紧急情况下弥补现金流短缺的程序，确保在危机情景下，责任归属明确且信息能及时畅通流动，避免造成资源和时间上不必要的浪费。

随后，根据流动性管理情况的变化，巴塞尔委员会对《计量与管理流动性的框架》（1992）进行了补充细化和修改，于2000年公布了《银行机构流动性管理的稳健做法》，从八个方面阐述了银行进行有效流动性管理的14项关键原则。

其中，在构建流动性风险的管理框架方面，要求每家银行都应有一个目标流动性管理策略，且在组织内部进行充分沟通并达成一致；该策略需由董事会通过并制定相关政策，确保高层采取充分的措施来监测和控制流动性风险；每家银行都应有一个有效的管理框架来执行该策略；有恰当的信息系统来测量、监测、控制和报告流动性风险。在测量和监测净融资需求方面，要求各家银行建立持续测量和监测的流程，在各种情景假设下进行流动性分析，并常对该情景假设进行回溯检验以确保其有效性。在市场维护方面，要求各家银行定期回查其在建立和维护与债权人关系中所付出的努力。在应急融资计划方面，要求各家银行制订应急计划，通过有序的执行策略来处理流动性危机，弥补紧急情况下的现金流缺口。在外币流动性管理方面，要求各家银行对于每种重要、活跃的货币的流动性敞口都应有一个测量、监测和控制的系统，并对各币种单独进行分析。在流动性风险管理的内控上，要求各家银行都拥有到位的内控系统来控制流动性管理过程。在信息披露方面，每家银行应建立良好的机制以确保相关信息的充分披露。对于监管者，要求银行业监管机构对各银行与流动性相关的战略、政策、程序和实践进行独立评估。

巴塞尔委员会通过这些文稿逐步展开并细化对商业银行流动性风险内部管理体系的构建及监管者所扮演角色的讨论，试图从银行内部流动性风险管理框架的角度推动各国金融机构达成共识。经过这些年的努力，巴塞尔委员会主导的流动性管理框架无论在结构上还是内容上，都已初具雏形，而对于流动性风险管理的方法也逐渐由资产和负债管理的角度转移到对现金流量的考察，但是此时的监管更多地还只限于原则的设定和定性的描述上，缺乏有力的监管指标和抓手。

（四）流动性监管改革进入新的阶段

在2007年以来的次贷危机以及由此引发的国际金融危机中，流动性的迅速枯竭及后果的严重性引发了全球银行业对流动性监管的反思和讨论。各国总结探讨了此次危机中暴露出的流动性监管体系不足，相继发布流动性监管改革的指引文稿，进一步提高流动性要求、细化监管标准，如新西兰联储银行的《流动性政策》《流动性资产计量说明》、英国金融服务局的《加强流动性风险管理指引》，都对流动性资产的定义、银行流动性管理的内部要求、流动性的补充机制和应急计划，以及报告制度进行了重新考量和规定。

巴塞尔委员会作为全球最具影响力的银行业监管机构之一，试图通过全面的监管标准，对危机中暴露出的缺陷进行规范弥补，要求国际银行业建立一个有效的风险管理系统来计量、监测和控制流动性风险等，将流动性风险管理纳入全面风险管理框架，并对跨国银行流动性管理和监管进行了探讨和规定。巴塞尔委员会在过往成果的基础上，充分总结危机中的经验教训，首先于2008年9月制定了《稳健的流动性风险管理与监管原则》，后又相继在2009年12月和2010年4月公布了《流动性风险计量、标准和检测的国际框架》的征求意见稿和正式文稿，并基于国际组织和各国监管机构对新监管指标影响的评估结果作了一些调整。最终于2010年12月出台了《巴塞尔Ⅲ：流动性风险计量、标准和检测的国际框架》。随后，巴塞尔委员会又开展了流动性覆盖率指标和净稳定资金比例指标的修订工作，分别于2013年1月和2014年10月公布了修订版的《巴塞尔Ⅲ：流动性覆盖率和流动性风险监测工具》和《巴塞尔Ⅲ：净稳定资金比例》，这些文稿的发布都体现了巴塞尔委员会对建立国际一致的流动性监管标准的探索，流动性风险监管体系逐步完善起来。

每一次危机都伴随着深刻的反思和变革。此次金融危机后，银行业流动性管理和监管领域呈现出一系列新变革，以适应金融市场发展和创新过程给流动性风险提出的新挑战，弥补和细化过去粗糙的流动性风险管理体系，提高国际银行业和监管领域对流动性风险重要性的认识。下文将介绍这些变化。

三、危机中的流动性风险监管问题及挑战

随着金融全球化、市场结构、融资渠道、产品创新的发展，流动性风险也呈现出新的特点，这给流动性风险监管带来了一系列需要解决的现实问题及挑战。在巴塞尔委员会2008年发布的《流动性风险：管理和监管的挑战》的基础上，我们归纳和总结了此次国际金融危机时期流动性风险管理所面临的挑战。

（一）融资渠道的转变

在低利率市场环境下，银行客户纷纷转向其他高收益产品，从而削弱了银行零售存款的来源。在此背景下，商业银行的资金来源更加依赖批发市场工具，如通过商业票据、回购协议与其他商业货币市场工具进行融资。2002—2006年，欧洲同业拆借市场的日交易总额几乎翻了一番，于2006年达到顶峰，回购和逆回购的年平均增长率为17%。

在全球经济繁荣、流动性过剩的背景下，资本市场和货币市场交投活跃，批发融资市场的流动性就可以一直保持充沛，然而在流动性发生紧缩时，如次贷危机爆发后，金融机构赖以生存的批发融资市场迅速枯竭，各种曾经具有“和现金一样流动性”的融资工具先后陷入危机，流动性风险全面爆发。此次因流动性危机波及而倒闭的北岩银行，2007年负债中有68%是通过批发融资获得的。因此，与零售存款相比，批发融资更易受资本市场波动的影响，给银行的

流动性风险管理带来了更大的挑战。此次金融危机中，很多国家的短期票据和同业拆借市场出现冻结的局面，流动性危机因此殃及市场中其他最初没有卷入危机的机构。

（二）资产证券化及复杂结构性产品的使用

批发融资的繁荣很大程度上依赖于资产证券化的快速发展，资产证券化能在一定程度上帮助银行提高获取流动性的能力，使银行将流动性差的资产转变为具有良好流动性的证券。然而，资产证券化提供的流动性是基于货币繁荣的基础上，其只能起到分散风险的作用，并不能消除风险，而这种分散风险的代价便是在经济条件恶化时可能导致流动性风险的瞬间放大。

在过去十年间，资产证券化产品不仅在数量上呈现爆发式增长，其复杂程度也日益增加。60%~70%的美国金融机构经常运用证券化的手段提高资产的运用能力。截至2007年，美国证券化市场总值约为7800亿美元，包括信用卡、汽车租赁和其他混合证券化贷款等资产。欧盟整体的证券化数额在最高峰时接近900亿欧元。与此同时，资产证券化过程进一步促使更加复杂的结构化产品的创新。2007年7月金融危机爆发前，结构化产品呈指数增长。在美国，债务抵押债券（CDO）、住房抵押支持债券（RMBS）、资产支持债券（ABS）等结构化产品总额从2000年的约0.45万亿美元迅速增加至2006年的约2.2万亿美元，上涨了3.9倍。并且这些复杂的结构化产品被广泛地运用为资产支持商业票据（ABCP）的抵押品，使得市场参与者无法辨认真正的交易对手。

然而，资产证券化和复杂衍生产品的广泛运用使银行的资产流动性更大程度上依赖于资本市场的有效性和稳定性，给银行的流动性风险管理带来了新的挑战：一是历史数据的缺乏导致难以全面评估风险；二是产品结构复杂，信息披露透明度低；三是各种嵌入式条款要求银行在特定条件下为投资者提供流动性支持，加剧了产品和市场的相关性；四是产品的高杠杆性对银行资金受流动性风险的影响有放大效应。

（三）抵押品的广泛使用

抵押品作为一种减少违约损失的信用风险缓释工具，其发挥作用的前提条件是对抵押品价值的合理评估，而抵押品价值又在很大程度上依赖于交易对手的情况、交易的活跃程度及市场条件。过去10年间，商业银行越来越大范围地运用抵押品作为风险缓释的工具。国际衍生产品与掉期协会的调查显示：2000年的抵押品合约只有12000份，而2006年则达到110000份。

抵押品的广泛使用在某种程度上进一步加强了银行业机构之间的关联性，在危机情境下流动性匮乏更容易通过抵押品价值的下降而传导给交易对手方的其他机构，引发流动性危机。此外，银行在业务审批流程中和结构化产品发行时，存在利益驱动及押品估值管理失效的潜在风险。在金融危机下抵押品质量的不合格加剧了其变现难度和变现损失，进而极大束缚了危机情境下银行资产的变现能力，最终以流动性危机的形式表现出来。

（四）支付系统的发展和日流动性要求

全额清算系统、证券交易交割结算系统、外汇交易的连续联结清算系统等更先进的支付结算系统，以及中央银行对手方的广泛使用，在降低同业银行的信用风险和操作风险的同时，也对银行业当日流动性风险管理提出了更高的要求。银行一旦不能按时支付大额债务，就会对其他银行和整个银行体系产生影响。

（五）跨境业务扩大风险传染性

随着金融全球化的推进，国际金融市场间的关联性更大，银行跨境业务在银行业务中所占的比重也日益增加，因而对银行的多币种流动性管理提出了更高的要求。此外，跨境业务的迅猛发展也增加了市场间的风险传染，扩大了压力情景下流动性危机的波及范围。

四、危机后的流动性风险监管变革

金融危机中，流动性危机带来的严重教训让各国银行监管当局和国际监管组织意识到，过去的流动性风险管理和监管水平尚有较大的改善空间。为此，针对商业银行流动性风险在当前市场形势下表现出的特点，巴塞尔委员会对危机中的经验教训进行了充分反思，发布了一系列监管文稿，加大了流动性风险监管的审慎性和可操作性。

（一）巴塞尔委员会的流动性风险监管改革

2008年，巴塞尔委员会发布《流动性风险管理和监管的原则》，指出稳健原则是流动性风险管理的最佳实践准则，对银行业机构流动性风险管理稳健框架及其关键要素提出了一致的要求，旨在建立健全的流动性风险管理框架并将之纳入全面风险框架，提高金融机构在流动性压力情景下应对危机的弹性。

围绕稳健的流动性风险管理原则，《流动性风险管理和监管的原则》从以下几个方面提出了更高的标准：关于管理层的监督及风险容忍度的明确规范，将表外证券化业务、或有流动性风险等纳入流动性风险计量，每项业务承担风险的激励与银行整体业务的风险敞口保持一致，流动性风险的压力测试要覆盖单个机构及市场范围的压力情景，且应根据压力测试的结果不断调整应急资金计划，即日流动性风险和抵押品状况的管理，保留充足的优质流动性资产，定期公开披露流动性风险状况及管理情况。此外，对监管者也提出了更高的要求，包括及时介入并纠正流动性风险管理的不足，注重跨国界的流动性风险监管交流等。

巴塞尔委员会在2010年4月正式公布了《流动性风险测量的国际框架、标准和监测》，建议引入两个国际上统一的定量监管指标，即流动性覆盖率和净稳定资金比例（见表1）。这两个流动性监管指标的修订稿分别于2013年1月和2014年10月颁布，使得巴塞尔流动性监管规则更加贴合现实金融环境，可操作性进一步提升。对于巴塞尔委员会针对流动性监管的一系列改革，我们将在后续章节中进行详细的探讨。

表1　　新的流动性监管指标

	流动性覆盖率（LCR）	净稳定资金比例（NSFR）
公式	$\frac{\text{优质流动性资产储备}}{\text{未来30日的资金净流出}}$	$\frac{\text{可用的稳定资金（ASF）}}{\text{业务所需的稳定资金（RSF）}}$
最低标准	100%	100%
监管目标	短期流动性风险的监测	调整期限错配、稳定资金来源
分析基础	现金流量表	资产负债表
作用	保障银行基本的短期流动性	促进银行使用更长期的结构性资金来源以支持资产负债表表内、表外风险敞口和资本市场业务活动
目的	通过确保机构拥有足够的优质流动性资源来提高应对短期流动性风险的能力	让银行运用更加稳定、持久和结构化的融资渠道来提高其在较长时期内应对流动性风险的能力，防止银行在市场繁荣、流动性充裕时期过度依赖批发性融资
标准引入安排	2015年引入，但只需达到60%即算合格，此后每年递增10%，到2019年达到100%	2012年进入观察期，在2018年以前达到最低标准

资料来源：BIS，作者整理。

（二）各国的流动性监管变革

在对金融危机进行充分反思后，面对新的市场环境下流动性监管的现实问题及挑战，英国、美国、德国及部分新兴市场国家已开始陆续参照巴塞尔委员会的阶段性成果，基于“稳健原则”的框架，探索建立适合本国银行业流动性风险管理的指引或计量标准，如美国金融监管机构联合发布的《资金与流动性风险管理联合指引》、英国金融服务局（FSA）的《加强流动性风险管理指引》、德国联邦金融监管局（BaFin）公布的风险管理最低要求（MaRisk）、新西兰联储银行的《流动性政策》及《流动性资产计量说明》。改革具体体现在以下几个方面：

1. 建立激励相容的流动性监管框架。在各国提出的流动性风险管理指引中，英国和德国都要求金融机构明确流动性风险偏好与风险容忍度，扩大压力测试覆盖范围，明确将流动性风险管理纳入高管的职责范畴。其中，英国金融服务局（FSA）要求所有BIPRU1机构满足流动性风险管理、流动性风险压力测试和应急融资计划三个方面的要求，并以流动性风险压力测试和应急融资方案的结果为基础，决定金融机构流动性风险偏好是否需要修改。德国监管当局也同样要求金融机构定期进行流动性风险的压力测试，且必须充分考虑机构范围内的流动性风险及市场范围内的流动性风险。

与此同时，各国在改革中仍旧继承了激励相容的监管理念，英国监管当局引入了个别流动性充足标准（ILAS）的概念，包含个别流动性充足框架、流动性监管审核程序及个别流动性指引三个方面，实现了差别化监管。

2. 实现对流动性风险的有效识别和度量。流动性风险较难度量一直是其监管缺失的主要原因之一。在新的流动性风险管理指引中，各国均对此进行了尝试。其中德国提出采用标准化与内部模型两种方式度量流动性风险，以及在某些特定条件下银行可以自行决定是否采用流动性管理的“自由化条款”，即根据监管目的使用内部流动性模型来代替标准化方法。这些机构必须定期计算流动性的充足性、监督流动性风险，并验证模型的有效性。德国联邦金融监管局（BaFin）采用定量分析与“有用性测试”（usetest）的原则来衡量这些内部模型在度量流动性风险上的充足性。

3. 保有足够的高质量流动性资产。此次金融改革的重点之一，就是将流动性资产界定为在任何情况下都是无变现障碍的资产，要求金融机构合理持有优质资产并谨慎判断流动性。英国金融服务局要求金融机构维持一定存量的高质量政府债券、央行储备及多边发展银行债券，以满足监管的流动性缓冲要求。德国监管当局要求金融机构确保资本结构具有充分的分散度，在必要时确保每日拥有足够的流动性。

4. 加强外币流动性资产监管，提高跨境分支机构流动性标准。为应对日益增加的跨国金融业务带来的潜在流动性风险，各国纷纷对外资分支机构制定了明确的标准。如英国要求所有的外国银行分行及子银行在没有得到豁免的情况下，必须证明流动性可以自给自足。德国联邦金融监管局在其风险管理最低要求（MaRisk）中，要求持有大量、多种类外币的跨境金融机构必须执行适当的程序来管理以本币衡量的外汇交易流动性，以应对其支付义务。

5. 提升流动性风险报告要求。各国监管当局大部分从多维度、高频率的角度来提高报告要求。例如，英国在新流动性标准要求披露流动性风险的驱动因素，具有多种货币流动性风险的机构，还要提供其他币种的流动性风险报告。德国监管层要求金融机构定期将流动性报告提交给高层，内容包括流动性状况、压力测试的结果、应急融资计划的修订，报告还需单独处理来源于表外的特殊流动性风险。

五、流动性风险监管的改革趋势与展望

各国在巴塞尔Ⅲ的框架下积极推进流动性监管改革，对流动性风险的计量、管理控制都提出了更高的要求，扩大了流动性风险的监测范围，更加灵活地对各种金融机构进行流动性监管。我们对危机后流动性监管的发展趋势进行了归纳总结和展望，相信在未来一段时间，巴塞尔委员会和各国监管当局将按照但不局限于这些趋势，不断完善流动性风险的监管改革。

（一）扩大流动性风险监管范围

在一定程度上，流动性更多地体现了一种宏观和系统的概念，对于流动性的管理单从微观角度入手是不够的。传统的金融监管方法致使各种运用高杠杆率操作的影子银行体系处于监管的“真空地带”，成为金融稳定的潜在威胁。在新一轮的金融监管改革中，各监管改革方案都将影子银行纳入监管范畴，加强了对现金流的监管力度。如美国新出台的金融监管法案中要求对冲基金在证券交易委员会注册，限制银行参与金融衍生品投机交易等行为，这在一定程度上限制了流动性风险在不同行业之间的隐藏和传递。

（二）强化单体金融机构监管

此次流动性监管改革要求更加细化，全方位实施审慎的流动性监管要求。在量化管理方面，推动建立充分、高质量的流动性储备，要求长期、稳定的融资来源。在管理体系方面，要求金融机构从公司治理的高度提升流动性风险管理的稳健性，包括确定相关战略、政策、程序和风险容忍度；促进融资渠道的多元化和应急资金计划的可操作性；加强压力测试方案的运用程度；更详细和频繁的报告要求，以及监管部门对流动性的充足性评估和监管流程更趋制度化、体系化发展。对于具有系统重要性的非银行金融机构在流动性要求、信息披露上实施更严格、更具体的监管。

（三）加强监管的国际合作与协调

随着全球化趋势进一步加强，资产证券化、金融衍生工具的广泛使用和金融市场格局的变化，流动性风险呈现出更加复杂的系统性特点，因而未来的流动性监管更应加强国际间的合作与协调。对于跨境资本的流动管理，全球各经济体应进一步加强对跨境资本过度流动的监管和政策协调，以减小资本无序流动和汇率剧烈变动对金融体系和金融机构的冲击，保障区域内及全球内的经济安全与流动性稳定。目前，巴塞尔委员会尝试对跨国金融机构的流动性管理问

题制定全球统一的监管规则，从而有效熨平金融市场的动荡。

（四）建立流动性风险预警机制

建立流动性风险预警机制是流动性风险事前监管的重要组成部分，有利于提高风险防范能力。目前的监管改革主要从以下几个方面推动建立有效的流动性风险预警机制。

首先，对资产负债表进行剖析。结构化投资产品的估值主要依赖于正常情形下的公允价值计量，危机条件下资产价格急剧下降会暴露资产负债表的真实性。因此，在监测机构流动性时，应将表外实体并入资产负债表考虑，并考虑结构化产品因公允价值低于某一限值而导致减价出售的可能情景，并根据合理估计而得的公允价值下跌幅度迅速调整资产负债表。

其次，从现金流的角度切实监测流动性的供需状况。充分考虑压力情景下各类资产变现的可能性和损失大小，预测未来稳定的现金流入和可能的现金流出。此外，对其他机构提供的潜在流动性承诺也纳入测算范围，并将流动性的测算结果与应急资金计划的调整挂钩。

再次，建立完善的风险预警系统，包含对集团层面和分支机构层面的每日流动性监测。设立明确的风险容忍度，将之与流动性监测结果进行比较来确定风险敞口、风险根源，调整抵押品、优质流动性资产的范围保证能够获得足够的资金来满足每日流动性需求。

最后，定期对流动性进行分析报告，提高防范流动性风险的能力。危机前各国的流动性管理制度中大多要求每季度或半年进行流动性报告，而且长期繁荣的市场环境导致监管层和金融机构对报告的反馈和重视程度不够。危机后，各国监管机构大幅提高流动性汇报频率和披露范围。巴塞尔委员会要求至少每月计算并汇报流动性覆盖率和净稳定资金比例，压力情景下可增加至每周或每日汇报，增加了信息透明度，有利于客观评估现有风险。

第二节　巴塞尔Ⅲ流动性风险监管

在次贷危机之前，流动性风险监管并未引起监管当局的足够重视。低利率环境下融资渠道的转变、资产证券化的爆发式增长、抵押品的广泛使用、支付系统和跨境业务的发展提升了金融市场的活跃程度，也对银行的日流动性风险管理提出了更高的要求。银行一旦不能按时支付大额债务，就会对其他银行和整个银行体系产生影响。

在全球经济繁荣、流动性过剩的背景下，资本市场和货币市场交投活跃，人们误以为批发融资市场的流动性可以一直保持充沛。然而在流动性发生紧缩时，如次贷危机爆发后，金融机构赖以生存的批发融资市场迅速枯竭，各种曾经具有“和现金一样流动性”的融资工具先后陷入危机，流动性风险全面爆发。在2007年以来的次贷危机和由此引发的全球金融危机中，流动性的迅速枯竭，以及后果的严重性引发了全球银行业对流动性监管的反思和讨论。为此，各国总结探讨了此次危机中暴露出的流动性监管体系的不足，相继发布流动性监管改革的指引文稿，进一步提高了流动性要求、细化了监管标准。

巴塞尔委员会作为全球最具影响力的银行业监管机构之一，通过反思危机中暴露的缺陷，要求国际银行业建立一个有效的风险管理系统来计量、监测和控制流动性风险，将流动性风险管理纳入全面风险管理框架，并对跨国银行流动性管理和监管进行了探讨和规定。首先于2008年9月制定了《稳健的流动性风险管理与监管原则》。文稿以稳健的监管为核心理念，从管理和监督流动性风险的基本原则、流动性风险的管理方法、流动性风险的测量和管理、公开披露和监管架构的作用五个方面，系统地提出了银行业流动性风险管理和监督的17项原则。巴塞尔委员会公布的流动性监管原则对于维护银行业安全稳健运行、增强各国银行业流动性风险管理能力具有重要意义，对后危机时代在国际范围建立一致有效的流动性风险监管框架起到了有力的推动作用。

此后，巴塞尔委员会在2009年12月公布了《流动性风险计量、标准和监测的国际框架（征求意见稿）》，首次建议引入两个国际上统一的、独立但互补的定量监管指标：流动性覆盖率（LCR）及净稳定资金比例（NSFR），并于2010年4月推出《流动性风险计量、标准和监测的国际框架》的正式文稿。

正式文稿发布后，包括巴塞尔委员会在内的国际组织和各国监管机构纷纷评估监管指标对银行业的影响，基于这些评估结果，巴塞尔委员会又对流动性监管指标和监测工具作了一些调整，如对LCR中的流失比率和NSFR中的调整因子都作了调整，并在原有征求意见稿四个监测工具的基础上增加了以其他重要货币计算的流动性覆盖率这一新的监测工具。最终于2010年12月出台了《巴塞尔Ⅲ：流动性风险计量、标准和监测的国际框架》，确立了流动性风险的监管指标。

随后，巴塞尔委员会又开展了流动性覆盖率指标和净稳定资金比例指标的修订工作，分别于2013年1月和2014年10月公布了修订版的《巴塞尔Ⅲ：流动性覆盖率和流动性风险监测工具》和《巴塞尔Ⅲ：净稳定资金比例》，形成了流动性风险管理的基本框架。

此后，巴塞尔委员会对净稳定资金比例进行了技术性修订，于2018年6月发布了《巴塞尔Ⅲ：非常规货币政策下净稳定资金比例的操作方法》，细化了非常规货币政策下的流动性风险管理。至此，形成了巴塞尔协议流动性风险管理的最终方案。

一、后危机时代流动性风险监管原则的确立

在对既有流动性监管制度进行深刻反思和各国监管实践总结的基础上，巴塞尔委员会于2008年9月公布了《流动性风险管理和监管的原则》。文稿以稳健的监管为核心理念，从管理和监督流动性风险的基本原则、流动性风险的管理方法、流动性风险的测量和管理、公开披露和监管架构的作用五个方面，系统地提出了银行业流动性风险管理和监督的17项原则，为后危机时代的国际银行业流动性风险管理确立了一套完备的原则框架。

其中，流动性风险监管基本原则提出银行负有进行有效流动性风险管理的责任，包括建立健全流动性风险管理框架以确保流动性充足，并以此应对一系列压力事件的冲击，而银行监管机构应对银行流动性风险管理框架的健全程度进行评估。流动性风险管理方法则要求银行从经营战略、内部治理和业务风险管理三个方面明确流动性风险管理的政策实践。而流动性风险的测量和管理则要求银行建立一套可供识别、计量、监测、控制流动性风险的稳健程序和多样化的资金来源和相应的筹资策略，予以积极实时的监控和评估，定期进行压力测试并据以调整应急资金计划。信息公开披露要求银行定期进行信息公开披露，从而使市场参与者能够对银行流动性风险管理框架的稳健性及流动性资产头寸状况进行合理判断。鉴于银行在整个金融体系中的核心地位，监管者在流动性风险监管方面应发挥积极的作用，定期对银行的总体流动性风险管理框架和流动性资产头寸状况进行综合评估，并加强对银行内部报告、市场信息等方面的监督检查，加强境内外监管机构的有效交

流，且在必要时实施积极干预。

巴塞尔委员会公布的流动性监管原则对于维护银行业安全稳健运行、增强各国银行业流动性风险管理能力具有重要意义，对后危机时代在国际范围建立一致有效的流动性风险监管框架起到了有力的推动作用。

二、流动性风险监管的两个定量指标

巴塞尔委员会在2009年12月公布了《流动性风险计量、标准和监测的国际框架（征求意见稿）》（以下简称《框架》），首次建议引入两个国际上统一的、独立但互补的定量监管指标：流动性覆盖率（LCR）及净稳定资金比例（NSFR），并于2010年4月推出正式文稿。这两个标准主要由国际一致的、有具体明确值的参数组成。但是，各国监管者在设置某些参数时也具有一定的自行决定权以反映当地的特殊情况。比如，各国潜在的零售存款流失比率在一定程度上依赖于其存款保险制度的结构。与此同时，巴塞尔委员会要求这些参数的设置应该被明确、透明地描述，以确保境内外能够清晰地了解。

正式文稿发布后，包括巴塞尔委员会在内的国际组织和各国监管机构纷纷评估监管指标对银行业的影响，基于这些评估结果，巴塞尔委员会又对流动性监管指标和监测工具作了一些调整，如对LCR中的流失比率和NSFR中的调整因子都作了调整，并在原有征求意见稿四个监测工具的基础上增加了以其他重要货币计算的流动性覆盖率这一新的监测工具。最终于2010年12月出台了《巴塞尔Ⅲ：流动性风险计量、标准和监测的国际框架》，确立了流动性风险的监管指标。

随后，巴塞尔委员会又开展了流动性覆盖率指标和净稳定资金比例指标的修订工作，分别于2013年1月和2014年10月公布了修订版的《巴塞尔Ⅲ：流动性覆盖率和流动性风险监测工具》和《巴塞尔Ⅲ：净稳定资金比例》。

（一）短期监管指标：流动性覆盖率

流动性覆盖率主要是从短期的时间角度来衡量机构应对流动性风险的能力，确保机构拥有足够的流动性资源来应对短期流动性风险，能够从为期一个月的压力环境中恢复。

流动性覆盖率（LCR）=优质流动性资产/未来30天内的资金净流出量≥100%

从LCR的公式中不难看出，该指标有三个要点：其一，指标的设定基于监管部门设定的短期严重压力情景；其二，以持有的无变现障碍、优质流动性资产的数量来衡量银行应对流动性风险的能力；其三，以30天内资金净流出数量判断流动性压力。此外，文稿要求银行业从单一常用货币的角度满足流动性覆盖率（LCR），并且披露该指标情况。当然，监管层和银行业也需密切注意其他重要币种下的流动性需求。

1. 对应的压力情景。巴塞尔委员会设定的压力情景包括单个机构和整个系统在金融危机中遭受冲击的情况。具体包括：部分零售存款流失；无担保批发融资能力下降；特定抵押品和交易对手的短期担保融资能力下降；银行的公共信用评级下降至少三个等级所导致的契约性现金流流出；市场波动增加造成的抵押物追加要求或其他流动性需求；对银行提供的信用额度或流动性便利的非常规使用；为降低声誉风险而进行的债务回购或承担非契约性义务。

次贷危机中流动性的迅速枯竭使各国监管当局充分意识到，资产流动性很大程度上依赖于市场条件，因而应从更谨慎的角度来定义流动性资产，并在充分考虑压力情景对资产变现能力影响的条件下，将现金流作为最终考核标准。压力情景的设计，是此次巴塞尔委员会新指标的重要特点之一，只有在压力情景下的优质资产才能在危机中真正应对流动性风险。这与压力测试的理念在某种程度上有着异曲同工之妙。

2. 优质流动性资产及其折算系数。优质流动性资产指的是在正常或压力情景下，无变现障碍的优质资产。该资产的特点是低信用和市场风险，易于估值（不基于强假设条件而定价）且价值稳定，与风险资产的相关性低，在广泛认可的发达交易所市场挂牌。此外，该优质资产应该存在活跃且具有一定规模的交易市场，该市场存在专业的做市商，市场集中度低且容易向安全投资转移。文稿还要求，在压力情景下机构持有的优质流动性资产能随时变现以填补资金缺口。该资产不能作为交易的抵押品，或被用于在结构性交易进行信用增级，只能单一地用作应急资金的来源。银行机构应定期地通过回购等手段来货币化部分优质流动性资产，以检验该资产的可用性。

巴塞尔委员会从两个层次来定义优质流动性资产。一级资产通常包括现金、央行储备金，以及由主权实体、央行等其他机构发行或担保的、可在市场上交易的证券。这些资产的价值最稳定且流动性最高，在优质流动性资产储备中所占比例不受限制，且在计算流动性覆盖率时不需进行扣减调整。二级资产分为2A和2B两种级别。其中，2A级资产包括政府证券，至少AA-级的公司债券和担保债券等，对应的扣减比率也比较低；2B级别资产则有更高的扣减比率和更低的总额限制，具体来看，2B级资产纳入了A+级至BBB-级的公司债券（扣减比率为50%）、某些无产权负担的股票（扣减比率为50%）和AA级以上的住房抵押贷款支持证券（扣减比率为25%），同时按照扣减比率进行折减后的总额不能超过优质流动性资产总额的15%。当然，二级资产占比最高仍然要求不得超过银行优质流动性资产储备的40%，如表2所示。

表2　优质流动性资产的分类

优质流动性资产	转换系数（=1-扣减比率）
1. 一级资产	
现金和支票	100%
由主权实体、央行、多边发展银行或公共机构实体发行或担保的，可在市场上交易的证券	
中央银行准备金	
风险权重不为0的主权实体或其中央银行发行的债券	
2. 二级资产（不得超过HQLA的40%）	
2A级资产	
由主权实体、央行、多边开发银行或公共机构实体发行或担保的，可在市场上交易且信用风险权重为20%的债券	85%
至少AA-级的公司债券	
至少AA-级的担保债券	
2B级资产（不得超过HQLA的15%）	
至少AA级的住房抵押贷款支持证券	75%
A+级至BBB-级的公司债券	50%
普通股	50%

资料来源：BIS，作者整理。

3. 净现金流出及其流失比例。净现金流出是特定压力情景下、未来30天内预期累积现金流出与预期累积现金流入的差额，表明压力情景下累积流动性错配的情况。预期现金流出总量是各类负债项目和表外承诺的余额与其预计流失比例或被提取率的乘积。预期现金流入总量是各类契约性应收款项的余额与其在压力情景下预计流入比例的乘积。为防止净流出量出现负数，公式规定可计入的预期现金流入总量最多不得超过预期现金流出总量的75%。

30天内的净现金流出量=现金流出量-min（现金流入；现金流出量×75%）

在现金流出量的计算中，巴塞尔委员会根据存款来源将其划分为零售存款和批发存款，并进一步将零售存款分为稳定和不稳定两类，批发存款分为有担保和无担保[①]两类。其中，零售存款的划分与存款保险制度覆盖与否密切相关。稳定的零售存款指被有效的存款保险制度[②]或等价的公开担保所覆盖的、存款人与银行有稳定的业务往来使得取出存款基本不可能，且处于交易账簿的存款。

① 有效存款保险制度具备以下三点特征：保证银行业及时支付的能力、覆盖范围明确、公信度高。若存在明确的、有法律约束力的国家担保，也可视为该国存在有效存款保险制度。

② 在此情景下，机构持续进行回购、逆回购及其他证券融资交易的能力有限，仅能进行以优质流动性资产为担保或与本国政府、公共服务机构、央行进行的交易。

不稳定的零售存款包括没有被有效存款保险制度或国家担保所覆盖、来自复杂的、高资本净值客户或能轻易提取的本外币存款。

基于对资金提供者对利率、借款机构的信用质量和偿债能力的敏感程度的假设，以及它们与银行业务关系的程度，巴塞尔委员会对无担保的批发存款进行了更加详细的划分，并予以相应的流失比例，详见表3。对于担保批发存款的定义基于一个重要的压力假设，即金融机构在短期的融资交易中丧失了担保融资能力，此时银行应对所有即将在30天压力期内到期的担保融资交易余额采用以下的流失比例，且现金流出额应基于资金数额而不是相应抵押品的价值。

表3　　预期的累积现金流出

<table>
<tr><th colspan="3">现金流出</th><th>流失比例</th></tr>
<tr><td colspan="3">1. 零售存款</td><td></td></tr>
<tr><td colspan="3">活期存款和剩余期限在30天内的定期存款</td><td></td></tr>
<tr><td rowspan="3">其中：</td><td colspan="2">稳定存款（满足有效存款保险制度的附加标准）</td><td>3%</td></tr>
<tr><td colspan="2">稳定存款</td><td>5%</td></tr>
<tr><td colspan="2">欠稳定存款</td><td>10%</td></tr>
<tr><td colspan="3">剩余期限长于30天的定期存款</td><td>0</td></tr>
<tr><td colspan="3">2. 无担保批发存款</td><td></td></tr>
<tr><td rowspan="9">其中：</td><td rowspan="2">小企业客户的活期存款和剩余期限在30天内的定期存款</td><td>稳定存款</td><td>5%</td></tr>
<tr><td>欠稳定存款</td><td>10%</td></tr>
<tr><td colspan="2">业务关系存款（业务关系包括托管、清算和现金管理）</td><td>25%</td></tr>
<tr><td colspan="2">● 由存款保险计划或提供同等保护的公开保证所覆盖的部分</td><td>5%</td></tr>
<tr><td colspan="2">来自合作型银行体系的存款</td><td>25%</td></tr>
<tr><td colspan="2">由非金融机构、主权实体、中央银行、多边开发银行和公共部门实体提供的非业务关系存款</td><td>40%</td></tr>
<tr><td colspan="2">● 该存款全额被有效存款保险计划或提供同等保护的公开保证覆盖</td><td>20%</td></tr>
<tr><td colspan="2">其他法人客户提供的融资</td><td>100%</td></tr>
<tr><td colspan="3">3. 担保批发存款</td><td></td></tr>
<tr><td rowspan="6">其中：</td><td colspan="2">以一级资产担保或以中央银行为交易对手</td><td>0</td></tr>
<tr><td colspan="2">由2A级资产担保</td><td>15%</td></tr>
<tr><td colspan="2">以本国主权实体、多边开发银行或本国公共部门实体为交易对手，且不由一级资产和2A级资产担保</td><td>25%</td></tr>
<tr><td colspan="2">由包含在2B级资产内的合格RMBS担保</td><td>25%</td></tr>
<tr><td colspan="2">由其他2B级资产担保</td><td>50%</td></tr>
<tr><td colspan="2">其他</td><td>100%</td></tr>
<tr><td colspan="3">4. 附加要求</td><td></td></tr>
</table>

续表

现金流出	流失比例
融资交易、衍生产品以及其他合约中包含降级触发条款导致的流动性补充需求	3个档次的评级下调
衍生产品交易市值变动导致的流动性补充需求（前24个月内出现的30天内抵押品净流出最大值）	向后看的方法
衍生产品交易中非一级资产抵押品估值变化导致的流动性补充需求	20%
衍生产品交易中根据合同能被交易对手随时收回的超额抵押品导致的流动性补充需求	100%
衍生产品交易中抵押品对外交付义务导致的流动性补充需求	100%
衍生产品交易中允许交易对手以非合格优质流动性资产替换合格优质流动性资产抵押品导致的流动性补充需求	100%
资产支持商业票据、结构性融资工具、管道工具、证券投资载体等	
● 30天内到期的资产支持商业票据、结构性融资工具、证券投资载体等类似融资工具	100%
● 30天内到期的资产支持证券（包括担保债券）	100%
未来30天内交易对手可以行使权利的未提取的不可无条件撤销的信用便利和流动性便利	
● 提供给零售和小企业客户	5%
● 提供给非金融机构、主权实体和中央银行、多边开发银行和公共部门实体	信用便利10%，流动性便利30%
● 提供给受到审慎监管的银行	40%
● 提供给其他金融机构（包括证券公司、保险公司）	信用便利40%，流动性便利100%
● 提供给其他法人客户	100%
其他或有融资义务（如保函、信用证、可撤销的信用证和流动性便利等）	由监管机构视情形确定
● 贸易融资	0~5%
● 以其他客户抵押品覆盖客户空头头寸导致的非契约性负债	50%
额外的契约性现金流流出	100%
衍生产品交易的净现金流出	100%
其他契约性现金流出	100%

注：担保批发存款指来源于法人实体，且在借款人破产、清偿或解散时资产作为抵押的资金。
资料来源：BIS，作者整理。

现金流入的规则相对简单，如表4所示。巴塞尔委员会规定，银行在预测压力情景下30天内的现金流入时，只能包含那些运营正常、没有任何违约理由的现金流入。此外，银行和监管机构还应密切关注逾期批发现金流入的集中程度，确保银行未来的现金流入没有过度依赖于单一或有限个批发交易对手。为防止银行过度依赖预期的现金流入来满足流动性要求，确保其持有最低水平的流动性资产，巴塞尔委员会规定能用来抵消现金流出的现金流入数量最高不能超过总现金流出的75%，这就要求银行必须保持至少相当于25%现金流出数额的流动性资产。

表4 相应的现金流入

<table>
<tr><td colspan="2">现金流入</td><td colspan="2">流入系数</td></tr>
<tr><td colspan="2">由以下资产担保的在30天内到期的抵押借贷</td><td>抵押品未用于再抵押融资</td><td>抵押品用于再抵押融资</td></tr>
<tr><td colspan="2">一级资产</td><td>0</td><td>0</td></tr>
<tr><td colspan="2">2A级资产</td><td>15%</td><td>0</td></tr>
<tr><td rowspan="2">2B级资产</td><td>以合格的RMBS担保</td><td>25%</td><td>0</td></tr>
<tr><td>以其他2B级资产担保</td><td>50%</td><td>0</td></tr>
<tr><td colspan="2">由其他抵押品担保的保证金贷款</td><td>50%</td><td>0</td></tr>
<tr><td colspan="2">其他资产</td><td>100%</td><td>0</td></tr>
<tr><td colspan="2">商业银行从其他机构获得的信用便利或流动性便利</td><td colspan="2">0</td></tr>
<tr><td colspan="2">存放于其他金融机构的业务关系存款</td><td colspan="2">0</td></tr>
<tr><td colspan="2">来自不同交易对手的其他现金流入
● 来自零售和小企业客户的现金流入
● 来自非金融类机构的现金流入
● 来自金融机构和中央银行的现金流入</td><td colspan="2">
50%
50%
100%</td></tr>
<tr><td colspan="2">衍生产品交易的净现金流入</td><td colspan="2">100%</td></tr>
<tr><td colspan="2">其他30天内到期的契约性现金流入</td><td colspan="2">由监管机构视情形确定</td></tr>
</table>

资料来源：BIS，作者整理。

值得一提的是，互为交易对手银行的流出比率和流入比率具有严格的对应关系。例如，对于接受存款银行采用25%流出系数的存款，存款的银行只能使用零的流入系数，因为这些存款被看作是留存于接受存款银行进行业务活动的。这种防止一笔资产被重复作为各自的流动性资产的计算方法，在一定程度上反映了系统流动性风险的监管理念。

可见，流动性覆盖率（LCR）通过严格的定义流动性资产、细分现金流量情况并赋予相应的折扣系数，旨在保证银行在未来30天内有足够数量、无变现障碍的优质流动性资产来满足压力情景下可能由于潜在的资金错配带来的资金缺口。

（二）长期监管指标：净稳定资金比例

作为流动性覆盖率指标的一个补充，净稳定资金比例要求银行在持续的压力情景下，仍然有稳定的资金来源用来持续经营和生存1年以上，旨在让银行采用更加稳定、持久的融资渠道，在长期内提高应对流动性风险能力，优化融资结构。其中，稳定资金是指在持续存在的压力情景下，在1年内能够保证为稳定资金来源的权益类和负债类资金。金融机构对这类资金的需求量是其所持有各类资产的流动性特点、发生在表外的或有风险敞口的及所开展业务情况的函数。

净稳定资金比例=可用的稳定资金（ASF）/业务所需的稳定资金（RSF）＞100%

1. 对应的压力场景。与流动性覆盖率指标类似，巴塞尔委员会对净稳定资金的定义也基于一定的压力情景设定，包括：因大量信用风险、市场风险或操作风险敞口造成的清偿力或盈利能力大幅下降；被任何一家全国范围内认可的评级公司调低了债务评级、交易对手信用评级或存款评级；某一事件使人们对银行的声誉或信用度产生怀疑。

2. 可用的稳定资金（ASF）及其折算因子。可用的稳定资金包括机构的资本、有效期限不小于1年的优先股、有效期限不小于1年的负债及压力情景下有效期小于1年、预期将留在机构内的非到期存款（或定期存款）和批发资金。从央行公开市场操作以外获取的借贷资金不计入该项目，以防过度依赖央行作为融资来源。可用的稳定资金数量的计算是将机构的权益资本和负债的账面价值乘以对应的ASF因子，加权平均的总和就是可用的稳定资金数量，详见表5。

表5　　可用的稳定资金

可用的稳定资金（ASF）	ASF因子
一级和二级资本工具	100%
未包括在二级资本中的有效期限不小于1年的优先股（将外在的或内嵌的、可能导致到期日小于一年的期权的影响考虑在内）	
所有有担保或无担保（含定期存款）、有效期限不小于1年的借贷和债务	
来自零售客户和小企业客户的稳定存款（无到期日或余期小于1年）	95%
来自零售客户和小企业客户的不稳定存款（无到期日或余期小于1年）	90%
来自非金融企业的、剩余期限小于1年的融资	50%
业务关系存款	
来自政府、多边发展银行和公共部门实体的、剩余期限小于1年的融资	
剩余期限在6个月以上1年以下的其他融资项目（包括央行和金融机构提供的融资）	
以上所列之外的其他所有负债和权益	0

资料来源：BIS，作者整理。

3. 所需的稳定资金（RSF）及其折算因子。所需的稳定资金数量，是监管者基于该机构的表内外资产和其他相关活动的整体流动性风险情况，进行假设而测量得出。所需稳定资金数量的计算是将机构所持有的或由融资而得的资产价值乘以对应的RSF因子，加权平均的总和就是所需的稳定资金数量。在压力情景下，流动性好且容易获得以作为额外流动性补充的资产被赋予较低的RSF因子，即需要较少的稳定资金来支撑，各稳定资金项目下RSF因子的设定详见表6。

表6　　所需的稳定资金项目列表

<table>
<tr><th>所需的稳定资金项目（RSF）</th><th>RSF因子</th></tr>
<tr><td>现金</td><td rowspan="4">0</td></tr>
<tr><td>央行准备金</td></tr>
<tr><td>对中央银行债权，到期期限小于6个月</td></tr>
<tr><td>“交易日”应收账款，来自金融工具、外汇和大宗商品的出售</td></tr>
<tr><td>无变现障碍的一级资产，现金和央行准备金除外</td><td>5%</td></tr>
<tr><td>提供给金融机构的无变现障碍的贷款，到期期限小于6个月，并满足：贷款由一级资产担保，而且银行可以自由对贷款存续期内的抵押物进行再抵押操作</td><td>10%</td></tr>
<tr><td>其他提供给金融机构的无变现障碍的贷款，到期期限小于6个月</td><td rowspan="2">15%</td></tr>
<tr><td>无变现障碍的2A级资产</td></tr>
<tr><td>无变现障碍的2B级资产</td><td rowspan="5">50%</td></tr>
<tr><td>有变现障碍的HQLA，到期期限为6个月到1年</td></tr>
<tr><td>提供给金融机构和央行的贷款，到期期限为6个月到1年</td></tr>
<tr><td>存放在其他金融机构的业务关系存款</td></tr>
<tr><td>其他到期期限为6个月到1年的资产，包括提供给非金融机构客户、零售商、小企业客户、政府和公共部门实体的贷款</td></tr>
<tr><td>无变现障碍的住房抵押贷款，到期期限为1年以上，在巴塞尔Ⅱ标准评级法中被赋予35%或更低的信用风险权重</td><td rowspan="2">65%</td></tr>
<tr><td>其他无变现障碍贷款（除了给金融机构提供的贷款），到期期限为1年以上，在巴塞尔Ⅱ标准法中被赋予35%或更低的信用风险权重</td></tr>
<tr><td>用作衍生品合约初始保证金的现金、证券或其他资产，以及用作中央结算对手（CCP）违约基金的现金和其他资产</td><td rowspan="4">85%</td></tr>
<tr><td>其他无变现障碍的良好贷款（除了给金融机构提供的贷款），到期期限为1年以上，在巴塞尔Ⅱ标准法中被赋予35%或更低的信用风险权重</td></tr>
<tr><td>无变现障碍的非违约证券，且未被划分为HQLA（到期期限为1年以上）或在交易所买卖的权益证券</td></tr>
<tr><td>实体大宗商品，包括黄金</td></tr>
<tr><td>以上未包括的其他资产</td><td>100%</td></tr>
</table>

资料来源：BIS，作者整理。

此次金融危机的经验表明，很多潜在的表外流动性敞口虽然只需要少量直接或及时的资金来覆盖，但在极端的市场压力条件下也能导致严重的流动性枯竭。因此，将表外项目纳入RSF项目的计算有利于机构建立一定的稳定资金准备，来应对压力情景下出现的表外流动性敞口，详见表7。

表7　　表外项目及相应的RSF因子

表外项目	RSF因子
对客户提供的有条件撤销和不可撤销的信用便利和流动性便利	当前未撤出部分的5%
其他或有的资金债务，包括以下产品和工具： 无条件可撤销的信用便利和流动性便利；与贸易融资相关的债务（包括保函和信用证）；与贸易融资债务无关的保函和信用证；非契约性债务（如对银行债务逆回购的潜在需求，或相关的融资渠道，证券投资载体及其他融资便利；评级可调的票据和浮动评级即期票据等结构性产品；以维持一定稳定价值为目标的管理型基金，如货币市场共同基金或其他稳定价值型的共同投资基金等）	监管机构可根据本国情况自行定义RSF因子

资料来源：BIS，作者整理。

根据最新修订的巴塞尔流动性风险管理框架，在央行使用非常规货币政策吸收流动性时，对中央银行债权可以采用较低的RSF因子。但对于到期期限6个月及以上的中央银行债权必须采用不低于5%的RSF因子。同时，监管机构需要密切关注降低的RSF因子对稳定资金头寸的影响并采取必要措施。在央行使用非常规货币政策提供流动性时，操作中作为抵押品的金融资产也可以采用较低的RSF因子，但是不得低于相同的无担保资产的RSF因子。然而，无论是吸收还是提供流动性，监管机构都需要和中央银行进行讨论并商定出合适的RSF因子。

净稳定资金比例（NSFR）指标通过对银行资产负债项目的细分并赋予相应的折扣因子，旨在让银行运用更加稳定、持久、结构化的融资驱动来提高其在较长时期内应对流动性风险的能力，防止银行在市场繁荣、流动性充裕时期过度依赖批发性融资，对表内外资产的流动性风险进行更充分的评估。

（三）两个指标的比较

流动性覆盖率（LCR）和净稳定资金比例（NSFR）两个指标从时间维度、分析角度上都有所差异，互补地构建了巴塞尔资本协议Ⅲ下流动性风险核心框架，简单、精练地反映了流动性风险的监管要义。

两个指标的侧重点有所不同。流动性覆盖率（LCR）重在强化对银行短期流动性风险状况的监控，确保银行在设定的严重压力情景下，变现无障碍且优质的资产能够应对30天内的现金流出；净稳定资金比例（NSFR）作为流动性覆盖率的补充，目的是从长期的角度来促进银行业资产负债和业务融资结构更趋合理，鼓励银行通过结构调整减少短期融资的期限错配、增加长期稳定资金来源。净稳定资金比例（NSFR）指标有助于抑制银行使用期限刚好大于流动性覆盖率规定的30天时间区间的短期资金建立其流动性资产储备。

两个指标的分析角度有一定的差异。流动性覆盖率（LCR）是从现金流量表的角度进行分析，衡量30天内优质流动性资产对净现金流量缺口的覆盖程度；净稳定资金比例则是从资产负债表的角度进行分析，其中分子从负债和权益的角度出发，分母从资产的角度出发，衡量一年内银行权益类和负债类项目的流动性支持资产类业务发展的程度。可以说，两个指标分别对应流动性风险管理中现金流量的管理方法和资产与负债的管理方法。此外，两个指标设计中对于压力情景的重视体现了流动性风险管理中压力测试和应急计划的思想。

（四）过渡期安排

为实现监管指标的平稳推进，巴塞尔委员会对流动性监管指标的施行提供了较长的过渡期，分阶段实施，从而避免流动性标准的实施阻碍银行体系的发展。具体而言，如表8所示，流动性覆盖率（LCR）自2015年1月1日引入最低标准，但只需达到60%即算合格，此后每年递增10%，到2019年底实现完全达标，即达到100%；而净稳定资金比例（NSFR）自2018年1月1日需要达到最低标准。

表8 监管指标过渡期安排

年份	2016	2017	2018	2019	2020
LCR	60%	70%	80%	90%	100%
NSFR	观察期			引入最低标准	

资料来源：BIS，作者整理。

三、流动性风险监管的五个监测工具

除上述两个定量监管指标外，巴塞尔委员会还列举了五个监测工具用作连续的监测。这些工具反映了银行业机构的现金流、资产负债表及某些市场指标的具体信息。旨在进一步加强和提高全球流动性风险监管的一致性，实现对银行流动性风险敞口的持续监测，以便母国与东道国监管当局可以就这些流动性风险敞口进行交流。

（一）合同期限错配

该工具用来反映在指定时间段内合同约定现金流入和流出的期限差距。其中，基于审慎的原则，巴塞尔委员会要求在现金流入流出的评估上进行较为保守的估计。如假定现金流入发生在合同约定情况下可能的最晚时刻，现金流出发生自合同约定情况下的最早时刻，惩罚条款不能阻止债权人撤出资金，对于或有的债务敞口需要对引发债务的因素、相关敞口数量进行详细说明。

巴塞尔委员会规定，由监管层指定汇报的数据内容和时间区间，银行所披露的合同内现金流和债券流的时间区间由合同现金流的剩余期限来决定。没有特定到期日的融资工具需单独详细汇报，不包含任何到期日的假设。

合同期限错配显示银行在特定时间跨度内需要补充的流动性总量。该指标意在帮助监管当局发现银行在现有合同下对期限转换的依赖程度。根据《流动性风险管理和监管的原则》，银行应该针对合同期限错配的分析制订相应计划来弥补该资金错配，监管层应站在批判的角度对银行的计划进行判断，进而评估该融资计划的可行性。

（二）融资集中度

该指标的度量方法分别从以下三个角度展开：一是从交易对手角度进行度量，即从单个重要交易对手（提供的资金量超过银行总负债1%）所吸收的负债资金与银行资产负债表总量之比；二是从金融工具角度进行度量，即通过单个重要产品或工具（超过银行总负债1%的产品或工具）所吸收的负债资金量与银行资产负债表总量之比；三是以币种角度进行度量，即每种重要货币（超过银行总负债5%的货币）计价的资产和负债清单。

通过融资集中度可以识别比较重要的批发融资渠道及交易对手，避免因为过度依赖某一资金来源而陷入压力情景。监管当局希望借此鼓励融资来源的多元化。该监测工具需分别基于1个月内、1~3个月、3~6个月、6~12个月及一年以上等时间区间进行汇报。

（三）可用的无变现障碍资产

可用的无变现障碍资产是指银行可以用来在二级市场进行抵押融资和（或）可被中央银行接受作为借款担保品进行经常性便利融资的、无变现障碍的资产。银行应在监管层指定的汇报期向监管者汇报可用无变现障碍资产的数量、种类及位置。

（四）以其他重要货币计算的流动性覆盖率

监管指标中要求单一货币满足流动性覆盖率指标。但为更好地了解潜在的货币错配情况，银行业和监管者还应该监测用其他货币计算的流动性覆盖率。若以一种外币表示的总负债在银行总负债的比重至少为5%，则该种货币被视为具有重要性。外币资产的流动性覆盖率等于该种重要外币计算的高质量流动性资产与该种重要外币计算下30天内的净现金流出的比值。

对于外币流动性覆盖率并未给出全球统一的监管标准，如本币流动性覆盖率的100%的要求，但各国监管当局可以为外币流动性覆盖率设置一个最低监测比率，当银行在某一外币市场举债的能力和（或）将剩余的高流动性资产在币种之间、辖区和法人实体之间进行转换的能力有限时，应对该币种调高流动性覆盖率的监测标准。

（五）与市场有关的监测工具

与市场有关的监测工具是运用以市场为基础的数据作为对上述定量方法的有价值的补充，包括市场整体信息、金融行业信息和特定银行的信息。

其中，市场整体信息指市场的绝对水平和走势，并考虑市场对金融部门及特定银行的潜在影响，包括股票价格（股市整体表现及与被监管银行业务有关的各个领域的数据）、债券市场（货币市场、中期票据、长期债务、衍生工具、政府债券市场、信用掉期互换的价差指数等）、外汇市场、商品市场，以及与某些特定产品有关的指数（如某些证券化产品指数、信用违约掉期等）等在内的市场数据。这些数据可用来对银行的潜在流动性困难进行早期预警。

金融行业的信息包括股票和债券市场中的金融板块信息。监管者及银行管理层通过金融行业的信息来追踪金融行业是否跟随整体市场波动而波动，是否面临困境。

特定的银行信息包括银行的股票价格、信用违约掉期价差、货币市场交易价格、不同期限的融资价格、银行债券及二级市场上次级债的收益率等。通过该信息来判断市场是否对某个特定金融机构失去信心，或已经识别出该机构的相关风险。

四、流动性风险监管的特点

虽然危机爆发前巴塞尔委员会对于流动性风险的管理给予了一定的指导和建议，但基本是将流动性问题交给各国的监管机构自主进行调控。许多国家，如法国，虽然公布了流动性管理要求，但很大程度上只将其视为一种辅助的指标加以关注。在危机后的金融监管改革中，巴塞尔委员会确定了关于流动性风险的稳健监管原则，提出了上述两个重要监管指标五个辅助的监测工具，使流动性监管成为巴塞尔Ⅲ的重要内容。总结这一系列的改革方案，巴塞尔Ⅲ下流动性风险监管变革主要呈现以下几个特点。

（一）首次创建全球统一的流动性监管标准

流动性覆盖率（LCR）和净稳定融资比例（NSFR）两个流动性监管指标，最大的突破是其首次性和全球性，这两个指标作为资本管理的有效补充，首次被系统地纳入全球监管的统一体系。因为在资本比率完全达到巴塞尔委员会要求的情况下，银行可能依旧不能完全抵御挤兑等系统性风险的冲击，如北岩银行。因此，巴塞尔委员会提出了这两个监管指标相互补充，从长期和短期两个时间维度保障了银行流动性的安全和稳定，这是全球流动性管理的有益探索和尝试。

（二）流动性风险监管能够被计量

虽然相比较于巴塞尔Ⅱ中有关信用、市场和操作风险的度量方法和资本计提监管标准，流动性风险监管框架仍处于一个初级的发展阶段，而且新指标的计算也非常复杂，但是各界人士还是非常支持采用流动性覆盖率（LCR）和净稳定融资比例（NSFR）两大流动性比率来管理银行业的流动性水平，并对指标中标准化因素的处理表示认可。巴塞尔Ⅲ不仅延续了巴塞尔Ⅱ体现的激励相容的监管理念，而且同样鼓励金融机构使用内部模型来完善流动性风险度量与管理，以便更好地了解机构的特殊风险。这种相对标准化的方式，更加容易被金融机构接受，也更加有利于横向比较；同时明确各项资本安排，也有利于监管部门的掌控，提高监管效率。

（三）注重压力情景的前提假设

巴塞尔委员会在吸取此次金融危机经验教训的基础上，要求国际银行业在评估流动性风险时要充分考虑各种压力情景。两个流动性监管指标的设定也基于各自的压力情景假设，压力情景包括单个机构和整个金融系统遭受流动性冲击的情况。此外，在《流动性风险管理和监管的原则》中要求银行业定期针对各类短期或长期的机构和市场进行压力测试、评估流动性风险，并根据压力测试结果调整应急资金计划。

（四）充分全面的过渡期安排

为实现流动性风险监管的平稳过渡，避免由于指标实施恶化经济的复苏进程，巴塞尔委员会对监管指标的引入进行了阶段性过渡安排，给予国际银行业充分的适应和调整时间。此外，在流动性资产的计算方法上，巴塞尔委员会同意引入一套备选方法并对使用该方法的适用情形和判定标准进行了说明。这些安排提高了巴塞尔委员会流动性监管指标的适用性和灵活性。

（五）相对更适应于发达国家金融机构

巴塞尔委员会研究制定的巴塞尔Ⅲ系列文件，所使用的分析数据大多来自西方的商业银行，这就决定了其研究成果是为发达国家银行业服务的特性。其出台的各项措施针对的也是西方银行业在危机中表现出的问题和暴露的弊端，并未顾及新兴市场的不同情况和所处的不同发展阶段。如中国市场金融产品种类少、产品简单；银行不直接参与场内衍生品交易，所表现的风险特征和来源也与发达国家有所不同。因此，对发展成熟的西方银行业所采取的各维度的限制条件未必适用于处在发展阶段的新兴市场，可能会在一定程度上打击尚处于上升通道中的金融业。同时，巴塞尔委员会中来自新兴市场的银行成员很少能够真正参与到制度的制定环节，而是直接进入制度终稿的讨论，缺乏真正的发言权。包括中国在内的发展中国家都亟待提高其在规则制定上的话语权。

五、流动性风险监管新框架对国际银行业的影响

然而，对于巴塞尔Ⅲ中流动性风险监管的实施效果，目前仍存在着很多争议。总体而言，大家都认可经过如此的变革，银行和金融体系将更加安全，但是不可否认的是，更加严格的标准可能增加信用成本和降低银行经营活动的灵活性，进而可能减缓经济增长速度。

（一）流动性监管新标准的影响测算

自《流动性风险计量、标准与监测的国际框架》公布以来，巴塞尔委员会根据其对资本和流动性的新要求，定期对各国银行业进行样本测算，以评估其对银行业的影响。在2014年9月巴塞尔委员会官方文件《巴塞尔Ⅲ监测报告》中，巴塞尔委员会对来自27个委员会成员国的227家银行2013年底数据进行测算，其中包括102家一组银行（拥有超过30亿欧元的一级资本且全球活跃经营的银行）、125家二组银行。

1. 流动性覆盖率的达标情况。就流动性覆盖率来讲，共有216家银行提供了充足的数据，其中76%的样本银行已经满足或超过100%的最低标准，92%的样本银行已经满足或超过60%的初始最低标准。具体来看，一组银行的平均流动性覆盖率为119.2%，比2013年6月这个时点的平均值提高5%；二组银行平均值能达到131.8%，与2013年6月这个时点的平均值持平。

如果以100%的最低标准进行测算，样本银行在2013年12月31日这个时点存在3530亿欧元的流动性缺口，比2013年6月30日这个时点的流动性缺口减少1830亿欧元。如果以60%的初始最低标准进行测算，样本银行在2013年12月31日这个时点存在1580亿欧元的流动性缺口，比2013年6月30日这个时点的流动性缺口减少100亿欧元。

虽然大部分样本银行都已满足流动性覆盖率的初始标准，但仍存在较大的流动性缺口。不达标的银行可通过缩减业务范围中那些易受短期流动性冲击部分、巩固30天内资金来源或增加流动性资产的持有等途径来改善指标达标情况。

2. 净稳定资金比例的达标情况。就净稳定资金比例来讲，共有208家银行提供了充足的数据，其中78%的样本银行已经满足或超过100%的最低标准，88%的样本银行的NSFR已经超过90%。具体来看，一组银行的平均NSFR为111.1%，二组银行的平均NSFR能达到111.7%。在2013年12月31日这个时点，样本银行的

稳定资金缺口达7890亿欧元。

从上述测算结果可以看出，净稳定资金比例达标结果尚不理想，银行业所面临的稳定资金缺口还比较大。不能达标的银行可通过延长融资的期限或重构业务结构来改善。此外，值得注意的是，两个指标上的不达标不可以叠加，即一个指标达标情况的改善无助于另一个指标达标情况的改善。

（二）流动性监管标准的引入对银行业的影响

拥有不同资产负债、经营业务结构和风险管理模式的银行在满足监管指标上的难易程度都是不同的。因此，新流动性监管标准的施行将对全球银行业产生多个方面的影响。

1. 资产负债结构的调整。从资产总量上看，新流动性监管标准中严格的优质流动性资产的定义实际上将造成银行有效资产的缩水，进而对银行的盈利能力和竞争能力造成不利影响。银行吸收存款来弥补资金缺口的压力增大，这将加剧地方存款市场份额的竞争程度和设立分支机构的难度。此外，为满足流动性风险监管标准的要求，银行业需改变资产负债的期限结构，逐渐增加长期债务的比重。资金的构成将最终取决于各机构的自身状况和未来的市场条件。

流动性覆盖率的定义中政府债券要优于银行持有的部分其他资产，迫于经营的压力和达标的要求，银行可能会增加政府债券的比重，这也会增加银行在经营中面临的政治风险和系统风险。与此同时，流动性管理政策要求持有更多的“流动性”资产，这样会增加机会成本，这部分资产在拥有“流动性”的同时，失去相对应的“盈利性”，银行将不得不面临风险管理和盈利能力的双重压力，使其不得不在资产配置和盈利模式上均发生革命性的变化。

2. 资金成本的增加。流动性监管标准的引入，将促使银行业增加长期债务的比重，进而需要支付更多的期限风险溢价，增加了相应的融资成本。

虽然更审慎的监管框架及更稳健的资本要求能够使债券发行的风险溢价降低，但在日益复杂的金融网络中，损失加大的可能性和严重性不断增加，债券持有者负担的损失也相应增加，这可能导致更高的负债成本。如果监管最终影响到高等级债券持有人的利益，银行可能不得不支付更高的利息给投资者，否则银行将面临资金紧缺，吸收存款压力加大，竞争加剧也将推高其支付的存款利息成本。

3. 抑制投资银行业务和复杂结构性产品的发展。尽管巴塞尔委员会对流动性风险监管指标的施行安排了一段较长的过渡期，减轻了银行进行资产负债期限结构转换、去杠杆化，以及将更高的融资成本转嫁给客户的压力。但是，从满足流动性风险监管指标的角度考虑，经营活动集中于商业银行活动的银行比集中于投资银行业务的银行更加容易达标。拥有较大比重的衍生品交易和证券化活动的银行，在计算现金流入时被赋予较低折扣因子和较高的流失比例，以降低相应的流动性风险。因此，新的流动性风险监管安排在一定程度上抑制了投资银行业务和结构性产品的发展，阻碍了金融多样性的发展步伐。此外，新的流动性风险监管对银行内部流动性转换进行了限制，可能推动银行业分散经营的趋势。

4. 对金融市场造成一定扭曲。有分析认为，流动性监管标准提出的对于合格流动性资产和银行长期资金的数量要求，可能严重扭曲金融市场，不能正确反映资产的真实供给和需求。许多银行指出，为满足流动性覆盖率的标准，它们不得不显著提高其股票流动性资产。而且，根据两个指标的计算公式，对于长期资金的需求大量增加，这无疑增加了资金的成本，这些成本会逐渐转嫁给客户，同时银行资金成本的上升，进一步增加了客户的贷款成本，降低了回报，银行存款的稳定程度也会受到影响。反过来，这将导致银行业务转向其他经济部门，包括不受管制的部门，从而形成监管套利。

此外，由于流动性覆盖率的指标设置偏向政府债券，当预算赤字扩大，银行很容易从规避利率风险的角度出发而选择贷款者，在这一过程中将导致对私人部门的“惜贷”，特别是对于中小企业。而净稳定资金比例指标的计量准确性依赖于机构和监管者的判断能力，特别是在危机情况下，需要对投资者行为是“稳定”还是“不稳定”进行判断，因而该指标监管中可能存在的主观判断错误会对金融市场造成一定扭曲。

然而，每一套监管原则都是在反复的修订补充中不断完善建立起来的。自从2010版的巴塞尔Ⅲ流动性监管规则颁布后，巴塞尔委员会就着手对流动性监管规则的影响进行评估，并积极征求各方面的意见，开展修订工作。目前，2013版的LCR和2014版的NSFR从整体上大大降低了流动性风险监管的标准和要求，并进一步提升了监管规则的操作性。总的来说，作为巴塞尔委员会首次系统制定并推广的全球流动性监管标准，在监管领域具有里程碑意义。流动性监管框架的建立和完善，不可能一蹴而就，随着金融创新的升级、金融监管的实践和全球银行业的广泛参与，相信流动性的管理必定会日臻完善。

第四章　巴塞尔协议Ⅲ的宏观审慎监管

不论对资本监管指标的细化和完善，还是对流动性风险监管标准的开创性工作，都是巴塞尔委员会在原有的微观审慎监管理念下所做的修订和完善。然而，次贷危机为监管领域带来理念上的革命更多体现在宏观审慎监管的提出。主要针对系统性风险进行监管的宏观审慎监管，弥补了微观审慎监管的不足，并由此带来了对宏观审慎监管工具和方法的一系列讨论。

本章将从宏观审慎监管理念的提出和框架的建立入手，探讨了金融体系系统性风险的度量方法，阐述了调整后杠杆率监管中风险敞口的计算模型及对于全球系统重要性银行的附加杠杆率要求，并对大额风险敞口的演进和新框架的建立进行了比较研究与评价。同时对金融机构之间传染性和相关性的度量，给出了对系统性风险的初步判断，为宏观审慎监管提供了可靠的依据。

第一节 巴塞尔Ⅲ监管框架下的杠杆率

作为对资本充足率的补充，杠杆率起到控制商业银行资产业务的相对规模、限制表内外资产过度膨胀的作用。对比资本充足率、杠杆率的计算公式可以看出[①]，二者的主要区别在于分母。与风险加权资产不同，表内外风险敞口的计算并不需要对表内外各项业务分别进行风险加权求和，仅通过对表内、表外总资产的简单求和即可。因此杠杆率监管简单、透明，呈现风险中性，与资本充足率监管的顺周期特点形成互补。

巴塞尔Ⅲ的推出确定了杠杆率的监管属性及重要性，目前大部分欧美发达国家及新兴经济体均正在或准备实施巴塞尔Ⅲ，杠杆率监管也成为各经济体重点实施的一部分。鉴于商业银行经营模式转变及持有金融工具的多样性，并为更好地度量成员国银行业的经营杠杆，2013年6月巴塞尔委员会又对杠杆率的计算及信息披露方面进行了修订和完善，颁布了《巴塞尔Ⅲ杠杆率修订框架及风险敞口要求（征求意见稿）》（以下简称征求意见稿）。尤其表内外风险敞口计算方式的变动，将对商业银行业务结构及经营策略造成显著影响。经过广泛的意见征求，并考虑定量测算的可能影响，巴塞尔委员会最终于2014年1月发布了《巴塞尔Ⅲ杠杆率框架及披露要求》（以下简称最终稿），对征求意见稿的部分规定作了修正。相较征求意见稿，最终稿放松了对衍生品和回购协议等产品的杠杆率规定。基于最终稿，2017年12月，巴塞尔委员会又发布了《巴塞尔Ⅲ：后危机改革的最终方案》（以下简称巴塞尔Ⅲ），这一方案调整了杠杆率监管中风险敞口的计算方法模型，并且明确了对于全球系统重要性银行的附加杠杆率要求。同时，巴塞尔委员会进一步细化了杠杆率监管及相关要求的实施时间表，即到2018年1月1日，实施最终稿中第一支柱的最低要求并与2016年3月发布的第三支柱披露要求相结合；到2022年1月1日，在上述要求基础上与任何可行的系统重要性银行附加要求相结合。

① 巴塞尔协议Ⅲ中：资本充足率=（一级资本-资本扣减项）/风险加权资产；杠杆率=（一级资本-资本扣减项）/表内外风险敞口总额。

一、杠杆率与资本充足率

作为银行业重要的资本监管工具，杠杆率与资本充足率在监测商业银行资本方面相辅相成。资本充足率弥补了杠杆率监管中对资产风险水平的忽视，杠杆率又较好地补充了资本充足率监管中可能存在的顺周期和监管套利。

高风险业务通常伴随高收益，资本充足率的存在使得商业银行无法过多开发中高风险业务，盈利能力受到一定程度限制；对于中低风险业务部分，杠杆率的存在使得银行无法无节制地发展负债业务，规模经营策略难以实现。两个指标的监管使得商业银行必须在资产规模与风险方面寻求平衡，保持业务平均风险稳定在某一水平，才能在盈利、规模发展与监管压力方面实现平衡。这一问题的解决可以从两个指标的核算公式及最低监管要求中寻求方案。

将两个指标计算公式进行简化得出：一级资本充足率 × 平均风险权重=杠杆率。巴塞尔Ⅲ中规定一级资本充足率、杠杆率分别不得低于6%、3%，巴塞尔委员会对商业银行经营业务的平均风险权重默认为50%，即在维持平均风险权重为50%的前提下，商业银行能够最大程度实现盈利、规模扩张与监管三个方面的平衡。

两个指标在资本监管方面既存在上述的互补性，又存在互斥性。在均满足巴塞尔Ⅲ的最低要求前提下，若资本充足率 × 50%<杠杆率，则杠杆率监管无效，资产平均风险权重过高，银行应降低高风险业务占比，适度扩大负债规模以维持盈利水平，提高资本充足水平；若资本充足率 × 50%>杠杆率，则资本充足率监管无效，商业银行负债经营过度，但是资产平均风险水平不高，银行应缩减负债规模，适度增加高风险资产占比，提升杠杆率水平。

二、杠杆率风险敞口计算方法的修订及其影响

杠杆率风险敞口（Leverage Ratio Exposure Measure）的计量总共由四个部分加总构成：一是剔除了衍生品和证券融资的表内风险敞口；二是衍生品风险敞口；三是证券融资交易（Securities Financing Transaction，SFT）风险敞口；四是表外项目（Off-Balance Sheet Item，OBS）。针对这四个部分风险敞口提出的计量规定构成了巴塞尔协议杠杆率监管部分的主要内容。

总结来看，2014年1月颁布的最终稿延续并完善了征求意见稿中对于杠杆率的监管要求，相较于2010版巴塞尔Ⅲ的监管框架，提高了衍生品抵押物、证券融资业务和信用衍生品的风险敞口计提标准。而2017版的巴塞尔Ⅲ则在此基础上调整了风险敞口的计算方法，并明确了对全球系统重要性银行（G-SIB）的附加杠杆率（Leverage ratio buffer）要求。

（一）扩大监管范围，减少监管套利途径

最终稿明确了杠杆率核算体系中需要纳入的资产种类，剔除了因资产的会计属性、监管属性不同带来的范围不明晰，使得杠杆率核算过程更加标准化，减少商业银行为规避资本压力而采取的监管套利行为。为此，巴塞尔Ⅲ从原则上规定，一般情况下银行不应通过抵押、质押、担保等风险转移手段来试图降低杠杆率风险敞口水平，也不应在计算中采用资产负债的净额，而应当基于总额会计价值。

新的杠杆率框架中杠杆率的监管范围更广、更具体。最终稿规定，对于在会计并表或监管并表内的投资，如果被投资机构的资本计入了分子资本，则被投资机构的资产应当计入风险敞口，如对金融业、商业等行业的投资应当根据其在资本中的计算方法相应纳入风险敞口的核算。对于既不在会计并表也不在监管并表中的其他资产项目，仅将投资价值纳入风险敞口即可。为保证杠杆率分母与分子的一致性，新规指出，在计算风险敞口时，在一级资本中扣除的部分应按扣除比例在资产中同比例扣除。此外，根据巴塞尔Ⅲ，还应从风险敞口中扣除计提的各项资产减值准备。

最终稿统一了不同监管框架和会计准则下的处理方法，减少了部分监管套利。巴塞尔Ⅲ则在此基础上，明确了对于全球系统重要性银行的附加杠杆率要求。与2011年巴塞尔委员会提出的附加资本充足率要求相对应，附加杠杆率监管要求同样分为A、B、C、D、E五档，对应的附加杠杆率要求分别为0.5%、0.75%、1.0%、1.25%和1.75%。巴塞尔Ⅲ还提出了附加杠杆率监管要求将会每年更新的规定，以反映全球系统重要性银行最新的监管需求。巴塞尔Ⅲ还规定：到2022年1月，彼时适用附加杠杆率要求的系统重要性银行名单由金融稳定委员会于2020年得出的数据（基于2019年底）决定。从新的杠杆率框架对表内外资产处理的原则可以看出，新标准下杠杆率的监管更为细致、具体。商业银行在杠杆率计算方面的自主空间减少，之前通过采用不同会计方式、资产分类的监管套利行为将得到较大程度的约束，使得杠杆率指标能够真实地反映出商业银行的经营杠杆水平。

（二）加强回购及衍生品业务的监管

最终稿延续了巴塞尔Ⅲ中对杠杆率风险敞口计算的规定，衍生品抵押物及证券融资业务在风险敞口核算中不再采用双边净额结算的方式，而是采用资产方求和的方式，这将造成大量的质押类金融工具、回购业务直接面临成交总量的约束，使得商业银行在该类业务方面面临较大的资本监管压力。

1. 衍生品抵押物。从定义上讲，衍生品风险敞口的计算主要包括两个组分：一是重置成本；二是潜在的未来风险敞口。在计算中，衍生品风险敞口的

数值等于两个组分之和乘以1.4（附录中特殊规定的衍生品除外），即

$$exposure\ measure=alpha \times (RC+PFE)$$

式中，*RC*是重置成本，*PFE*是潜在的未来风险敞口，*alpha*是设定的乘数，数值等于1.4。

针对衍生品市场中采取质押物进行增信的行为，巴塞尔委员会规定商业银行资产负债表中用于降低衍生品价格的抵押物，无论其价值形态如何，都必须按照其公允价值直接纳入核算体系，且在核算过程中不允许对空头和多头仓位衍生品抵押物进行净额处理，只采取单边的多头计算。这次修订同时统一了表内外风险敞口在不同会计准则下的计算准则，如只有采用美国公认会计原则（US GAAP）的商业银行可以对衍生品的现金类担保物进行双边净额结算，因此这类商业银行在根据会计口径计算衍生品敞口时需要对现金抵押物进行处理。

信用抵押物净额结算方式的改变为商业银行在信用衍生品业务发展方面施加了较强的资本束缚。面对高企的资本压力，抵押类信用衍生品的规模将有所下降；同时为规避抵押物带来的资本消耗，交易方更愿意持有高信用级别对手方发行的信用衍生品。在具体业务运作方面，高信用级别的交易方大多是规模大、市场影响力高、政府支持力度高的机构或法人。包括中国在内的大部分利率管制国家，大型国资企业凭借其自身高信用评级的特点，较易从商业银行获得大量融资支持；中小企业自身信用等级较差，只能依赖抵押、担保等资信增级的方式从银行获得少量融资服务。而杠杆率新规在保证了充分的杠杆率监管的同时，使得杠杆监管压力大的商业银行接受抵押、担保类融资方式的资本金成本加大，进一步增加融资领域的信贷配给效应，中小企业融资难、融资贵的问题进一步加剧。

与征求意见稿相比，2014年的最终版本还对可变现金保证金的监管和中央清算作出了详细规定，这些规定在巴塞尔Ⅲ中得到了沿用，即满足通过合格中央对手方清算，可变现金保证金基于盯市价值且以合约币种计算和交换，交换的可变现金保证金能完全覆盖受阈值限制的衍生品盯市风险敞口和可能交易对手的最小交换数目，且衍生品交易和可变现金保证金由衍生品交易中作为交易对手法律实体之间的一个净额结算主协议所覆盖，那么银行收到的与衍生品风险敞口相关的可变现金保证金可以用来减少杠杆率的风险敞口额，收到保证金后银行将从其杠杆率风险敞口中扣除相应的应收账款可变现金保证金。净额结算主协议还须明确规定交易对手方同意在此净额协定下对任意付款义务进行结算，若发生涉及任意交易对手的信用事件，那么可变保证金的任意变化将被计量在内。净额结算主协议在相关司法管辖区内必须被有效执行，包括发生违约或破产。

当一家银行作为清算成员为客户提供清算服务时，当中央交易对手违约

使得交易价格的变化引起客户的任何损失，该银行有义务赔偿，这时该银行对中央交易对手的交易风险必须被纳入监管，银行必须计算相关的杠杆率风险敞口。然而，当根据与客户签订的合同安排，银行没有义务赔偿由合格的中央交易对手违约造成的交易价格变化引起的任何损失时，清算会员不需要将与中央交易对手产生的交易风险计入杠杆率风险敞口。

2. 证券融资交易。证券融资交易的风险敞口计算同样也是两个部分之和：一是调整后的证券融资资产总额；二是以现期风险敞口（不含潜在未来风险敞口）计算的交易对手方风险。

与衍生品抵押物的风险敞口计算方式类似，征求意见稿中规定证券融资类业务的双边净额结算机制大部分情况下将不再适用。但是当交易双方签订了合格的净额结算主协议（Master Netting Agreement）时，商业银行仍可以进行轧差。2014年的最终稿放松了关于证券融资类业务的要求，新的杠杆率框架规定：若符合以下全部标准，允许与相同对手方有限的净额交易以减少杠杆率风险敞口额：第一，交易有相同的明确的清算日期；第二，用交易对手资产来偿还其欠的资产，这种权利在正常经营下和交易方违约或破产的情形中都具有法律强制性；第三，交易双方都要通过相同的交易系统进行交易，并且交易结算能确保在最后一个工作日发生，以确保交易现金流动的等价性。若商业银行作为证券融资业务的交易方，则在计算风险敞口（E^*）时应当考虑交易所得的标的证券（现金）及交易对手方信用风险敞口两个方面。在具体核算方面，前者为交易价格，后者为银行融出证券（现金）总额（E）与从交易对手方得到总的现金（证券）公允价值（C）之差；若差值为负，则取零，即$\max[(E-C),0]$。若交易双方没有签订净额结算主协议，则商业银行的总风险敞口（TE^*）为每笔交易的风险敞口之和；若交易双方签订了净额结算主协议，则商业银行的表内外风险敞口（NTE^*）为融出证券（现金）总额与融入现金（证券）总额的差值，若差值为负，则取零。

$$TE^* = \sum_{i=1}^{n} \max\{(E_i - C_i),0\}\ ;\ NTE^* = \max\{(\sum_{i=1}^{n} E_i - \sum_{i=1}^{n} C_i),0\}$$

若商业银行在证券融资业务中只充当中间担保人的角色，则其风险敞口为任一交易方违约时，银行按约定应当承担的经济责任总额。在双边净额结算机制方面，该类业务与作为交易对手方的证券融资业务类似，只有签订净额结算主协议时，才能实现多空冲销结算。

包括回购在内的证券融资业务近年来发展较为活跃，在商业银行流动性控制方面起到较为重要的作用。证券融资市场的高流动性特点使得参与方的成交量巨大，以美国经纪商—交易商模式为例，2013年第一季度末其总头寸为2.6万亿美元，但在资产负债表中只记录了净回购头寸1850亿美元，净头寸不足总头寸的10%。对应流动性更高、规模更大的证券回购市场，仅仅G4（美国、欧盟、日本和英国）的总回购头寸便达到7万亿美元，以交易商—经纪商模式的10%的净头寸占比为例，则G4商业银行资产负债表中仅有7000亿美元被记录；则剩余的6.3万亿美元的“新增”头寸将对应G4商业银行1890亿美元的一级资本金需求。新的杠杆率框架对于规模庞大的回购业务（G4的总回购头寸规模占商业银行表内外总资产的9.1%）形成了显著的规模约束效力。通过回购市场头寸的反向购买将无法规避监管压力，这对于回购业务占比较高的发达经济体商业银行而言形成了巨大的经营压力与资本监管压力。

（三）提高信用衍生品风险敞口计提要求

新的框架对信用衍生品的风险敞口计提方面提高了要求，显著体现新框架的原则性：注重实际杠杆的测量。对于信用类衍生品，其主要风险敞口可分为重置成本、交易对手方和参与实体方违约带来的信用风险敞口三类。重置成本为衍生合约的公允价值，交易对手方违约带来的信用风险敞口为交易对手方违约对衍生品交易方导致的或有损失，参与实体方违约带来的信用风险敞口为由于衍生品标的物参与实体的自身信用变动或违约给信用衍生品持有者带来的风险敞口。与普通的衍生品风险敞口计算方式不同，参与实体的交易对手信用风险在征求意见稿中被重点引入，作为计算信用衍生品风险敞口工具的一部分。

由于衍生品市场尤其信用衍生品本身具备高杠杆特点，同时衍生品交易价格计算方式相对复杂，衍生品业务各参与方决策的相互影响、标的实体参与方信用等级的变动等都能够造成衍生品实际风险敞口的显著变化，因而在这之前，均没有被纳入表内外风险敞口考核范围，信用衍生品的风险敞口的核算一直处于被低估状态。新框架中参与实体风险敞口项目的引入,使得信用衍生品在银行经营业务中涉及的风险敞口得到了较为全面和精确的测量，同时也给商业银行信用衍生品业务的发展带来更大的资本金压力。

在计量方法上与贷款类业务类似，信用衍生品的交易对手信用风险按照信用衍生品标的物的市场价格直接计入风险敞口。在参与实体信用风险敞口总量计算方面采取净额结算机制，通过资质相同的衍生品（标的物相同、信用等级相同和期限相同）的多空头寸轧差，计算最终的风险敞口。并且在模型使用上，巴塞尔Ⅲ强调信用衍生品的交易对手信用风险计算必须使用标准法计量（SA-CCR），而非巴塞尔Ⅱ规定的现期风险敞口法（CEM）。

对于发展中经济体而言，信用衍生品的发展正处于起步阶段，作为新型的金融工具，在初期对金融市场的运营发展能起到显著的积极作用。然而，新框架提高了发展信用衍生品的资本要求，迫使部分资本金压力较大的巴塞尔委员会成员国不得不暂时停滞衍生品市场的开发。这也可能在一定程度阻碍了信用衍生产品在发展中国家的发展，使其不能有效发挥信用风险缓释和转移的金融创新功能。

（四）细化对表外项目的杠杆率计算

最终稿还允许计算杠杆率时，降低信用风险转换系数。不同于在征求意见稿中使用一个将表外项目转换到表内等同项目的统一100%信用转换系数（CCF），最终版本参考了巴塞尔Ⅱ标准法下的信用转换系数，对部分表外项目降低了信用转换系数。

第一，期限为低于一年或者高于一年的承兑，将使用20%和50%的信用转换系数。如果承兑无条件可撤销，或者当借款者的信用变差时承兑可以自动取消，承兑将使用10%的信用转换系数。第二，部分与交易相关的或有项目采用50%的信用转换系数。第三，票据发行便利（Note issuance facilities，NIFs）和循环承购贷款（Revolving underwriting facilities，RUFs）采用50%的信用转换系数。第四，短期的用于商品流动的流动性贸易信用证，发行方银行和确认方银行都采用20%的信用转换系数。第五，除了合规的流动性便利之外的所有表外证券风险敞口，都采用100%的信用转换系数；所有合规的流动性便利采用50%的信用转换系数。

巴塞尔Ⅲ主要对上述承兑适用的信用转换系数规定作了调整。巴塞尔Ⅲ规定，除银行随时无条件可撤销及当借款者的信用变差时承兑可以自动取消的情况依然适用10%的信用转换系数之外，其余承兑不论标的期限如何均统一适用40%的信用转换系数。

三、杠杆率的信息披露要求及其影响

除对表内外风险敞口核算方法进行改进外，最终稿还提出了对杠杆率信息披露方面的要求，主要体现在两个方面。一是要求商业银行在计算杠杆率时采用的业务指标要能够与定期财务报表中的项目相对应，做到监管披露与财务披露的对比。二是要求商业银行在2015年1月开始将杠杆率纳入定期汇报项目。此外，最终稿规定，在杠杆率监管的过渡期内（2011年1月至2017年1月），巴塞尔委员会将根据商业银行资本水平及风险敞口的变化情况，及时对杠杆率核算方式及要求进行修订。巴塞尔Ⅲ基本完全沿袭了最终稿在信息披露方面的相关要求。总之，杠杆率信息透明度的增强将有助于降低商业银行的系统性风险。

（一）披露一致化与信息透明化

巴塞尔委员会要求在定期信息披露报告中，对会计科目的核算结果和杠杆率风险敞口的计算结果进行比较，且对其中差别较大的地方，银行要单独列出并说明。信息披露的规范化有利于监管部门对杠杆率的计算进行监督，一致化的披露要求体现了巴塞尔Ⅲ中第三支柱的监管理念——市场约束。

（二）引入定期汇报机制

最终稿同时要求商业银行每季度都要对杠杆率进行简明披露，主要披露要素为：期末一级资本、期末表内外风险敞口和依公式计算出来的杠杆率。这些信息至少应按季度进行披露，披露时还需包括前三季度的相应信息。当然，若银行获得监管批准，可以更为频繁地披露信息（每日或每月），但要保持前后一致。此外关于杠杆率核算过程中运用的各项资产规模，与表内对应项目不同之处等详细数据及说明需根据各银行财务信息的定期披露频率进行揭示。

因此，从整体上看，在杠杆率披露机制实施之后（2015年1月），各季度的杠杆率、各季度末的一级资本和表内外风险敞口、每半年度的涉及表内外风险敞口总额核算的各资产的风险敞口①都在一定程度上接受了市场监督。频繁的信息披露既增加了商业银行透明性，又提升了各银行的披露成本。同时杠杆率几乎每季度的信息披露将提高杠杆率在巴塞尔监管体系中的重要性，使得杠杆率能够像资本充足率指标一样，对商业银行的经营结构及业务发展造成总规模上的束缚，而非之前仅仅在风险、流动性上的限制。

四、杠杆率新规对中国银行业的影响

巴塞尔Ⅲ的颁布使得杠杆率对衍生品、证券融资等领域的监管更为针对化。2014年11月，原中国银监会就修订《商业银行杠杆率管理办法》公开征求意见，在维持原基本框架和杠杆率监管要求的同时，对调整后的表内外资产（杠杆率分母）的计量办法进行了调整，并积极吸收了巴塞尔委员会杠杆率监管的新框架。首先，改变了贸易融资、承兑汇票、保函等表外项目的计量方法，将表外项目的计量方法调整为采用《商业银行资本管理办法（试行）》（以下简称《办法》）规定的信用风险权重法下的表外项目信用转换系数计算，但不得低于10%，即根据具体项目分别采用10%、20%、50%和100%的信用转换系数。其次，根据杠杆率国际规则，进一步明确了衍生产品和证券融资交易等敞口的计量方法，在计算衍生产品资产时，除《办法》规定的合格保证金外，不允许扣减抵质押品；在计算证券融资交易资产时，同时考虑证券融资交易的会计资产和交易对手信用风险。最后，为进一步提高透明度，《办法》对商业银行的杠杆率披露提出了更为明确、严格的要求。从中国金融业的实际情况来看，主要造成的影响有两点：一是衍生产品和证券融资业务发展压力增

① 包括：（1）表内资产风险敞口总额及其组成；（2）衍生品类风险敞口总额及其组成；（3）证券融资类风险敞口总额及其组成；（4）其他表外风险敞口及其组成。

大；二是杠杆率在银行监管领域的重要性进一步提升。

（一）金融创新业务发展的压力增加

概括而言，新的杠杆率框架在杠杆率核算方面的变动主要体现在衍生品及证券融资等金融创新业务上。相比而言，目前中国的衍生品和证券融资市场尚处于起步阶段，无论就业务规模还是重要性而言，都显著小于发达国家市场。由于回购市场在缓解部分银行流动性危机方面起到了重要作用，成为银行间资金流动的重要渠道，但新增的一级资本需求将导致回购市场资金融出方资本压力增加，在不采取其他措施的前提下，业务萎缩将不可避免。

（二）杠杆率在监管体系地位的重塑

从中国银行业杠杆率与资本充足率分布上来看，截至2017年第三季度末，中国银行业整体加权平均核心一级充足率为10.72%，一级资本充足率均为11.19%，杠杆率平均水平为6.40%。根据《商业银行资本管理办法》，原中国银监会对巴塞尔协议Ⅲ实施银行的各业务平均风险权重默认约为66.7%（杠杆率、一级资本充足率最低要求为4%、6%）。而从这两大监管指标的实际分布上看，如果不考虑衍生品和回购等计算方法的不同，中国银行业真实的表内外平均风险权重约为56.98%，较低的平均风险权重使得从整体上看，中国银行业处于一级资本充足率监管的无效状态[①]。新的杠杆率框架将证券融资、衍生品等涉及的信用风险敞口纳入杠杆率监管范畴，导致的杠杆率下滑将更加突出杠杆率在银行资本监管体系中的重要性。同时因杠杆率新核算方法导致的部分商业银行杠杆率下跌能够充分显示出其资产的潜在风险，有利于监管部门及银行自身尽快调整资产结构，降低经营的杠杆倍数。

① 由于银行业的业务结构中短期内难以改变，因此10.62%的资本充足率对应的“合理”（按66.7%的平均风险系数计算）杠杆率为7.08%。

第二节 巴塞尔Ⅲ大额风险敞口监管框架

个别交易对手方的突然违约产生蝴蝶效应、导致系统性风险的例子在银行危机的历史中并不少见，如1982年的拉美债务危机、1984年英国的庄信万丰银行破产、20世纪90年代初的瑞士银行业危机，以及20世纪90年代末的韩国银行业危机等。针对这一情况，各国监管当局分别制定了相应的集中度监管指标和要求，巴塞尔委员会也将集中度监管列入第二支柱，作为监督管理的重要组成部分，但始终未有明确统一的量化标准。

伴随着资产证券化业务和衍生产品等金融创新的不断发展，金融机构之间的关联性及其风险传染的速度及其影响力发生了本质的变化，单一交易对手方或关联交易对手方违约可能对银行乃至银行业造成的非预期性损失及连锁冲击的影响急速上升，银行缺乏对其风险敞口的持续测算、准确评估和有效监控。面对这一情况，巴塞尔委员会于2013年3月发布了《大额风险敞口的测度与控制监管框架（征求意见稿）》，并于2014年4月发布《大额风险敞口的测度与控制监管框架》最终文件，提出针对单一交易对手或关联交易对手的风险敞口的监管新思路，旨在降低银行在面临同一交易对手或关联交易对手突然违约时所造成的最大损失，维持银行持续经营，同时缓解全球系统重要性银行间的危机传染，维持金融稳定。该监管框架也是对近来加强影子银行体系监管的回应，特别是对影子银行所涉及的资产证券化、集合投资（CIU）等方面的大额风险敞口进行了关注。

一、大额风险敞口的监管演进

本次以资产证券化等金融创新为特征的国际金融危机暴露了金融监管中的诸多弊端，大额风险敞口监管方面的缺陷便是其中之一。2008年国际金融危机之前，虽然国际监管组织和各国监管当局都分别对大额风险敞口出台了相应的指引和法规，但是仍旧缺乏统一的一致性规则，在监管的适用范围、大额风险敞口的上限值、合格资本的定义、各类风险敞口的测度方法、对风险缓释的处理，以及对特殊风险敞口计量等方面都没能制定统一有效的监管规则，各国监管的差异性较大，而各国的监管差异也加剧了危机传染。因此，制定统一、合理、易于操作的大额风险敞口监管规则是十分必要的。

长期以来，巴塞尔委员会认识到银行度量和制约需要消耗资本的大额风险敞口的规模，在1991年巴塞尔委员会就根据监管实践制定了《大额信用风险敞口的测度与控制》监管指引，提议对单一交易对手或关联交易对手的风险敞口上限不能高于银行集团监管资本总额的25%，同时建议监管报告的门槛应低于10%，指引中对风险敞口、单一交易对手和关联交易对手进行了定义，试图从授信的总量上和敞口上设立限额来控制风险过度集聚。但是，1991的监管指引并未说明银行应如何计量和汇总单一交易对手方的风险敞口，也没有解释在考虑独立的法律实体是否构成关联交易对手时，应该考虑哪些因素。这导致了全球不同地区的实践差异很大。总体上，委员会成员国对大额风险敞口的监管规定均具有相当的同质性，但也在一些重要方面存在实质性差异。

1999年巴塞尔委员会发布《从亚洲危机中汲取的监管教训》的报告指出对风险集聚方面监管不力是导致此次危机的重要原因，并指出现行大额风险敞口指引仅仅考虑了信用风险，但亚洲金融危机暴露出了信用风险、市场风险和流动性风险相互间的复杂联系，所以在监管改进方面有必要对除信用风险之外的其他风险加以考虑。

2014年巴塞尔委员会发布《大额风险敞口的测度与控制监管框架》最终文件，对资本监管制度作了重要补充，进一步强化了大额风险识别、评估、监测、控制和管理的原则，对交易对手、大额风险敞口的定义，以及大额风险敞口上限、测算方法等作出了较为明确的规定，提出了监管新思路，建立了全球范围内统一的大额风险敞口监管标准。

此外，巴塞尔委员会于1997年制定的《有效银行监管的核心原则》、1999年制定的具体实施方法《核心原则的方法》，以及其后一直到2012年陆续修订的各版（2012年修订版将两份文件合并）文件中，都要求各国监管当局针对同一交易对手或关联交易对手制定审慎的大额风险敞口监管措施，并审核所监管的银行是否制定了完整的政策和措施来识别、度量、报告、控制或缓释风险集聚，具体量化指标仍沿用银行资本总额25%的监管上限，以及10%的监管报告门槛。

在巴塞尔Ⅱ中，集中度监管体现在第二支柱的要求中，并说明了集中度风险是指任何有可能给银行造成巨大亏损从而危及其正常经营的单一风险敞口或风险敞口集团。同时指出贷款是大多数银行的重要业务，所以信用风险集中是集中度风险的主要表现形式，要求银行定期对其主要的信用风险集中度进行压力测试，以测控这类风险敞口在市场环境恶化时对银行正常经营的冲击。但巴塞尔Ⅱ并未明确提出集中度风险的监管上限，以及监管报告的门槛等量化指标。而2010年巴塞尔委员会发布的巴塞尔Ⅲ中，仍然将集中度风险的监管放在了第二支柱，并且从信贷集中风险扩大到所有具有潜在集中风险的因素，包括不同账户、类似产品、潜在相关等几个方面，但并没有形成硬性约束。

正是由于巴塞尔Ⅱ和巴塞尔Ⅲ没有制定统一的量化监管要求，加之不同国家和地区的金融体系存在一些差异，各国（地区）对大额风险敞口的监管程度有所不同，并且对关联交易对手方的界定上也多根据自身情况而定，从而导致了各国监管上的差异。例如，印度规定单一客户的大额风险敞口上限为银行资本的25%，单一集团客户的大额风险敞口上限为银行资本的50%，爱尔兰规定单一客户的大额风险敞口上限为银行资本的15%，澳大利亚、新西兰则规定单一客户的大额风险敞口上限为银行资本的30%。各国的监管差异导致各国在大额风险敞口的测控上难以沟通合作，加大了大额风险敞口向全球系统性风险转化的可能性，同时在监管力度方面，存在某些国家（地区）监管趋严，而另一些则监管不足，造成各国所承担的金融稳定责任失衡，产生监管套利。所以，巴塞尔委员会制定统一的大额风险敞口监管新框架是金融危机后对集中度风险监管的重新审视，对各国乃至全球金融稳定具有重要意义。

二、大额风险敞口的相关概念

伴随着对大额风险敞口认识的不断加深，其定义也不断完善。1991年巴塞尔委员会制定的《大额信用风险敞口的测度与控制》提出，大额风险敞口关注的是集中度风险（concentration risk），风险敞口的测度应该反映出单一交易对手违约时造成的最大损失。根据国际清算银行（BIS）以及欧洲银行监督管理委员会（CEBS）的定义，集中度风险是指在整个金融集团的不同风险范畴或跨范畴之间所产生的风险集聚，这类风险具有两个重要特征：一是风险集聚足够大以至于威胁金融机构持续健康运作；二是会使金融机构的风险状况突然之间发生重大转折，资产质量严重恶化，不得不补充大量资本。2014年巴塞尔委员会制定发布的《大额风险敞口测度与控制监管框架》最终文件（以下简称新框架）将大额风险敞口定义为，银行在遭受单一交易对手或关联交易对手非预期违约时所造成的最大损失，是银行账簿和交易账簿风险敞口总额。对此，巴塞尔委员会将银行对单一客户或一组关联客户超过其一级资本净额10%以上的风险敞口定义为大额风险敞口，同时规定银行必须向其监管部门汇报应用信用风险缓释工具前后的风险敞口值，并汇报其所有的风险敞口，若银行达到此界限的风险敞口不足20个，则须汇报其余额最大的20个敞口。

从大额风险敞口定义的演进看出，对于交易对手的关注范围逐渐从单一交易对手扩大至单一交易对手或关联交易对手，对于大额的定义逐渐定量至超过资本一定占比的风险敞口，对最大损失的定义也逐渐明确为非预期的违约带来的风险敞口。为明确大额风险敞口的监管要求，应首先明确交易对手方的识别、合格资本的定义、风险敞口三个重要的概念。

（一）交易对手方的识别

在确定交易对手之前，有必要明确交易对手的定义，即采用什么标准来确认各个独立的法律实体为交易对手方。巴塞尔委员会在1991年的《大额信用风险敞口的测度与控制》中将交易对手定义为通常情况下的公司这类单一法律实体，且无论民营还是国有公司都视为单一交易对手。2008年，英国金融服务管理局（FSA）根据欧盟委员会制定的《资本要求指引（CRD）》制定了针对大额风险敞口的监管要求，其中对广义交易对手做了定义，即那些会给银行造成风险敞口的自然人或法人（如向银行贷款的借款人），或是其他使银行面临信用风险的交易者，或是当交易者违约时，银行会承担亏损风险（如某证券发行人，银行持有以该证券为标的资产的衍生产品）。2012年，欧盟委员会制定的针对芬兰的《大额风险敞口监管与指引》中定义交易对手是一个自然人或法人，包括但不限于其他信用机构、投资公司、集团公司（会计或法律意义上的），并且该文件特别强调交易对手应采用广义上的定义，可理解为客户，但不限于传统的客户关系，如投资领域中投资者与发行者的关系。

2013年发布的《大额风险敞口的测度与控制监管框架》将交易对手定义为广义上的交易对手，包括但不限于银行，市场基础设施如中央交易对手方，非银行金融公司、集合投资和资产证券化等投资交易对手，以及非金融公司等。将交易对手的范围从单一交易对手扩大至单一交易对手或关联交易对手，其对交易对手的定义主要从以下两个方面进行确认：一是实际中的控制权；二是经济上的相互依赖。当银行陷入危机时，往往会发现危机前看似独立的多个交易对手实际上是关联的，从而可以看成同一交易对手，因为关系密切的各个交易对手之间的业务或资金联系，会使银行数笔大额风险实际上连成同一风险。所以，对于识别关联交易对手方，实际中的控制权和经济上的依赖权都至关重要。其中，实际中的控制权是指在关联交易对手方群体中，存在一个交易对手方直接或间接地控制其他交易对手方，当一个交易对手方持有另一交易对手方50%的表决权时，可以视为这二者之间存在控制关系；经济上的相互依赖是指若某个交易对手方出现财务危机时，特别是筹资或还款上出现问题，会导致其他交易对手方也面临筹资或还款上的困难，在单个交易对手方的所有风险敞口之和超过合格资本的5%时，银行应根据经济上的依赖性来确定可能的关联对手方。通过对多个交易对手方之间的实际控制权以及经济依赖的识别来确定关联交易对手，并把这些具有关联性的交易对手的风险敞口加总计为同一交易对手的风险敞口，对于大额风险敞口监管的有效性十分重要，可以说是约束大额风险敞口的重要基础。2014年巴塞尔委员会发布的大额风险敞口新框架肯定并沿用了2013年版中对于交易对手方的识别。

（二）合格资本的定义

将2010年12月巴塞尔委员会发布的巴塞尔Ⅲ与巴塞尔Ⅱ进行比较可以看出，巴塞尔Ⅲ对资本的定义作了更为清晰的界定，提高了资本质量和要求，突出了普通股在资本结构中的地位，强调在危机时期资本吸收损失以维持银行持续经营的能力。大额风险敞口的监管目标是银行在持续经营的基础上能够有效吸收非预期损失，因此巴塞尔委员会将大额风险敞口新框架中的合格资本（eligible capital）定义为巴塞尔Ⅲ框架下定义的一级资本，这与巴塞尔Ⅲ对资本质量要求的提高和提升资本损失吸收能力的理念是相一致的。

（三）风险敞口的定义与测度

按照巴塞尔委员会的监管原则，大额风险敞口新框架中规定风险敞口的范围应包含所有在资本充足率监管下需要消耗银行资本的风险敞口。银行账簿与交易账簿下的风险敞口均应纳入新框架，这其中包含银行账簿表内非衍生资产、银行账簿传统表外承诺、交易账簿中按盯市法衡量的头寸、交易账簿中按盯市法衡量的期权，以及衍生产品、证券融资交易、跨银行账簿和交易账簿的结算交易所涉及的交易对手信用风险敞口等。

特别地，大额风险敞口监管框架要求银行识别集合投资、资产证券化等特殊风险敞口的“额外风险”（additional risks），这类风险与金融交易的自身结构有关，如来自基金经理的风险（道德风险或者同时管理多只基金导致投资风格相同）、流动性提供者的风险、信用担保提供者的风险等。然而，巴塞尔委员会目前并未就此制定具体的计算方法。

在计算风险敞口方面，巴塞尔委员会的大额风险敞口新框架不允许使用内部模型作为计算风险敞口的基准。综合分析来看，使用内部模型有利有弊，有利之处是：第一，如果银行合理设计并有效使用内部模型则能够考虑更多风险类型，这是标准法所不能做到的；第二，对于那些采用内部模型计算资本充足率的银行则能够保持计算上的一致性，降低大额风险敞口监管的实施成本。然而，采用内部模型的弊端也随之产生：第一，将模型风险引入风险敞口的测量；第二，会使各个银行对同一类型的风险敞口采用不同的计算方法，从而造成不同的结果。因此，使用内部模型违背了巴塞尔委员会旨在制定简单、全球统一的大额风险敞口监管框架的初衷，同时，大额风险敞口监管框架是对资本充足率监管的补充而非替代。

（四）大额风险敞口的监管门槛与上限

在大额风险敞口新框架发布之前，巴塞尔委员会制定的《有效银行监管的核心原则》《核心原则的方法》建议大额风险监管报告的门槛为银行监管资本总额的10%，监管上限为监管资本的25%，即：

大额风险敞口监管门槛=银行资本×10%　（1）

大额风险敞口监管上限=银行资本×25%　（2）

大额风险敞口监管框架与上述标准基本一致，但将监管资本总额改为一级资本，具体的监管门槛和上限如下：

大额风险敞口监管门槛=合格资本×10%　（3）

大额风险敞口监管上限=合格资本×25%　（4）

而且针对全球系统重要性银行之间的大额风险敞口，巴塞尔委员会在大额风险敞口监管框架中单独制定了更为审慎的监管上限：

大额风险敞口监管上限=合格资本×15%　（5）

具有全球系统重要性的金融机构（SIFI）的重大损失，可能引发人们对其他金融机构清偿能力的担忧，并可能对全球金融稳定造成灾难性后果。这种传染至少有两个重要途径。首先，投资者可能担心其他全球系统重要性金融机构（SIFI）可能会有类似于破产机构的风险敞口；其次，更直接的是，投资者可能会担心其他全球系统重要性金融机构（SIFI）会拥有对倒闭全球系统重要性金融机构的大额风险敞口。因此，巴塞尔委员会对全球系统重要性银行之间实行更为严格的大额风险敞口限制，即监管上限为15%的合格资本，比普通银行降低了10个百分点，并且鼓励各国根据自身情况实行更加严格的监管上限，也对国内系统重要性银行和非银行金融机构加强风险上限监管。

三、特殊风险敞口类型的处理

（一）集合投资与资产证券化

大额风险敞口不仅来自对特定资产的直接投资，即直接风险敞口，也来自通过投资某实体间接持有标的资产而产生的特殊风险敞口。这类风险敞口主要包括集合投资①、资产证券化②及类似金融产品，衡量这类交易的大额风险敞口，关键在于识别潜在风险来源，透过复杂的金融交易识别交易对手并对同一交易对手的风险总敞口进行度量和约束。对此巴塞尔委员会引进透视法（look-through approach，LTA）来确定潜在交易对手方以及风险来源。

① 集合投资（Collective investment undertaking，CIU）是指银行通过投资于像共同基金一类的投资实体，由该实体再投资于由其他资产组成的资产池，是一种间接投资。

② 资产证券化是指银行或金融机构将持有的能够产生现金收益的资产进行组合，并出售给特殊目的载体（special purpose vehicle,SPV）进行风险隔离，然后特殊目的载体以该基础资产产生的现金流为支持发行证券产品，供投资者购买。

1. 透视法的定义。透视法（look-through approach，LTA），又称对应法，最早出现在冲突法（conflict of laws）中，是在证券交易过程中识别所有权归属的一种方法。透视法是透过各层证券中间人进而诉诸于证券发行人、证券持有人名册或是实物证券等连接因素的一种方法。该概念的出现源于早期使用非替代性账户[①]持有证券，证券中间人为其客户分别开立指定的户头，所以各中间层次的证券中间人都单独指明了特定客户所持有的证券，投资者的证券权益一直可追溯到证券发行人的证券持有人名册，这样按照"透视"理论，各中间层次的证券中间人可以忽略不计，如同"透视"一般。然而后来，由于在间接持有中普遍使用替代性账户[②]，无法简单通过账户对应到各层证券持有人的权益归属，以及与中间人的关系，透视法就显得尤为重要。

在巴塞尔资本协议中，透视法旨在获悉资产池中标的资产的信用质量等信息，并将标的资产的风险敞口视为银行直接持有，即将银行通过集合投资如投资基金来间接投资于标的资产的过程"透视"为银行直接持有标的资产。并且在获悉标的资产信用质量的同时意味着能够知道标的资产来源，从而能够知道标的资产的潜在交易对手方，然后根据是否属于同一交易对手方或关联交易对手方进行归集，达到计算银行所面对的单一交易对手方的大额风险敞口的目的。运用透视法可以实现以下三个层次的对应关系：一是将证券持有人与证券发行人相对应，使各自权益得到保障；二是在集合投资和资产证券化中，将风险敞口与标的资产相对应，明确风险来源；三是在证券化交易过程中，识别交易对手方，将同一交易对手方或是关联对手方与其整体风险敞口相对应，控制大额风险敞口，降低监管套利。

2. 用透视法处理特殊风险敞口。在大额风险敞口监管新框架下，透视法主要用来识别特殊风险敞口的单一交易对手和关联交易对手方，然后计算对同一交易对手方或关联交易对手方集团所积聚的风险敞口（包括间接风险敞口和直接风险敞口），通过大额风险敞口的监管门槛与上限对其进行监督控制。因此，监管特殊风险敞口需要明确两个重要因素：一是风险敞口的定义与计算；二是对关联交易对手方的确定，后者是有效度量特殊风险敞口的关键。

如图1所示，右边的圆圈是指银行所投资的投资基金（或证券化产品）X，下方是银行投资该投资基金（或证券化产品）后的资产组合（其中包含直接投

① 非替代性账户，是指投资者利益不仅记载于最近中间人的账户上，而且独立于该账户上中间人自身的证券利益，包括该中间人所代理的其他投资者的利益，即特定投资者的身份和利益均以分账户在每一个中间人的账户中予以存留。

② 替代性账户，是指投资者有关证券之间的利益仅记载于保存投资者账户的最近中间人的账户上。该最近中间人仅在一个账户上（混合账户）持有所有投资者的证券利益，即在该混合账户上并未包括单个具体投资者的身份和权利。

资和间接投资），X中能够识别的潜在交易对手方有A、B、C、D，未标字母的方框表示不能识别的3个交易对手，银行所持投资组合中，原本就有对A的风险敞口，而H组与B存在经济上的关联，所以银行投资X后，将A归集到A，B归集到H组，C和D分别为单独的交易对手方，由于其他3个不能识别，所以归集为一类，视为单独一个"未知"交易对手方来进行大额风险敞口的监管。

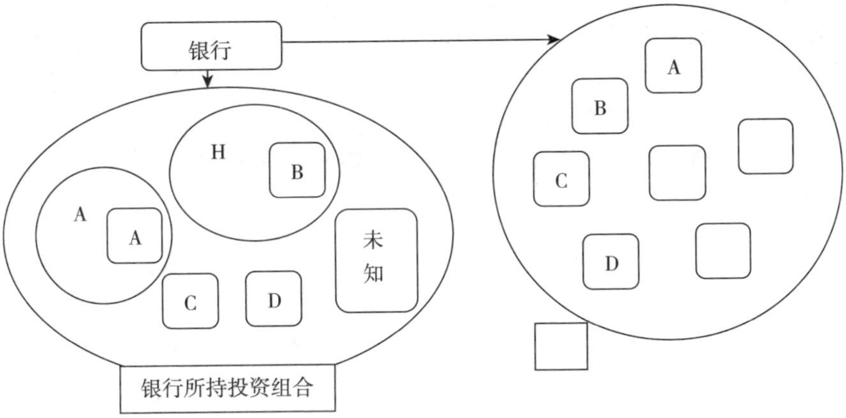

图1　透视法在大额风险敞口框架中的运用

从上述分析可以看出透视法在计算大额风险敞口中的重要性，透视法将银行通过间接投资产生的风险敞口按相同交易对手方或关联交易对手方进行归集，并和银行的直接投资一起合并计算大额风险敞口，从而有效降低了单一对手方违约所造成的损失与影响。并且监管当局允许"未知"交易对手方的存在，当标的资产风险敞口值大于等于合格资本的0.25%时，银行需要透过交易结构去识别标的资产；反之，标的资产的风险敞口总值则可能分配给结构本身，即允许"部分透视"，未知交易对手方同样必须符合监管门槛与上限（针对普通银行，监管门槛是合格资本的10%，监管上限是合格资本的25%，合格资本定义为一级资本），这样银行能根据自身情况更加灵活地运用透视法，充分权衡透视法的监管成本与降低大额风险的监管收益，增加透视法在现实运用中的有效性。

在度量集合投资与资产证券化这类特殊风险敞口方面，欧洲银行监管委员会（Committee of European Banking Supervisors, CEBS）在2009年修订的大额风险制度实施指引中曾提出结构基准法（Structure-based approach）。结构基准法是指当银行能够确定一项交易（如集合投资）的标的资产与银行机构的投资组合中占投资资金2%以上的风险敞口之间不存在直接或间接的风险关联，则将这类交易的标的资产视为来自分散的无关联的交易对手方。

如图2所示，采用结构基准法，银行不能够识别资产池Y中的潜在交易对手方，但是能够根据部分信息确定资产池中的标的资产与银行自身的投资组合中（包括其他交易）投资资金大于自有资金2%的资产之间不存在直接或间接的风险关联，因此银行将这项交易视为分散的无关联的交易对手方组合来处理。从上述分析可以看出，结构基准法是对投资组合的结构进行规模和关联上的控制而降低大额风险，首先明确机构自身投资组合中投资资金大于自有资金2%的潜在风险集聚，再判断所投资交易的标的资产与这类潜在风险集聚是否存在关联来加以控制。但是结构基准法的弊端也是显而易见的，它不能够明确标的资产的潜在交易对手方，因此只能尽可能分散自身的风险而不能识别风险集聚的来源，若交易的产品数量较大，则很难起到分散大额风险的作用，并且在风险敏感性上低于透视法。

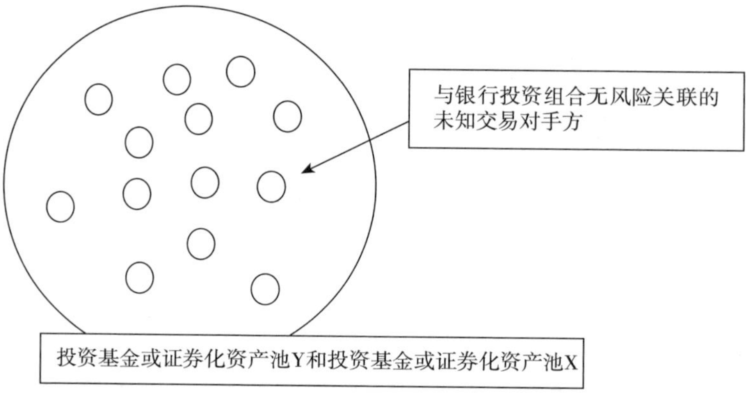

图2　结构基准法在大额风险敞口框架中的运用

3. 透视法的其他运用。目前，透视法在巴塞尔资本协议中的运用主要围绕三个方面展开：大额风险敞口监管、集合投资的风险加权资产计算，以及资产证券化风险敞口计量。后两者都是间接持有标的资产而产生的风险敞口，识别该类风险敞口的关键在于寻找可能造成损失的潜在风险源，一方面可能来自标的资产，另一方面可能来自融资工具结构本身（如基金经理的决策、流动性便利和信用增级等），因此通过透视法识别标的资产风险来源对准确把握集合投资和资产证券化的风险敞口尤为关键。

2013年7月，巴塞尔委员会发布了《银行对基金进行股权投资的资本要求》的征求意见稿，该征求意见稿中采用透视法计算基金股权投资的风险加权资产，这是对巴塞尔Ⅱ中有关银行投资基金所采用的风险加权资产计算方法的进一步细化和补充，同时强调基金的杠杆问题，使之符合巴塞尔Ⅲ关于提高资本监管的风险敏感性及审慎监管的要求，这份征求意见稿中的透视法明确要求将信用风险、金融衍生工具风险敞口及交易对手信用风险纳入计量范围，并制定了详细的计算步骤，增强了可操作性。

透视法在资产证券化框架中的运用主要体现在通过透视法透视资产池的标的资产，基于标的资产的信用质量对未评级的证券化资产进行风险权重的计算。在巴塞尔Ⅱ中明确规定，如果传统型和合成型资产证券化中，最高档次的资产证券化风险敞口没有评级，只要能够知悉资产池中的组成，那么持有该风险敞口或为其提供担保的银行，可以使用透视法赋予最高档次头寸的风险权重等于资产池标的资产的平均风险权重，同时可将该风险权重视为此证券化产品的风险权重上限。因此采用透视法计算风险权重时能够对资产池的资产类型、历史表现、资产池特征、服务质量等因素加以考虑，这与巴塞尔委员会制定的增加证券化监管框架的风险敏感性相一致。

4. 对透视法适用性的评价。商业银行与交易对手之间的信息不对称是造成大额风险敞口的重要原因，而运用透视法能够识别金融交易的潜在交易对手方及风险源，提高银行的风险管理水平。并且透视法是巴塞尔委员会在保持风险敏感性的同时追求审慎监管下的选择，也是应对资产证券化等复杂产品和交易的一种简单有效的风险判断手段，对于看穿风险实质、把握风险来源、控制大额风险敞口、有效防范系统性风险具有重要意义。

然而，透视法在实际操作上也存在一些弱势，主要是监管成本与金融稳定收益的权衡，这就涉及两个问题：第一个问题是什么情况下该采用透视法，针对这个问题巴塞尔委员会采用了资产池分散性检测，以标的资产的分散度来设置监管门槛；第二个问题是采用透视法的时间频率，这个重要问题是投资组合中标的资产的变动，若投资组合是固定不变的，则只需要一次评估即可，但对待动态投资组合则需要不间断的监管和动态评估，频率则应考虑和标的资产的变动快慢相协调，这不可避免地会增加透视法在长期使用中的成本，加大银行等金融机构的负担。

（二）资产担保债券

1. 资产担保债券的定义。资产担保债券是由银行或抵押贷款机构发行，并依照法律由旨在保护债券持有人的特殊公众监督的债券。这些债券的发行收入必须投资于符合法律规定的资产，如在债券的有效期期间，该资产能够覆盖附属于债券的索赔，以及万一发行人破产，能够优先用于本金退还和应计利息的支付。

2. 风险敞口的分配方法。如果资产担保债券符合上述一般定义且满足一定条件，则可能分配到暴露值不低于该银行所持资产担保债券票面价值20%的风险敞口。条件如下：

资产池只包含：（1）债权、担保、主权风险、中央银行、公共部门实体或多边开发银行；（2）由住宅房地产抵押贷款担保的债权；（3）以及/或由商业房地产抵押贷款担保的债权。其中，由住宅房地产抵押贷款担保的债权将有资格获得巴塞尔Ⅱ信用风险标准法下不大于35%的风险权重，以及不大于80%的贷款价值比率；由商业房地产抵押贷款担保的债权则有资格获得不大于100%的风险权重，以及不大于60%的贷款价值比率。其他资产担保债券则会分配到等于银行所持资产担保债券票面价值100%的风险敞口。其中，分配风险敞口值的交易对手方是开证银行。

（三）中央交易对手的风险敞口

巴塞尔委员会考虑在2016年观察期结束后对合格中央对手方（QCCP）的银行风险敞口设置大额风险敞口约束的适当性。同时，假定银行对与结算活动相关的QCCP的风险敞口豁免于大额风险敞口框架。至于非合格中央对手方，必须把测算结算风险和非结算风险的总和作为风险敞口，并且遵守一般大额风险敞口框架中合格资本25%的上限。而上文关于关联交易对手方的概念，不适用于和结算风险特定相关的中央对手方风险敞口的环境。

此外，银行必须识别与结算活动相关的中央对手方的风险敞口，并进行加总。结算活动相关的风险敞口类型及其使用的数值如表1所示。

表1　　有关结算活动风险敞口值的计算

风险敞口类型	风险敞口值
贸易风险敞口	用框架其他部分规定的各类型风险敞口测量方法计算
隔离的初始保证金	0
非隔离的初始保证金	为公布的初始保证金金额
提前出资的供款违约	出资供款的面额
未出资的供款违约	0
股权	为其面额

四、大额风险敞口新框架的比较研究与评价

在巴塞尔委员会制定大额风险敞口新框架之前，美国和欧洲也根据自身情况对大额风险敞口进行监管，这里将巴塞尔委员会制定的大额风险敞口新框架与美国《单一交易对手方信用限额》、欧盟委员会《资本要求指令Ⅳ》中的关键因素进行比较分析（见表2）。

表2　巴塞尔委员会与现行美国、欧洲的大额风险敞口监管框架对比

监管框架	巴塞尔委员会（BCBS）	美国单一交易对手方信用限额（SCCL）	欧盟委员会资本要求指引Ⅳ（CRD Ⅳ）
约束类型	硬约束	硬约束	硬约束
生效日期	2019年1月1日	2013年10月1日	2014年1月1日
合格资本定义	一级资本	资本存量（一级资本和二级资本）及盈余（超额贷款损失准备）	监管资本总额
大额风险敞口上限	普通银行为25%；全球系统重要性银行为15%	总资产在500亿美元以上的大型承保公司或外资银行为10%；其他承保公司为25%	统一为25%
中央交易对手方的风险敞口上限	25%（结算活动相关的QCCP的风险敞口豁免）	与普通承保公司的标准相同，统一为25%	不设上限
采用内部模型计算交易对手信用风险	不采用	不采用	采用
针对集合投资及资产证券化交易采用透视法	明确要求采用	无明确要求	明确要求采用
要求确定集合投资和资产证券化工具的额外风险	明确要求确定	无明确要求	明确要求确定
关联交易对手的识别	拥有或控制50%以上的投票权；或者存在经济上的相互依存	拥有、控制或持有25%以上的投票权；拥有公司股本25%以上	两个或以上的自然人或法人中存在一方直接或间接控制另一方，则被视为单一风险敞口（包括经济上的相互依存）
针对主权风险敞口的处理	不予考虑	与普通交易对手限制相同，为25%；美国政府的风险敞口除外	不予考虑
监管报告要求	所有不小于合格资本10%的大额风险敞口或者最大的20个交易对手方均需向监管当局汇报；不小于合格资本10%的主权风险敞口需要汇报	每月提交合规报告，但监管当局尚未制定报告格式	所有大于合格资本10%的大额风险敞口，以及规模最大的10家银行均需向监管当局汇报；欧洲银行管理局制定了报告格式

注：承保公司，包括合并总资产在50亿美元以上的非银行金融公司、银行控股公司、外资银行及外资银行控股公司。

从表2中各项条款的比较可以看出，巴塞尔委员会制定的大额风险敞口监管新框架相较于美国SCCL、欧洲CRDⅣ都更加审慎。在监管约束方面，新框架将集中度风险监管从第二支柱移到了第一支柱，与SCCL、CRDⅣ一样都采用硬约束，制定了严格的量化监管指标。在合格资本的定义方面，新框架采用一级资本，比SCCL和CRDⅣ更能有效应对非预期损失的冲击，并且与巴塞尔Ⅲ的资本定义相一致，因此生效日期上与巴塞尔Ⅲ同步。监管上限方面新框架根据全球系统重要性银行的划分进行差别监管（25%或15%），将审慎监管原则与适度监管相结合。在设定中央交易对手方（CCP）风险敞口上限方面，由于考虑在危机环境中CCP也有破产引发系统性风险的可能，但通过CCP进行标准化产品交易的目的在于降低金融机构系统性风险，设置严格的监管上限有可能促使CCP降低保证金和违约金要求，并且使CCP行业结构分散，反而增加潜在风险。因此，巴塞尔委员会考虑在2016年观察期结束后对合格中央对手方（QCCP）的风险敞口设置大额风险敞口约束。此外，定期报告其大额风险敞口仍是必要的。在是否采用内部模型计算交易对手信用风险方面，新框架和SCCL都选择禁止，而对于透视法的运用以及额外风险计量上，新框架和CRDⅣ都明确要求使用。最后在定期报告规则方面，新框架相比于后两者更加规范也更具前瞻性。

可以发现，新框架是在SCCL和CRDⅣ基础上的改进，是将两者的监管优势有机结合，同时吸取了金融危机中的经验教训，新框架对合格资本的定义、风险敞口的识别、监管门槛与上限的设定、系统重要性银行与普通银行的差别监管等多个方面进行了详细说明，在明确监管原则的同时注重提高可操作性，使大额风险敞口的监管更趋完善。

（一）对资本充足率监管形成有效补充

大额风险敞口监管新框架是对资本充足率监管的重要补充。资本充足率监管是从整体上对银行风险敞口进行控制，而大额风险敞口监管是研究风险更为集中的敏感点。资本充足率监管假设银行所持资产是无限分散的,不存在关联性，没有考虑行业或地区等共同因素的影响，但实际上风险集中却是常态，这是危及银行持续经营的重要因素。大额风险敞口新框架是从风险敞口的来源上进行约束，按照同一交易对手方、关联交易对手方等进行归集和监管，有效控制风险集中爆发给银行造成的冲击。

（二）风险敞口测量方法与资本充足率监管框架类似

与资本充足率框架的风险敏感性类似，大额风险敞口新框架也是基于风险敞口展开的，然而大额风险敞口新框架关注的只是资本充足率框架中与信用风险相关的部分，但忽略了交易对手的信用质量，因此，大额风险敞口新框架不论在暴露的分类（银行账簿下的信用风险、信用风险缓释、交易账簿下的信用风险、交易对手信用风险）、还是暴露的度量方法上都采用了与资本监管框架相似的方法，然而为了一些简化处理（如表外资产的表内转换、衍生品度量的现期风险敞口法等），在部分风险敞口的计算中采取了和杠杆率相同的处理方法。

（三）弱化风险集中度缓解关联性

资本充足率框架是针对银行自身进行约束，而大额风险敞口新框架则是对机构间的风险敞口进行约束，缓解交易对手趋同以及区域、行业关联等现象，从而减小不可预期损失对银行业的连锁冲击，也减弱银行羊群效应所造成的风险过度集中。同时针对危机中所暴露出的大而不倒的问题，大额风险敞口新框架对全球系统重要性银行（也针对国内系统重要性银行）之间的风险敞口单独制定了更为严格的监管标准，缓解大型商业银行之间的关联性，同时也注重通过中央交易对手方来规范金融产品交易，降低系统性风险，增强金融稳定。

五、大额风险敞口监管新规对中国的启示

大额风险敞口监管框架是巴塞尔委员会在金融危机后针对集中度风险和系统性风险制定的有效监管措施，也是对现行资本充足率监管的重要补充，对于识别交易对手、约束集中度风险、控制非预期损失、预防系统性风险具有重要意义。通过对该框架的研究分析，可以为中国银行监管提供一些启示和参考。

（一）中国的集中度监管实践

中国银行业在资本充足率方面高于巴塞尔委员会制定的标准，并且资本质量较高，但这不能说明不存在风险集中的隐患。中国目前仍是以银行间接融资为主导的金融体系，贷款集中风险是银行风险资产集中的主要因素，也是中国大额风险敞口的主要表现形式，并且单一贷款和关联贷款比例过高是发展中国家银行的一个普遍现象。

2004年4月，原中国银监会发布《商业银行与内部人和股东关联交易管理办法》，对全部关联方、单个关联方及其所在集团客户的授信额度都做了明确规定，规范商业银行关联交易行为，促进商业银行安全、稳健运行。2005年12月，原中国银监会发布《商业银行风险监管核心指标（试行）》，规定单一集团客户授信集中度为最大一家集团客户授信总额与资本净额之比，不应高于15%，单一客户贷款集中度为最大一家客户贷款总额与资本净额之比，不应高于10%，此指标是商业银行实施风险监管的基准，是评价、监测和预警银行风险的参照体系。2010年6月，原中国银监会公布《商业银行集团客户授信业务风险管理指引》，其中对单一集团客户授信余额作出规定，不得超过商业银行资本净额的15%，反之，将视为超过其风险承受能力。2016年10月，原中国银监会发布

《中国银监会关于进一步加强信用风险管理的通知》，涉及大额风险敞口的范围，规定集团客户授信总额超过资本净额的10%或单一客户授信总额超过资本净额的5%，应视为大额风险敞口。2018年4月，中国银保监会正式对外发布《商业银行大额风险敞口管理办法》，旨在推动商业银行强化大额风险敞口管理，有效防控集中度风险，规定对非同业单一客户的贷款余额不得超过资本净额的10%，对一组非同业关联客户的风险敞口不得超过一级资本净额的20%。中国主要通过对风险敞口设立限额来约束集中度风险，如对单一交易对手、关联交易对手设立了限额，并对不同地区、不同行业的集中度风险进行比例上的监督，具体监管指标见表3。

表3　　中国集中度风险监管指标

单一交易对手集中度	最大一家客户贷款总额/资本净额×100%=10%
关联交易对手集中度	最大一家集团客户授信总额/资本净额×100%=15%
	最大十家客户授信总额/资本净额×100%=50%
地区集中度	某地区贷款数额/贷款总额
行业集中度	某行业贷款数额/贷款总额

从表3可以看出，对敞口设立上限的方法非常简单直观而且易于操作，如对最大一家客户贷款总额不超过资本净额的10%，对最大十家客户贷款总额不超过资本净额的50%。这类同资本挂钩的严格上限并不比现行的国际标准以及新框架中25%的上限宽松，但是这类指标只能反映银行的风险敞口总额，且主要针对贷款集中风险，风险敞口的定义较为狭窄，对于传统贷款业务能够起到控制集中度风险的目的，而对于集合投资、资产证券化这类特殊风险敞口则不能反映标的资产的风险来源及交易对手的信用质量。同时由于中国的监管指标只监督最大十家客户贷款，如果某些国内系统重要性银行的交易对手较多，该指标则不能够对银行的大额风险敞口进行全面监管覆盖，而大额风险敞口新框架规定汇报最大的二十个风险敞口。

（二）大额风险敞口新框架的实施影响

为能够深入分析大额风险敞口新框架对目前银行监管的影响，本文采用国内16家上市银行2017年的资本金（总资本净额、一级资本净额[①]）来进行分析比较（见表4）。

① 由于数据可得性，此处忽略一级资本和核心资本的细微区别。

表4　　2017年16家上市银行的资本金

单位：百万元人民币

银行名称	总资本净额*	一级资本净额**	总资本充足率	一级资本充足率
工商银行	2406920	2110060	15.14%	13.27%
建设银行	2003072	1771120	15.50%	13.71%
中国银行	1725330	1461090	14.19%	12.02%
农业银行	1731946	1419859	13.74%	11.26%
交通银行	790381	669429	14.00%	11.86%
中信银行	502821	403378	11.65%	9.34%
招商银行	546534	459782	15.48%	13.02%
浦发银行	490884	418425	12.02%	10.24%
民生银行	514401	385414	11.85%	8.88%
兴业银行	526117	417360	12.19%	9.67%
光大银行	385524	303038	13.49%	10.61%
平安银行	249227	204293	11.20%	9.18%
华夏银行	223035	168929	12.37%	9.37%
北京银行	219747	175922	12.41%	9.93%
宁波银行	82019	56810	13.58%	9.41%
南京银行	92445	67001	12.93%	9.37%

注：*总资本净额=资本总额–扣减项。

**一级资本净额=一级资本–扣减项。

资料来源：根据各银行2017年年报整理。

表4的数据是各银行根据原中国银监会《商业银行资本管理办法（试行）》（2013年1月1日施行）和其他有关规定计量和披露的，显示各银行的总资本充足率和一级资本充足率均远高于原中国银监会的现行监管标准，并且一级资本净额占资本净额的比例在80%左右，资本质量较高。因为一级资本净额与大额风险敞口监管新框架中的一级资本类似，所以本文采用一级资本净额作为合格资本来计算国内银行实施新框架的监管门槛与上限。表5是根据表4中的数据来计算的，其中BCBS新标准一栏是根据新框架的公式（3）、公式（4）计算的，并且假设工商银行、建设银行、中国银行、农业银行均按全球系统重要性银行的标准[公式（5）]来计算上限，现行标准和核心原则两栏分别采用中国现行的集中度风险监管指标中的最大一家客户和最大十家客户贷款上限（见表3），以及巴塞尔委员会的《有效银行监管的核心原则》中的标准，即公式（1）、公式（2）来与大额风险敞口监管新框架进行比较分析。

表5　2017年16家上市银行大额风险敞口监管门槛与上限

单位：百万元人民币

银行名称	监管报告门槛		监管上限		
	核心原则	BCBS新标准	核心原则	现行标准（最大一家客户/最大十家客户贷款上限）	BCBS新标准
工商银行	240692	211006	601730	240692.0/1203460.0	316509*
建设银行	200307.2	177112	500768	200307.2/1001536.0	265668*
中国银行	172533	146109	431332.5	172533.0/862665.0	219163.5*
农业银行	173194.6	141985.9	432986.5	173194.6/865973.0	212978.85*
交通银行	79038.1	66942.9	197595.25	79038.1/395190.5	167357.25
中信银行	50282.1	40337.8	125705.25	50282.1/251410.5	100844.5
招商银行	54653.4	45978.2	136633.5	54653.4/273267.0	114945.5
浦发银行	49088.4	41842.5	122721	49088.4/245442.0	104606.25
民生银行	51440.1	38541.4	128600.25	51440.1/257200.5	96353.5
兴业银行	52611.7	41736	131529.25	52611.7/263058.5	104340
光大银行	38552.4	30303.8	96381	38552.4/192762.0	75759.5
平安银行	24922.7	20429.3	62306.75	24922.7/124613.5	51073.25
华夏银行	22303.5	16892.9	55758.75	22303.5/111517.5	42232.25
北京银行	21974.7	17592.2	54936.75	21974.7/109873.5	43980.5
宁波银行	8201.9	5681	20504.75	8201.9/41009.5	14202.5
南京银行	9244.5	6700.1	23111.25	9244.5/46222.5	16750.25

注：*系统重要性银行。

资料来源：根据各银行2017年年报整理。

从表5可以看出，在大额风险敞口的监管报告门槛方面，BCBS新标准总是低于核心原则制定的监管报告门槛。例如，按核心原则计算，工商银行的大额风险敞口监管报告门槛约是2407亿元，而调整后的BCBS新标准约是2110亿元；民生银行按核心原则计算约是514亿元，调整后约是385亿元。可见，巴塞尔委员会旨在对潜在大额风险敞口进行监控，使监管更具前瞻性和预防性，并且试图对集中度风险进行全面监督。而中国目前的集中度风险监管并未制定类似的监管报告门槛，只是要求银行定期汇报最大一家贷款客户和最大十家贷款客户的贷款数额、地区集中度、行业集中度等信息，从贷款总量和投向上进行监督，缺乏统一、规模的大额风险监管规则。为推动商业银行强化大额风险敞口管理，有效防控集中度风险，中国银保监会于2018年5月发布《商业银行大额风险敞口管理办法》（以下简称《办法》）。《办法》一方面借鉴了国际监管规则，参照国际标准，规定了大额风险敞口监管标准和计算方法，对商业银行加强大额风险敞口管理提出统一的安排和要求；另一方面，《办法》根据中国银行业实践，作出了不同于巴塞尔大额风险监管框架的规定。《办法》与《巴塞尔大额风险敞口框架》不同的地方主要有以下几点：

第一，监管主体更为具体，监管范围更为广阔。巴塞尔协议的适用范围是国际活跃银行，而《办法》作出明确规定，适用于“中华人民共和国境内设立的商业银行”，最大限度地将所有银行包含在内，比《巴塞尔大额风险敞口框架》的监管主体更有针对性和有效性，监管的范围更广。

第二，大额风险敞口的认定标准更为严格。《巴塞尔大额风险敞口框架》将“超过银行一级资本10%以上的风险敞口”定义为大额风险敞口，《办法》规定，大额风险敞口是指商业银行对单一客户或一组关联客户超过其一级资本净额2.5%的风险敞口，其认定标准更为严格。

第三，对手实体分类更加细化，客户限制标准设置更加严格。《巴塞尔大额风险敞口框架》规定单一客户或关联客户统一按照最高不超过一级资本净额的25%，全球系统重要性银行之间的风险敞口不超过一级资本净额的15%。而《办法》对客户作了更为细致的分类，分为同业和非同业客户，同业客户的风险敞口限额不超过一级资本净额的25%，与《巴塞尔大额风险敞口框架》规定是一致的，对于非同业客户实行更严格的限制，单一客户不超过一级资本净额的15%，关联客户不超过20%。

第四，豁免门槛更高。《巴塞尔大额风险敞口框架》规定监管当局允许“未知”交易对手方的存在，当标的资产风险敞口值不小于合格资本的0.25%时，银行需透过交易结构去识别标的资产，而《办法》规定，对于单个或者所有投资金额不大于一级资本净额的0.15%的产品，可不使用穿透方法。

《办法》是在遵循新框架的监管原则下根据国内银行的实际情况制定的一套监管规则，对商业银行加强大额风险敞口管理提出一整套安排和要求，有助于推动商业银行提升集中度风险管理水平，其核心目的是将目前零散、缺失的商业银行客户集中度风险监管要求加以统一完善，对于抑制金融风险累积和传染具有重要作用。

总的来说，巴塞尔委员会制定的大额风险敞口监管新框架是在原有监管基础上进行的重大改进，增加了监管指标的敏感性，强化了监管政策的有效性，同时注重监管力度的适度性。中国现行集中度风险监管逐渐缩小与新框架的差距，并提出了更适用于国内银行的监管标准，中国大额风险敞口监管要求的落地实施，有利于加强银行大额风险敞口的监管水平，提高风险抵御能力，对银行业，甚至是整个金融系统的健康稳定发展有着重要作用。

第三节 逆周期监管工具及适用性探讨

宏观审慎监管包括时间和横截面两个维度，时间维度指金融体系存在的顺周期性，在经济周期的交替中，金融体系的风险在经济政策的相互作用中被放大。空间维度指由于金融市场之间和金融机构之间的相互联系导致的金融体系的脆弱性。现行金融监管在宏观审慎监管方面表现严重不足，以资本监管为核心的巴塞尔Ⅰ在次贷危机中暴露出的顺周期性已经成为共识，而巴塞尔Ⅱ引进的内部评级法和基于“公允价值”会计准则的资本充足率管理加大了经济周期的波动性。巴塞尔委员会在2009年12月发布的《增强银行业抗风险能力（征求意见稿）》提出从四个方面应对顺周期性：一是通过对内部评级模型的输入参数的平滑减少最低资本要求产生的顺周期性，二是建立前瞻性贷款损失准备金制度，三是建立高于最低资本要求的资本留存缓冲制度，四是建立与信贷增长有关的逆周期资本缓冲制度。2010年9月，巴塞尔委员会制定的国际金融监管新框架巴塞尔Ⅲ公布。区别于前两版，巴塞尔Ⅲ着重关注商业银行信贷的顺周期性，而逆周期资本缓冲机制则成为新引入的最重要的宏观审慎监管工具。同年12月，巴塞尔委员会发布《建立更具稳健性的银行和银行体系的全球监管框架》，将宏观审慎理念引入监管框架，监管当局对商业银行的监管从单一微观审慎过渡到宏观微观审慎并重。本文在归纳总结国际银行业关于逆周期监管理论和实践经验的基础上，依托中国银行业的实际情况，探讨逆周期工具在中国银行业实施的适用性。

一、资本计提模型的参数调整

在巴塞尔Ⅱ还未提出之前，资本监管可能导致的顺周期性就已经受到了少数学者的质疑，而伴随着巴塞尔Ⅱ和内部评级法的提出，这种顺周期性不仅没有缓解，还在次贷危机中集中爆发。因此，次贷危机后，如何通过输入参数的平滑减少资本要求带来的顺周期性引起了监管者的广泛关注。

（一）内部评级法的顺周期性

内部评级法（IRB）是巴塞尔Ⅱ相对于巴塞尔Ⅰ来说的主要创新之一，涉及四个主要输入参数，分别为违约概率（PD）、违约损失率（LGD）、违约风险敞口（EAD）和有效期限（M）。在内部评级法的计算中，银行首先要按风险敞口将资产分类，再根据资产的风险特征估计风险因素，计算风险权重函数，从而确定风险加权资产，再根据相应的资本水平，计算出资本充足率水平。内部评级法的最大优点是基于各银行内部的评级模型度量风险，具有较高的风险敏感性，以内评法度量的资本要求符合激励相容的监管理念。然而，次贷危机中暴露了这种风险敏感性的不足，由于监管资本与风险密切相关，在不同的经济环境下波动较大，加剧了资本监管下银行的顺周期性。

这种顺周期性首先表现为各参数的顺周期性。一方面，经济繁荣时期借款人的财务状况有所改善，信用评级的上升和抵押资产价值的上涨使得违约率和违约损失率均下降，同时贷款承诺的提取比例下降导致信用转换系数（CCF）减少，进一步导致违约风险敞口减少，从而风险加权资产将减少，在资本不变的条件下，银行的实际资本充足率变大，具有进一步增加放贷的冲动，使经济进一步繁荣；在经济衰退期则完全相反，违约率、违约损失率和违约风险资产均表现为上升，银行的实际资本充足率下降，有进一步缩小放贷的冲动，从而加剧经济的衰退。

另一方面，参数的计量模型也存在顺周期性。在银行的内部评级模型中，参数的计量常常偏向于选择缺乏周期性考虑的时点（Point In Time，PIT）指标，而不是采用跨周期（Through The Cycle，TTC）指标。与时点指标波动较大的特征不同，跨周期指标通常采用至少包含一个经济周期的时期内的信息来评估债务人的财务状况，其评级往往不会随着经济状况改变而发生调整，仅当债务人现时的财务恶化状况超过了经济衰退时的最坏状况，才调低债务人的评级，所以波动较小。选择波动较大的时点指标作为模型的参数，在一定程度上加大了风险资本的顺周期性。

（二）参数的逆周期化

内部评级模型中对于违约概率的计量，采用的是条件违约率而不是平均违约率，这无疑增加了模型的顺周期性。危机后提出的时变资本约束的前瞻性模型（Forward-Looking Model for Times-Varying Capital Requirements），通过对经济周期的预测，建立了无条件PD从而实现资本计提方法的逆周期化，即在经济繁荣时期多计提资本，在经济衰退时期少计提资本。

该模型的思想是将历史违约率按照不同经济周期进行分类测算和拟合，得到条件违约率，再根据当前经济状况预测经济处于繁荣或衰退的概率，如假设经济状态变量为

$$S_t = \begin{cases} E\ ,\ P(E) \\ R\ ,\ P(R) \end{cases}$$

式中，E代表经济繁荣，R代表衰退，$P（E）$、$P（R）$分别代表经济处于繁荣与

衰退的概率，且假定$P(E)+P(R)=1$，即经济或繁荣或衰退，不存在其他状态。因此$t+k$时期的经济处于繁荣时期的概率可用历史经济变量进行回归：

$$P_t(S_{t+k}=E)=P(S_{t+k}=E\mid I_t)=f(\beta x_t)$$

式中，I_t为t时刻的信息集，x_t为经济状态的解释变量组，β为系数向量。

同时假定违约率（DR）的密度函数为f（DR），违约率预期为$E(DR)=PD$，繁荣和衰退时期的违约概率分别为

$$PD_E=E_E(DR)=\int DR\cdot f_E(DR)\mathrm{d}DR$$

$$PD_R=E_R(DR)=\int DR\cdot f_R(DR)\mathrm{d}DR$$

所以无条件违约概率为

$$PD=E(DR)=\int DR\cdot f(DR)\mathrm{d}DR=P(E)PD_E+P(R)PD_R$$

此时就将无条件违约概率与经济状态的解释变量联系起来，由此计算的前瞻性监管资本就避免了顺周期性的因素。

此外，针对时点化带来的顺周期性，在相关修订中巴塞尔委员会更加注重跨周期方法的运用，对于违约概率的计算，要求5年以上的数据储备量，同时模型的样本数据必须至少包含一个经济周期在内；违约损失率要采用衰退期的水平，且违约损失率的估计不能低于违约加权平均值，数据储备至少7年以上，须至少包含一个经济周期在内；同时要求违约风险敞口不能低于风险加权平均值。

（三）引入风险曲线改善顺周期性

在内部评级法中，条件违约概率是通过以下模型计算的：

$$PD_V=N\left[\frac{G(PD)}{1-R}+\sqrt{\frac{R}{1-R}}G(0.999)\right] \tag{6}$$

式中，PD为平均违约概率，$N(\cdot)$为正态分布函数，$G(\cdot)$为正态分布函数的逆函数，R为借款人资产的系统风险大小，0.999表示置信度为99.9%，即经济出现衰退的概率为0.1%，对应的风险权重函数为

$$K_{IRB}=LGD\times(PD_V-PD)\times\frac{1-(M-2.5)}{1-1.5b}\times12.5 \tag{7}$$

可见，置信度越高，违约率越高，相应计提的资本越高，而不同的置信度则对应不同的风险曲线。在违约率和监管资本之间存在着一定的正向关系，我们姑且将其理解为风险曲线。若将资本作为风险曲线的纵坐标，则对应于99.9%置信度的风险曲线要高于99.5%的风险曲线。这种不变的正向关系在一定程度

上导致了内评法的顺周期性。因为违约概率较高时，往往对应着经济较差的环境，此时的资本计提要求按照原有的相关关系增加了。

如何通过风险曲线的调整来改变银行资本监管的顺周期性呢？第一种方法可以视为相机抉择法，即在经济繁荣时选择较高的置信度，如99.9%。在经济下行时选择较低的置信度，如99.5%，从而实现在经济状况好的情况下资本要求较高，而在经济恶化时放松资本要求。但是这种方法的弊端在于，一则经济状况的优劣需要依靠监管当局的主观判断，二则对于置信度的选择自由度也较大，可能会产生一定的监管容忍。然而，选择第二种方法，即风险曲线平坦化的方法就避免了这一缺点。例如，可以选择较低的违约概率对应99.9%的置信度下的监管资本，而较高的违约概率则对应99.5%的置信度下的资本计提，并在最高值与最低值之间建立相应的对应关系。在避免了依赖监管当局主观判断的同时，实现了资本计提的顺周期性。

二、逆周期资本缓冲工具

运用资本缓冲工具实现逆周期监管是巴塞尔委员会的另一重要举措。2010年7月，国际清算银行（BIS）重点研究了逆周期资本缓冲的调整指标的选择和调整参数的确定问题。2010年12月，巴塞尔委员会发布的《各主权国家实施逆周期资本缓冲的指引》确定了各国监管当局实行逆周期资本缓冲的实施原则，在2.5%的资本留存缓冲基础上，提出了0~2.5%的逆周期资本要求，旨在提高银行业在经济恶化时期的恢复能力，弱化顺周期性带来的影响。

需要特别指出的是，逆周期资本缓冲工具的实施依托于巴塞尔Ⅱ提出的三大支柱的共同作用，因为逆周期监管一方面影响到作为第一支柱的监管资本，在监管实施过程中其自由裁量权也直接与第二支柱的外部监管相关。此外，由于逆周期监管指标还包含大量信息披露要求，第三支柱的实施也与逆周期资本工具的效果密不可分。

逆周期资本缓冲的提出是为实现更广义的宏观审慎目标，保护银行业免遭过度总体信贷增长而累积的系统性风险的损伤。保护银行业不仅仅是简单地确保单个银行在压力时期仍有偿付能力，更要确保整个银行业在压力时期仍有可用资本以保证信贷供给，且其偿付能力不受质疑。其有效实施主要依托以下两点：一是确定把握经济周期的调整指标，二是确定连接调整指标和逆周期资本缓冲的调整系数，即如何根据调整指标大小确定逆周期资本缓冲大小。只有把握好这两个关键要素，才能使得逆周期资本缓冲的监管措施起到真正防范顺周期性的效果。

（一）调整指标的选择

从银行业经营管理的实践看，理想的逆周期指标应当满足两个特征：一是能够反映经济的周期性波动；二是在经济繁荣时期能够根据该指标积累足够的逆周期缓冲资本，在经济衰退时期能够根据该指标以合理的速度和数量释放缓冲资本，因此调整指标的选择是实施逆周期资本缓冲的第一步。

从宏观和微观角度分别考虑，可以将逆周期监管对应的指标划分为系统性指标和银行层面指标。系统性指标主要指宏观经济指标，如实际GDP增长、实际信贷增长、信贷/GDP比率及信贷/GDP缺口（信贷/GDP比率与其长期趋势的差）等。银行层面指标一方面表现为反映银行业经营状况的指标，如银行信贷增长、银行的总体利润等；另一方面是反映资金成本的指标，如银行业的信贷利差水平、银行短期流动性筹资的成本、债券价差等。

通过对比各指标在历次银行危机中的表现，上述指标对金融危机的解释能力存在明显的差异。虽然从逻辑上看，金融危机与经济危机是密切联系的，但从具体的监管指标来看，经济指标的波动性要高于金融指标，如信贷指标的波动性要高于银行坏账率指标的波动性。具体来看，信贷增长和信贷/GDP比率能较好体现经济恶化的状况，而房地产价格对长期趋势的偏离程度对预测经济恶化有一定参考作用。

根据国际清算银行（BIS）建立的向量误差模型的测算结果，与信贷有关的系统性指标中信贷/GDP比率缺口的效果最优；而在银行层面的指标中，损失指标对于其他指标而言相对较优。鉴于信贷指标在历次危机中的表现，加上数据的易得性和准确性，可将信贷/GDP比率作为资本缓冲积累阶段的最佳调整指标，而在资本释放阶段，应以总损失指标和其他信用指标相结合作为调整指标。

（二）调整系数的确定

调整系数是连接调整指标与逆周期资本缓冲的中间物，以信贷/GDP比率指标为例，当比率超过某一界限时应按一定比率计提逆周期资本缓冲，较为简单的做法是将调整系数与调整指标设定为线性关系，即分别确定一个最高指标（H）和最低指标（L），在最高与最低区间内逆周期资本缓冲随指标线性增长，超过最高时记2.5%，低于最低时记0。如图3所示，调整系数1、2分别对应下限0和上限2.5%。因此调整系数的确定涉及两个关键因素：斜率的设定及指标上下界限的选择。

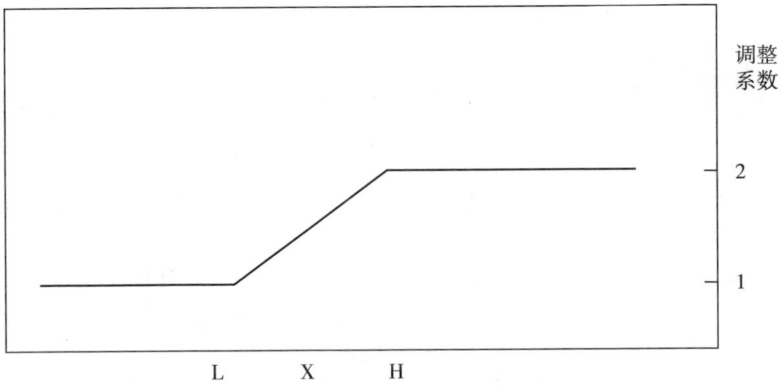

图3　调整系数

从具体的操作角度考察，如果选择以信贷/GDP为主要监管指标，来确定逆周期缓冲资本，在具体的计算流程上，首先是计算信贷余额占GDP的比重，进而确定信贷/GDP与历史趋势值的差额，即缺口比率，在此基础上利用调整系数将缺口比率转化为逆周期资本要求。

不同调整指标的调整过程并不相同，在图形中表现为L、H及直线的斜率不相同，一般对称性波动的指标对应的调整斜率为1/（2×*std*），*std*为指标波动的长期标准差，即当调整指标在负方向上偏离长期平均值1个标准差时，调整系数为1，逆周期资本缓冲为0，当调整指标在正方向上偏离长期平均值1个标准差时，调整系数为2，逆周期资本缓冲为2.5%。而对于非对称性波动的指标，如CDS价差在繁荣时期接近0，在恶化时期会逐渐变大，则当指标值高于长期平均值1.5倍标准差时将调整系数为2。

通过对历次银行危机的研究，巴塞尔委员会认为对于信贷/GDP缺口这一指标，应设置$L=2\%$，$H=10\%$较为合理。但需要注意的是，缺口比率的确定依赖于长期趋势的计算，而长期趋势又依赖于统计计算方法，因而不同国家采用标准可能不同，计算结果也就可能不具有一致性和可比性。事实上，信贷/GDP比率这一指标并不能完全准确地把握经济周期，因此不能完全依赖这一指标计提逆周期资本缓冲，而是以此指标作为参考，结合其他指标来判断金融体系的状态，其他备选指标包括资产价格、融资价差、CDS价差和真实GDP增长等。

（三）逆周期资本缓冲的实施细则

根据巴塞尔Ⅲ的规定，不同国家可以根据自身所处的经济周期设定不同的逆周期资本要求，这就必然要求各国监管当局在本国范围内制定统一的实施规则，这也必然引出对跨境银行的逆周期缓冲资本如何确定的研究。

首先，各国监管当局在实行逆周期资本监管时，需要考虑协调资本留存缓冲和逆周期资本缓冲，同时还可以根据信贷扩张状况计提逆周期资本缓冲，因而资本留存缓冲与逆周期资本缓冲之间必然相互影响。由于补充资本金需要一段时间，监管当局必须提前12个月告知银行，以使银行有足够的时间准备逆周期资本缓冲以达到新的资本要求，在这12个月内银行的利润分配不会受到限制，但若12个月后银行仍未增加要求的资本积累，银行的利润分配将受到限制。

其次，明确母国与东道国的权责。东道国监管当局有权对在其境内开展业务的所有银行指定与其信贷水平相对应的逆周期资本要求，在检测到银行系统性风险大时，东道国有权对其制定更高的资本要求，这也就意味着跨境银行的资本要求将不低于本国银行的资本要求。而东道国本国的银行的逆周期资本缓冲将完全受东道国监管当局监管，这一原则有利于平衡本国竞争力相对较弱的银行与外国银行相比在竞争上的所处的劣势地位。此外，由于同一时期不同国家的信贷状况可能不一样，即使根据同样的监管指标，不同国家和地区的监管机构设定的逆周期资本要求可能不同，在这种情况下，跨国经营的银行的逆周期资本缓冲就是所有东道国的逆周期资本要求的加权平均值，权重为跨境银行在不同国家的信贷风险敞口占总信贷额的比率。

最后，对经济状况作出判断时应遵循一致原则。逆周期资本缓冲的一个缺陷是决策的制定不能机械地依靠指标，还需要依靠监管当局基于其他信息对经济形势的判断，因此如何保证对经济形势判断的准确性，减小监管失误至关重要。因而，为提高决策的合理性，设定适当的逆周期资本缓冲，除调整指标原则外，监管当局还应遵循以下原则：第一，决定逆周期资本缓冲应是为实现监管目标，即防止银行体系在信贷过快增加、系统性风险累积时遭受潜在的未来损失。第二，在用于资本缓冲决策的指标中，信贷/GDP比率并不需要起到决定性作用，监管当局需解释这些指标以及它们如何用于形成决策的。第三，评估所用指标中包含的信息时，应注意可能导致误导信息的因素，如当信贷/GDP过高时，查看资产价格、资金成本价差、信贷状况实际调查情况、真实GDP等指标是否确实表明经济增长过快。因为非金融系统自身压力形成的单方面GDP下滑，会导致信贷/GDP指标增大，而其他指标并未出现显著变化，此时仅仅依靠信贷/GDP指标将导致错误的决策。第四，压力期立即释放资本缓冲。当经济出现轻微下滑时缓慢地释放缓冲资本有利于经济平稳性，但若经济出现严重下滑，此时仍实行缓慢的资本释放就不合时宜，因为信贷指标常常滞后于真实压力指标，因此当信贷指标显示经济严重下滑时，应当及时迅速地释放缓冲资本。第五，逆周期资本缓冲应与其他宏观审慎工具结合使用，为达到宏观审慎的目的，各项工具需协调使用。

三、前瞻性动态拨备制度

从功能上说，贷款损失拨备和资本是银行吸收损失的主要途径，贷款损失拨备监管也是银行风险管理体系的重要组成部分。金融危机爆发后，发达国家的监管当局开始意识到拨备制度的顺周期性对经济波动的放大作用，与逆周期资本缓冲类似，危机后巴塞尔银行监管委员会及主要发达国家的监管部门探索提出基于预期损失的前瞻性动态拨备模型，希望使银行计提的贷款损失拨备能够反映银行贷款组合的预期损失。

（一）现行贷款损失拨备制度存在的问题

目前，关于贷款损失拨备的国际准则有巴塞尔资本协议和国际会计准则。巴塞尔Ⅱ从银行风险管理角度对贷款损失拨备和资本的功能作出了规定，并对贷款损失拨备的充足性提出了原则性的要求。《国际会计准则39号：金融工具确认和计量》（IAS39）对银行贷款损失减值的计提和披露作出了规定。

根据现行会计准则，银行采用已发生损失模型（incurred losses model）计提拨备，即银行只能在有客观证据表明贷款已发生损失时，才可以按照贷款的摊余成本和未来现金流的现值之差计提贷款损失拨备，这导致拨备计提具有明显的滞后性。这种拨备计提的滞后性加大了顺周期性。例如，此次金融危机中，经济形势恶化，企业信用等级下降，违约率增加，根据现行会计准则，银行需要大幅增加拨备计提，同时也导致资本受到侵蚀，强化了资本约束要求，这就使得银行为满足约束条件减少放贷能力，进一步恶化了危机。

实际上，在此之前部分学者的实证研究就证明了这一结论。Borio（2001）对1980年以来美国等10个国家的研究表明，贷款损失拨备/总贷款与经济周期具有明显的负相关性。危机的爆发使各国监管当局清醒地认识到，贷款损失拨备制度具有顺周期性，加剧了经济波动。国际会计准则委员会（IASB，2009）总结了已发生损失模型导致顺周期性的原因有：第一，利息收入在损失事件发生前往往被高估；第二，损失事件发生后，已发生损失的全部信息不能及时完全掌握；第三，模型存在内在不一致性，资产在最初定价时已经在总价值基础上扣除了预期损失，但在后续计量有效利率时并没有使用预期损失而是采用已发生损失来确定；第四，已发生损失总是滞后于可能存在的损失；第五，在某些特定情况下，即使最初预期损失大小没有改变，但损失仍有可能以利润或损失的形式在资产计量周期内被确认，从而使真实预期损失减少或增大；第六，在确认任何损失前，信用风险的变化都没有得到有效识别，除非信用已降低到设定的阈值以下；第七，对如何撤销先前已确认的损失并没有详细说明。

（二）基于预期损失模型的前瞻性拨备

为缓解贷款损失拨备的顺周期性，巴塞尔委员会等国际银行监管组织提出了前瞻性拨备（forward-looking provision）。前瞻性拨备指银行在经济上行期多计提拨备，用于抵御预期损失，在经济下行期就可以使用上行期积累的拨备应对增加的贷款损失，这样就能保证在经济上行期银行信贷扩张有所收敛，在下行期又不会导致银行紧缩信贷。

1. 预期损失模型。2009年12月，国际会计准则委员会修改了国际会计准则39号（IAS），出台拨备计提规则的草案《金融工具：摊余成本和减值》，正式提出采用预期损失模型法计提拨备。预期损失模型的基本思路：

第一步，使用有效利率方法计量金融工具的摊余成本AC（amortised cost），即以有效利率i_e作为折现率对金融工具剩余生命期内的预期现金流折现的现值。设金融工具的剩余生命期内的预期现金流为C_1、C_2，…，C_n，则其摊余成本为

$$AC = \sum_{k=1}^{n} \frac{C_k}{(1 + i_e)^k}$$

第二步，估计金融工具初始计量时的预期现金流，包括预期现金流的数额和时间。预期现金流包括预期值为负的损失。如何估计预期现金流的数额和时间是预期损失模型的关键。

第三步，计量减值损失，减值损失等于金融工具账面结存额与修正后的预期现金流的现值之间的差额。固定收益工具根据该工具初始确认时的有效利率来折现，非固定收益工具根据现有有效利率来折现，减值损失为

$$IL = CV - \sum_{k=1}^{n} \frac{C'_k}{(1 + i_e)^k}$$

式中，CV为账面结存额，C_k，$k=1,\cdots,n$为预期现金流，i_e为有效利率。

第四步，不断重估预期现金流，重估递延或额外的减值损失。若信用损失预期发生好转，减值损失的撤销将再计入利润表。

从预期损失模型的步骤可以看出，对减值损失计量的重点在于估计金融工具初始计量时的预期现金流和后续对预期现金流的重估调整。而后续现金流估计的调整又依赖于初始预期现金流估计的准确性，因此估计金融工具初始计量时的预期现金流是预期损失模型的关键。

2. 预期现金流的估计。估计预期现金流首先需要考虑估计预期损失的时间维度，即估计整个生命期的预期损失，还是短期内的预期损失。若仅仅估计金融工具在短期内的预期损失，那么未来收益无法估计，将导致整个金融资产的成本无法计算；若只进行长期内的预期损失估计，则估计值的不确定性增加、可靠性降低。另外，对短期的时间定义也是模棱两可的，且不同资产的损失

期限结构不同，基于短期损失估计的方法将使得不同金融工具之间无法直接比较。因此，国际会计准则委员会选择了估计金融工具整个生命期的预期损失，这也与银行风险管理和报告体系的联系更加紧密。

其次需要考虑预期损失大小的估计。国际会计准则委员会考虑基于未来情况的预期使用现有信息估计预期损失的大小。预期损失包括现有信息提供的某特定时间段的特定计划（specific projections）的损失，如果没有可提供的信息，用基于历史数据和现有信息得到的长期损失趋势来估计预期损失大小。

最后需要考虑预期损失的确认时间。立即确认还是随着时间推移分批确认，这两种方法各有优劣。立即确认预期损失能够解决目前减值模型的基本问题，即贷款损失准备将在经济下行前趋于最低水平，且实际损失已经发生，适用于开放的贷款组合，能够减少操作次数。但这一方法不能向财务报表的使用者传达经济活动的真实信息，而且对盈余和资本产生了重大的影响。随着时间推移分批确认的方法也能解决目前减值模型的基本问题，并能向财务报表的使用者传达经济活动的信息。但是这一方法存在操作上的难度，而且可能存在损失延迟确认的问题。

表6　　三种预期损失模型的比较

模型	方法一：立即确认短期内的预期损失	方法二：使用“时间比例法”确认生命周期内的预期损失	方法三：使用带有名义子组合时间比例法
描述	在当期确认短期内的预期损失	预期损失的数额为生命期内全部的预期损失。对于优质账户，预期损失随着贷款组合的加权平均生命分配；对劣质账户，预期损失全部计入准备金账户	这一方法类似于方法二，但对优质账户资产预期损失的确认由不同年龄的名义子组合进行驱动。这将加快特定情况下某些预期损失的确定
存在的问题	存在一个操作性问题是反映短期内预期损失的损失率的决定和更新	这种方法解决了利息和损失随着时间推移变化影响；但这种方法存在一些问题是对优质资产预期损失在未来的递延确认；优劣质账户的重叠会导致潜在复杂的操作	存在的问题同方法二一样，但如何进行子组合的分割较为复杂

目前，国际会计准则委员会还没有确认预期损失估计的最终方法，其有三种可选方法（见表6）。预期损失模型符合国际风险定价原则，防止贷款利息收入高估，有利于积累拨备。但该模型的实施成本高，且将长期预期损失估计的变动计入当期损益导致拨备计提行为仍然具有一定的顺周期性。

（三）西班牙动态拨备制度

由于预期损失模型基于长期期望损失建立拨备，因而损失覆盖能力有时并不能满足实际拨备需求，导致其有效性降低，而由西班牙银行建立的动态拨备制度虽然并非基于预期损失模型，但该模型计算的动态拨备更加保守因而更具逆周期性，也更具操作性和实用性。

1. 原来的动态拨备制度。西班牙的动态拨备制度（dynamic provision）是逆周期拨备制度的一种实践。为解决信贷快速增长带来的巨大的潜在信用风险，2000年7月，西班牙中央银行开始实施动态拨备制度。在该制度下，银行贷款损失拨备包括一般拨备、专项拨备和动态拨备三个部分。一般拨备和专项拨备的计提方法与未引入动态拨备制度之前的方法一致。

一般拨备的公式为

$$GP_t = g \times \Delta L_t$$

式中，房地产抵押贷款的参数g=0.5%，其他贷款的参数为g=1%；ΔL_t为t年贷款变化额。银行的一般拨备余额为GF_t=$_g \times L_t$，L_t为t年贷款总额。

专项拨备的公式为

$$SP_t = e \times \Delta M_t$$

式中，参数$e \in (10\%,100\%)$，由银行决定，反映实际发生的损失率；ΔM_t为t年问题贷款变化额。银行的专项拨备余额为$sF_t=e \times M_t$，M_t为t年问题贷款总额。

动态拨备的公式为

$$DP_t = Lr_t - SP_t$$

其中，$Lr_t=s \times L_t$表示潜在风险敞口，反映专项拨备的平均水平；s代表历史长期平均损失率。银行动态拨备余额为$DF_t=DP_t+DF_{t-1}$，DF_t设有上下限：$0 \leqslant DF_t \leqslant 3 \times Lr_t$。3倍上限是为保证一般拨备和动态拨备总和不会超过金融资产账面价值的4%，即西班牙国内专门从事消费者信贷的信贷机构最高的比例，也为保证能维持3~4年的温和衰退。需要注意的是，动态拨备计入利润表，并按季度调整，且是一项非税收减免开支。

那么，每年计提的总拨备为

$$AP_t = GP_t + SP_t + DP_t = g \times \Delta L_t + SP_t + (Lr_t - SP_t) = g \times \Delta L_t + s \times L_t$$

这里假设动态拨备余额没有达到上限。

可以看出：动态拨备制度的基本思想，即在经济上行期，专项拨备SP_t较低，$SP_t \leqslant Lr_t$，动态拨备DP_t为正，动态拨备资金开始积累；在经济下行期，专项拨备SP_t较高，$SP_t>Lr_t$，动态拨备DP_t为负，消耗积累的动态拨备资金吸收损失。

动态拨备的计提关键在于参数s的计算，西班牙中央银行提出了两种计算方法：内部模型法和标准法。在内部模型法下，银行使用自有的历史损失数据计算s。该方法要求银行拥有至少跨越一个完整经济周期的历史数据库，且必须由监管者校对。由于要求较高，很少有银行使用这一方法。在标准法下，参数s由监管者规定。基于1986—1998年覆盖了一个完整经济周期的历史损失数据，西班牙中央银行将贷款按不同信用风险等级分为六类，每类对应不同的参数s，见表7。

表7　　西班牙旧动态拨备制度标准法下不同类资产的s值

贷款分类	参数s
没有风险：对公共部门的风险敞口	0
低风险：LTV低于80%的抵押贷款及对长期债券评级至少为A的公司的风险敞口	0.1%
中低风险：金融租赁和其他抵押风险敞口（financial leases and other collateralized risks）	0.4%
中等风险：其他各类中没有涉及的风险敞口	0.6%
中高风险：耐用消费品个人信贷	1%
高风险：信用卡和透支	1.5%

2. 新动态拨备制度。2004年欧盟统一实施国际会计准则（IFRS），西班牙对动态拨备制度进行了修改，将原来的一般拨备和动态拨备合并成为一般拨备，后文中的一般拨备即指合并后的一般拨备。在新制度下，专项拨备的计提公式不变，一般拨备的计提公式变为

$$GP_t = \max[0, \alpha \times \Delta L_t + (\beta - \frac{SP_t}{L_t}) \times L_t]$$

式中，α表示长期平均信贷损失率；β表示专项拨备对贷款总额的长期平均比例。α、β都是基于一个完整经济周期的历史损失数据计算得到，其计算方法也有两种模型：内部模型法和标准法。内部模型法很少有银行使用，而且银行并不对外公布，这里只介绍标准法。同旧动态拨备制度下计算参数s的标准法相似，监管当局根据历史数据计算各类资产的损失率，按风险程度将银行资产分为六大类，分别给出对应的α、β，见表8。

表8　　新动态拨备制度标准法下不同类资产的α、β值

贷款分类	α	β
无风险：现金和对政府部门的风险敞口	0	0
低风险：贷款价值比（LTV）低于80%的住房抵押贷款和对长期债券评级至少为A的借款人的风险敞口	0.6%	0.11%
中低风险：贷款价值比（LTV）高于80%的住房抵押贷款和具有真实担保的贷款	1.5%	0.44%
中等风险：其他各类中没有涉及的风险敞口	1.8%	0.65%

续表

贷款分类	α	β
中高风险：耐用消费品个人信贷	2%	1.1%
高风险：信用卡和透支	2.5%	1.64%

从一般拨备的公式可以看出，一般拨备可分为两个部分：$\alpha \times \Delta L_t$和$(\beta - \frac{SP_t}{L_t}) \times L_t$。$\alpha \times \Delta L_t$在经济上行期会不断增长，当经济处于下行期时，$\alpha \times \Delta L_t$还会增长，但速度减缓，因此这一部分在经济下行期时不具有逆周期效应。$(\beta - \frac{SP_t}{L_t}) \times L_t$才是实际发挥逆周期调整作用的部分，这一部分会使得银行在经济上行期比使用预期损失模型积累资金更多、更快。

在经济上行期，$\alpha \times \Delta L_t + \beta \times L_t > SP_t$，一般拨备$GP_t > 0$，一般拨备资金$GF_t$开始积累，总拨备$AP_t = GP_t + SP_t = \alpha \times \Delta L_t + \beta \times L_t$；在经济下行期，$\alpha \times \Delta L_t + \beta \times L_t < SP_t$，一般拨备$GP_t=0$，一般拨备资金$GF_t$开始消耗，总拨备$AP_t=SP_t$。

为防止一般拨备资金被完全消耗，GF_t设有下限为$0.33\alpha \times L_t$，为避免一般拨备资金过度积累，GF_t设有上限为$1.25\alpha \times L_t$，即$0.33\alpha \times L_t \leqslant GF_t \leqslant 1.25\alpha \times L_t$。$\alpha \times L_t$表示银行贷款的长期平均损失，当一般拨备资金高于$\alpha \times L_t$，其中多出部分，即$(GF_t - \alpha \times L_t)$可以用于覆盖非预期损失。因此，这一部分更类似于资本缓冲，而不是拨备。金融危机之后，西班牙中央银行将下限调为$0.1\alpha \times L_t$，为银行提供更多的资金吸收损失。经济周期中不同参数的行为，如表9所示。

表9　　经济周期中不同参数的行为

阶段	不良贷款新增额	专项拨备	$\alpha \times \Delta L_t$	$\beta \times L_t - SP_t$	潜在风险	一般拨备	一般拨备资金
上行期	↓	↓	↑	>0	↑	>0	↑
下行期	↑	↑	↓	<0	0	=0	↓

3. 西班牙动态拨备制度的特点。2006年美国银行体系的拨备覆盖率为176%，而西班牙达255%，动态拨备制度使得西班牙银行在一定的时期内，具有更高拨备充足率和资本缓冲能力。

首先，动态拨备制度是逆周期的，尽管动态拨备制度不能完全消除银行的顺周期性，但明显降低了顺周期性的程度（IASB，2009）。

其次，动态拨备制度在与国际会计准则不冲突的同时减少利润操作行为。该制度强调透明，要求银行披露实际损失、潜在损失和拨备大小，并且动态拨备的计提基于规则进行，且拨备金额有上限限制，因而银行难以利用动态拨备进行利润调节。

但是，动态拨备制度是基于信贷损失细节性的信息来计提拨备，信息越准确，拨备体系的准确性越高。西班牙用于动态拨备制度的历史数据来自西班牙中央信贷登记处，数据始自1968年，覆盖了多个经济周期。与此形成对照的是，许多发展中国家实施动态拨备制度存在操作性上的难题，特别是没有覆盖完整经济周期的历史数据。

同预期损失模型相比，动态拨备具有一定的优势。首先，尽管预期损失模型是一种前瞻性拨备制度，动态拨备基于历史损失数据，是一种后顾型拨备制度，但考虑到操作成本和灵活性，动态拨备制度更具适用性。其次，动态拨备制度中一般拨备资金可能高出长期平均损失，能够覆盖非预期损失，在预期损失模型中，一般拨备不可能高于预期损失量。

（四）中国银行业构建逆周期拨备制度的探讨

1988年，财政部颁布《关于国家专业银行建立贷款呆账准备金制度的暂行规定》，规定银行建立呆账准备金制度，呆账准备金按本年年末贷款余额的1%进行差额提取，标志中国银行业的贷款损失拨备制度正式建立。随后金融形势不断发展，财政部对贷款损失拨备制度作出了多次调整。2001年，中国人民银行发布《贷款风险分类指导原则》，确定建立贷款五级分类制度，2002年，中国人民银行发布《银行贷款损失准备计提指引》，将贷款损失拨备分为一般拨备、专项拨备和特种拨备，还基于贷款五级分类规定了专项拨备的计提比例。2006年财政部颁布新会计准则，实现与国际会计准则的趋同，新会计准则将贷款损失拨备定义为资产减值拨备的一种，明确规定了贷款损失拨备的计提范围和计提方法，并进一步规范了提取、转回和收回等账务处理。2011年7月，原中国银监会颁布了《商业银行贷款损失准备管理办法》，其中明确了拨备监管指标体系，并设置贷款拨备率（贷款损失准备与各项贷款余额之比）和拨备覆盖率（贷款损失准备与不良贷款余额之比）指标考核商业银行贷款损失准备的充足性，目标是要求商业银行在利润增速较快的时期也要关注风险，提高拨备。为有效服务供给侧结构性改革，督促商业银行加大不良贷款处置力度，真实反映资产质量，腾出更多信贷资源提升服务实体经济能力，2018年3月，根据《商业银行贷款损失准备管理办法》（银监会令2011年第4号）有关规定，中国银保监会决定调整商业银行贷款损失准备监管要求，下发了《关于调整商业银行贷款损失准备监管要求的通知》（银保监发〔2018〕7号，以下简称7号文）。

2013—2018年第二季度中国商业银行不良贷款率及拨备指标，如图4所示。

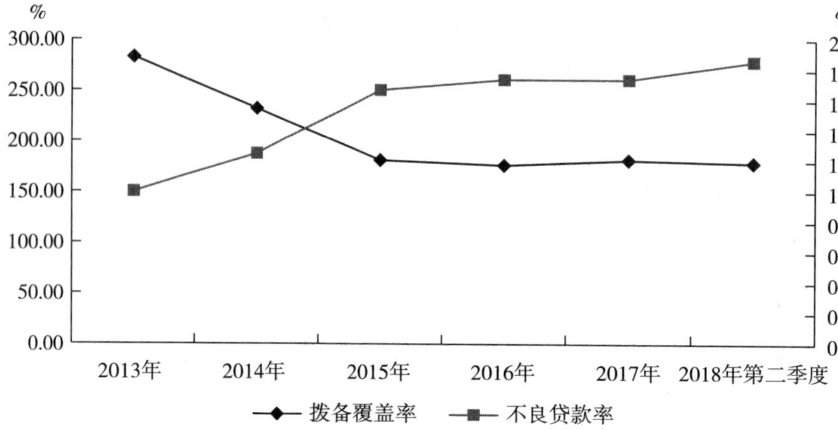

图4　2013—2018年第二季度中国商业银行不良贷款率及拨备指标

（数据来源：原中国银监会年报及网站）

2013年以来，商业银行拨备覆盖率呈现逐年下降态势，而不良贷款率有逐年上升的趋势。拨备覆盖率由2013年的283.70%降至2018年第二季度的178.70%，2013年商业银行不良贷款率为1%，到2018年第二季度，商业银行不良贷款率为1.86%。在过去几年，中国的商业银行经营状况较好，全行业的平均拨备覆盖率达180%左右，远远超过了国际水平。根据7号文的调整，拨备覆盖率监管要求由150%调整为120%~150%，贷款拨备率监管要求由2.5%调整为1.5%~2.5%。截至2017年末，大中型银行中，大型商业银行、股份制商业银行的拨备覆盖率分别为180.45%、179.98%。中小银行中，城市商业银行、民营银行、农村商业银行、外资银行的拨备覆盖率分别为214.48%、697.58%、164.31%、296.88%。调整后的拨备覆盖率监管，综合考虑了单家银行贷款分类准确性、处置不良贷款主动性、资本充足性等三个方面因素，有利于商业银行加快处置不良贷款，同时也有利于银行用更多的资金实力支持中国实体经济的发展。2018年中国11家主要商业银行资本与拨备重要指标，如表10所示。

表10　　2018年中国11家主要商业银行资本与拨备重要指标

银行名称	资本充足率	核心资本充足率	拨备覆盖率	不良贷款率
工商银行	14.73%	12.33%	173.21%	1.54%
中国银行	13.78%	10.99%	164.79%	1.43%
建设银行	15.64%	13.08%	193.16%	1.48%
农业银行	14.77%	11.19%	248.40%	1.62%
交通银行	13.86%	11.69%	170.98%	1.49%

续表

银行名称	资本充足率	核心资本充足率	拨备覆盖率	不良贷款率
招商银行	12.44%	10.07%	316.08%	1.43%
民生银行	11.86%	8.64%	162.74%	1.72%
中信银行	11.34%	8.53%	151.19%	1.80%
浦发银行	12.22%	9.63%	146.52%	2.06%
平安银行	11.59%	8.34%	175.8%	1.68%
兴业银行	11.86%	8.94%	209.55%	1.59%

数据来源：各银行2018年中期报告。

1. 前瞻性拨备的适用性与相关会计问题。基于预期损失模型的前瞻性拨备制度要求在初始计量时对整个存续期内的预计损失进行估计，促使银行关注未来可能发生的损失，具有一定的预警作用。这种前瞻性拨备思想是对现有监管理念的重大调整，因此在有些地方可能与现行会计准则不相容。

首先，预期损失模型难以避免主观判断对真实信息的可靠性的影响，估计预期损失时不可避免存在高估或低估现象，因此企业有可能为满足监管要求而调节利润。

其次，预期损失模型可能与现行会计准则有冲突之处。通过预期的未来收入与损益来确认目前的资产收益状况，本身与权责发生制的基本会计准则相矛盾；同时一般在预计损失之后确认利息收入，但被减除的损失的利息收入是减值迹象未出现之前预计的，本质上并没有发生风险的转移，因而此部分的收入并没有得到确认。另外，在损失尚未发生时就确认损失的方法与中国现行的企业会计准则也不一致。

2. 动态拨备监管指标的选择。为加强宏观审慎监管，中国的监管机构正在积极借鉴国际经验研究在中国实施动态拨备的制度框架，将动态拨备作为宏观审慎监管的重要内容之一。拨备计提问题既涉及会计政策问题又与监管政策框架密切相关，西班牙动态拨备制度得以顺利运行的原因之一是西班牙中央银行既负责银行监管又负责制定银行拨备的会计制度。

从上述国际经验对比，中国实施动态拨备可以考虑的方法有两个：一是借鉴西班牙的动态拨备模型，将拨备计提与拨备监管相结合，依据新会计准则计提动态拨备，并与组合计提要求相结合，对计提的范围、标准进一步细化，同时进行动态调节。一方面要充分考虑中国实际，与中国的现行监管制度有效衔接；另一方面要考虑与国际会计准则和国际监管改革趋势接轨。二是将拨备与监管职能分开，银行仍按会计准则计提拨备，监管当局负责对银行的拨备进行调节，当监管者判断银行提取的减值准备未达到动态拨备水平，监管当局有权要求对银行的利润分配进行限制，要求银行储存专项储备。反之，若认为银行提取了超过动态拨备水平的拨备，超出部分可记为监管资本。第二种方法的优点在于将动态拨备的实施与银行自身经营分开，不论经济上行或下滑的阶段，银行利润不受拨备的直接影响，有利于投资者掌握银行的真实信息，但缺点在于实施难度大，监管成本较高。

2012年，中国财政部在《金融企业呆账准备提取管理办法》中对中国实施动态拨备提出两条建议，一是金融企业应当根据自身实际情况，选择内部模型法或标准法对风险资产所面临的风险状况进行定量分析，确定潜在风险估计值，实行动态拨备。运用内部模型法时应当综合考虑风险资产存量及其变化、风险资产长期平均损失率、潜在损失平均覆盖率、较长时期平均资产减值准备等因素，建立内部模型，并通过对银行自身风险资产损失历史数据的回归分析或其他合理方法确定潜在风险估计值。不采用内部模型法的，应当根据标准法计算潜在风险估计值，按潜在风险估计值与资产减值准备的差额，对风险资产计提一般准备。其中，信贷资产根据金融监管部门的有关规定进行风险分类，标准风险系数暂定为：正常类1.5%，关注类3%，次级类30%，可疑类60%，损失类100%；对于其他风险资产可参照信贷资产进行风险分类，采用的标准风险系数不得低于上述信贷资产标准风险系数。二是对动态拨备提出最低要求，一般拨备余额不低于风险资产期末余额的1.5%，不足1.5%时需要补提至1.5%。该最低标准计算公式的优点在于，计提公式中包含所有风险资产而不是西班牙动态拨备制度中的信贷资产。但缺点在于1.5%的均衡比例是否合理仍需进一步验证和修正。

目前，中国银行业监管部门考虑提出的拨备计提模型为

动态拨备=全部贷款×历史不良贷款率×（同期拨备覆盖率+调整系数）
　　　　–专项拨备

其中，历史不良贷款率根据历史平均不良贷款数据确定，同期拨备覆盖率使用资产管理公司不良资产回收的历史数据计算不良贷款回收率，以此计算能够覆盖潜在风险的拨备计提比率，从而计算应达到的拨备覆盖率水平。调整系数的设置是为保证宏观审慎监管的灵活性，其大小的确定需要考虑宏观经济发展的周期变化、银行业的总体风险水平、贷款的分离程度等指标。

与西班牙的动态拨备制度相比，中国试图建立的动态拨备计提制度基本是基于拨备比率这一监管目标计提的，西班牙的动态拨备则是基于历史平均贷款损失率、专项拨备与贷款总额的比重的历史平均水平等因素，是一种“统计拨备”，中国的银行业目前尚缺乏覆盖完整经济周期的贷款损失率等数据，因而不能采用这种方法。同时，西班牙等国模式的动态拨备系统缓冲强度取决于实施该规则的时机，经济周期的模式及上升和下降周期的持续时间等因素，动态

拨备规则的最佳实施时机应在经济上升周期。中国的动态拨备则依赖于对经济周期的主观判断，而这将是中国实行动态拨备的最大挑战之一。目前中国银行业信贷增速较快，应尽快推出可具有操作性的前瞻性拨备制度，提高未来的风险抵御能力。因为经济周期的事前判断无论是从经济预测还是金融市场角度都是十分困难的，如果因为对经济周期的不同阶段判断失误，导致对调整系数的判断失误，有可能导致银行计提拨备不合理，降低动态拨备政策的实施效果。

四、差别存款准备金率

存款准备金率、利率和汇率是央行货币政策的常规工具，由于2010年中国货币供应量增速加快、央行票据到期、人民币升值和加息预期导致流动性充裕，为管理流动性和通货膨胀、确保投资合理性，2010年底中央银行决定在常规政策工具之外，参照信贷增速与“CPI+GDP”的偏离度及不同银行的贷款类别差异实行差别存款准备金率进行动态调节。

央行规定差别存款准备金率的调整方案为，某银行需要交纳的差别存款准备金率R_i满足$R_i=\alpha_i(C_i^*-C_i)$，其中α_i为稳健性调整系数，银行自身稳健程度越差该值越大。C_i^*为按照宏观审慎监管要求测算的资本充足率，C_i为该行的实际资本充足率，即

$$C_i^*=\text{最低资本充足率（8\%）}+\text{系统重要性附加资本}+\text{逆周期资本缓冲}$$

其中，系统重要性附加资本根据由银行资产规模、市场关联度、替代性大小等确定的系统重要性来确定。若单个银行信贷占信贷总量的比为β_i，则

$$\text{单个银行的逆周期资本缓冲}=\beta_i[\text{银行}i\text{的贷款增速}-\text{（GDP目标增速}+\text{CPI目标增速）}]$$

事实上，差别存款准备金率并不是新工具，早在2004年央行就宣布实行差别存款准备金率制度，目前对这一政策仍存在歧义，我们认为这一政策是在调节货币供求的同时实现了货币监管，更加体现宏观审慎的监管理念。

首先，自2003年原中国银监会成立以来央行便不再具有监管银行微观机构的职能，在央行实行货币监管、原中国银监会实行银行监管的过程中，二者的监管协调是必然的。在中国商业银行体系市场化程度和自我约束不足的情况下，货币政策若不能在一定程度上介入商业银行的信贷运作，就难以有效传导到实体经济。

其次，差别存款准备金率体现了金融监管的激励相容的发展趋势，监管表现为鼓励资本良好的银行而抑制资产不良的银行，对于新兴市场而言，政府在对金融机构注资、收购，以及对金融机构业务审批过程中往往缺少激励约束机制，差别存款准备金率这一公开透明的政策无疑有利于促进商业银行业务的健

康发展。同时，其主要针对大型银行的政策特征，将为中小型银行的发展和中小型企业的融资环境带来春天。

再次，差别存款准备金率制度将促成商业银行落实资本金约束机制。当资本充足率未达标时，单个银行要想避免上缴差别存款准备金就必须减少贷款投放、提高资本充足率。银行必须在贷款规模和高准备金率形成的高成本之间寻找新的平衡。更重要的是，银行要表明是否服从央行监管的立场。对于执行较好的银行，央行还会在利率自主定价等方面给予一定的政策倾斜。对于频繁不执行央行政策的银行，则有可能面临更严厉的监管措施。

最后，差别存款准备金率是具有逆周期调节功能的信贷管制措施，繁荣时期，银行贷款大幅增加，资产质量下降导致资本充足率下降，一旦资本充足率下降到所要求的最低资本充足率水平以下，便须上缴差别化存款准备金，迫使银行降低贷款总量，提高贷款质量，起到逆周期作用。其优点在于是可预期的、公开透明的，同时由于按月测算使得对信贷的调节比信贷总体规模调整更动态灵活，使社会信贷水平更平稳、均衡。货币政策将依据物价指数和GDP增长速度而回归常态。

但是，差别存款准备金率的实施效果仍然存在不确定性。首先，央行调整的基础是社会融资总量，目前基于融资渠道的多元化、金融工具的创新，社会融资总量的结构发生变化，特别在差别存款准备金率政策推行后，贷款占总体融资的比重的波动性将变大，因而仅盯住贷款总额的实施效果仍需进一步考证。其次，不同银行的贷款规模和结构有所不同，对不同银行的实施需谨慎对待，避免出现对不同银行的监管程度的分化而导致政策失效，同时，对于实施差别准备金率的金融机构名单不予对外公布可能将导致利益相关者的约束相对缺失。再次，在差别准备金的参数设定中较多依赖人为因素，这为监管妥协创造了可能，而制度实施到期后后续评估的缺乏也可能不利于长期有效的实施。央行制定的动态差别存款准备金率的计算公式等于按照宏观稳健审慎要求测算的资本充足率与实际资本充足率之差，乘以该行的稳健性调整参数。即某一银行需要缴纳的差别准备金率=银行稳健性调整参数×（按照宏观稳健审慎要求测算的资本充足率–银行实际的资本充足率）。银行稳健性调整参数主要考虑以下两个方面因素：一是该行稳定性状况，主要有流动性、杠杆率、拨备率等指标。二是该行信贷政策执行情况，包括信贷投放领域，鼓励投向“三农”及中小企业方面。考虑的变量如资本充足率是用来衡量银行资本充足性指标，与存款准备金的功能要求相差甚远；稳健性调整参数中考虑的变量复杂，主观性较强，实际执行难度比较大。最后，差别存款的实施是基于信贷增长与GDP和CPI的偏离度，暗含信贷增长与经济增长、物价水平存在线性相关性，但事实上信贷增长并非完全导致经济增长和物价上涨，三者间并非简单的线性关系，随着金融工具的创新和多元化融资渠道的逐渐放开，信贷增长与GDP和CPI的关系可能正在逐渐减弱与非线性化。因此，中央银行在实行差别存款准备金这一创新工具时还应辅助其他常规化调节工具。

五、逆周期监管的实施难题

逆周期监管政策是实现宏观审慎监管的核心内容，需要中央银行和监管当局根据银行体系的信贷增长等指标的变化发展，分析、判断系统性风险的特征、水平和变化趋势，再采取相应的措施保护银行业免遭系统性风险的损伤。然而，银行体系内在的顺周期性和银行行为的顺周期特征，使得监管当局在实施逆周期监管的实践中面临着诸多的困难和挑战。

第一，如何准确地判断经济周期是实施逆周期监管的难题。综合看来，所有逆周期监管工具都有一个共同特征，便是其实施的有效性要基于对经济周期判断的准确性。其中，逆周期资本缓冲受到对经济周期判断的准确性的影响最大。然而，历次经济危机的发生和经济运行的转折点在不断提醒我们，经济周期并不容易判断，同时一旦判断失误有可能加剧顺周期性。此外，各国经济周期状况的差异，可能影响跨境银行的公平竞争。

第二，对于逆周期工具的度的把握同样重要。在逆周期资本监管的实施中，巴塞尔委员会为各国监管当局提供了0~2.5%的自由裁量空间，该范围较大且未有相关确定的方法以及该如何随经济周期作出变动的规定，也未明确有权作出决定的机构。虽然根据前文介绍的计算方法，基于不同的指标表现，可以算出应计提的逆周期资本充足率，但是其调整系数的调整本身就具有一定的灵活性。同样，对于动态拨备的调整，比例和参数的选择同样重要。如何把握逆周期工具的度将成为逆周期监管实施的另一重点。即使实现了对经济周期的准确判断，如果在经济上升通道内，对资本计提过多会阻碍经济正常稳定的增长，而较少的资本计提又可能导致逆周期效果不明显，当经济危机爆发时，积累的资本和拨备不足以抵御风险，逆周期工具失效。

第三，逆周期工具涉及第一支柱与第二支柱的协调和统一。一方面，逆周期资本监管工具结合了第一支柱和第二支柱的相关要素。作为资本监管框架中必不可少的一个层级，逆周期资本监管自然应归属于第一支柱，但是由于在设置资本缓冲时各国可运用自己的判断自行裁定，这与第二支柱中的外部监管及其自由裁量的权利又密切相关。至于动态拨备和存款准备金的支柱归属都还悬而未决。无论被视作是第一支柱还是第二支柱，逆周期监管工具都具有比单一资本监管更加灵活、有效的优势。另一方面，需要确保第二支柱下的风险与第一支柱下的逆周期资本设置不冲突。例如，当金融体系系统性风险为逆周期资本缓冲（不为零）所覆盖时，监管当局应确保该风险不再被第二支柱资本要求所覆盖，以避免覆盖该风险的资本要求被重复计算。但是，若第二支柱覆盖的是与系统性问题无关的风险（如集中度风险），则逆周期资本缓冲就不能用于抵消第二支柱中非系统性因素的资本要求。也就是说，各逆周期监管工具之间应避免重复计算，避免逆周期调节的过度。例如，在逆周期资本监管已经达到调控目的时，应适当放宽动态拨备监管、差别准备金等监管。

第四，逆周期性资本缓冲的存在对银行业可能带来的负面效应，同样应引起重视。对于逆周期资本缓冲的实施而言，关键在于用哪一个或者一组宏观经济变量来衡量银行系统的信贷是否投放过多。巴塞尔Ⅲ建议用信贷总额和GDP比率与其长期趋势的差值来衡量信贷投放是否过度。但是由于这个差值与经济增长呈负相关，若用这个变量来衡量信贷投放是否过多，不但不会减少经济的顺周期性反而可能会使顺周期性更加恶化。此外，由于巴塞尔Ⅲ的实施提高了对银行资本充足率要求，而逆周期资本缓冲的计提将进一步提高银行对资本的需求，从而抑制商业银行的信贷扩张意愿。根据巴塞尔Ⅲ的要求，商业银行最高需要建立2.5%的逆周期资本缓冲，目前国内部分商业银行距离巴塞尔Ⅲ中2.5%的要求尚有差距，如果银行需要提取更多的一般风险准备，必然会挤压未分配利润。同时更高的资本计提要求也将吞噬商业银行利润，导致商业银行资产回报率和资本回报率有所下降，因此，亟待中国银行业的加速转型。

第五，逆周期工具与其他宏观调控工具的协调是一个难点。货币政策对银行的传导一般有银行资本渠道、利率渠道和汇率渠道，逆周期资本约束主要通过资本渠道和利率渠道传导。两种政策均为平滑经济周期的政策工具，目的和传导渠道近似，但隶属于不同的政策架构，货币政策由中央银行制定决定，属于宏观经济管理的范畴，而逆周期缓冲由监管机构执行，以防范和控制系统性风险为主要目的，所以在相同经济周期条件下两项工具的效用未必完全一致。因此，中央银行的货币政策在实施中必须考虑到逆周期政策对货币政策的反作用，否则货币政策的力度与效果都将更具不确定性。而在逆周期政策的自动稳定机制与中央银行的相机抉择之间的平衡将是实施宏观审慎监管面临的挑战。

第四节　全球系统重要性金融机构的评估及监管

根据金融稳定理事会公布的文件，系统重要性金融机构被定义为“一定规模、市场重要性和全球相互关联程度的机构，它们的困境或倒闭将在国际金融体系引起严重的混乱，并给许多国家造成负面的经济后果”。[①]此类机构往往为实现本机构利益的最大化，所作出的经营决策可能是个体理智的，但在系统的层面上，可能并不理想，因为它们没有考虑自身经营所产生的外部性；而且鉴于道德风险成本及预期政府支持所形成的隐性担保，都可能刺激全球系统重要性机构进行高风险经营，规避市场约束，并造成竞争扭曲，进一步提升出现危机的可能性。所以，使用宏观审慎监管对系统性风险横截面维度上的管控，主要体现在对全球系统重要性金融机构的管理上。

为此，金融稳定理事会在巴塞尔协议Ⅲ的基础上，先后公布《评估金融机构、市场和工具系统重要性的指导原则》《强化系统重要性机构监管的有效性》《降低系统重要性银行的道德风险》《系统重要性金融机构的有效解决方案——建议和时间表》《处理系统重要性金融机构的政策方法》等文件，2011年7月，巴塞尔委员会公布《全球系统重要性银行：评估方法和额外损失》，提出识别系统重要性金融机构的方法，并制定处置方式，为全球系统重要性金融机构的管理奠定了基础。在2013年7月，巴塞尔委员会更新了全球系统重要性银行的评估方法，与此同时，国际保险监督官协会也公布了全球系统重要性保险机构的评估方法和政策措施。2015年11月，巴塞尔委员会公布《全球系统性重要银行损失吸收与资本调整准则，总损失吸收能力条款清单》，进一步明确了损失吸收方案。2017年12月，巴塞尔委员会发布了《巴塞尔Ⅲ：后危机改革的最终方案》，对于全球系统性重要银行，提出杠杆率要求。2018年7月，巴塞尔委员会发布《全球系统性重要银行：修改后的评估方法和更高的损失吸收要求》，对2013年7月发布的版本进行了更新。自从全球系统性重要银行框架公布以来，巴塞尔委员会一般每三年对该框架的适用性进行一次复检。

---

① 金融稳定理事会，《处理系统重要性金融机构的政策方法》。

一、对全球系统重要性银行的识别和评估

金融危机后，虽然巴塞尔委员会已经对全球系统重要性银行施行大量的监管措施，但是考虑到它们的经营模式一般都更加关注交易和资本市场相关的全球活动，更容易受到资本框架中不断增强的风险的影响。所以，这些政策举措虽然很重要和完善，但是它们还不足以解决全球系统重要性银行产生的所有负外部性，解决这个问题需要多管齐下。所以，在现有政策措施的基础上，巴塞尔委员会要进一步识别评估全球系统重要性银行并对其进行分类，根据不同级别的全球系统重要性要求其具有相应的损失吸收能力，以降低它们经营失败的可能性。

（一）评估全球系统重要性银行的方法

巴塞尔委员会已经制定了一套方法来评估全球系统重要性银行的系统重要性，这个方法是基于指标的测量方法①，所选择的指标反映了银行系统重要性的不同方面，它能够包含系统重要性的许多维度，相对简单。

由于银行的结构、经营活动，以及其在金融体系中的作用不同，它的经营成败对国际金融体系所造成的风险程度也是不同的。因此，基于定量指标的方式需要与定性的信息相配合，通过监管判断合并在一个框架中。但是需要提前说明的是，监管判断只在极特殊的情况下，才会优先于基于指标测算方式，并要受到国际同行评议，以确保评估方法应用程序的一致性。

1. 基于指标的测量方法。巴塞尔委员会的观点认为，对于全球系统重要性的评估，是根据单家银行的经营不善会对国际金融系统和实体经济造成的影响来考虑的，而不是机构可能出现倒闭的风险。这可以被认为是全球的、系统范围的违约损失率（loss-given-default，LGD）概念，而不是违约概率（probability of default，PD）的概念。因此，对系统重要性的评估是基于合并组的相关数据（分析单位是合并组）。

所选择的指标，主要反映银行的规模、内部的相互联系、替代服务的缺失（或金融机构提供的基础设施服务）、它们的全球经营活动，以及它们的复杂性。其中的规模、相互联系和可替代性，与之前的报告是一致的。由于这个评估方法旨在识别全球系统重要性银行，这些银行将接受更高损失吸收能力的要求，所以巴塞尔委员会认为，如果只使用规模、相互关联程度、跨境经营三个指标不足以概括全球系统重要性银行的特征，因为全球系统重要性银行往往难

① 另外的选择是制定一个基于模型的评估方式，但是使用模型测度银行的系统重要性，目前还处在比较初级的阶段，关注的仍旧是结果的稳定性，所以模型可能捕捉不到银行系统重要性产生的所有方面。

以处置，因此会引起金融体系和经济实体造成更大的扭曲，所以评估过程中应当加入新的指标要求，即衡量银行全球活跃程度的指标和衡量复杂性的指标。基于多重指标的评估方法具有明显优点。它包含系统重要性的许多维度，相对简单，并且比目前仅依据少量指标或市场变建模型的评估方法更加稳健。

这种方法是赋予系统重要性五个大类，即规模、跨境活动、互联性、可替代性/金融机构基础设施、复杂性，每一大类相同的20%的权重。由于每个大类之下，还有许多其他的子指标，所以对于这些子指标的权重赋予，也采取平均分配的方式。也就是说，如果在一个分类里另有两个子指标，每一个子指标被赋予整体10%（20/2）的权重，如果有三个指标，每个指标的权重是6.67%（20/3）。这种划分反映了交易数量指标的补充作用，其可以在二级市场中及时发现流动性中断可能带来风险敞口。而承销指标则反映了一级市场的流动性（见表11）。

表11　　基于指标的测量方式

分类及权重	具体指标	权重	选择的理由
跨境活动（20%）	跨境债权	10%	不同的银行经营失败或出现困境的国际影响有所不同，这是由于其跨境资产及负债在国际市场中所占份额不同造成的。银行的全球化程度越高，它的协调处置就越困难，它的失败就会产生越广泛的溢出效应。所以这个指标的目标是捕捉银行的全球活动痕迹。
	跨境债务	10%	
规模（20%）	巴塞尔Ⅲ中的杠杆率风险敞口[①]*	20%	如果银行的经营活动占据全球活动的较大份额，它的困境或失败往往损害全球经济或是金融市场。银行的规模越大，它的业务也就越难被其他银行所快速取代，因此它的失败对其所在的金融市场造成扭曲的可能性也就更大。一家大型银行的困境或失败，往往损害市场对整个金融体系的信心。因此规模是衡量系统重要性的一个关键指标。
相互关联性（20%）	金融体系内的资产*	6.67%	如果一家机构中出现财务困境，那么与其有债权债务等合同关系的其他机构出现困境的可能性也会大幅增加。一家银行的系统性影响往往与它跟其他金融机构之间的相互联系呈正相关的关系。
	金融体系内的负债*	6.67%	
	银行发行证券余额*	6.67%	

① 总风险敞口指标由2012年12月巴塞尔资本协议Ⅲ中的杠杆率指标决定，与2014年1月提出的杠杆率暴露测量不同。

续表

分类及权重	具体指标	权重	选择的理由
可替代性/金融机构基础设施（20%）	托管资产	6.67%	银行经营失败的系统性影响，与它的可替代程度呈负相关关系，与它提供的金融机构基础设施呈正相关关系，因为一家银行具有双重身份，不仅是市场参与者，还是服务的提供者。一家银行在特定业务领域的作用越大，它的失败造成的扭曲也就越大，而且这家经营失败银行的原有客户不得不从其他的机构寻找相同的服务，所需花费的寻找成本也很高。
	支付活动	6.67%	
	在债券和股权市场上的承销交易	3.33%	
	交易量	3.33%	
复杂性（20%）	场外衍生工具的名义金额*	6.67%	银行的困境或失败的系统性影响与它的总体复杂程度是呈正相关关系的，银行的经营方式、资产负债结构和操作的复杂性程度越高，处置和恢复的成本就越高，时间也越长。
	第三层次资产*	6.67%	
	交易债券和可供出售的债券①	6.67%	

注：*表示将保险活动纳入合并范围。

资料来源：巴塞尔委员会，《全球系统重要性银行评估方法：评分计算》（*The G-SIB assessment methodology - score calculation*），2014年11月；巴塞尔委员会，《全球系统重要性银行评估方法修订框架》（*Global systemically important banks - revised assessment framework*），2017年3月；巴塞尔委员会，《全球系统性重要银行：修改后的评估方法和更高的损失吸收要求》（*Global systemically important banks: revised assessment methodology and the higher loss absorbency requirement*），2018年7月。

巴塞尔委员会还发现，无论是全球系统重要性银行（G-SIB）框架，还是全球系统重要性保险公司（G-SII）框架，均没有将银行集团的保险子公司纳入其中。此外，一些司法管辖区将保险子公司纳入其监管范围，而另一些则没有，这可能会在对各辖区的银行集团进行系统性评估时造成不一致。在此背景下，巴塞尔委员会决定将保险活动纳入以下指标：全部风险敞口、金融体系内的资产、金融体系内的负债、银行发行证券余额、场外衍生工具的名义金额和第三层次资产。

对于每一家银行，一个特定指标的得分，是通过这样的方式计算出来的：将单个银行总量（以欧元表示）除以样本中所有银行的总量，再将这一数额乘以10000表示成基点的得分。例如，某家银行的规模除以样本中所有银行的总规模是0.03，它的分数将被表达为300个基点。每家银行的每类分数都由对该类别指标平均计算后确定，每家银行的综合得分也是由五项分类分数的简单平均算出的。如果银行是样本中唯一的银行，那么它的最高总分数是1万个基点

① 在2011年11月的版本中，此指标是持有的交易性和可供出售的资产价值。

（100%）。

$$\frac{\text{单个银行总量 Y 欧元 Y}}{\text{样本银行总量 Y 欧元 Y}} \times 10000 = \text{指标的得分}$$

2. 样本银行。基于指标的测量方式使用大量的样本银行作为全球银行部门的代表。这些样本银行提供的数据用于计算系统重要性的分数。具备以下条件的银行被纳入样本：（1）巴塞尔委员会识别认定的75家最大的全球银行，这个规模是根据杠杆率定义的总风险敞口；（2）在上一年被认定为全球系统重要性银行的银行（除非监管者认为有令人信服的理由剔除它们）；（3）通过各国监管当局遵循一定的标准，使用监管判断加入到样本中的银行。要求这些银行提交全部的数据给各自的监管当局，用于使用和实践上述评估方法。

3. 确定界限分数和分组门槛。与2011年公布的版本相比，巴塞尔委员会公布界限分数和分组门槛的时间提前了一年，从2014年的11月提前到2013年的11月，所使用的数据也提前了一年。2017年11月，巴塞尔委员会公布了用于标准化银行分数的分母值（见表12）①，这将允许银行提前计算它们的分数，明确自身在系统重要性分组中的位置，提前了解并准备本机构所需具备的附加资本规模。

表12　　2017年11月公布的各指标分母值

单位：欧元

分类及权重	具体指标	分母值
跨境活动	跨境债权	18677719105671
	跨境债务	16375313942104
规模	巴塞尔Ⅲ中的杠杆率风险敞口	75900827858685
相互关联性	金融体系内的资产	7834153363387
	金融体系内的负债	8847383167260
	银行发行证券余额	13337072702067
可替代性/金融机构基础设施	托管资产	139936012350579
	支付活动	2156973532030800
	在债券和股权市场上的承销交易	5999120959954

① 巴塞尔委员会最初倾向于固定分母来计算银行的分数，但是后来发现在固定分母的情况下，充分抵消汇率变动的影响是不可行的，而且只在3年后更新分母或造成“悬崖效应”的风险，最终巴塞尔委员会决定每年更新分母。

续表

分类及权重	具体指标	分母值
复杂性	场外衍生工具的名义金额	530406136827858
	第三层次资产	501410778497
	交易债券和可供出售的债券[①]	3441947117997

资料来源：BIS，作者整理。

巴塞尔委员会每三年对界限分数和分组门槛进行审核，以便于监控银行体系的发展情况，并及时跟踪衡量系统重要性方法的演进。在下一次审查中，巴塞尔委员会将特别关注可替代性类别的替代方法，以便适时取消限额。除此之外，巴塞尔委员会还将特别关注各分支机构的变化情况及区域安排的结构性变化（特别是欧洲银行业联盟的结构变化），它们将被独立于三年审查周期之外进行审查。巴塞尔委员会将努力推动各国司法管辖区建立一个框架，让银行能够为指标提供高质量数据。巴塞尔委员会还建立了一个具有适当控制和管理机制的数据中心，以安全的方式在国际清算银行收集、分析和储存数据。

4. 监管判断。与基于指标的测量方式不同，监管判断相对主观，但是对于形成最终的全球系统重要性银行的名单，又是至关重要的。

在基于指标的评估方法得出结果之后，监督判断能够支持并对这个结果形成补充，巴塞尔委员会提出了四项原则作为监管判断：（1）如果监管判断要调整基于指标计算的分数，这个壁垒应该会很高，特别是监管判断只有在特殊的情况下才能用于推翻基于指标的测算方式，但是目前预计这种情况应该是极少见的。（2）过程中应当关注银行对国际金融体系产生影响的因素，如银行的困境/失败的影响。（3）国内的政策/处置框架对银行质量的观点，在全球系统重要性银行识别的过程中不应该占据主导地位。（4）判断覆盖（judgmental overlay）应该包括有据可查，以及可验证的定量和定性信息。

通过使用以下的步骤，监管判断能够被纳入基于指标的测量方式所获得的分数：（1）收集数据及对所有样本银行的监管评论；（2）基于指标的评估方法和对应分组的应用；（3）根据共同议定的进程，有关当局（主要是母国和东道国的监管当局）提出对个别银行的分值进行调整；（4）巴塞尔委员会出具建议，并提交给金融稳定理事会；（5）金融稳定理事会和各国当局、巴塞尔银行监管委员会协商，作出最终的决定。

将监管判断置于基于指标测算评估方式的结果，应当以有效透明的方式

① 在2011年11月的版本中，此指标是持有的交易性和可供出售的资产价值。

实施，并保证最终的结果是与委员会的观点相一致的。只有涉及对某个银行产生重要影响的时候，才会对基于指标测量方式结果提出质疑（如导致银行适用不同级别的损失吸收要求）。为规避资源无效使用的风险，如果当局不是银行的母国监管者，它可能被要求考虑银行母国和主要东道国监管者的观点。

（二）分组及资本附加要求

如果一家银行，基于指标的测量方法产生分数超过巴塞尔委员会设置的界限分数130个基点（见表13），这家银行将被列为全球系统重要性银行。使用监管判断可以将低于界限分数的银行增添到全球系统重要性银行的列表中，但是这种判断的实践，需要根据一定的监管判断原则。根据每家银行的系统重要性分数不同，所在的分组不同，对应的更高损失吸收能力要求也不同。

1. 对全球系统重要性银行的更高损失吸收能力要求。基于各种实证分析形成的政策判断，界限分数和分组门槛如表13所示。根据目前对全球系统重要性银行分数的分类，共分为五组，其中第4组中的银行对应的更高损失吸收能力要求最高，是风险资本的2.5%，第1组中的银行对应的更高损失吸收能力要求最低，是风险资本的1.0%。更高损失吸收能力要求要满足巴塞尔Ⅲ框架中核心一级资本要求。

同时，根据2016年的年末数据及全球系统重要性银行的评估方法，2017年11月，金融稳定理事会和巴塞尔委员会公布了更新后的全球系统重要性金融机构成员名单。名单包括30家银行。2016年，加拿大皇家银行被加进系统性重要银行名单，法国BPCE银行集团被移除，因此系统性重要银行的数量与上年相比保持不变，仍为30家。

表13　系统重要性分组及对应的附加资本要求[①]

分组	分数区间（基点，bps）	更高损失吸收能力要求	2017年11月公布的全球系统重要性银行分组
第5组	530~629	3.5%	暂空
第4组	430~529	2.5%	摩根大通银行
第3组	330~429	2.0%	美国银行 花旗集团 德意志银行 汇丰银行

① 此表中的临界值和分组门槛，都是根据所有样本银行提供的截至2011年底的数据计算得出的。

续表

分组	分数区间（基点，bps）	更高损失吸收能力要求	2017年11月公布的全球系统重要性银行分组
第2组	230~329	1.5%	中国银行 巴克莱银行 法国巴黎银行 中国建设银行 高盛集团 中国工商银行 三菱日联金融集团 美国富国银行
第1组	130~229	1.0%	中国农业银行 纽约梅隆银行 瑞士信贷银行 法国农业信贷银行 荷兰商业银行 瑞穗金融集团 摩根士丹利 北欧联合银行 加拿大皇家银行 苏格兰皇家银行 西班牙桑坦德银行 法国兴业银行 渣打银行 美国道富银行 三井住友金融集团 瑞银集团 意大利联合信贷银行

资料来源：巴塞尔委员会，《全球系统重要性银行：更新的评估方法和更高损失吸收能力要求》，2013年7月；FSB，《更新的全球系统重要性银行分组》，2014年11月；FSB，《2017年全球系统性重要银行名单》。

应当指出的是，全球系统重要性银行的数量，以及它们的分组位置都会有所调整，而且虽然在目前设置的分组中，第5组目前暂时是空的，但是随着世界银行业的发展和变化，这些银行为应对监管方面的一系列要求，会改变自身的经营行为。如果将来有全球系统重要性银行被划分到这个分组，那么也会有一个新的第6组将被加入，以此来保持对银行的鞭策，避免其系统重要性程度进一步加强。每一个新的分组对应的资本要求也将同等规模提高，即每新加入一个分组对应的更高损失要求将增加1%的风险加权资本，也就是说，如果有银行被划入第5组，那么会产生第6组，对于第6组中的银行要求的更高损失吸收可能是4.5%。每年巴塞尔委员会都会再重新进行一次评估，也会根据分数再重新安排每家全球系统重要性银行在分组中的位置。

巴塞尔委员会强调，目前对全球系统重要性银行设置的更高损失吸收能力要求，是监管要求的最低水平。如果各国监管当局期望对本国银行实施更高的要求，也是可以的。

2. 不能满足附加资本要求的后果。如果一家全球系统重要性银行没有达到更高损失吸收能力要求，将要求它同意资本修复计划，以此恢复到合规的管理框架。在它完成计划并恢复到规定的要求，将受到派息限制，以及管理者规定的其他安排和要求。

如果一家全球系统重要性银行从较低一级的组，晋升到更高一级的组，该银行将对应适用一个更高的损失吸收要求，因而要求该银行在12个月之内满足新的资本要求。在宽限期之后，如果银行没有满足更高损失吸收能力要求，将要求这家银行留存资本，以达到扩展资本储备的目的。

（三）最新评估方法的改善之处

巴塞尔委员会于2011年11月发布了《全球系统重要性银行：评估方法和额外损失吸收要求》；2013年7月，巴塞尔委员会在此基础上对全球系统性重要银行的评估方法作了调整和更新，并增加了披露要求，希望保证评估方法能够基于公开可得的信息进行评估。2015年11月，巴塞尔委员会发布《全球系统重要性银行损失吸收与资本调整原则：总损失吸收能力条款清单》对相关原则和方法进行了最终确定。2017年3月和2018年7月，巴塞尔委员会又发布文件对该框架进行修订。新版本主要调整以下几个方面：

1. 修订原则。全球系统性重要银行评估方法的修改主要遵循以下三个原则。

一是最新评估方法的修改要与全球系统性重要银行评估框架的基本原则相一致。对全球系统性重要银行的评估应具有全球性、系统性，衡量银行的违约损失率（LGD），进而通过对系统性重要银行提出资本附加要求在事前降低倒闭风险。

二是最新评估方法的修改应具有稳健性和可操作性。巴塞尔委员会力求评估方法的修改具有可靠的理论基础和现实的可操作性。同时，这些修订的变化均可以收集到易获得的高质量数据并进行测算，因此这些修订的影响是可以预测的。

三是最新评估方法的修改应符合巴塞尔银行监管委员会总体监管框架的目标。全球系统性重要银行评估方法鼓励银行减少其风险活动或风险敞口，但要确保该修订不与巴塞尔银行监管委员会的其他改革方案相冲突。

2. 全球系统性重要银行评估方法的变化。

一是取消可替代性分类的上限（cap）。2013年7月和2018年7月发布的评估框架认为，由于样本银行在支付、承销和资产托管业务中占据主导作用，所以可替代性分类对系统重要性评估的影响比预期更大，因此要对其使用一个分数上限，这个上限为500个基点。但后来巴塞尔委员会研究发现，对该上限的应用会降低对全球系统性重要银行分类的作用，进而弱化银行降低其系统重要性的激励，因此在2017年的新评估框架中取消了该上限要求。

二是扩大整合范围，将保险子公司纳入。全球系统性重要银行评估框架没有明确反映出银行集团保险子公司的系统性影响。同样值得注意的是，国际保险监督官协会（IAIS）发布的用于识别全球系统性重要保险公司（G-SIIs）的方法，将银行所有的保险子公司排除在G-SII评估框架之外。可见，无论是G-SIB监管框架，还是G-SII框架，都将银行保险子公司排除在外，宏观审慎监管存在缺位。巴塞尔委员会认为，合并保险业务能够更好地捕捉银行集团的违约损失（LGD），更能够达到监管框架的主要目标。该修订内容既可以减少监管套利的可能性，又能够反映出银行集团的保险业务所带来的系统性风险。

三是对跨管辖的定义进行了修正。目前全球系统性重要银行评估方法是根据单独一级的国际清算银行合并统计数据，来计算跨管辖负债（CJL）。然而，在国际清算银行的统计数据中，衍生品索赔、应收账款等资产是合并报告的数据，而衍生品负债则是根据当地会计准则在单独一级中计算获得的。为避免对衍生品资产和负债的处理不一致，后者被排除在当前指标之外。近期国际清算银行负债合并统计数据的优化，有利于巴塞尔委员会提高跨管辖负债的质量。新的CJL指标被定义为，在负债方面包含衍生品，并在合并的基础上报告。使用高质量、统一口径的数据，以便在不同司法管辖区进行索赔和负债，符合G-SIB框架的原则，其目的是衡量违约情况下的损失。根据巴塞尔委员会的预测，对跨管辖定义的修订，对大多数银行的G-SIB评分不会产生实质性影响。

四是可替代性分类权重的修正和交易量指标的引入。银行的交易活动维持了市场的流动性，从而实现价格发现功能，并使市场参与者实现金融风险管理。银行通过“做市”和代理交易提供市场流动性，这两种交易形式都依赖于技术基础设施和内部数据系统的支持，而这些基础设施和内部数据系统在发生违约事件时难以替代。此外，一些银行自身就是本行账户的大交易商。可见，全球系统性重要银行的倒闭会立即破坏市场的交易便利性，进而削弱市场流动性。因此，在可替代性和金融机构基础设施类别中，巴塞尔委员会将承销交易指标的权重从6.67%降至3.33%，并纳入一个新的指标——交易量，权重为3.33%。这样由承销指标反映一级市场的情况，而由交易量指标反映二级市场的情况。

五是对披露要求的修订。G-SIB评估框架要求所有“杠杆比率暴露指标”高于2000亿欧元的国际活跃银行，以及在上一年度被指定为G-SIB的银行，公开披露G-SIB评分体系中的12个指标。第一年达到披露标准或新达到系统性重要银行考核标准的银行，必须在财务年度结束后的四个月内披露，任何情况都不准晚于7月底。银行可以在公开财务报表、企业网站或公开监管报告中披露这些指标。信息披露还允许对单个银行系统性风险的关键驱动因素进行分析，并在银行层面上进行横向分析。通常情况下，银行披露的数据与G-SIB计算使用数据之间的差异不足以影响G-SIB样本中分配给银行的更高损失吸收能力要求（HLA）。但数据的修正不仅影响了报告银行的分数，而且还影响了样本中的所有银行，因为每个银行的价值对分母都有贡献。为避免公开披露不准确的可能性，并确保第三支柱的统一性，巴塞尔委员会要求银行对最终披露的G-SIB指标计算中使用数据进行公开反馈。如果用于计算G-SIB评分的数据与之前披露的数据不同，银行必须进一步公开披露。如果需要对数据进行修订，那么银行应该在巴塞尔委员会的G-SIB分数计算完成后，立即公布金融机构的准确数字。

六是关于系统重要性分组级别变化（bucket migration）的进一步指引和相关的HLA资本附加要求。目前，《巴塞尔资本监管协议》规定，当银行提升一个系统重要性分组级别时，允许银行有足够的时间来满足更高的资本要求，允许在执行过程中推迟12个月。但是，如果银行下降一个系统重要性分组级别该如何安排HLA，巴塞尔协议却没有作出明确说明。2017年3月巴塞尔委员会对全球系统性重要银行评估方法的最新修订，提供了一个示例，对上述问题提供了进一步指引。假设2015年11月A银行被指定为HLA资本附加要求为1.5%的全球系统性重要银行，按照过渡期安排的要求，从2017年1月开始执行。但是到2016年11月进行新一轮评估时，由于A银行相对于其他银行的情况发生变化，其HLA资本附加要求变为1.5%，从2018年1月开始执行。这里会产生重合时间段里HLA资本附加要求的差异性。为促进G-SIB框架的协调执行，巴塞尔委员会允许银行在G-SIB评分下降的情况下立即放松要求，执行较低的HLA资本附加要求。巴塞尔委员会认为，这种做法能够为银行减少其系统重要性提供强有力的激励。

七是提出了过渡时间表。2018年7月发布的修订后评估方法将于2021年生效（基于2020年底的数据），由此产生的HLA资本附加要求将在2023年1月1日起实施。表14总结了过渡时间表安排。

表14　过渡期安排

时间		过渡期安排
2018年	1月	发布2016年11月被认定为G-SIBs的银行所适用的HLA要求
	3月	采集2017年底的数据
	11月	发布自2020年1月1日起需达到HLA要求的G-SIB最新名单，并更新所有银行的分母和G-SIB指标

续表

时间		过渡期安排
2019年	1月	发布2017年11月被认定为G-SIBs的银行所适用的HLA要求
	3月	采集2018年底的数据
	11月	发布自2021年1月1日起需达到HLA要求的G-SIB最新名单，并更新所有银行的分母和G-SIB指标
2020年	1月	发布2018年11月被认定为G-SIBs的银行所适用的HLA要求
	3月	采集2019年底的数据
	11月	发布自2022年1月1日起需达到HLA要求的G-SIB最新名单，并更新所有银行的分母和G-SIB指标
2021年	1月	发布2019年11月被认定为G-SIBs的银行所适用的HLA要求
	3月	根据2018年7月公布的修订方法采集2020年底的数据
	11月	发布自2023年1月1日起需达到HLA要求的G-SIB最新名单，并根据修订后的方法更新所有银行的分母和G-SIB指标。完成下一轮方法审核并发布更改的内容

资料来源：巴塞尔委员会，《全球系统性重要银行：修改后的评估方法和更高的损失吸收要求》（*Global systemically important banks: revised assessment methodology and the higher loss absorbency requirement*），2018年7月。

八是对方法修订的影响进行定量评估。巴塞尔委员会依据银行2015年末的数据进行了分析。分析表明，取消可替代性分类的上限，只会影响少数几家银行。

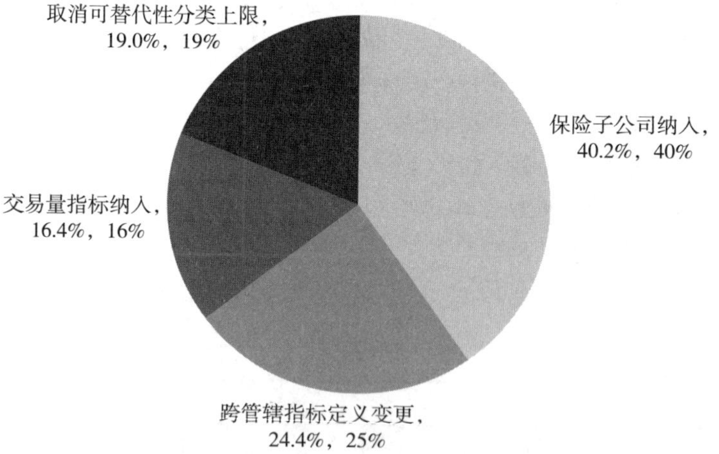

图5 不同修订措施对G-SIB分数的影响

（数据来源：巴塞尔委员会，《全球系统重要性银行评估方法修订框架》（*Global systemically important banks – revised assessment framework*），2017年3月）

图5所示为每项修订对G-SIB评估方法的相对影响。饼图中的百分比表示每个单独提案的所有分数变化（绝对值）的总和，除以单独评估的四个变化（绝对值）的总分数变化之和。可见，保险子公司纳入的影响最大，其次是对跨管辖指标定义的改变。

3. 信息披露要求。每个会计年度末，所有杠杆率风险敞口（包括来自保险子公司的风险敞口）超过2000亿欧元（以会计年度末汇率计算）的银行，应当按照国家当局要求公开披露评估方法中使用的13个指标。银行应在披露信息时指出哪些数字需要修订和重新表述。设定2000亿欧元临界值的目标是确保至少世界上最大的75家银行遵守公开披露要求，因为这些银行被自动纳入计算银行得分的样本。同时，低于2000亿欧元临界值的银行，只要通过监管判断被纳入样本，或者上一年度被认定为全球系统性重要银行，也要遵循信息披露要求。

（四）总损失吸收能力的一个新方案

2014年10月和2015年11月，金融稳定理事会发布了一系列针对全球系统重要性银行提高吸收损失能力的原则及条款清单，拟将要求各国监管机构对全球系统重要性银行保留相当规模的缓冲资本，持有相当于风险加权资产16%~20%的股权和可取消债务。监管机构将这项规定视为解决所谓“大而不倒”问题的一种途径，这是防止救助大型银行并避免纳税人为破产银行埋单的关键一步。根据该计划，30家全球系统重要性银行的总损失吸收能力（TLAC）应该至少占到其风险加权资产的16%~20%。此外，这些银行持有的资本占其全部资产的比重也应该至少是巴塞尔Ⅲ杠杆率分母的6%。金融稳定理事会与巴塞尔银行监督管理委员会执行该计划的市场调查、定量影响测算（QIS）工作及宏微观经济评估。

1. 最低的外部总损失吸收能力要求。在最低的监管资本要求下，全球系统重要性银行应达到最低的外部总损失吸收能力要求（Minimum TLAC）。该项条款旨在确保全球系统重要性银行具备基本的损失吸收及资本重组能力，以避免纳税人为危机期间救助破产银行的巨大费用埋单，从而可以避免引起全球金融恐慌进而影响金融系统的稳定性，增强市场信心。

（1）两大支柱。这一针对全球系统重要性银行特有的最低要求由两大支柱组成：

第一支柱：在全球系统重要性银行的最低外部总损失吸收能力要求中，第一支柱组成部分的确定由定量影响测算和成本效益分析得出。第一支柱要求全球系统重要性银行必须保留相当规模的缓冲资本，持有相当于风险加权资产16%~20%的资本。根据2015年11月公布的最新条款清单，全球系统重要性银行的最低外部总损失吸收能力要求（Minimum TLAC）到2019年1月1日至少要达到加权风险资产的16%，到2022年1月1日至少要达到加权风险资产的18%。

对于附加资本要求为1%的全球系统重要性银行，需要持有至少相当于风险加权资产19.5%~23.5%的资本，而附加资本要求为2.5%的全球系统重要性银行，需要持有至少相当于风险加权资产21%~25%的资本。此外，这些银行持有的资本占其全部资产的比重也应该至少是巴塞尔Ⅲ杠杆率要求的两倍。也就是说，如果巴塞尔Ⅲ要求的杠杆率3%，那么系统重要性银行的资本至少应占其总资产的6%。

自2019年1月1日起，最低总损失吸收能力不得低于巴塞尔Ⅲ杠杆率分母数值的6%（该比率被称为TLAC LRE Minimum）。自2022年1月1日起，该比率不得低于6.75%。除了最低TLAC杠杆率要求，当局还可以另外设置高于一般最低标准的资本要求。

为保证系统性重要银行在破产时有充足的未偿付长期债务来吸收损失或采取资本调整相关措施，应使其预留大于等于最低总损失吸收资本要求33%的债务形式的一级和二级监管资本总额。

全球系统性重要银行要对必要时的资本调整进行可靠的事前承诺，尤其是承诺使金融机构持续保持关键功能，这既有利于解决融资成本问题（用于弥补损失和满足资本补充需要），同时有利于满足最低总损失吸收资本附加的临时性融资需求。这种事前承诺必须通过实业贡献预先融资。当总吸收损失资本附加占加权风险资产下限值为16%，预先融资数额为加权风险资产的2.5%；当总吸收损失附加占加权风险资产下限值为18%，预先融资数额为加权风险资产的3.5%。

第二支柱：由危机管理小组（Crisis Management Groups）和可处置性评估计划（Resolvability Assessment Process）共同确立第二支柱的内容。第二支柱的基本原则是确保全球系统重要性银行损失吸收能力的有效性，最大限度地降低系统性风险对金融系统稳定的影响。

（2）TLAC金融工具要求。

①金融工具必须满足的条件：

a. 必须是实缴（资本）；

b. 必须是无担保的；

c. 不能是破坏损失吸收能力的抵消权益或网络权益；

d. 剩余合同期限至少为一年或无到期日；

e. 持有人在到期之前不能赎回；

f. 不能直接或间接从决议实体或其关联方融资，巴塞尔委员会资本监测工作组（CMG）特殊决议的除外。

②不能包括的金融工具：

a. 被保险存款；

b. 活期存款和短期存款（期限小于一年的存款）；

c. 金融衍生品负债；

d. 具有衍生品特征的债务工具，如结构性票据；

e. 不是源于合同的债务，如税项负债；

f. 相关破产法下优先于高级无担保债权人的负债；

g. 在管理发行实体的法律下，不能自救、减记，以及可能引发法律质疑或正当赔偿风险的其他任何负债。

2. 内部的总损失吸收能力要求。内部的总损失吸收能力要求旨在合理分配全球系统重要性银行重要子公司的资本损失吸收能力。该条款要求重要子公司应达到最低的合格内部损失吸收能力的要求（Eligible internal TLAC），以使得这些重要子公司在面临重大损失和资本重组时可以首先使用内部的损失吸收资本冲抵，避免对全球系统重要性银行造成系统性冲击。

内部的总吸收损失能力使用的资本监管工具需遵照巴塞尔Ⅲ中相关条款的要求。所有重要子公司需达到75%~90%的内部总吸收损失能力的要求——这一范围是由最低的外部总吸收损失能力要求中定量影响测算得出的实际数据决定。为避免"双重杠杆"作用，全球系统重要性银行的执行部门应保证内部总吸收损失资本总额与外部的最低吸收损失资本一样多，以此来保证执行银行资产负债表的平衡。然而通常情况下，为保证银行内部的稳定性，外部的总吸收损失资本都会有所减少。

全球系统重要性金融机构损失吸收能力的完成目标与时间安排，如表15所示。

表15　全球系统重要性金融机构损失吸收能力的完成目标与时间安排

工作安排	监管部门	完成时间
开展损失吸收能力的影响性评估，由定量影响测算工作、宏微观经济测度、市场调查以及银行资本重组历史复审工作共同组成	FSB，BCBS，BIS	2015年下半年
全球系统重要性银行完成对损失吸收和资本重组能力的相关要求，并执行TLAC条款清单中的细则	FSB	2015年末
进一步根据巴塞尔Ⅲ的要求做出明确的信息披露	FSB，BCBS	2015—2016年

资料来源：BIS，作者整理。

3. 过渡期安排。除了总部设在新兴市场经济体的金融机构，2015年底以前以及之后一直被金融稳定委员会指定为全球系统性重要银行的金融机构，应遵照TLAC标准自2019年1月1日起达到最低外部总损失吸收能力要求（Minimum TLAC），即总损失吸收能力（TLAC）应该至少占到其风险加权资产的16%，且占巴塞尔Ⅲ杠杆率分母的比例至少达到6%，融资数额占加权风险资产的比例设定为2.5%。自2022年1月1日起达到最低外部总损失吸收能力要求（Minimum TLAC），即总损失吸收能力（TLAC）应该至少占到其风险加权资产的18%，且占巴塞尔Ⅲ杠杆率分母的比例至少达到6.75%，融资数额占加权风险资产的比例上升为3.5%。

总部设在新兴市场经济体、2015年底以前以及之后一直被金融稳定委员会指定为全球系统性重要银行的金融机构，其最低外部总损失吸收能力要求如下：

（1）到2025年1月1日，达到总损失吸收能力（TLAC）应该至少占到其风险加权资产的16%，且占巴塞尔Ⅲ杠杆率分母的比例至少达到6%；

（2） 到2028年1月1日，达到总损失吸收能力（TLAC）应该至少占到其风险加权资产的18%，且占巴塞尔Ⅲ杠杆率分母的比例至少达到6.75%。

如果该文件公布的5年之内，新兴市场经济体的金融机构和非金融机构持有的债务证券或未清偿债券超过了新兴市场经济体GDP的55%，则过渡期将提前。

（五）杠杆率附加

2017年12月8日，巴塞尔委员会发布《巴塞尔Ⅲ：后危机改革的最终方案》，对系统性重要银行增加了杠杆率资本附加要求，最后实施期限为2022年1月1日。

根据巴塞尔Ⅲ最终方案的要求，银行必须满足3%的最低杠杆率要求，系统性重要银行还必须额外满足一级资本条件下的杠杆率附加要求。

每家系统性重要银行的杠杆率附加要求为按加权风险要求计算的资本附加值的50%。例如，按风险要求计算出2%附加资本的银行，对应的是1%的杠杆率附加值。

杠杆率附加要求的设计与加权风险资产计量框架下的资本约束是一致的。例如，系统性重要银行杠杆率附加要求也包括分成五组的最低资本留存缓冲比率。不能满足杠杆率附加要求的系统性重要银行，一般同样也很难满足加权风险资产计量框架下的资本约束。

系统性重要银行受到的资本约束取决于其CET1（核心一级资本）风险加权比率和杠杆率。若系统性重要银行同时满足CET1风险加权资本要求（包括4.5%的最低资本要求、2.5%的资本留存缓冲，以及所适用的系统性重要银行吸收更高损失的资本附加和逆周期资本缓冲），以及Tier 1（一级资本）杠杆率要求（包括3%的最低杠杆率要求和系统性重要银行杠杆率附加），则该银行不受最低资本留存缓冲的约束。如果不满足上述两个条件中的一个，则该银行要受到最低资本留存缓冲的约束。如果上述两个条件均不满足，则该银行将受到按照加权风险资本要求或杠杆率计算出来的更高资本留存缓冲比率的约束。

表16所示为系统性重要银行第一组（更高损失吸收能力要求为1%）某家银行基于CET1最低资本缓冲要求和Tier 1杠杆率的最低资本留存缓冲要求。

表16　　系统性重要银行（第一组）杠杆率附加要求

CET1加权风险比率	Tier 1杠杆率附加	最低资本留存缓冲比率（用占收入的百分比表示）
4.5%~5.375%	3%~3.125%	100%
> 5.375%~6.25%	> 3.125%~3.25%	80%
> 6.25%~7.125%	> 3.25%~3.375%	60%
> 7.125%~8%	> 3.375%~3.50%	40%
> 8.0%	> 3.50%	0

资料来源：BIS，作者整理。

二、全球系统重要性保险机构的评估

国际保险监督官协会（International Association of Insurance Supervisors，IAIS）始终致力于全球保险行业的监管标准制定，金融危机之后，更是对保险与金融进行了剖析，在2011年11月发布报告《保险与金融稳定》；从2012年开始着手制定全球系统重要性保险机构的识别方法和政策措施，并取得一定的进展；在2013年7月发布《全球系统重要性保险机构：评估方法》和《全球系统重要性保险机构：政策措施》两份指导意见，确认了最初的九家全球系统重要性保险机构（G-SIIs）。在2013年7月发布的报告中，国际保险监督官协会提出自2014年11月起，每年根据金融稳定理事会发布的数据更新全球系统重要性保险机构的名单。2015年11月之前，国际保险监督官协会全面实施G-SII中提出的全球系统重要性保险机构评估方法，并于2016年前实施修订后的评估方法。在2014年10月23日出台的《基本的资本要求》（*Basic Capital Requirements*，BCR）办法中，国际保险监督官协会对包括非保险机构在内的所有机构，提出了更高的吸收损失能力的要求。这一办法的有效实施，将由衡量全球风险的《保险资本标准》（*Insurance Capital Standard*，ICS）替代《基本的资本要求》，从而达到更高吸收损失能力的要求。2016年6月16日，国际保险监督官协会公布了《全球系统重要性保险机构：评估方法更新》。2014年更新的全球系统重要性保险机构分组，如表17所示。

表17　　2014年更新的全球系统重要性保险机构分组

公司名称	国家
安联保险	德国
美国国际集团	美国
忠利保险公司	意大利
英杰华集团	英国
安盛集团	法国
大都会保险	美国
中国平安保险（集团）公司	中国
保德信金融集团	美国
英国宝诚集团	英国

资料来源：BIS，作者整理。

通常而言，保险机构承保的风险，与经济周期和金融市场风险并不关联，保险事件的严重程度也不会受到金融市场波动的影响。向投保人支付保险款，一般也是要求保险事件发生之后，因而保险公司从事传统的业务活动，不太可能使其遭受突如其来的流动性短缺。当然保险公司也会面临其他金融机构所面临的风险，然而保险公司传统的经营模式使大多数公司能够更好地抵御金融风险。所以即使保险行业受到危机的影响，保险公司参与的传统保险活动也能够吸收损失的影响，从系统性的角度来看，没有表现出对金融体系更广泛的影响。与之相反，那些参与非传统与非保险业务①的保险集团，在金融市场中就会显得更脆弱（如AIG），因而比传统的保险公司更容易累积、扩大、传染系统性风险。另外，不断变化的市场导致产品和业务逐渐模糊了传统保险和银行类活动之间的界限，潜在的系统性风险逐渐出现并累积。这也是IAIS致力于追踪保险经营模式改变、创新的步伐，并评估单家保险公司成为全球系统性重要性机构可能性的原因。

为此，IAIS制定了一套评估方法来识别全球系统重要性保险机构的系统重要性，并使用这套方法，应用各保险机构提供的2011年底的数据，对选中的保险公司进行了评估。评估的方法包括收集数据、评估和监管判断、验证过程三个步骤。

评估的方式是同样基于指标，与巴塞尔委员会制定的评估全球系统重要性银行的系统重要性的方法相似，但是由于保险机构的结构和经营活动都与银行不同，因而所面临的风险本质和程度也不同于银行。因此识别全球系统重要性保险机构，所选择的指标要反映保险机构出现负面外部性的不同方面，以此来

① 非传统与非保险活动的代表，包括信用违约互换、非对冲目的的交易等。

体现保险机构对金融体系稳定的重要作用。

（一）机构和数据选择问题

保险机构经营模式的动态特征，以及它们所在的金融市场，意味着评估保险机构的系统重要性所需的数据，必须是近期的、连续的、高质量的。通过各保险机构所在国的监管当局，从14个国家和地区的50家保险公司中获取数据，在选择保险机构时遵循了以下选择标准：（1）总资产不少于600亿美元，并且境外的保费比例不低于总保费的5%的保险公司；（2）保险公司的总资产不少于2000亿美元，并且境外的保费占总保费比例的0~5%的保险公司；（3）最后，一些保险机构（如财务担保保险机构），也被纳入监管范围。

（二）对保险机构系统重要性的评估过程

衡量机构全球系统重要性的最主要基础，就是根据保险机构经营困境或失败可能对全球金融体系和实体经济的影响，而不是根据其失败的可能性，这与巴塞尔委员会判定系统重要性银行所使用的方式是一致的。

1. 基于指标的评估方式。基于指标的评估方式与巴塞尔委员会评估全球系统性重要银行的方法相关，但是保险经营的属性影响某些指标的选择、分组和权重分配。选定的指标分为规模、全球活跃性、相互关联程度、非传统与非保险活动（NTNI）以及可替代性五类。IAIS确定的指标有助于发现每一家保险机构系统重要性的程度，表18具体描述了划分的五大类中具体的20个指标。

表18　衡量保险机构的全球系统重要性的指标及权重

分类及权重	指标	指标权重	具体内容	简单说明
规模5%	总资产	2.50%	资产负债表总资产的规模	金融体系中的任何机构对系统的运作都至关重要，对系统的重要程度，是随着这家机构可以提供的金融服务数量而逐渐增加的，而且一家保险公司的规模是有效集中和分散风险的先决条件
	总收入	2.50%	保险机构的保费总收入、投资收益、实现收益和损失、费用和佣金，以及其他收入的总和	
全球活跃性5%	在母国以外国家和地区产生的收入	2.50%	来自母国以外国家和地区的已确认的收入总和	基于指标的识别方法旨在识别金融体系中的哪些金融机构，一旦经营困境或失败会在全球范围内造成大的负面外部性，所以每家保险机构在国际上的经营情况，是需要重点关注的
	国家的数目	2.50%	一家机构在母国以外设有分支机构或子公司的国家数目	

续表

分类及权重		指标	指标权重	具体内容	简单说明
相互关联程度49.3%	对手方风险敞口	金融体系内资产	6.70%	对金融机构贷款，以及持有其他金融机构发行的证券的总和	通过金融体系内部各金融机构之间的直接或间接的联系，系统性风险会逐渐累积并上升，所以个体保险机构的失败或经营困境会传染到金融体系，导致金融机构所提供的总服务量减少
		金融体系内负债	6.70%	向金融机构借款，以及拥有其他金融机构发行的证券的总和	
		再保险	6.70%	再保险承担业务的总的技术条件	
		衍生品	6.70%	流通中衍生品的名义总额	
	宏观经济风险敞口	衍生品交易	7.50%	出售CDS保护的名义总额	
		财务担保	7.50%	组成：（1）债务证券的名义总额，包括为财务担保的结构性融资保险，不包括出售CDS保护或担保债券；（2）按揭保证保险的风险	
		变额保险产品的最低保证金	7.50%	可变年金和或有年金的全部技术条款，包括对任何保证的额外技术条款	
资产流动性35.9%		非保单持有人责任，以及来自其他金融活动的非保险收入	7.50%	组成：（1）资产负债表中负债总额-所有投保人负债；（2）（资产负债表中负债总额-所有保单持有人的负债）/资产负债表中负债总额；（3）非保险业务的金融活动总收入；（4）非保险业务的金融活动总收入/总收入	
		短期融资	7.50%	组成：（1）短期融资、商业票据、存款凭证、发行存款证（CD）、来自回购的抵押品总值、借出证券的抵押品总值这几项的总和；（2）上面提到的这些项目的总和占总资产的比重	
		第三层次资产	6.70%	组成：（1）总的第三层次资产；（2）Level 3资产/（Level 1资产+Level 2资产+Level 3资产）	

续表

分类及权重	指标	指标权重	具体内容	简单说明
资产流动性35.9%	营业额	6.70%	两个指标：（1）（投资性资产购买总额+投资性资产销售总额）/总资产；（2）（负债资金销售总额+负债资金的清偿总额（total retirement of funding liabilities））/总负债	
	保险负债的流动性程度	7.50%	在三个月内解约，不含经济罚金的负债总额 + 经济罚金低于20%的解约债务总额的50%	
可替代性5%	针对特定业务的保费	5%	指标组合：（1）直接承保及预计的灾难保险保费；（2）直接承保及预计的信用保费；（3）直接承保及预计的航空保险；（4）直接承保及预计的海运保险	在发生危机或市场困境时，保险部门中的其他机构很难提供同样的或相似的服务，在这种情况下，这个特定的机构系统重要性就会很高

资料来源：IAIS，《全球系统重要性保险机构：评估方法》，2013年7月18日；IAIS，《全球系统重要性保险机构：评估方法更新》，2016年6月16日。

评估保险机构系统重要性的五个大类中，最重要的两类是非传统与非保险活动，以及相互关联程度。非保险与非传统的活动之所以重要，是因为这些业务是以营利为目的的投资性业务，对资本的流动性有一定的要求，当市场中的流动性状况发生变化时，会对机构形成冲击，也为金融体系埋下系统性风险的隐患；而相互关联之所以重要，是因为保险机构和银行部门、证券部门之间有强烈的关联性，机构业务之间存在风险传递的隐患，会对机构本身和金融体系造成不稳定。因此，这些指标被赋予更高的权重。

所以，规模、全球活跃性和不可替代性被赋予的权重相对较低，这与分散风险的初衷是一致的。规模和全球活跃性分类中，使用的是那些保险公司最初选择的指标，而且分析结果也显示，其他分类中的一些指标，在一定程度上，也能反映保险机构的规模。为其设置一个相对低的权重，也是为避免赋予规模太高的权重，影响到最终的评估结果。虽然在评估保险机构系统重要性的分类中没有单独设置复杂性，但是选择了其他的指标来反映机构的复杂程度。正是由于这些原因，所以将更高的权重赋予非传统保险与非保险活动的分类，一级相互关联的分类，分别是45%和40%，而其他的三个分类都被赋予较低的权重，均为5%，在这五个大类中，每个指标获得同等的权重。

保险机构的计分方式与上文中银行的计分方式类似，对于每家保险机构，某个特定指标得分的计算方法是，单家保险机构的数额除以样本中所有保险机构的总金额。当一个指标是由很多个子指标组成时，相同的计算方法也适用于每个子指标，这些结果将会被平均化以求得指标的总体分数。

2. IFS评估方法——补充指标评估方法。通过基于指标的评估方式，可以提供一份全球系统重要性保险机构的候选名单，但这并不是最终的结果，因为这种评估还不够充分，不能确定所选中的机构是否就是全球系统重要性的，IAIS还会采用IFS评估方式在候选名单中补充其他机构。IFS评估方法是基于IAIS报告《保险与金融稳定》中所描述的定义，采用根据业务的直接分类方法，将保险机构的业务分类为传统保险业务、半传统保险业务和非传统保险业务。评估方法的具体步骤是，根据保险公司各种业务活动的系统重要性，匹配相应的风险权重。风险权重也反映了IAIS的观点，即保险机构的系统重要性是与其所经营的业务相关的，特别是其实施的非传统保险业务和非保险金融业务。

通过补充评估的过程，产生一个更令人信服的保险机构系统重要性的评估，因为这个结论是由基于指标的评估方式和基于市场细分的IFS评估方式共同支持的。当然，IFS评估方式虽然覆盖到保险业中的每一项业务领域，但是它不能作为机构系统重要性的代表，这可能导致潜在的风险活动覆盖不全的问题，所以在评估识别期间，IFS评估方式只起到额外补充信息的作用。

3. 监管判断。在使用基于指标的评估方式和IFS评估方式获得初步的系统重要性保险机构名单后，IAIS还会与名单中各机构的集团监管当局进行商讨，获取他们对于评估结果的意见，进而确定是否还需要进行进一步的分析。这种额外的分析步骤就是监管判断的过程，这一过程必须以公开有效的方式进行。在一定程度上，额外的分析可能会改变基于指标的评估方法及IFS评估方法的结果，所以这种判断需要可验证的论据的支持，如果有某监管当局对评估方法得出的结论产生质疑，IAIS需要审议相关的论据和理由。

所以，IAIS将监管判断并入评估过程时，需要遵循以下一般原则：（1）针对最初的定量分析结果的判断调整，门槛应该是很高的；（2）评估过程应当集中在对全球金融体系的影响，而不是机构自身经营不善的可能性；（3）判断覆盖应该包括记录和可核查的信息。

将监管判断合并到评估结果的具体步骤：（1）收集数据，并对范围内所有的保险机构的数据收集进行监管解释；（2）应用基于指标的识别方法，由IFS评估方式提供支持；（3）与候选机构的母国监管当局探讨，如有需要可能补充额外的分析；（4）IAIS向金融稳定理事会报告全球系统重要性保险机构；（5）金融稳定理事会、各国监管当局与IAIS协商，利用相关定量和定性指标，确定全球系统重要性保险机构的列表。

（三）政策措施

IAIS根据金融稳定理事会的建议，制定针对全球系统重要性保险机构的政策措施框架。措施通常要求监管当局之间的合作，包括负责非保险机构的其他监管当局。政策措施框架主要包括以下四个方面的内容。

1. 加强监管。全球系统重要性保险机构政策措施的基础，是目前IAIS公布的“保险核心原则”（ICPs）。金融稳定理事会的“监管强度和有效性建议”（SIE）构成IAIS对加强监管措施的基础。另外，IAIS对国际活跃保险集团监管的共同框架，旨在促进全球监督管理措施和方法的融合，只要是国际活跃的保险集团，无论其是否为全球系统重要性的保险机构，都要接受管理。共同框架预期不建立特殊的政策措施来专门解决全球系统重要性保险机构的系统性风险，但是会提供一个基准，作为监管措施的补充，解决全球系统重要性保险机构的系统性风险。为此，对全球系统重要性保险机构加强监管的主要因素，包括以下几项：

（1）集团监管当局应当对控股公司具有直接的权力，保证监管举措能够直接作用于保险集团。之所以对集团监管给予特殊的关注，是因为全球系统重要性保险机构的组织形式往往是集团化的综合经营，并且非传统与非保险业务通常是由集团内部分离的实体来执行，而这部分业务可能与金融体系的其他部门相互关联，从而产生风险隐患。监管部门应当要求全球系统重要性保险机构具备充分的安排来管理流动性风险，管理范围要覆盖整个集团，特别是针对非传统与非保险业务。

（2）集团监管当局应当监督每家全球系统重要性保险机构的系统性风险管理计划（SRMP）的制订和实施。系统性风险管理计划的目的，是在集团监管的监督下，管理、缓解并尽可能减少系统性风险。预计IAIS将进一步完善系统性风险管理计划，用于估计和促进评估方法。在条件和时机成熟的情况下，系统性风险管理计划将包括：系统重要性非传统与非保险业务的有效分离，限制或禁止某些指定的系统重要性业务，以及其他措施。

（3）在对非传统与非保险业务进行分离时，需要保证被分离出的实体，能够在结构和金融条件方面自给自足。自给自足的结构方面可能会涉及两者：联合重组措施，以及限制或禁止父母担保和交叉违约条款，以此确保任何分解成的司法实体都不会受到合约义务的破坏。金融条件方面意味着，没有资本或资金补贴、多个或双重杠杆。存在于分离的实体与保险机构的其他部分之间的任何必要的相互联系，都应通过运用其他重要措施来处理（如更高损失吸收能力等）。

（4）非传统与非保险业务的分离，可能导致部分实体不受监管，集团监管当局的作用就是要避免这种监管漏洞。分离过程中创造出的金融实体应当不仅受到直接监管当局的监管，而且也要受到集团监管者的监管（虽然这两个监管当局可能是同一个）。

2. 有效处置。在2011年，金融稳定理事会公布了处置的国际标准，即《金融机构有效处置框架的关键属性》（以下简称《关键属性》）。监管全球系统重要性保险机构的当局，以及全球系统重要性保险机构自身，都应当遵守《关键属性》的要求。这个标准规定了一系列具体的要求，适用于任何具有系统重要性的金融机构。适用于全球系统重要性金融机构的要求包括：建立危机管理工作组；详细阐述恢复和处置计划；进行可处置性评估；采取针对特定机构的跨境合作协议。

对于全球系统重要性保险机构，有效的处置将考虑保险的特殊性，从而包括：（1）将非传统与非保险活动从传统保险活动中分离出来需要的计划和步骤；（2）作为处置经营传统保险活动的实体的一部分，可能使用的组合转让及执行安排；（3）对保单持有人进行保护和保障的计划安排。

3. 损失吸收（Loss Absorption）——适用于所有的集团活动。作为对全球系统重要性保险机构实施更高损失吸收能力要求的基础，IAIS将首先采取直接的支持资本要求，适用于所有的集团活动，也包括非保险子公司。

4. 更高损失吸收能力——适用于非传统和非保险活动。全球系统重要性保险机构对于实施非传统和非保险经营活动，应该具备更高的损失吸收能力。这个要求有助于降低机构经营失败的可能性，对于维护全球金融稳定至关重要。

IAIS建议，当使用更高损失吸收能力要求的时候，应当进行一个区分。也就是说，计算依赖于非传统与非保险业务是否有效地从传统的保险业务中分离出来，具体而言：如果能够证明，全球系统重要性保险机构已经将非传统非保险活动与传统的保险活动分离开，在计算更高损失吸收时，是基于非传统非保险活动的，并应用于分离出的、实施这些活动的机构；如果非传统非保险活动没有被有效分离出来，计算更高损失吸收可能要基于综合保险集团中的非传统非保险活动，还需考虑保险集团内部相互关联的情况。

（四）时间安排

2013年7月公布了全球系统重要性保险机构的评估方法和政策措施，并根据评估方法，使用2011年底的数据识别认定了九家全球系统重要性保险机构。随后的相关计划安排的时间表，见表19。

表19　具体的实施安排时间表

时间安排	工作安排
2014年11月	根据2013年底的数据，公布全球系统重要性保险机构的名单，即安联保险、美国国际集团、忠利保险公司、英杰华集团、安盛集团、大都会保险、中国平安保险(集团)公司、保德信金融集团、英国宝诚集团
2014年底	最初认定机构中的危机管理小组制订和认可恢复和处置计划，以及流动性管理计划
2015年底	IAIS制定更高损失吸收的实施细节，自2019年适用于指定的全球系统重要性保险机构
2016年7月	评估系统性风险管理计划的实施
2017年11月	金融稳定理事会指定全球系统重要性保险机构的名单，基于IAIS的评估方法，以及2016年的数据，它们将适用更高损失吸收政策措施，并于2019年开始实施
2019年	2017年11月被认定的全球系统重要性保险机构开始适用更高损失吸收能力要求

资料来源：IAIS，《全球系统重要性保险机构：政策措施》，2013年7月18日。

IAIS期望各国当局设置一个管理框架，用于全球系统重要性保险机构的评估，可以使保险机构能够提供更高质量的数据。为保证方法的透明性和对全球系统重要性保险机构识别的有效性，在理想情况下，所使用的数据应当公开。IAIS也将与各参与监管的当局一起，在未来的数年，推动实现这些数据的公开可获得。

三、全球系统重要性非银行非保险金融机构的评估

在2011年11月的戛纳会议上，为完善对系统重要性金融机构的评估框架，G20领导人要求金融稳定理事会与国际证监会组织（IOSCO）商讨识别全球系统重要性非银行非保险金融实体（NBNI），这项工作一直持续到2013年底，2014年1月向公众发布了征求意见稿。

（一）对全球系统重要性非银行非保险金融机构的识别

不同于巴塞尔委员会和国际保险监督官协会对全球系统重要性银行和全球系统重要性保险机构的识别和评估，非银行非保险金融实体的范围更广泛，而且这些实体的经营方式、风险状况和法律形式都各不相同，因此金融稳定理事会的识别方法也需要涵盖各种可能的风险，同时要具有一定的持续性与预见性。

识别这类系统重要性金融机构的五个基本因子：规模、内部联系性、可替代性、复杂性和全球活跃性。这些因子与识别全球系统重要性银行和保险机构的因子具有一致性，在一定程度上能将非银行非保险金融实体的系统重要性的识别囊括其中。对于全球系统重要性非银行非保险金融实体的识别，最大的挑战之一就是获得合适且连贯的数据和信息。源于这类机构的管理主要是从经营

（或投资者/消费者保护）的角度，但是数据获取方面，不同的监管当局执行标准不尽相同，因而获取具有难度，而且有很多信息涉及机构的商业机密但却与金融系统的稳定相关，所以处理起来很棘手。

为解决上述难题，相比较于全球系统重要性银行和保险机构，监管判断所起到的作用更加至关重要，并且需要依赖于母国和东道国的信息共享和国际合作。母国在监管的过程中，也应更多地使用一致性的指标以避免监管套利的出现，维护金融系统的稳定。

金融稳定理事会将非银行非保险金融实体大致分为财务公司、市场中介及投资基金三种类型。对于系统重要性非银行非保险金融实体的机构的识别，有一个实质性的门槛就是规模，通常而言：

（1）对于财务公司和市场中介来说，门槛为1000亿美元（相当于750亿欧元）的总资产。

（2）对于投资基金来说，门槛为管理下的净资产1000亿美元，对于对冲基金来说，门槛现值为4000亿~6000亿美元的名义总风险敞口。换句话说，对冲基金，或是管理净资产1000亿美元，或者是现值为4000亿~6000亿美元总的名义风险敞口。

（二）对全球系统重要性非银行非保险金融机构的评估过程

由于进行监管判断的范围非常之大，建立一个合适的国际监管机制来保证跨境监管的一致性，是非常重要的。基于这样的认识，金融稳定理事会与国际证监会组织协商认为应当建立以下过程来评估非金融非保险金融实体的全球系统重要性。基于母国当局联合国际监管机制的评估，来保证跨境监管的一致性。在这样的过程下，各国的监管当局可以对金融实体的全球系统重要性进行深度的评估。

1. 建立一个国际监管组织。金融稳定理事会与国际证监会组织将形成一个针对非银行非保险国际监管组织（International Oversight Group，IOG）。

2. 编制列表的基准。IOG根据非银行非保险评估方法，将规模在1000亿美元以上的金融实体编制成非银行非保险金融实体的相关列表，其中包括三类金融实体类型。

3. 安排非银行非保险金融机构的评估工作。IOG安排名单上的金融实体的母国监管当局对非银行非保险金融机构进行深度评估。如果该国家或地区不是金融稳定理事会或者国际证监会组织的成员国，也要求该监管当局参与到评估的过程。

4. 对非银行非保险金融机构的初步分析。各国监管当局为符合规定的每种类型的非银行非保险金融实体创建列表。这份列表中应当包括上一步中IOG

提供的列表中涉及本国的所有机构，以及监管当局认为应当加入其中的机构，也许这些机构并没有达到门槛标准，但是监管当局认为其具有系统重要性，也可以一并纳入其中。而后收集名单上所有机构的相关指标，用于评估其系统重要性。

5. 跨境与跨部门的一致性检查。各国监管当局提供本国的系统重要性非银行非保险金融实体的名单，以及能够支持评估的合适且可得的数据资料给IOG，IOG将就不同国家和地区的评估和建议进行一致性的讨论，并与各国监管当局进行讨论和反馈。

6. 对全球系统重要性非银行非保险金融机构的初步测定。各国监管当局充分考虑IOG的反馈，进行进一步的分析，形成初步的测定名单。各国监管当局将最终的评估结果提交给IOG。分析的结果可与国际证监会组织和其他相关实体共享，但是需要保密。

7. 对全球系统重要性非银行非保险金融机构的最终测定。金融稳定理事会和各国监管当局共同决定最终的全球系统重要性金融机构的名单。

（三）评估非银行非保险系统重要性金融机构的指标

总的来说，对于非银行非保险全球系统重要性金融机构是通过规模、相互关联性、复杂性、可替代程度和全球活跃性来衡量，但是针对金融机构的不同类型，还有一定的差别，见表20。

表20　　评估非银行非保险系统重要性金融机构的指标

金融机构	财务公司	市场中介	投资基金
规模	全球总的资产负债表总额； 总的全球合并资产负债表外风险	全球合并资产负债表的总资产； 全球合并资产负债表的总表外风险； 优质客户资产	基金管理下的净资产； 对于对冲基金而言，名义的总风险作为一个替代指标
内部联系性	金融系统中的资产； 金融系统中的负债； 借款分型； 杠杆率	金融系统中的资产； 金融系统中的负债； 杠杆率； 短期负债比率； 场外交易市场衍生品资产和负债； 结算所中或中央交易对手要求的保证金金额	杠杆率； 对手的风险敞口率； 金融系统的内部负债
可替代性	定性分析：考虑该实体在不同融资市场上的份额，以及被其他资金供给者取代的难易程度	定性评估：市场对中介服务的依赖程度 通过以下两点分析市场份额： 贸易在每日国内交易中所占的比例； 如果可得，在证券领域的全球市场交易额	资金周转率； 总资金周转VS在相同类型下的基金的总周转； 全球范围内少于10个市场参与者的投资策略

续表

金融机构	财务公司	市场中介	投资基金
复杂性	场外交易市场衍生品的名义金额； 解决企业问题的难度	结构复杂：合并其中的法律实体的个数； 操作复杂：第三层次资产	场外交易市场衍生交易数量； 担保比例：通过再担保基金的交易对手分析； 使用高频交易策略管理的NAV比例； 加权平均投资组合的流动性； 可支配现金占总的名义风险比例
全球活跃性	跨境债权的规模； 跨境债务的规模； 财务公司实施操作的地区个数； 在其他国家或地区的资产或收入	市场中介所在司法管辖区的数量； 跨司法管辖区的债权债务	基金投资到不同地区的数量； 基金出售到不同地区的数量； 在不同地区建立的交易对手

资料来源：BIS，作者整理。

四、完善国内系统重要性金融机构的管理框架

金融稳定理事会根据系统重要性金融机构的特征，制定和实施评估标准，每年对全球的系统重要性机构进行评估和分类，根据2011—2017年每年11月发布的报告，中国银行连续7年入选全球系统重要性银行，2013年11月开始中国工商银行入选，2014年11月开始中国农业银行入选；2015年11月开始中国建设银行入选。也就是说，从2015年11月开始中国四大银行全部入选全球系统重要性银行。根据2013年7月和2014年11月发布的报告，中国平安入选全球系统重要性保险机构。随着国内金融环境的优化，金融机构的发展，未来还会有更多的金融机构成为全球系统重要性金融机构，因而这些金融机构的入选，对于国内金融业的发展而言，既是机遇也是挑战。国内的金融监管部门和金融机构都应当赢得机遇，创新图强。

第一，对于国内的监管当局而言，要在资本管理、信息披露、流动性管理、危机管理等方面，结合国际监管的新标准、新要求，采纳适合国内金融机构发展情况的审慎监管措施，加强法律法规的完善，提高对国内金融机构的监管要求，与此同时，监管部门也需要不断提高自身的监管能力，掌握国际监管标准，采取更适合国情的方式追踪国内市场和机构的发展情况，构建完善的国内系统重要性金融机构的监管框架。

第二，要加强金融机构内部治理，金融机构的高级管理层和风险管理委员会不断地评估和完善机构的治理框架，不断优化机构的资产负债结构、机构的经营模式，深入了解市场环境、监管要求、风险状况，把握机构的风险偏好和经营策略，加强机构应对风险的能力；审慎经营、创新发展、多元化融资，在竞争中形成自身的特色、抵御外部的风险同时也应承担起与其地位相匹配的社会责任。

第三，无论是金融监管当局还是金融经营机构，都需要以积极的姿态融入国际金融体系，不畏惧竞争，但也不妥协让步，在各自的实践中，摸索出合适中国金融发展的路径，提高能力，以应对国内逐渐开放、复杂、多元的金融市场，维护金融稳定，保障经济安全。

第四，与国际同类机构相比，中国商业银行面临资本结构单一、业务模式简单、资本补充渠道狭窄有限的问题。从审慎监管的角度出发，较低的TLAC资本工具可能会导致资本工具频繁触发，而如果定得过高，则会要求银行承担较高的成本。因此，长期来看，国内银行必须转变业务增长模式，拓宽融资渠道，逐步建立内部资本积累主导的资本补充机制，支持实体经济稳健和可持续增长，才能持续地达到新监管标准。

第五章　巴塞尔委员会金融科技研究

近年来，金融稳定理事会、巴塞尔委员会、支付与市场基础设施委员会和国际证监会组织等国际监管组织均成立了专门工作组，从不同角度研究金融科技的发展演进、潜在风险、对金融体系的影响和监管应对等问题，对金融科技监管进行了许多有益的探索和讨论。本章在梳理巴塞尔委员会对金融科技的监管重点、理念与方法的基础上，归纳总结金融科技迅猛发展对银行及监管机构的影响，探讨相应的应对措施，以期为业界进一步理解金融科技监管逻辑及未来监管发展趋势提供有价值的信息。

第一节　金融科技监管概述

一、金融科技内涵

根据金融稳定理事会（FSB）2017年发布的《金融科技对金融稳定的影响》，金融科技是指技术带来的金融创新，能够产生新的商业模式、应用、流程或产品，从而对金融服务的提供方式产生重大影响。中国人民银行《金融科技（FinTech）发展规划（2019—2021年）》也参考了FSB定义，指出“金融科技是技术驱动的金融创新，旨在运用现代科技成果改造或创新金融产品、经营模式、业务流程等，推动金融发展提质增效”。金融科技带来的巨变深刻影响着金融业的商业模式、应用产品、业务流程，巴塞尔委员会对于金融科技公司等新参与者重塑金融服务业格局和金融体系等相关议题的关注度也在逐年上升，对银行和监管机构在金融科技方面所面临的风险和机遇也进行了全面评估。

二、金融科技分类

巴塞尔委员会将金融科技分为支付结算、存贷款与资本筹集、投资管理、市场设施四类，如表1所示。

表1　　金融科技业务模式分类

支付结算	存贷款与资本筹集	投资管理	市场设施
● 零售类支付 移动钱包 点对点汇款 数字货币 ● 批发类支付 跨境支付 虚拟价值交换网络	● 借贷平台 借贷型众筹 线上贷款平台 电子商务贷款信用评分 贷款清收 ● 股权融资 投资型众筹	● 智能投顾 财富管理 ● 电子交易 线上证券交易 线上货币交易	● 跨行业通用服务 客户身份数字认证 多维数据归集处理 ● 技术基础设施 分布式账户 大数据 云计算

资料来源：BIS，作者整理。

（一）支付结算类

支付结算类业务主要包括面向个人客户的小额零售类支付服务（如PayPal、支付宝等提供的支付服务）和针对机构客户的大额批发类支付服务（如跨境支付、外汇兑换等）。目前金融科技在零售支付领域的应用较为成熟，零售支付系统越来越即时、便捷、全天候可用，但在跨境支付领域的发展还相对欠缺。由于跨境支付涉及多种系统、货币、法律与监管制度，央行与国际监管组织将在跨境支付未来的科技化发展中起到重要作用。

（二）存贷款与资本筹集类

存贷款与资本筹集类业务内容包括P2P网络借贷和股权众筹，融资以债券或股权的形式，通过互联网平台向符合条件的投资者筹集小额资金。这些P2P网络借贷公司、互联网众筹平台等资本筹集类机构使个人和小微企业用户能以较低的参与门槛筹集资金，但也引发了准入机制和风险防范不成熟、审核环节薄弱、坏账率高等风险。

（三）投资管理类

投资管理类业务主要包括智能投资顾问和电子交易服务，智能投资顾问通过智能化、自动化的系统为客户提供投资理财建议，电子交易则针对各种线上证券、货币的电子交易提供服务。智能投顾应用场景包括客户全面财务规划、财富管理等，通过大量的机器学习、云计算和大数据等处理程序替代人工财务顾问，详尽了解用户风险偏好后定制配置资产组合，并实时跟踪调整。

（四）市场设施类

市场设施类业务包括客户身份认证、多维数据归集处理等跨行业通用的基础技术支持，还包括分布式账户、大数据、云计算等技术基础设施。市场设施服务多由专门的金融科技公司提供，科技属性比较明显，在带来更便捷高效的基础设施的同时也面临着诸如黑客网络攻击、服务器维护与安全，以及外包服务商道德风险等。同时，传统金融机构通过这类金融科技公司新技术外包部分金融业务，也使得操作风险管理更加困难。

第二节　巴塞尔监管动态与趋势

金融科技在金融服务领域的快速发展是影响金融稳定的“双刃剑”。从正面看，金融科技的应用使得金融机构能为原本无法获得金融服务的人群提供服务、将这些客户引入正规的金融体系，并能提供创新或低价的金融产品和服务，支持成本更低、更复杂的信用评分和尽职调查过程，从而进一步推动更广泛的金融创新，并通过与传统金融机构的竞争提高金融服务市场的效率。这在发展中国家，尤其是金融体系发展不够成熟的国家尤其明显。从反面看，金融体系稳健运行会受到多方面的冲击：一是由于客户的金融知识水平较低，发展中国家的金融科技应用会引发更多与消费者保护相关的问题。二是如果大型金融科技公司是某些客户金融服务的主要或唯一提供者，会加剧市场垄断、竞争不充分等问题。三是来自金融科技公司的竞争会使现有金融机构的商业模式受到冲击，从而对市场中机构的安全性和稳健性产生影响。四是在一些新领域，如数据、技术服务外包，会带来第三方服务依赖问题；金融设施落后会带来操作风险问题；新的参与者和商业关系会带来法律风险问题等。总体看，金融科技应用使得金融风险更加隐蔽，信息科技风险和操作风险问题更为突出，潜在的系统性、周期性风险更加复杂，对业务透明度提出了更高要求。[①]

有效的监管能够在支持金融服务创新和降低风险方面发挥积极作用。巴塞尔委员会对金融科技在金融服务乃至更广泛的经济体系的影响展开了一系列研究讨论，对金融科技的监管思路进行了有益探索。

一、监管关注重点

巴塞尔委员会主要聚焦于金融科技公司业务对银行系统、金融信贷稳定性的影响。巴塞尔委员会将金融科技信贷定义为由非商业银行运营的在线平台推动的信贷活动，并指出一个经济体的金融科技信贷市场规模与其收入水平呈正相关，与银行体系的竞争力和银行监管的严格程度呈负相关。

对此，巴塞尔委员会指出应秉持中立性监管原则，采取“基于实体”（entity-based）和“基于活动”（activity-based）监管相结合的理念设计监管政

① FPC,2021, Cross-Border Payments Work Group Cross-Border Faster Payments White Paper Publication.

策。由于金融科技的发展往往是跨越监管范围和国界的，监管决策者也需要新的制度机制以加强协作与共同学习。

（一）操作风险

巴塞尔委员会认为，金融科技信贷平台可能比银行更易产生操作风险，平台的复杂程度、客户信息储存机制、网络安全方案稳健性都会对平台操作风险产生影响。[①]例如，美国的Lending Club隐藏投资账户、瑞典的P2P平台Trust Buddy借新还旧而非真正点对点匹配借贷双方等一系列风险事件都揭示了公司内控规章制度失灵、形同虚设的风险。此外，金融科技信贷平台还会面临网络攻击、欺诈或运营中断等运营风险。

（二）信贷质量评估风险

与任何贷款业务一样，金融科技平台的信贷业务成功的关键取决于金融科技平台对信贷风险准确定价的能力，从而可以获得可接受的风险调整回报。但是，目前还没有确凿证据表明信用风险模型性能已由大数据分析改善，大数据分析对信贷业务的具体改进作用还需要经过完整的金融周期检验。信贷平台用于评估借款人风险的数据全面性可能不如传统贷款平台，一些借款人收入、财富和未偿债务总额可能不会出现在尽调文件中。此外，大数据技术的应用可能使平台过多关注数据源和数据收集，忽视某些重要信用风险指标的构建。当信贷业务的风险高度异质，如借贷业务扩展到新的领域时，套用通用信用评估模板会使评估结果不可信[②]。

（三）业务合规风险

随着金融科技发展，网络结构更加复杂，新业务更加灵活，机构的合规风险增加。尤其在反洗钱、反资助恐怖主义（AML/CFT）领域，由于新的金融产品（如加密货币）出现、跨境交易流程简化、新技术应用，金融机构和监管当局对交易和业务流程的监控更难实施，对新型公司的AML/CFT监管也可能不像传统金融机构那么严格。银行等机构应确保其拥有有效的治理结构和风险管理流程，以识别、管理和监控新业务模式带来的相关风险；[③]并积极采用生物识别技术等新手段识别客户、采用大数据分析等新技术筛选可疑交易等。

---

① Claessens, S., Frost, J., Turner, G., & Zhu, F.,2018, Fintech credit markets around the world: size, drivers and policy issues. BIS Quarterly Review September.BIS,2019, Designing a prudential treatment for crypto-assets.

② BIS,2017,FinTech credit, Market structure, business models and financial stability implications.

③ BIS,2017, Sound Practices:Implications of fintech developments for banks and bank supervisors.

（四）机构相互依存导致的系统性风险

随着金融科技公司的联系紧密程度提升，较多业务相互依存，金融科技公司可能引发的系统性风险同样值得关注。[①]巴塞尔委员会通过研究全球六大科技公司（阿里巴巴、亚马逊、Grab、Jumia、Mercado Libre 和乐天）的商业模式，指出金融机构、大型科技公司的活动日益交织，金融产品和服务的联系程度因数字平台生态系统等技术应用进一步提升，并有可能在未来进一步加剧。这种机构间活动的相互依存对金融体系可能造成系统性影响，且是监管政策的一大盲点。[②]为解决这种相互依存关系带来的风险，需要基于实体制定特定规则。在短期内，当局可以通过一些间接方法控制此类风险，包括识别大型科技集团金融子公司的相互依存关系，评估其风险缓解措施；评估这些子公司以及合作公司抵御和减轻包括网络攻击在内的破坏性事件的能力。监管机构也可以加强对关键第三方服务提供商的监督力度等。

二、监管理念

巴塞尔委员会认为对金融科技公司的监管应按中立性原则（含义类似金融稳定理事会的“同一风险，同一监管”原则）进行，不应偏袒任何一个实体或活动形式，[③]并要对涉及个人投资者较多的金融活动实施更严格的监管。

监管理念需将“基于实体”监管和“基于活动”监管结合起来，“基于活动”监管只能是“基于实体”监管的补充而非替代。“基于活动”的监管是指监管当局根据特定服务制定规章，所有提供该特定服务（如信贷承销、支付服务、投资中介、投资建议）的机构必须满足业务要求。“基于实体”的监管则针对具有一类许可证的实体制定监管要求。例如，开展存款和信贷业务的机构都接受银行审慎监管。“基于实体”的监管优势在于解决多业态交叉关联产生的风险，可以避免可能影响金融稳定的实体破产等系统性恶性事件。“基于活动”的监管则可以在业务开展初期减少对创新业务的遏制与损害，直接增加金融活动弹性。近期研究进一步指出，“基于实体”监管应作为金融监管的支柱，“基于活动”监管则作为安全带（a belt-and-braces approach）起辅助作用。

制定针对性的金融科技公司监管规则。大型金融科技公司不仅提供金融服务，还在数字生态系统中起到重要作用，监管规则不能仅关注单个金融科技公司或者其单一业务活动。监管当局需要引入针对性强的监管方法，对金融科技

① BIS,2020, Regulating fintech financing: digital banks and fintech platforms.

② BIS,2022, Big tech interdependencies – a key policy blind spot.

③ BIS,2018, Fintech credit markets around the world: size, drivers and policy issues.

公司，尤其是形成一定规模的公司制订监管计划。这方面已有的探索包括欧盟的在线平台“守门人”（gatekeeper）清单，符合条件的公司将受制于反垄断条例管制。现有的金融集团监管框架[①]、全球金融稳定币协议[②]（global stable coin arrangements，GSC）、各国当局制定的监管方法也为政策制定提供了有益参考。

三、监管方法探索

巴塞尔委员会致力于制定完善的银行业审慎监管框架以促进金融稳定性。现有的银行监管方法对金融科技信贷业务的监管有较多可借鉴之处。

（一）充分及时掌握金融科技业界信息

“没有两个金融科技公司是完全相同的”[③]，它们产生的风险也可能因为其核心业务线而异。只有全面了解金融科技公司的国内和跨境业务，了解业务所涉风险的性质和程度，了解集团内各实体、外部金融机构和整个金融体系之间的联系，监管才能有的放矢。因此，监管当局要充分掌握信息，具体看：一是要求金融科技公司及时进行信息披露。巴塞尔委员会认为，金融科技公司应该公开披露重大业务或服务信息，并按照国内法律法规规定将各业务作为定期财务披露的一部分进行会计处理。还需及时上报监管机构自身业务的开展进度、风险敞口。二是监管当局要与业界各方保持良好沟通。[④]三是加强跨国数据互通。部分从事支付和跨境汇款的金融科技公司的业务已经覆盖多个司法管辖区，为应对金融科技公司目前以及未来的全球业务布局潜力，监管当局需要进一步的监管协调和信息共享以加强业务的全球安全和稳健性。

（二）发展监管科技，提升监管数据获取和分析能力

金融科技发展使监管部门收集的信息从定期报送的银行财务和风险信息扩展到了银行主要客户及其在金融市场上的各类交易信息，甚至是网络信息、社交媒体等非结构化数据，以及为实施审慎监管而获取的包括金融市场、工商贸易、税收等不同领域的数据信息。信息数量、重量、频率和密度的增加使监管信息系统处理的数据量急剧上升，监管当局需要采取机器学习等技术、新硬件实现监管数据的处理。[⑤]

---

① Joint Forum. Financial Conglomerates Framework，2012.

② FSB. Regulation, Supervision and Oversight of “Global Stable coin” Arrangements,2020.

③ Juan Carlos Crisanto, Johannes Ehrentraud and Marcos Fabian, Big techs in finance: regulatory approaches and policy options, FSI Briefs,2021.

④ Ehrentraud, J., Ocampo, D. G., Garzoni, L., & Piccolo, M, Policy responses to fintech: a cross-country overview. Bank for International Settlements, Financial Stability Institute, 2020.

⑤ Castri, S., S, Hohl, A. Kulenkampff, and J. Pernio. The Suptech Generations, FSI Insights, 2019, No. 19.

监管科技可以有效促进金融稳定性。监管科技可以通过生成实时风险监控指标、可视化处理数据、提升数据自动化等提高当局监督、监督和分析能力，支持其前瞻性判断和决策。对于受监管机构而言，监管科技的使用也可以增强其自身风险管理能力、提出业务监管建议[①]。金融行动特别工作组（The Financial Action Task Force，FATF）在2022年6月发布了监管科技相关报告，认为执法机构应当利用技术调查洗钱和资助恐怖主义的行为，以降低此类犯罪的风险，并探讨了消除监管数字化转型障碍的机遇、要求以及先决条件。[②]

（三）不断更新监管框架

巴塞尔委员会指出，传统意义上的银行业风险的性质和范围可能会随着金融科技的发展发生显著变化，而银行监管框架通常早于金融科技公司新技术和新商业模式的出现。这些新的商业模式将关键的银行活动转移到监管框架之外时会带来监管漏洞问题，反之则导致新商业模式和新进入者的业务开展遇到障碍。

监管机构应根据创新产品和商业模式的变更，不断审查其当前监管、监督和许可框架，在适用的法定机构和管辖范围内考虑这些框架是否足够符合和适应新的变化[③]。例如，欧洲央行曾在2017年制定了金融科技信贷机构执照申请评估指南（Guide to assessments of Fintech credit institution licence applications），有利于为越来越多采纳金融科技商业模式的机构评估颁发银行牌照。由于金融科技银行的业务范围涉及银行业务，应被视作需要银行执照的新市场参与者。该指南的发布可以增强潜在金融科技银行牌照申请人的资料透明度，增强其对欧洲央行在评估许可申请中所采用的程序和标准的理解，并有助于公平竞争。

（四）建立数据共享机制，加强消费者数据隐私保护

建立传统金融机构与金融科技公司之间的信息数据共享机制可有效促进业务创新。被多个国家采纳的“开放银行”协议就是从银行开放数据给其他新进入机构，使用者可自行利用数据进行业务创新。以花旗银行推出的API开发者中心为例，中心提供了九种类型的底层API，开发者可以根据需求拼装成独立的金融应用程序，为消费者提供定制化的金融服务。配套的数据使用条例也已经出现，如欧洲消费者权益保护联盟在2018年就开放银行业务出具以倡导消费者友好导向的开放银行指引，规定了数据使用原则为保护消费者权益。从金融科技公司开放数据给传统金融机构也十分必要，但类似的机制安排还没有出现。

---

① FSB. The Use of Supervisory and Regulatory Technology by Authorities and Regulated Institutions,2020.

② FATF. AML/CFT Digital Strategy For Law Enforcement Authorities, 2022.

③ BIS. Sound Practices:Implications of fintech developments for banks and bank supervisors,2017.

如何有效实现金融科技公司的数据共享，并在此过程中防范消费者权益损害也是需要积极探索的一个方向。根据巴塞尔委员会调查，在数据保护方面，美国受调查者对金融科技公司的信心显著低于对传统金融机构的信心，[①]消费者更愿意将数据分享给传统金融机构。[②]消费者对金融科技公司的信任建立需要企业规范自身行为，也需要严格的监管配套措施予以支持。

① O Armantier, S Doerr, J Frost, A Fuster and K Shue. Whom do consumers trust with their data? US survey evidence, BIS Bulletins,2021: 42.

② S Chen, S Doerr, J Frost, L Gambacorta and H S Shin. The fintech gender gap, BIS Working Papers, 2021: 931.

第三节　金融科技发展对银行和监管机构的影响

金融科技的快速发展使得传统金融机构尤其是银行业面临挑战。有观点认为零售银行业务的利润将首当其冲受到挤压，但也有人认为银行业将借此机会提升自身运作效率和能力并焕发新机。巴塞尔委员会指出，要评估金融科技对银行业的影响需要观察两个方面：一是相应技术在社会中的采用率；二是在普通群众中的普及程度和采用程度。目前，这两项变革的速度和渗透率都前所未有，客户行为习惯和期望的改变会使银行业现有的运营模式难以维持，并在未来面临激烈的获客竞争。由于金融科技应用领域涉及多个部门，大多数处于传统银行业监管领域之外，监管机构也需要革新与改进。巴塞尔委员会总结的金融科技对银行系统影响总结如表2所示。

表2　金融科技对银行系统的影响

<table>
<tr><th>风险</th><th>机遇</th></tr>
<tr><td>战略和盈利性风险</td><td rowspan="9">更高的银行业务效率
营销和风险管理目的的数据使用方式方法创新
竞争性增强对金融稳定性的潜在积极影响
监管科技</td></tr>
<tr><td>网络风险</td></tr>
<tr><td>各金融服务机构之间关联性增强</td></tr>
<tr><td>更高的系统性操作风险</td></tr>
<tr><td>更高的个体操作风险</td></tr>
<tr><td>第三方/运营商管理风险</td></tr>
<tr><td>合规风险（包括未能保护消费者和违反数据保护法规）</td></tr>
<tr><td>洗钱、恐怖主义融资风险</td></tr>
<tr><td>流动性风险和银行资金来源流动性风险</td></tr>
</table>

资料来源：BIS, Implications of fintech developments for banks and bank supervisors.

一、对银行业的影响与相应举措

金融科技可能会影响传统银行业的商业模式，包括获客方式、金融服务提供方式等。一些金融科技公司已经提供了相当一部分银行业务服务，如中国的支付宝、肯尼亚和坦桑尼亚的M-pesa公司等，这些机构在银行市场占据了相当大的份额，对传统银行业务形成了挑战。

为应对金融科技带来的影响与挑战，银行业需要设立稳健的战略业务规划流程，在新技术和市场进入者对其业务利润产生影响时及时调整发展战略。在员工发展规划、新产品上线与运营管理、风险管理等业务细则上融入金融科技相关模块，确保银行员工具有管理金融科技风险的意识和能力。

银行业也需要充分认识新技术带来的机会与风险。金融科技应用如人工智能、机器学习、高级数据分析、分布式账本技术、云计算等在赋能金融服务、提高效率的同时也带来了网络安全风险，银行机构需要建立IT技术人才库、搭建风险管理流程和控制环境，以确保有效应对相应的网络风险。

同时，银行要加强业务外包风险应对。随着技术外包的增加，可能会依赖第三方机构进行部分技术业务外包，从而导致风险积聚。银行因此应该与第三方服务提供商签订详尽合同规定各方责任义务，并对外包服务执行与其自身业务相同的标准，包括尽职调查、运营风险管理、持续监控等。

二、监管机构受到的影响与举措

监管机构的职责仍然是保证银行系统的安全与稳健发展。监管机构需要对可能提升或损害金融稳定性的创新实践保持敏感，对现有的监管机制及时评估，以保证监管体系的有效性。具体包括提升业务协同、纳入专业技术人才等方面。

金融科技的发展可能导致很多银行业务风险点超出审慎监管范围，包括数据隐私保护、网络安全、消费者保护、公平竞争、反洗钱和打击恐怖融资等。对此银行监管机构需要与其他组织加强合作，如与负责数据保护、国家安全的监管机构及时进行沟通与协调，确保使用金融科技创新的银行在相关法律法规约束范围内开展业务。

金融科技创新不仅能提升金融服务效能，也可以应用到监管技术上。通过搭建专业团队探索大数据、云计算等新技术在监管方面的应用，一方面可以提升监管效率；另一方面也可以通过业务交流与共享，增加相关应用经验。由此，监管当局可以在适当时机推出相应监管方法，有效应对新的业务风险点。

随着技术发展，一些非银机构开始提供银行服务但不受相应监管。监管当局需要根据不断演变的金融科技发展动态与相应风险对当前监管框架进行审查，从而确保对银行活动的适当监管，并需要平衡监管力度，不因过度监管阻碍有益的创新。

第四节　总结和展望

一、对金融科技领域监管探索的总体评价

（一）当前监管观念的主要特点

当前巴塞尔委员会对金融科技监管持积极鼓励的态度。从监管理念上看，巴塞尔委员会提出将有效监管促进金融创新放在重要位置，强调政策公平、保留监管弹性，有效提升金融系统创新动力与运行效率，不扼杀新科技发展空间。从监管原则角度，强调维持金融系统稳定、市场诚信和为消费者提供充分保障的原则。金融科技公司提供金融服务的本质还是服务实体经济，监管目的是促进金融科技公司以更低的成本提供更多、更优质的金融服务，以新技术为金融服务提质增效。从监管方法角度，巴塞尔委员会强调监管部门跟进金融科技最新进展，强化与业界的信息互通，强调跨境合作。

（二）金融科技监管的未来发展趋势

目前针对金融科技的监管探索尚处于起步阶段，更多的是基于已有监管经验的外延，监管框架将根据金融科技业态的发展动态进行调整。仅近几年，随着金融科技行业发展综合专业化、金融科技公司业务规模和复杂性上升、与其他业务的联系增强，监管理念已发生从“基于活动”监管向“基于实体”和“基于活动”相结合的理念转变，更加强调监管的公平性与系统性。对于新兴市场国家金融科技公司重要性普遍更高，更加需要完善有效的法律监管体系。具体如下：

1. 跨境监管协作有望继续加强。双边层面，一些国家的监管机构已经制定了合作安排，以促进创新和分享有关的金融服务信息。多边层面，金融稳定理事会、巴塞尔委员会等国际监管组织将进一步监测和研究金融科技对金融稳定、市场诚信、运作效率和投资者保护等方面的影响，并在全球稳定币（Global Stable Coin）领域率先落地了全球监管合作协议。

2. 持续关注金融体系稳定，强调消费者保护与市场公平竞争。国际监管组织的报告均强调金融科技并未改变金融服务实质，关注金融科技平台因“网络效应”而产生的“大而不能倒”对金融系统稳定性的潜在威胁。对金融科技的

监管遵从“提升经济效率、维护金融稳定、促进市场诚信度和消费者保护”[①]的政策目标，最大化社会福利。各监管组织将密切关注金融科技公司进行垄断竞争、泄露数据隐私损害消费者权益的可能性，以及加密资产对反洗钱监管的挑战。[②]在公平竞争方面，在海外开放银行发展趋势下，金融科技公司可以利用后发优势，如使用API系统获取银行已有转账数据评估信贷风险，从而以更低价的贷款获得客户，[③]但同时却面临更为宽松的监管环境，这一现象已经引起包括FSB在内的国际监管组织的讨论。IMF最新研究也指出，需要针对金融科技企业和传统银行同时实施与其各自情况相称的政策。以这种方式减少监管套利，并增加金融科技提供的机遇，控制其带来的风险。[④]

二、国际金融科技监管探索对中国的启示

（一）关注大型金融科技公司的系统性风险

对于金融科技公司业务活动的监管，巴塞尔委员会早期研究发现大多数国家监管层很少将金融稳定作为政策考虑因素，更多关注于微观层面风险[⑤]，采取“基于活动”的监管安排。[⑥]但金融稳定理事会等组织最新的研究展现出对金融科技公司的系统重要性特征的重视，认为金融科技公司具有业务迅速发展、覆盖面广的特点，很有可能发展成“大而不能倒”的系统性机构。现有的针对单个实体或特定活动的监管方法可能无法完全捕捉到与金融科技活动相关的风险。[⑦]

大型金融科技公司的商业模式有显著的网络外部性，通过消费者积累、数据采集改进服务、平台规模扩大的正向循环，大型金融科技公司往往能够不断拓展各类型业务，从电子商务、广告到支付服务，以及销售保险、提供财富管理工具到发放贷款等，实现金融服务全流程覆盖，相应的系统重要性、“大而不能倒”等问题也会逐步出现。此外，由于反垄断执法通常比较缓慢，所需要的证明标准比较严格，监管当局采取实际行动时可能已无法扭转对竞争对手的

---

① Fernando Restoy. Fintech regulation: how to achieve a level playing field,2021.

② BIS. Public policy for big techs in finance,2021.

③ BIS. Annual Economic Report episode three: CBDCs: an opportunity for the monetary system,2021.

④ Antonio Garcia Pascual, Fabio Natalucci. Fast-Moving FinTech Poses Challenge for Regulators,2022.

⑤ BIS. Financial stability implications from fintech supervisory and regulatory issues that merit authorities' attention,2017.

⑥ BIS. Decentralised financial technologies, Report on financial stability, regulatory and governance implications,2019;BIS. BigTech in finance Market developments and potential financial stability implications,2019.

⑦ Juan Carlos Crisanto, Johannes Ehrentraud and Marcos Fabian. Big techs in finance: regulatory approaches and policy options, FSI Briefs,2021.

不利影响，[①]需要事先为大型金融公司制定具体的监管条例。中国监管当局应及时评估金融科技公司的业务影响力，借鉴已有的监管框架、经验制定综合监管办法，重点关切大型金融科技公司的系统性风险。

（二）完善适用于金融科技领域的监管细则

国际监管组织均明确提出，在满足最关键的监管目标如金融稳定的基础上，应尽量减少不同市场参与主体所面临的监管差异，推动行业创新与竞争。从中国实践看，要让监管过程“规则先行”，结合市场动态和潜在风险，健全金融科技公司开展金融活动的监管规则，区分真正具有信息科技含量的金融科技业务和以监管套利为目的的金融科技业务，打击监管套利，维护金融市场运行秩序。过去P2P发展热潮更多的是利用了监管疏漏进行套利，没有真正解决小微企业融资难、融资贵等问题。但中国存在大量未得到充分有效金融服务的城市边缘人口、农村人口及小微企业的现实没有改变，金融科技的出现能有效弥补这个缺口，这更加需要有效监管措施划定边界，促进金融科技创新解决市场痛点。中国金融科技公司发展水平处于世界前列，大型金融科技公司深度参与金融活动。面对日新月异的金融科技领域发展，有效监管监督应当超越零散的政策框架，重新考虑“基于活动”和“基于实体”监管理念的结合，建立系统性监管法规，并在特定领域对特定机构制定针对性的监管政策，完善监管细则。

（三）设立专业的金融科技监管部门

金融科技是融合了多学科的创新，业务与技术快速迭代。要了解金融科技公司的运作模式、潜在风险从而有效监管，需要监管当局补充专业人才队伍，使工作人员的知识技能足以承担监管任务。目前，欧洲央行的“监管学院”，美国货币监理署等监管机构下设的金融服务创新办公室、新加坡央行和金融监管机构下设的金融科技办公室等，都是有益的尝试。中国监管当局可以在总部和分支机构层面设立专业金融科技监管部门，配备相应的专业团队。事实上，各级监管机构设立专业金融科技监管部门，相当于设立了金融科技业界和监管部门之间的桥梁和联络点，可以对内不断普及金融科技最新发展动态，对外加强与业界的合作交流，促进监管理念更好落地，实现业界与监管部门之间及时的信息互通。此外，专业的监管部门也有助于跨部门、跨国合作的实现。在金融科技公司的监管实践中，市场竞争、数据隐私监管、金融监管的传统边界模糊化，混业业务对传统监管框架提出了新的挑战。信用风险、流动性风险和市

① De la Mano, M and A Jorge Padilla, BigTech in finance, December,2018.

场风险等均关系到央行在货币体系方面的核心职责，因此央行应通过专设部门与市场竞争和数据隐私监管部门展开更紧密的合作。[①]

（四）借助科技手段获取信息，加强数据治理

移动支付时代，用户每天可能会使用超过五次相关手机应用，数据高度碎片化、多场景化。为有效监管业务活动不仅需要监管当局开发更高级的数据收集处理系统，还要采纳新技术以高效处理业务数据，包括利用区块链、人工智能、机器学习等技术实现监管资料数字化、预测编码、模式分析等。[②]中国监管当局应充分借助新的技术手段，建立高频数据采集的新模式，从而有效识别金融科技公司业务活动背后的潜在风险，及时采取监管行动。同时，监管机构应密切协作，发挥各自优势，确保个人隐私不会遭到商业行为主体侵犯，防范数据集中导致的市场垄断，合理平衡数据隐私保护和数据价值的挖掘。[③]

（五）加强金融科技监管的国际合作

金融科技发展的规模化与国际化对国际间协作提出了要求，加强国际间监管的合作与共识讨论会为国际间金融科技业务的开展提供便利。中国监管当局可以进一步深入开展跨国沟通交流，更好地认识金融科技背后所用技术、新业态模式和产品属性，以及预测未来发展趋势，减弱不同国家和地区之间监管政策和监管标准的差异对监管有效性的威胁。

---

① Agustín Carstens, Stijn Claessens, Fernando Restoy and Hyun Song Shin, Regulating big techs in finance, August 2021.

② 根据《应对欧盟市场新规，瑞银集团牵头建立区块链数据报告系统》，由瑞士瑞银集团牵头，包括巴克莱银行、瑞士信贷银行、比利时联合银行、瑞士证券交易所和汤森路透在内的多家金融巨头携手建立了企业数据区块链平台，企业可以选择匿名上传数据到私有区块链，其他法律主体也可以匿名进行查看。基于分布式账本技术的市场和报告系统可允许监管机构作为网络上的“节点”实时监控市场参与者的风险敞口和交易，如果与人工智能功能相结合，可以进一步增强监管功能。

③ Agust í n Carstens, Stijn Claessens, Fernando Restoy and Hyun Song Shin, Regulating big techs in finance, August 2021.

第六章　巴塞尔Ⅲ的实施

2017年12月，巴塞尔银行监管委员会（以下简称巴塞尔委员会）发布了《巴塞尔Ⅲ：后危机改革的最终方案》（以下简称《巴塞尔Ⅲ最终方案》），标志着从国际金融危机爆发经过近10年的讨论，巴塞尔协议的修订基本告一段落，巴塞尔委员会的工作重点也由国际规则的制定转移到各国规则的制定和实施上来。受新冠肺炎疫情影响，《巴塞尔Ⅲ最终方案》中原定于2022年1月要求实施的项目均顺延一年至2023年1月正式实施。2022年10月，巴塞尔委员会公布了关于各成员国（或地区）最新的实施进展，《巴塞尔Ⅲ最终方案》中相关政策的修订、落地正在稳步推进中。本文将聚焦于巴塞尔Ⅲ资本监管的全球实施进展。

第一节　巴塞尔Ⅲ的实施安排

巴塞尔委员会制定的巴塞尔协议，一直被奉为全球银行监管的国际标准。从1988年的《巴塞尔Ⅰ》和2006年的《巴塞尔Ⅱ》，至2013年至今一直在进行的《巴塞尔Ⅲ》的相关规则的陆续发布，巴塞尔协议已经成为一套伴随全球银行经营环境和业务发展变化不断更新完善的监管体系。金融危机爆发后，在二十国集团（G20）主导的新国际金融治理模式下，巴塞尔委员会将成员扩大到27个国家（或地区），基本覆盖了全球主要国家和地区。在G20领导人定期召开的峰会上，巴塞尔委员会定期就巴塞尔协议的更新制定和实施情况进行汇报，并根据各成员国（或地区）领导人达成的共识督促各国（或地区）实施。

巴塞尔协议的实施状况包含按时、按质两个层面：按时的层面是指巴塞尔协议实施的进展情况，即指各国是否根据巴塞尔协议要求的过渡期安排和实施时间，有序地推动了各国规则草案的拟定、征求意见后的正式发布及规则在本国的实施。该层面实施的情况不仅与各国监管当局的工作安排相关，还与各国立法程序相关。按质的层面是指在实施过程中，各国规则与巴塞尔协议的一致性，这些一致性既包括各国规则是否覆盖了巴塞尔协议的所有规则，也包括各国规则是否与巴塞尔协议存在实质性差异。

第二节　巴塞尔Ⅲ资本监管的实施进展

从2011年10月以来，巴塞尔委员会每半年公布一轮各成员国（或地区）的实施进展情况。近期，巴塞尔委员会发布了截至2022年9月底，27个成员国（或地区）实施巴塞尔Ⅲ的最新进展情况。根据2010年12月发布的《第三版巴塞尔协议：更具稳健型的银行和银行体系的全球监管框架》（以下简称现行版巴塞尔Ⅲ）对资本监管的要求，各国应于2013年开始实施该规则，目前各成员国（或地区）均已实施，但是近年对巴塞尔Ⅲ的更新和修订一直在进行中，各类规则也仍在不断实施中。2017年10月发布的《巴塞尔Ⅲ最终方案》，其内容主要包括：修订的信用风险标准法，修订的信用风险内部评级法，修订的信用估值调整框架，修订的市场风险最低资本要求，修订的操作风险框架、资本底线要求。修订后的标准原定于2022—2027年逐步实施，然而受2020年初突发的新冠肺炎疫情影响，为应对全球金融波动和维护银行业的稳定运行，巴塞尔委员会监督机构中央银行行长和监管当局负责人小组（GHOS）于2020年3月推迟了巴塞尔Ⅲ最终方案相关标准要求落地实施时间（顺延1年至2023年1月1日）。主要包括：最终方案中资本要求和杠杆率的各项修订、资本底线（5年过渡期安排也推迟1年至2028年1月1日）、2019年发布的最终修订版市场风险及第三支柱信息披露的要求。

巴塞尔委员会于2022年10月发布了其对各成员巴塞尔协议Ⅲ实施进展进行的最新一次总体评估，并基于评估结果划分了四个等级，其中最高等级4级表示已经发布并实施了最终版本的相关监管法规，而最低等级1级则表示尚未启动相关监管法规或草案制定。根据最新的评估结果，对于2023年1月要求实施的标准，已经有八个成员国（或地区）发布了信用风险标准法（修订版）监管法规和操作风险（修订版）监管法规，有六个成员国（或地区）发布了信用风险内评法（修订版）和资本底线的监管法规。另外，分别有三个成员国（或地区）发布了修订后信用估值调整（CVA）框架，以及修订后的市场风险最低要求。整体而言，对于即将到期的实施标准，超过80%的成员国（或地区）已经发布了至少一项这些标准的监管法规，超过三分之二的成员国（或地区）计划将在2023年或2024年实施所有或大部分监管标准，其余成员国（或地区）也将在2025年前实施（见表1）。

表1　　巴塞尔Ⅲ相关规定实施进展（2022年10月）

巴塞尔Ⅲ相关规定		截止年月	已发布监管法规	已发布监管法规草案	没有相关监管法规或草案
资本要求	风险资本	2013年1月	27	0	0
	逆周期资本缓冲	2016年1月	27	0	0
	非集中清算衍生品的保证金要求	2016年9月	19	4	3
	基金股权投资资本要求	2017年1月	22	0	2
	中央交易对手资本要求	2017年1月	24	2	1
	交易对手信用风险新标准法（SA-CCR）	2017年1月	26	0	1
	证券化的监管框架	2018年1月	23	1	3
	总损失吸收能力（TLAC）	2019年1月	22	0	3
	资本底线	2023年1月	6	11	8
	CVA修订	2023年1月	3	13	11
	信用风险内评法修订	2023年1月	6	12	7
	市场风险资本要求修订	2023年1月	3	5	10
	操作风险框架修订	2023年1月	8	12	7
	信用风险标准法修订	2023年1月	8	12	7
信息披露	杠杆率披露——2015年1月	2015年1月	27	0	0
	流动性覆盖比率的信息披露	2015年1月	27	0	0
	2015版第三支柱的修订要求	2016年12月	22	1	3
	逆周期资本缓冲，流动性，薪酬，杠杆率（修订标准）	2017年12月	19	1	1
	关键指标，IRRBB，NSFR	2018年1月	17	0	0
	资本构成，RWA概述，审慎价值调整，系统重要性银行指标	2018年12月	18	1	3
	总损失吸收能力披露	2019年1月	17	0	1
	市场风险	2023年1月	2	10	15
银行账面利率风险（IRRBB）		2018年1月	13	4	1
大额风险敞口的测度和管控		2019年1月	23	4	0
杠杆率	风险敞口定义（2014版现存标准）	2018年1月	26	0	1
	风险敞口定义（2017版修订标准）	2023年1月	15	3	7

续表

巴塞尔Ⅲ相关规定		截止年月	已发布监管法规	已发布监管法规草案	没有相关监管法规或草案
流动性	流动性覆盖比率	2015年1月	27	0	0
	日内流动性管理的监管工具	2015年1月	23	0	3
	净稳定资金比率（NSFR）	2018年1月	26	1	0
系统重要性银行	地区系统重要性银行要求	2016年1月	26	0	0
	全球系统重要性银行要求	2016年1月	17	0	0
	附加杠杆率要求	2023年1月	14	0	1

资料来源：BIS，作者整理。已发布监管法规中包含已发布并实施和已发布但未实施的成员国（或地区），但不包含部分实施的成员国（或地区）。阴影部分表示该规定尚未到实施截止日。

一、现行版巴塞尔Ⅲ基本完成实施

截至2022年9月，全球银行业实施巴塞尔Ⅲ取得了明显进展。对于发布时间较早，已经到实施截止日期的监管要求，从各成员国（或地区）实施情况来看，已有瑞士、英国和中国香港在各项规定截止时间之前完全实施了全部监管框架，而加拿大和欧盟基本完全实施了全部监管框架。从实施的项目来看，超过三分之二的项目在各成员国（或地区）均实施或发布了有效的监管法规，仅部分成员国的部分项目基于对本国金融体系具体情况的灵活考量，未能在截止日期之前完全实施巴塞尔协议Ⅲ的相关要求。未能在截止时间完全实施的项目主要集中于衍生品保证金要求、基金股权投资资本要求、中央交易对手资本要求、交易对手相关资本要求、证券化监管框架、总损失吸收能力、杠杆率、流动性、银行账面利率风险（IRRBB）、大额风险敞口及信息披露要求。

对于应于2016年开始实施的规则，各国正在积极完善和推进中：一是2016年1月1日全面实施的逆周期资本缓冲，所有成员国（或地区）已正式公布实施该规则；二是2016年1月1日全面实施的全球系统重要性银行要求，除阿根廷、印度等9个国家为非全球系统重要性银行所在成员国（或地区）外，其余均正式公布并实施该规则；三是2013年9月发布、2015年3月修订的《非中央清算衍生产品的保证金要求》，美国、欧盟成员国等23个国家（或地区）已正式实施或发布草案，但仍有阿根廷、土耳其等3国尚未发布草案。

对于应于2017年1月1日开始实施的规则，各国实施进度加速，但仍有部分实施进展缓慢的国家推动力度较弱：一是2014年3月发布的《交易对手信用风险敞口计量标准法》，作为一种取代现期风险敞口法等用于度量交易对手信用风险的方法，除墨西哥因新冠肺炎疫情影响计划将实施草案延迟到2023年发布外，其余26个成员国（或地区）均发布实施了该项规则；二是2014年4月发布的《中央交易对手风险敞口资本要求》，瑞士、澳大利亚、欧盟成员国等24个国家（或地区）已正式发布和实施该项规则，同时印度尼西亚和俄罗斯已发布相关草案的征求意见稿；三是2013年12月发布的《基金股权投资的资本处理方法》，虽然该项规则正式发布时间较长，但实施的差异性仍较大，有瑞士、加拿大等22个成员国（或地区）已经开始实施，但仍有美国、中国尚未发布草案。

对于应于2018年1月1日开始实施的规则包括2014年12月发布、2016年更新的《新版资产证券化框架》，目前已有澳大利亚、新加坡等23个国家（或地区）实施，南非已发布相关草案，而美国、土耳其、中国尚未发布草案。2016年更新、要求银行2018年1月起实施的《银行账面利率风险》已有阿根廷、巴西、中国等14个国家（或地区）正式实施，澳大利亚、印度等4个国家发布相关监管草案，仍有土耳其尚未发布任何草案。

2016年10月正式发布、2019年实施的《持有总损失吸收能力（TLAC）的规则》，该标准规范了银行持有满足TLAC标准的工具时的资本测算，目前除阿根廷和印度尼西亚明确不适用该规则，印度、韩国和土耳其尚未建立相关规则外，全球其余22个国家（或地区）均正式实施。2014年发布、2019年开始实施的《大额风险敞口的测度与控制监管框架》，提出了针对单一交易对手或关联交易对手的风险敞口的监管新思路，旨在降低银行在面临同一交易对手或关联交易对手突然违约时所造成的最大损失，目前除韩国、墨西哥、俄罗斯和土耳其已发布了相关监管草案、尚未发布正式监管法规外，其余23个国家（或地区）均正式实施。现行版巴塞尔Ⅲ项目全球实施进程，如表2所示。

表2　　现行版巴塞尔Ⅲ项目全球实施进程（2016Q3—2022Q3）

巴塞尔协议相关规定		截止日期	2016 Q3	2017 Q3	2018 Q3	2019 Q3	2020 Q2	2021 Q3	2022 Q3
资本要求	逆周期资本缓冲	2016年1月	3.78	3.85	3.85	3.89	3.89	4.00	4.00
	非集中清算衍生品的保证金要求	2016年9月	1.96	2.93	2.96	3.04	3.04	3.22	3.30
	中央交易对手资本要求	2017年1月		2.15	2.37	2.85	2.96	3.41	3.70
	基金股权投资资本要求	2017年1月		2.26	2.30	2.78	2.81	3.22	3.37
	交易对手信用风险新标准法	2017年1月		2.07	2.48	3.11	3.19	3.67	3.85
	证券化的监管框架	2018年1月			2.67	3.33	3.37	3.48	3.59
	总损失吸收能力（TLAC）	2019年1月				2.78	3.00	3.19	3.37
	风险资本	2013年1月	3.96	3.96	4.00	4.00	4.00	4.00	4.00
杠杆率	风险敞口定义（2014版现存标准）	2018年1月			3.11	3.52	3.59	3.89	3.89

续表

巴塞尔协议相关规定		截止日期	2016 Q3	2017 Q3	2018 Q3	2019 Q3	2020 Q2	2021 Q3	2022 Q3
系统重要性银行	全球系统重要性银行要求	2016年1月	2.63	2.63	2.63	2.67	2.67	2.67	2.67
	地区系统重要性银行要求	2016年1月	3.67	3.74	3.74	3.74	3.74	3.74	3.85
银行账面利率风险（IRRBB）		2018年1月			2.22	2.48	2.59	2.67	2.89
流动性	日内流动性管理的监管工具	2015年1月	2.67	3.37	3.41	3.52	3.52	3.52	3.52
	净稳定资金比率（NSFR）	2018年1月			2.74	3.19	3.26	3.81	3.93
	流动性覆盖比率（LCR）	2015年1月	3.93	3.96	4.00	4.00	4.00	4.00	4.00
大额风险敞口的测度和管控		2019年1月				3.00	3.26	3.59	3.70
信息披露	2015版第三支柱的修订要求	2016年12月		2.37	2.59	3.00	3.04	3.41	3.48
	逆周期资本缓冲，流动性，薪酬，杠杆率（修订标准）	2017年12月			2.33	2.33	2.63	3.30	3.44
	关键指标，IRRBB，NSFR	2018年1月			2.04	1.81	2.26	3.00	3.30
	资本构成，RWA概述，审慎价值调整，系统重要性银行指标	2018年12月				2.15	2.48	3.26	3.33
	总损失吸收能力披露	2019年1月				1.48	1.78	2.56	2.56
	流动性覆盖比率的信息披露	2015年1月	3.22	3.63	4.00	4.00	4.00	4.00	4.00
	杠杆率披露——2015年1月	2015年1月	3.78	3.78	3.85	3.93	4.00	4.00	4.00

资料来源：BIS，作者整理。表中得分为不同评估时期27个成员国（或地区）实施相关规定的平均得分，阴影部分由深至浅表示该项规定全球实施平均进度，1表示没有相关监管法规或草案，4表示已经发布并实施了最终版本的相关监管法规。

二、全球银行业实施巴塞尔Ⅲ差异性显著

2016年以来，全球银行业实施巴塞尔Ⅲ的进程明显放缓，实施效果差异性较大。从客观因素来看，主要包括以下几点原因：第一，巴塞尔Ⅲ的制定工作始终在进行中，《巴塞尔Ⅲ最终方案》于2017年正式发布，《资产证券化资本计量规则》《总损失吸收能力要求》《大额风险敞口的测度和管控》等自第一版发布至今又陆续发布了数版更新，这无疑增加了国际规则本身的不确定性，为各国监管当局参照巴塞尔Ⅲ制定本国规则带来了困难。第二，国际监管规则制定过程的实质是各国监管当局的博弈，其既要满足提高全球银行业稳定性的宗旨，又要公平考虑各国银行业在法律环境、会计制度、业务范围等方面的差异，这就导致国际规则较为复杂，而监管当局和业界需要时间理解、消化，匹配本国的实际情况，并将这些规则落实到风险管理等IT系统中。从主观动力来看，近年来各国对巴塞尔Ⅲ的认可程度也出现了较大的分歧，这不仅是由于各

国政权更迭中执政理念的不同所导致的，也与各国银行业及金融业的发展情况密切相关。例如，英国、新加坡等国家对巴塞尔Ⅲ十分推崇，几乎照搬全收；墨西哥、印度尼西亚等国家出于保护本国银行业的目的，推迟了巴塞尔Ⅲ的实施时间，甚至把一些本国业务开展较少的相关规则无限期延后了；澳大利亚、欧盟等国家或地区则产生了观望的态度，发布了相关规则的草案，但是迟迟没有实施，或者在时间安排上参考其他国家的实施进程，导致实施进展相对较慢。此后由于新冠肺炎疫情对全球的系统性冲击，巴塞尔Ⅲ的实施进程进一步陷入停滞，巴塞尔委员会鉴于此将2020年之后的实施最终期限普遍延后，以期能使各国更好地应对新冠肺炎疫情。各成员巴塞尔协议Ⅲ实施进展评估结果，如表3所示。

表3　　各成员巴塞尔协议Ⅲ实施进展评估结果（2022年10月）

巴塞尔协议相关规定		截止年月	阿根廷	澳大利亚	巴西	加拿大	中国	中国香港	印度	印度尼西亚	日本	韩国	墨西哥	俄罗斯	沙特阿拉伯	新加坡	南非	瑞士	土耳其	英国	美国	欧盟
资本要求	风险资本	2013年1月	4	4	4	4	4	4	4	4	4	4	4	4	4	4	4	4	4	4	4	4
	逆周期资本缓冲	2016年1月	4	4	4	4	4	4	4	4	4	4	4	4	4	4	4	4	4	4	4	4
	非集中清算衍生品的保证金要求	2016年9月	1	4	4	4	1	4	*	2	4	2	2	2	4	4	4	4	1	4	4	4
	基金股权投资资本要求	2017年1月	4	4	4	4	1	4	na	na	4	4	*	4	4	4	4	4	4	4	1	4
	中央交易对手资本要求	2017年1月	4	4	4	4	1	4	3	2	4	4	4	2	4	4	4	4	4	4	4	4
	交易对手信用风险新标准法（SA-CCR）	2017年1月	4	4	4	4	4	4	3	4	4	4	1	4	4	4	4	4	4	4	4	4
	证券化的监管框架	2018年1月	4	4	4	4	1	4	4	4	4	4	4	4	4	4	2	4	1	4	1	4
	总损失吸收能力（TLAC）	2019年1月	na	4	4	4	4	4	1	na	4	1	4	4	4	4	4	4	1	4	4	4
	资本底线	2023年1月	na	3	1	3	1	1	1	na	3	3	1	4	3	2	2	2	1	1	1	2
	CVA修订	2023年1月	1	1	1	3	1	1	1	2	3	2	1	1	3	2	2	2	1	1	1	2
	信用风险内评法修订	2023年1月	na	3	2	3	1	1	1	na	3	3	1	4	3	2	2	2	1	1	1	2
	市场风险资本要求修订	2023年1月	1	1	*	3	1	1	1	2	3	2	1	1	3	2	2	2	1	1	1	*
	操作风险框架修订	2023年1月	1	3	1	3	1	1	2	3	3	3	4	4	3	2	2	2	1	1	1	2
	信用风险标准法修订	2023年1月	1	3	3	3	1	1	1	3	3	3	4	2	3	2	2	2	1	1	1	2

续表

巴塞尔协议相关规定		截止年月	阿根廷	澳大利亚	巴西	加拿大	中国	中国香港	印度	印度尼西亚	日本	韩国	墨西哥	俄罗斯	沙特阿拉伯	新加坡	南非	瑞士	土耳其	英国	美国	欧盟
信息披露	杠杆率披露——2015年1月	2015年1月	4	4	4	4	4	4	4	4	4	4	4	4	4	4	4	4	4	4	4	4
	流动性覆盖比率的信息披露	2015年1月	4	4	4	4	4	4	4	4	4	4	4	4	4	4	4	4	4	4	4	4
	2015版第三支柱的修订要求	2016年12月	4	2	4	4	1	4	1	4	4	4	*	4	4	4	4	4	4	4	1	4
	逆周期资本缓冲，流动性，薪酬，杠杆率（修订标准）	2017年12月	4	2	4	*	*	4	1	*	4	4	*	4	4	4	4	4	*	4	*	4
	关键指标，IRRBB，NSFR	2018年1月	4	*	4	*	*	4	*	*	4	4	4	*	4	*	*	4	*	4	*	4
	资本构成，RWA，审慎价值调整，系统重要性银行指标	2018年12月	4	2	4	*	1	4	*	*	*	4	1	4	4	4	4	4	1	4	*	4
	总损失吸收能力披露	2019年1月	na	na	1	4	*	4	na	na	4	3	4	na	4	na	na	4	na	4	4	4
	市场风险	2023年1月	1	1	1	1	1	1	1	1	1	3	1	1	3	2	1	2	1	1	1	2
银行账面利率风险（IRRBB）		2018年1月	4	2	4	4	4	4	2	4	4	4	*	2	4	4	2	4	1	4	4	*
大额风险敞口的测度和管控		2019年1月	4	4	4	4	4	4	4	4	4	2	2	2	4	4	4	4	2	4	4	4
杠杆率	风险敞口定义（2014版现存标准）	2018年1月	4	1	4	4	4	4	4	4	4	4	4	4	4	4	4	4	4	4	4	4
	风险敞口定义（2017版修订标准）	2023年1月	4	3	1	3	1	1	1	4	3	1	1	1	3	2	2	*	2	*	4	4
流动性	流动性覆盖比率	2015年1月	4	4	4	4	4	4	4	4	4	4	4	4	4	4	4	4	4	4	4	4
	日内流动性管理的监管工具	2015年1月	4	4	4	3	1	4	4	4	1	1	*	4	4	4	4	4	4	4	4	4
	净稳定资金比率（NSFR）	2018年1月	4	4	4	4	4	4	4	4	4	4	4	4	4	4	4	4	2	4	4	4

续表

巴塞尔协议相关规定		截止年月	阿根廷	澳大利亚	巴西	加拿大	中国	中国香港	印度	印度尼西亚	日本	韩国	墨西哥	俄罗斯	沙特阿拉伯	新加坡	南非	瑞士	土耳其	英国	美国	欧盟
系统重要性银行	地区系统重要性银行要求	2016年1月	4	4	4	4	4	4	4	4	4	4	4	4	4	4	4	4	4	4	na	4
	全球系统重要性银行要求	2016年1月	na	*	4	4	4	4	na	na	4	na	na	na	na	4	na	4	na	4	4	4
	附加杠杆率要求	2023年1月	na	na	na	3	4	na	na	na	3	na	na	1	na	na	na	4	na	4	4	3

资料来源：BIS，作者整理。数字分级标准：4表示已经发布并实施了最终版本的相关监管法规；3表示最终版本的监管法规已经发布但是未实施；2表示已经发布了相关监管法规的草案；1表示没有相关监管法规或草案，包括各经济体当局已经明确了实施计划但是尚未确立监管细则的情况；*表示部分实施了相关监管法规；na表示不适用。阴影部分表示该监管当局在最终期限前未能完全落地相关监管要求，其中等级为1的被判定为尚未开始（没有任何法规或草案），其余为相关工作正在进行中。

三、最终版巴塞尔Ⅲ项目实施进展

巴塞尔委员会于2022年10月发布了其对各成员关于2017年最终版巴塞尔协议Ⅲ实施进展的最新一次总体评估，由于这些规则正式发布时间较短，尚未到实施截止日期。从各成员国实施情况看，进展较快的有加拿大、日本和沙特阿拉伯，均发布了最终版巴塞尔协议Ⅲ中资本要求相关的所有监管规则，此外，墨西哥发布并实施了修订版操作风险和信用风险标准法相关准则，俄罗斯发布并实施了修订版信用风险内评法、操作风险及资本底线的监管规则，中国、英国、瑞士、美国发布并实施了系统重要性银行附加杠杆率监管规定。而南非、新加坡、印度、土耳其、中国香港尚未发布任何监管规则。

从各项规则在全球实施的进展来看，目前对于系统重要性银行附加杠杆率监管规定实施进度最快，除澳大利亚、阿根廷等12个国家（或地区）不适用于该规则、俄罗斯尚未发布任何草案外，其余14个国家（或地区）均发布或实施了该项规定。而最终版《市场风险最低资本要求》（2019年1月）因发布时间相对较晚，且巴塞尔委员会后续又对市场风险的信息披露要求进行了一系列修订和变更，使得该项规定的全球实施进度相对缓慢，仅加拿大、日本和沙特阿拉伯3个国家发布了修订版市场风险最低资本要求，沙特阿拉伯和韩国发布了修订版市场风险信息披露要求，其余大部分成员国尚未发布相关草案或在时间安排上参考了其他国家（或地区）的实施进程，导致实施进展相对较慢。对于信用风险标准法的修订，墨西哥、加拿大等8个国家（或地区）已发布或实施该项规则，而美国、英国等7个国家（或地区）尚未发布任何草案；而信用风险内评法的修订，俄罗斯、新加坡等6个国家（或地区）已发布或实施该项规则，美国、英国等7个国家（或地区）尚未发布任何草案。总体而言，对于即将到期的各项实施标准，目前各成员国（或地区）基本都启动了至少一项规则的制定工作，超过80%的成员国（或地区）已经发布了至少一项这些标准的监管法规，且有超过一半的成员国（或地区）发布或实施了至少一项监管准则，超过三分之二的成员国（或地区）计划将在2023年或2024年实施所有或大部分监管标准，其余成员国（或地区）也将在2025年前实施。最终版巴塞尔Ⅲ全球实施进程，如表4所示。

表4 最终版巴塞尔Ⅲ全球实施进程（2016Q3—2022Q3）

巴塞尔协议相关规定		截止时间	2016 Q3	2017 Q3	2018 Q3	2019 Q3	2020 Q2	2021 Q3	2022 Q3
资本要求	信用风险标准法修订	2023年1月	1.00	1.00	1.00	1.15	1.19	1.44	2.07
	信用风险内评法修订	2023年1月	1.00	1.00	1.00	1.04	1.20	1.36	2.00
	CVA修订	2023年1月	1.00	1.00	1.00	1.00	1.04	1.15	1.70
	市场风险资本要求修订	2023年1月	1.00	1.90	1.41	1.07	1.04	1.19	1.70
	操作风险框架修订	2023年1月	1.00	1.00	1.00	1.11	1.26	1.56	2.11
	资本底线	2023年1月	1.00	1.00	1.00	1.16	1.20	1.36	1.96
杠杆率	风险敞口定义（2017版修订）	2023年1月	1.00	1.80	1.48	1.93	2.07	2.44	2.67
系统重要性银行	附加杠杆率要求	2023年1月	2.50	2.50	1.62	2.50	2.50	2.69	3.13
信息披露	市场风险	2023年1月	1.00	1.40	1.48	1.15	1.07	1.07	1.52

资料来源：BIS，作者整理。表中得分为不同评估时期27个成员国（或地区）实施相关规定的平均得分，阴影部分由浅至深表示该项规定全球实施平均进度，1表示没有相关监管法规或草案，4表示已经发布并实施了最终版本的相关监管法规。

四、巴塞尔Ⅲ在中国实施进展

除了总体实施进展，巴塞尔委员会还发布了各成员国实施评估的详细情况（见表5）。中国目前被评估为已经完全实施（评估等级4）的相关规定项目有：风险资本、逆周期资本缓冲、交易对手信用风险新标准法（SA-CCR）、总损失吸收能力（TLAC）、2014版风险敞口定义、全球和地区系统重要性银行相关要求、系统重要性银行附加杠杆率要求、银行账面利率风险（IRRBB）、净稳定资金比率（NSFR）及其披露、大额风险敞口，以及流动性和杠杆率的披露要求。而其余项目则基本处于政策起草或待公布阶段。

表5　　巴塞尔协议Ⅲ在中国的实施情况

巴塞尔协议相关规定		截止年月	实施评估	具体情况
资本要求	风险资本	2013年1月	4	在2012年6月发布并于2013年1月实施的《商业银行资本管理办法》已经对风险资本的相关管理要求进行明确
	逆周期资本缓冲	2016年1月	4	2020年9月30日，中国人民银行和银保监会联合发布了《关于建立逆周期资本缓冲机制的通知》，即日开始实施
	非集中清算衍生品的保证金要求	2016年9月	1	政策起草中
	基金股权投资资本要求	2017年1月	1	政策起草中
	中央交易对手资本要求	2017年1月	1	政策起草中
	交易对手信用风险新标准法	2017年1月	4	最终办法于2018年1月出台，2019年1月开始实施
	证券化的监管框架	2018年1月	1	即将出台征求意见稿
	总损失吸收能力（TLAC）	2019年1月	4	2021年10月29日，中华人民共和国财政部、中国人民银行和中国银行保险监督管理委员会联合发布了《全球系统重要性银行总损失吸收能力管理办法》
	资本底线	2023年1月	1	政策起草中
	CVA修订	2023年1月	1	政策起草中
	信用风险内评法修订	2023年1月	1	政策起草中
	市场风险资本要求修订	2023年1月	1	政策起草中
	操作风险框架修订	2023年1月	1	政策起草中
	信用风险标准法修订	2023年1月	1	政策起草中
信息披露	杠杆率披露——2015年1月	2015年1月	4	2015年1月30日，发布的《商业银行杠杆率管理办法（修订）》，自2015年4月1日起施行
	流动性覆盖比率的信息披露	2015年1月	4	2015年12月17日，发布了《商业银行流动性覆盖率信息披露办法》，自2015年12月31日起施行
	2015版第三支柱的修订要求	2016年12月	1	政策起草中，银保监会拟出台全面的、涵盖各阶段披露要求的第三支柱监管框架
	逆周期资本缓冲，流动性，薪酬，杠杆率（修订标准）	2017年12月	1	针对逆周期资本缓冲、薪酬和杠杆率（修订标准）的相关政策正在起草中
			4	针对流动性披露要求，银监会于2015年12月、银保监会于2019年3月出台并实施了相关规则

续表

巴塞尔协议相关规定		截止年月	实施评估	具体情况
信息披露	关键指标，IRRBB，NSFR	2018年1月	1	关键指标和银行账面利率风险（IRRBB）的披露要求正在起草中
			4	2019年3月发布并实施《商业银行净稳定资金比例信息披露办法》
	资本构成，RWA概述，审慎价值调整，系统重要性银行指标	2018年12月	1	政策起草中
	总损失吸收能力披露	2019年1月	*	2020年9月30日，中国人民银行和银保监会联合首次发布了《全球系统重要性银行总损失吸收能力管理办法（征求意见稿）》，2021年10月29日发布正式稿。其中包含信息披露的一般要求，进一步的具体披露规则正在制定中
	市场风险	2023年1月	1	政策起草中，银保监会拟出台全面的、涵盖各阶段披露要求的第三支柱监管框架
银行账面利率风险（IRRBB）		2018年1月	4	针对银行账面利率风险的修订规则已于2018年5月发布，并于2019年1月开始实施
大额风险敞口的测度和管控		2019年1月	4	相关政策已于2018年5月发布，并于7月开始实施
杠杆率	风险敞口定义（2014版现存标准）	2018年1月	4	针对巴塞尔Ⅲ杠杆率和披露要求的修订规则已于2015年1月发布并且已经实施
	风险敞口定义（2017版修订标准）	2023年1月	1	政策起草中
流动性	流动性覆盖比率	2015年1月	4	2015年12月17日，发布了《商业银行流动性覆盖率信息披露办法》，自2015年12月31日起施行
	日内流动性管理的监管工具	2015年1月	1	政策起草中
	净稳定资金比率（NSFR）	2018年1月	4	相关政策已于2018年5月发布，并于7月开始实施
系统重要性银行	地区系统重要性银行要求	2016年1月	2	在2012年6月发布并于2013年1月实施的《商业银行资本管理办法》中已经对地区系统重要性银行有了1%的附加高标准要求
			4	地区系统重要性银行的监管指导意见已于2018年11月发布并实施，针对地区系统重要性银行的评估规则也已于2019年11月发布了征求意见稿。2021年4月4日，中国人民银行和银保监会联合发布了《系统重要性银行附加监管规定》的征求意见稿并于2021年12月1日起实施

续表

巴塞尔协议相关规定		截止年月	实施评估	具体情况
系统重要性银行	全球系统重要性银行要求	2016年1月	4	全球系统重要性银行的附加要求已经在2012年6月发布并于2013年1月实施的《商业银行资本管理办法》中做了详细规定
				全球系统重要性银行的评估规则已经在2014年2月发布并实施
	附加杠杆率要求	2023年1月	4	《系统重要性银行附加监管规定(试行)》于2021年8月26日发布，包含杠杆率缓冲要求，并于2021年12月1日生效

资料来源：BIS，作者整理。数字分级标准：4表示已经发布并实施了最终版本的相关监管法规；3表示最终版本的监管法规已经发布但是未实施；2表示已经发布了相关监管法规的草案；1表示没有相关监管法规或草案，包括各经济体当局已经明确了实施计划但是尚未确立监管细则的情况；*表示部分实施了相关监管法规。

第三节　巴塞尔Ⅲ资本监管实施的一致性

2012—2022年，巴塞尔委员会先后对27个成员国（或地区）实施巴塞尔协议Ⅲ的一致性状况进行评估，按照风险资本要求、流动性覆盖率、G-SIB相关要求、净稳定资金比率、大额风险暴露五个项目来衡量巴塞尔协议监管规则在全球银行业实施的全面性、及时性及一致性。若评估结果为“有实质性差异”（Materially Non-compliant），则该国家（或地区）的关键标准不达标，监管差异对金融稳定或国际公平竞争环境造成的影响较大。若评估结果为“基本一致”（Largely compliant），则表示该国家（或地区）的监管规则基本满足巴塞尔协议的要求，仅存在少数未达标标准，该差异对金融稳定或国际公平竞争环境造成的影响有限。除此之外，若评估结果均为“符合”（Compliant），则这些国家（或地区）的监管框架满足巴塞尔协议的所有最低标准，不存在可能导致审慎监管的关注或为国际活跃银行带来竞争优势的重大差异。

在资本要求方面，除欧盟和英国的监管规则被判定为与巴塞尔Ⅲ的相关要求有实质性差异之外，各主要经济体都在2016年12月及之前落实了与巴塞尔Ⅲ相关要求一致或基本一致的监管规则；在流动性覆盖率方面，本次评估所覆盖的各主要经济体均在2017年10月之前遵循或基本遵循了巴塞尔Ⅲ的要求，实施了相关监管法规；在全球系统重要性银行相关要求方面，所涉及的六个经济体（中国、欧盟、日本、瑞士、美国和英国）均在2016年6月落实了与巴塞尔Ⅲ一致的规定。

相比之下，净稳定资金比率和大额风险暴露的实施一致性评估工作目前尚未完成。巴塞尔委员会最初计划于2021年完成对所有巴塞尔协议成员的NSFR和LEX实施评估，然而由于新冠肺炎疫情对全球的系统性影响，其在 2020年度RCAP计划下的所有评估工作都不得不推迟。目前巴塞尔委员会正计划逐步恢复其相关工作，并准备巴塞尔协议Ⅲ最终改革的实施评估。2022年9月及之前已经完成评估的12个经济体（阿根廷、澳大利亚、巴西、加拿大、中国、中国香港、印度、印度尼西亚、沙特阿拉伯、新加坡、欧盟、日本）在这两个项目中均实施了与巴塞尔Ⅲ一致或基本一致的监管法规；而韩国、墨西哥、俄罗斯、南非、瑞士、土耳其、美国、英国8个成员国还没有最终完成评估。各成员巴塞尔协议Ⅲ实施一致性的总结性评价，如表6所示。

表6　各成员巴塞尔协议Ⅲ实施一致性的总结性评价（2012—2022年）

国家和地区	基于风险的资本要求	流动性覆盖率	G-SIB相关要求	净稳定资金比率	大额风险暴露
阿根廷	一致（2016年9月）	一致（2016年9月）		一致（2019年11月）	一致（2019年11月）
澳大利亚	一致（2014 年3月）	一致（2017年10月）		一致（2019年7月）	一致（2019年7月）
巴西	一致（2013年12月）	一致（2017年10月）		一致（2019年3月）	一致（2019年3月）
加拿大	一致（2014年6月）	一致（2017年10月）		一致（2019年7月）	一致（2019年7月）
中国	一致（2013年9月）	一致（2017年7月）	一致（2016年6月）	一致（2019年11月）	一致（2019年11月）
欧盟①	有实质性差异（2014年12月）	基本一致（2017年7月）	一致（2016年6月）	基本一致（2022年7月）	基本一致（2022年7月）
中国香港	一致（2015年3月）	一致（2015年3月）		一致（2020年3月）	一致（2020年3月）
印度	一致（2015年6月）	基本一致（2015年6月）		一致（2019年7月）	一致（2019年7月）
印度尼西亚	基本一致（2016年12月）	一致（2016年12月）		一致（2020年3月）	一致（2020年3月）
日本	一致（2012年10月/2016年12月）	一致（2016年12月）	一致（2016年6月）	一致（2022年9月）	基本一致（2022年9月）
韩国	基本一致（2016 年 9 月）	一致（2016 年 9 月）		待评估	待评估
墨西哥	一致（2015年3月）	一致（2015年3月）		待评估	待评估
俄罗斯②	一致（2016 年 3 月）	一致（2016 年 3 月）		待评估	待评估

① 巴塞尔委员会欧盟成员国包括：比利时、法国、德国、意大利、卢森堡、荷兰、西班牙、瑞典。

② 自2022年2月28日起，巴塞尔委员会暂停收集俄罗斯的各项公开数据。

续表

国家和地区	基于风险的资本要求	流动性覆盖率	G-SIB相关要求	净稳定资金比率	大额风险暴露
沙特阿拉伯	一致（2015年9月）	基本一致（2015年9月）		一致（2018年9月）	一致（2018年9月）
新加坡	一致（2013年3月）	一致（2016年12月）		一致（2020年3月）	一致（2020年3月）
南非	一致（2015年6月）	一致（2015年6月）		待评估	待评估
瑞士	一致（2013年6月）	一致（2017年10月）	一致（2016年6月）	待评估	待评估
土耳其	一致（2016年3月）	一致（2016年3月）		待评估	待评估
英国①	有实质性差异（2014年12月）	基本一致（2017年7月）	一致（2016年6月）	待评估	待评估
美国	基本一致（2014年12月）	一致（2017年10月）	一致（2016年6月）	待评估	待评估

资料来源：BIS，作者整理。

① 英国于2020年12月正式退出欧盟。

第四节　巴塞尔Ⅲ的实施效果

为评估巴塞尔协议Ⅲ对全球银行业的影响，巴塞尔委员会基于资本充足率、杠杆率和流动性指标每半年对各成员国（或地区）实施巴塞尔Ⅲ的指标达标情况进行更新和评估。2022年9月，巴塞尔委员会发布了2021年末全球银行业的达标情况，对于2010版巴塞尔协议Ⅲ（现行版，Initial Basel Ⅲ）评估的样本银行为全球182家银行，其中117家为一组银行（含30家G-SIB银行），即指一级资本在30亿欧元以上的大型国际活跃银行，65家为二组银行，即除一组银行以外的其他银行。评估2017年发布的《巴塞尔协议Ⅲ最终方案》影响的样本银行为全球151家银行，含一组银行94家、二组银行57家。

一、全球银行业资本实力增强

2021年，全球银行业的资本充足率上升至自2011年以来的历史最高水平。为达到2010版巴塞尔Ⅲ协议的要求，全球银行业通过发行资本工具、加速处置不良资产、降低资产增速等途径，提升资本充足率。在参加测算的银行中，所有银行均达到了核心一级资本充足率、一级资本要求。2021年末，一组银行的核心一级资本充足率为13.31%，其中全球系统重要性银行的核心一级资本充足率为13.1%，二组银行的核心一级资本充足率为17.2%。以一组银行为例，核心一级资本充足率由2011年末的7.63%提升至2021年末的13.31%，一级资本充足率由7.9%提升至2021年末的15.06%，总资本充足率由2011年末的9.12%提升至2021年末的17.65%。与此同时，全球的银行业一级资本水平和盈利能力在过去十年也实现大幅提升，以一组银行为例，2021年核心一级资本较2011年增长了115.61%，从20538亿欧元增至44281亿欧元，税后利润逐年提升，2021年达到2744亿欧元（见图1、图2）。

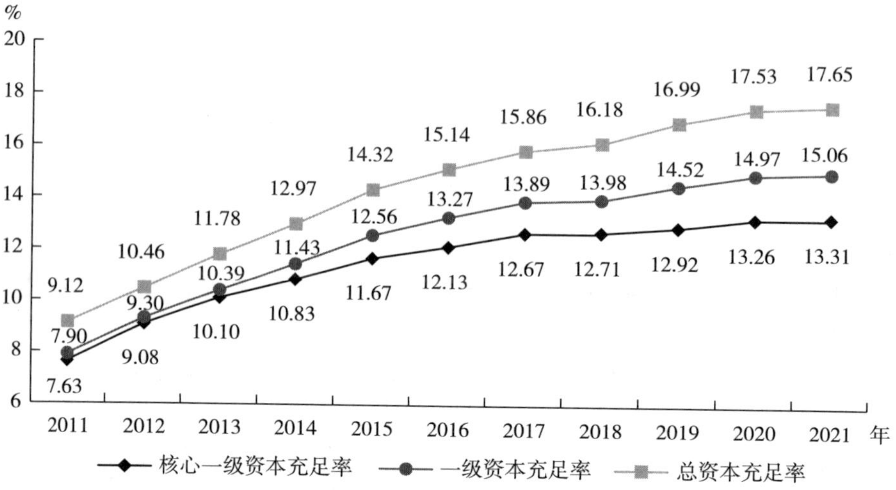

图1　2011—2021年一组银行资本充足率变化

（资料来源：BIS，作者整理）

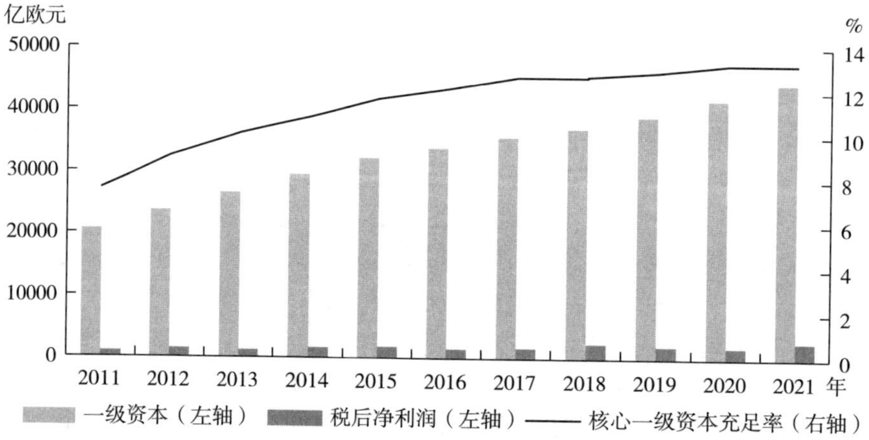

图2　2011—2021年一组银行一级资本、税后净利润增长情况

（资料来源：BIS，作者整理）

二、银行资本约束力评估

按照2017最终版巴塞尔协议Ⅲ的要求，不考虑过渡期安排，一组银行的核心一级资本充足率较现行版巴塞尔Ⅲ下降30个基点，从13.3%降至13.0%，其中全球系统重要性银行的核心一级资本充足率下降20个基点至12.9%，二组银行的核心一级资本充足率降幅最大，由17.2%下降270个基点至14.5%。同样地，最终版测算的一级资本充足率和总资本充足率也有所下降，其中一组银行和二组银行一级资本充足率分别下降40个基点和300个基点，总资本充足率分别下降60个基点和340个基点（见表7）。

表7　巴塞尔Ⅲ资本充足率（2021年12月）

单位：%

一组银行	现行版本	最终版（过渡期）	最终版（全面实施）
核心一级资本	13.3	13.6	13.0
一级资本	15.0	15.3	14.6
总资本	17.6	17.8	17.0
其中：系统重要性银行			
核心一级资本	13.1	13.4	12.9
一级资本	14.9	15.2	14.6
总资本	17.5	17.8	17.1
二组银行			
核心一级资本	17.2	15.0	14.5
一级资本	18.5	16.1	15.5
总资本	20.8	18.0	17.4

资料来源：BIS，作者整理。

巴塞尔委员会测算了最终版巴塞尔Ⅲ对样本银行一级资本的最低资本要求（Minimum required capital，MRC）的影响，全球银行因经营规模、业务模式的不同使得最终版巴塞尔Ⅲ对各组银行表现出不同的影响结果（见表8）。对于一组银行，因修订信用风险标准法和内评法、实施操作风险新标准法、实施市场风险最低资本要求等新规定，在不考虑过渡期安排的情况下，MRC整体将最终上升2.4%，其中风险资产整体上升2.1%、杠杆率上升0.3%。最终版的实施除信用风险导致MRC下降2.6%外，资本底线（+2.0%）、市场风险（+2.0%）、CVA（+0.6%）均导致MRC有一定幅度的上涨。对于二组银行，与一组银行显著不同的是信用风险对MRC的影响，测算显示二组银行因信用风险新规的实施，将导致MRC上涨6.8%。同时，资本底线（+4.6%）、操作风险（+2.1%）、市场风险（+0.2%）、CVA（+1.0%）使得风险资产对MRC的整体影响上涨14.7%，抵消杠杆率修订影响导致MRC下降9%后，最终版巴塞尔Ⅲ的完全实施导致二组银行MRC整体上涨5.7%。对于全球系统重要性银行，信用风险和操作风险的修订导致MRC分别下降3.1%和0.5%，但杠杆率的影响使得MRC上升1.7%，最终影响为MRC上升2.2%。

表8　　实施最终版巴塞尔Ⅲ对最低资本要求的影响

单位：%

风险类别	信用风险	CVA风险	市场风险	操作风险	资本产出底线	风险资产合计影响	杠杆率	总体影响
一组银行	-2.6	0.6	2.0	0.0	2.1	2.1	0.3	2.4
G-SIBs	-3.1	0.6	2.3	-0.5	1.0	0.4	1.7	2.2
二组银行	6.8	1.0	0.2	2.1	4.6	14.7	-9.0	5.7

资料来源：BIS，作者整理。

从风险类别来看，呈现出信用风险资本减少、操作风险资本计提增加的趋势，2021年末一组银行中信用风险资本占64.9%，相较2011年6月首次评估时的74.3%大幅下降，其中公司敞口的信用风险资本占38.1%，较2021年首次评估（30.6%）提升750个基点，资产证券化敞口的信用风险资本则从2021年首次评估的7.2%下降至1.8%。与之相对应地，受到后危机时代操作风险事件频发的影响，操作风险占最低资本要求的15.5%，相较2011年6月首次评估时的7.8%大幅上升，但较2018年历史最高位（16.9%）已有所下降（见图3）。虽然根据定量测算的结果，最终方案对银行业资本充足水平总体影响不大，但是由于各类风险计量方法的改进、内部评级法的约束、资本底线的安排将不可避免对部分银行产生明显的资本补充压力和一系列实施挑战。

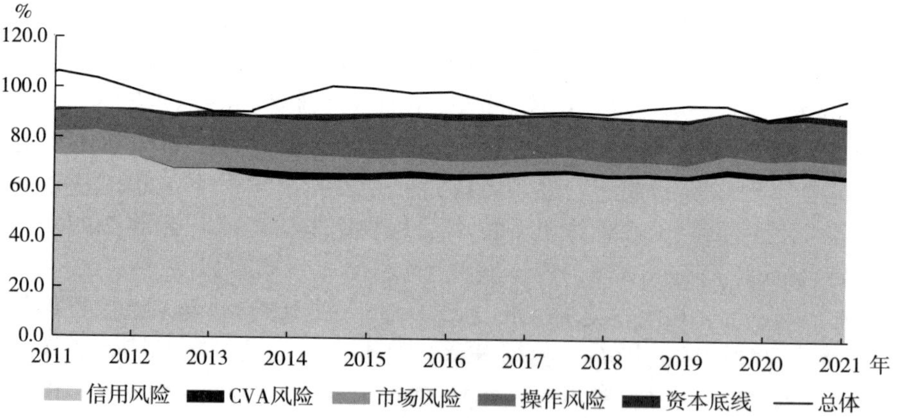

图3　2011—2021年最终版巴塞尔Ⅲ风险资产占比变化

（资料来源：BIS，作者整理）

此外，最终版巴塞尔Ⅲ调整了杠杆率监管中风险敞口的计算方法模型，且明确了全球系统重要性银行的附加杠杆率（Leverage ratio buffer）的要求。2011—2021年，全球银行通过补充一级资本、控制表内外资产增速、缩小风险资产规模等方式提升杠杆率以达到监管要求，杠杆率指标呈逐年上升趋势，2021年末，一组银行杠杆率为6.4%，全球系统重要性银行为6.3%，二组银行为6.2%（见图4至图6）。新标准下杠杆率的监管更为细致、具体。商业银行在杠杆率计算方面的自主空间减少，之前通过采用不同会计方式、资产分类的监管套利行为将得到较大程度的约束，使得杠杆率指标能够真实地反映出商业银行的经营杠杆水平。2021年末，一组银行的监管资本缺口总额降至历史最低水平，为1亿欧元，而2021年上半年为23亿欧元。二组银行总资本缺口由2018年最高时的47亿欧元降至12亿欧元。

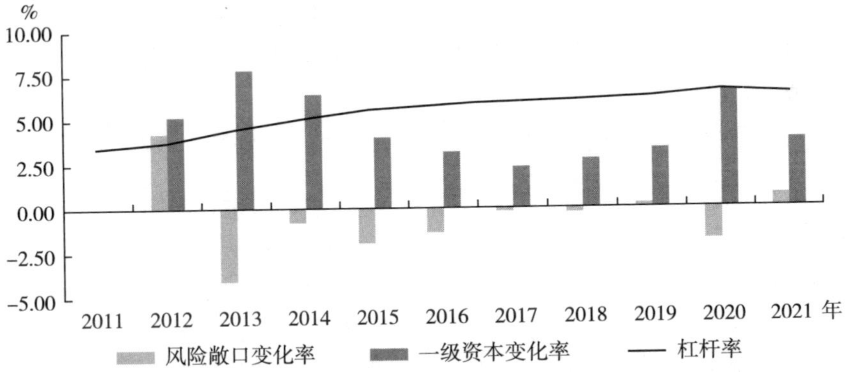

图4　2011—2021年最终版巴塞尔Ⅲ杠杆率变化（一组银行）

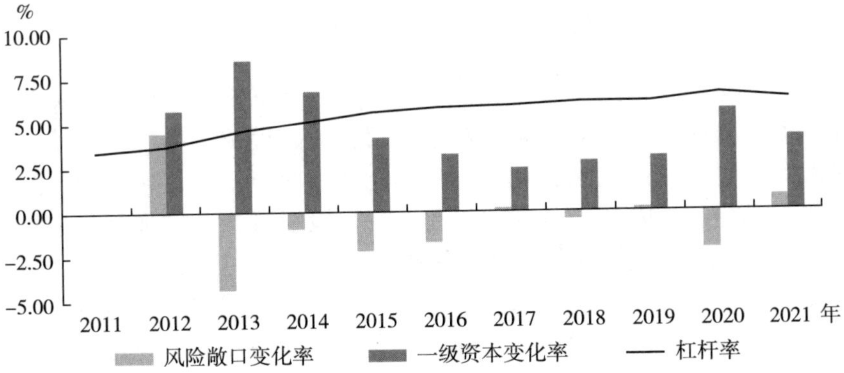

图5　2011—2021年最终版巴塞尔Ⅲ杠杆率变化（G-SIBS）

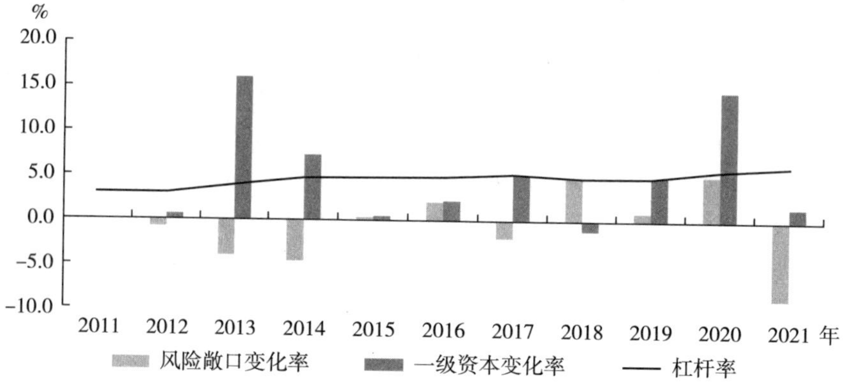

图6 2011—2021年最终版巴塞尔Ⅲ杠杆率变化（二组银行）

三、总损失吸收能力评估

根据FSB统计，美国、欧盟、日本等发达国家全球系统重要性银行均达到过渡期（2022年前）要求，按照2022年起正式实施的TLAC标准来衡量，2021年末，25家全球系统重要性银行中，仅有1家银行存在TLAC缺口，较2017年6月末首次测算的1090亿欧元（10家银行）下降至75亿欧元，考虑到《巴塞尔Ⅲ最终方案》中资本底线等条款的影响，该银行距离TLAC监管目标仍有79亿欧元缺口。全球系统重要性银行在过去十年通过发行TLAC合格工具、充分运用豁免条款满足TLAC监管要求，资本补充压力得到了有效缓解。

四、流动性指标评估

流动性覆盖率（LCR）和净稳定资金比率（NSFR）这两个指标共同构建了巴塞尔资本协议Ⅲ下流动性风险核心框架，流动性覆盖率主要是从短期的时间角度来衡量商业银行应对流动性风险的能力，净稳定融资比率则作为长期指标，根据银行在一年内资产业务的流动性特征设定可接受的最低稳定资金量，从而控制资产负债总量和结构的期限错配风险。

按照规定，自2019年1月起，商业银行流动性覆盖率的标准不得低于100%。截至2021年末，一组银行的平均LCR为141.3%，二组银行为231.1%，较2012年的119.7%和141.2%大幅上升。按100%的最低标准进行测算，一组银行在2021年12月31日这个时点存在56亿欧元的流动性缺口（合格优质流动性资产与未来30天净现金流出之间的差额），比2012年12月31日这个时点的流动性缺口减少3815亿欧元。其中有六家LCR低于100%，流动性缺口达210亿欧元。对于二组银行，流动性缺口自2019年6月以来一直为零。

就净稳定资金比率而言，截至2021年末，所有银行NSFR指标均达到或超过100%。一组银行的平均NSFR为125.1%，二组银行为134.0%，较2012年末显著提升。在2012年12月31日这个时点，一组银行的稳定资金缺口达12357亿欧元，二组银行达138亿欧元。而在2021年12月31日这个时点一组银行和二组银行均无NSFR缺口（见图7、图8）。

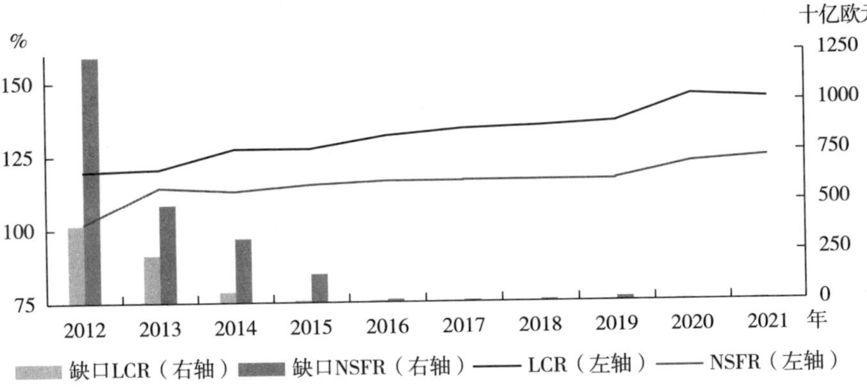

图7　2012—2021年一组银行流动性指标变化

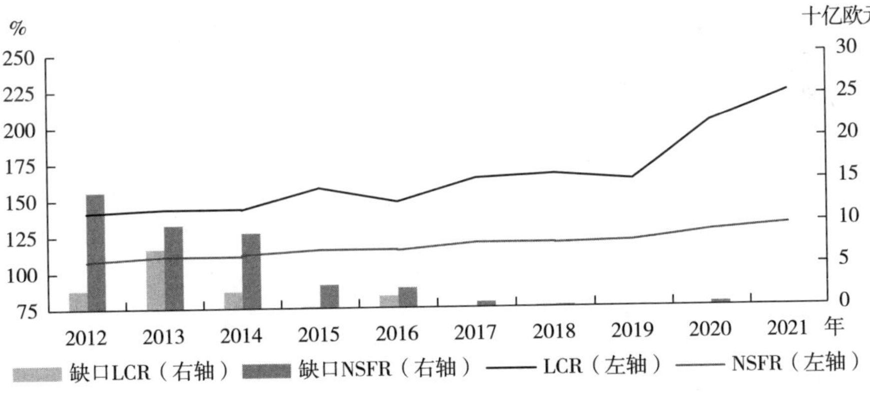

图8　2012—2021年二组银行流动性指标变化

从上述测算结果中可以看出，2008年国际金融危机后，LCR和NSFR两个流动性监管指标的推出从长期和短期两个时间维度保障了银行流动性的安全和稳定。特别是2013年推出的流动性监管新规，通过扩大合格优质资产范围、完善现金流入流出系数、增加实施过渡期等从整体上降低了全球银行流动性监管标准和要求，缓解了流动性监管新规给商业银行带来的压力。大部分样本银行流动性指标符合监管要求，且较金融危机以来流动性缺口得到了有效补足。

受2020年新冠肺炎疫情影响，全球银行业流动性受到一定程度的冲击，此外，随着近年来金融创新的不断涌现，银行的融资渠道、产品复杂程度和业务模式均发生深刻变化，金融科技等新业态对商业银行流动性的影响也尚待讨论和检验，均给全球银行业未来流动性风险管理和监管带来了巨大挑战。

参考文献

[1] 巴曙松. 巴塞尔新资本协议研究 [M]. 北京：中国金融出版社，2003.

[2] 巴曙松，邢毓静，朱元倩等. 金融危机中的巴塞尔新资本协议：挑战与改进 [M]. 北京：中国金融出版社，2010.

[3] 巴曙松，朱元倩等. 巴塞尔资本协议Ⅲ研究 [M]. 北京：中国金融出版社，2011.

[4] 巴曙松，金玲玲等. 巴塞尔资本协议Ⅲ的实施：基于金融结构的视角 [M]. 北京：中国人民大学出版社，2014.

[5] 巴曙松，朱元倩，金玲玲等. 巴塞尔Ⅲ与金融监管大变革 [M]. 北京：中国金融出版社，2015.

[6] 巴曙松. 对当前银行监管指标体系改进的思考 [E]. 中国金融40人论坛，2010-05-12.

[7] 巴曙松. 后金融危机时代全球金融衍生品发展与趋势展望 [J]. 中国金融电脑，2010（5）.

[8] 巴曙松. 新版神圣公约——巴塞尔新资本协议框架及风险监管新进展 [J]. 国际贸易，2003（6）.

[9] 巴曙松，刘清涛，贾蓓. 基于资本充足率的银行风险监管 [J]. 武汉金融，2004（11）.

[10] 巴曙松，刘晓依. 新巴塞尔Ⅲ的核心内容 [J]. 中国外汇，2018（11）.

[11] 巴曙松，刘晓依，朱元倩. 从国际金融监管变革看金融危机十年 [J]. 中国金融，2018（18）.

[12] 巴曙松，牛播坤等. 2010全球金融衍生品市场发展报告 [M]. 北京：北京大学出版社，2010.

[13] 巴曙松，尚航飞. 商业银行信用估值调整风险的监管及启示 [J]. 江淮论坛，2018（4）：5-11，2.

[14] 巴曙松，邢毓静. 差额准备金率：货币监管的创新与走向 [N]. 金融时报，2004-03-30.

[15] 白洋. 资本监管对银行信贷行为影响研究——《新巴塞尔协议》下的银行业生态系统 [J]. 世界经济情况，2010（2）.

[16] 包勇恩. 新巴塞尔协议监管模式与监管理念的制度缺陷——美国金融危机的金融法反思［J］. 福建金融管理干部学院学报，2009（1）.
[17] 曹瑞丽. 中国微型金融机构的可持续发展研究［D］. 天津：天津财经大学，2009.
[18] 陈德胜，文根第等. 商业银行全面风险管理［M］. 北京：清华大学出版社，2009.
[19] 陈四清. 资本监管制度变化趋势对中国银行业的影响分析［J］. 国际金融研究，2010（3）.
[20] 陈忠阳. 巴塞尔Ⅲ改革、风险管理挑战和中国应对策略［J］. 国际金融研究，2018（8）.
[21] 成经纬. 英国金融监管改革态势［J］. 金融管理与研究，2010（2）.
[22] 仇美容. 中外固定资产会计准则比较探讨［J］. 中国科技投资，2012（9）.
[23] 董京波. 次贷危机背景下国际金融监管制度的新发展及启示［J］. 经济问题，2009（11）.
[24] 费方域，江鹏，陈笛霏. 银行体系内生流动性风险及监管理论评述［J］. 新金融，2012（8）.
[25] 付刚. 宏观审慎管理与系统性金融风险防范思考［J］. 金融发展研究，2010（10）.
[26] 符文佳. 论银行业衍生产品交易对手信用风险管理［J］. 南京社会科学，2011（3）.
[27] 高成兴，符文佳. 论中央交易对手与交易对手信用风险管理［J］. 中南财经政法大学学报，2010（5）.
[28] 高铁梅. 计量经济分析方法与建模——EViews应用及实例（第二版）［M］. 北京：清华大学出版社，2009.
[29] 郭红雨，李芙蓉. 没有全球步调银行税何去何从？［N］. 中国税务报，2010（5）.
[30] 郭田勇，阿威. 开征银行税困难重重［J］. 厦门航空，2010（6）：128-129.
[31] 郭田勇，赵世宇. 开征银行税象征意义大于实际意义［J］. 资本市场，2010（8）：58-59.
[32] 黄飞鸣. 金融体系的顺周期性问题解读［J］. 经济评论，2010（2）.
[33] 黄余送. 德国联邦银行流动性管理研究及借鉴［J］. 经济社会体制比较，2009（1）.
[34] 加里·贝克尔. 美国金融监管改革的五大缺陷［J］. 中国金融，2010.

[35] 江鹏，费方域. 巴塞尔协议还是货币政策？——银行业流动性监管的政策选择［J］. 现代管理科学，2012（3）.
[36] 江曙霞，罗杰，黄君慈. 信贷集中与扩张、软预算约束竞争和银行系统性风险［J］. 金融研究，2006（4）.
[37] 李国中，邵敏. 关于法定资产重估增值问题的研究［J］. 会计研究，1995（5）.
[38] 李堪，陈健. 交易对手信用风险管理探析［J］. 银行家，2012（3）.
[39] 李克震. 银行税之争与国际金融新秩序的构建［N］. 中国社会科学报，2010（9）.
[40] 李伟，李敏波. 危机中的信用评级机构：回顾与反思国际经济合作［J］. 国际经济合作，2010（5）.
[41] 李文泓，陈璐. 美国、欧盟和英国金融监管改革方案比较：措施、展望与启示［J］. 中国金融，2009（10）.
[42] 李文泓. 关于宏观审慎监管框架下逆周期政策的探讨［J］. 金融研究，2009（7）.
[43] 李妍. 宏观审慎监管与金融稳定［J］. 金融研究，2009（8）.
[44] 李扬，全先银. 危机背景下的全球金融监管改革：分析评价及对中国的启示［J］. 中国金融，2009（17）.
[45] 李宇飞. 亚洲国家微型金融机构监管制度的比较分析［R］. 鹏元资信评估有限公司，2010.
[46] 李赟宏，李雁云. 资本监管与经济增长：影响机制、国际经验与对策［J］. 新金融，2010（6）.
[47] 李腾飞. 巴塞尔Ⅲ最终方案的演进与新要求［J］. 上海金融，2018（7）.
[48] 李兴凤. 我国商业银行净利差影响因素分析——基于巴塞尔Ⅲ背景［J］. 理论月刊，2018（7）.
[49] 廖凡. 金融监管竞争、冲突与协调——兼论中国混业监管的制度选择［J］. 北京大学学报（哲学社会科学版），2008（3）.
[50] 廖岷，杨元元. 全球商业银行流动性风险管理与监管的发展状况及其启示［J］. 金融研究，2008（6）.
[51] 林晓峰. 对人民银行职能调整后防范和化解系统性金融风险的思考［J］. 南方金融，2005（1）.
[52] 林欣. 金融衍生品错向风险及其防范研究［J］. 新金融，2012（9）.
[53] 刘百花. 银行资本监管对东亚新兴经济体宏观经济影响的实证分析［J］. 经济与管理研究，2006（2）.
[54] 刘国通，龙华，张志国. 流动性风险管理最新监管动态及影响［J］. 银行

家，2010（6）.
［55］刘澜飚，范小云，彭砚. 银行资本充足率监管对宏观经济的影响——基于亚洲地区的实证研究［J］. 南开经济研究，2007（6）.
［56］刘丽巍，邓佳琪. 中国银行资本监管对信贷供给的影响［J］. 集体经济，2010（1）.
［57］刘世平，申爱华，田凤. 巴塞尔协议的历史和内涵［J］. 金融电子化，2006（5）.
［58］刘伟琳，赵文荣. 中国衍生品市场发展的历程回顾、现状分析与前景展望［J］. 理论界，2010（9）.
［59］刘信义. 商业银行应对系统性风险的经营策略［J］. 中国金融，2009（24）.
［60］刘兴华. 对“巴塞尔新资本协议”实施状况的解读［J］. 区域金融研究，2009（1）.
［61］刘雅祺. 微型金融的可行性及中国业务模式研究［D］. 天津：天津财经大学，2009.
［62］刘勇等. 巴塞尔Ⅲ资本监管改革及其可能影响［R］. 中国金融40人论坛，2010-10-15.
［63］龙敏. 固定资产重估模式与成本模式的比较分析［J］. 会计之友，2011（11）.
［64］罗猛. 交易对手信用风险管理［J］. 中国金融，2012（4）.
［65］罗猛，陈颖，王胜邦. 系统性风险及其监管：国际经验及启示［J］. 新金融，2009（11）.
［66］罗平. 巴塞尔新资本协议研究文献及评述［M］. 北京：中国金融出版社，2004.
［67］罗平. 资本监管制度的重大改革：提高资本的质量和水平［J］. 新金融，2009（7）.
［68］马勇. 系统性金融风险：一个经典注释［J］. 金融评论，2011（4）.
［69］马蔚华. 资本约束与经营转型：12家股份制商业银行行长共谋变革时期的发展大计［M］. 北京：中信出版社，2005.
［70］满海红. 金融监管理论研究——金融结构变迁下的金融研究［D］. 沈阳：辽宁大学，2008.
［71］毛晓威，巴曙松. 巴塞尔委员会资本协议的演变与国际银行业风险管理的新进展［J］. 国际金融研究，2001（4）.
［72］潘再见，陈振. 杠杆率限制与资本监管有效性研究［J］. 资本管理，2009（7）.

[73] 彭建刚，童磊，黄向阳. 国际银行业流动性风险监管的新动向［J］. 经济纵横，2012（9）.
[74] 綦相. 流动性风险管理新规及其挑战［J］. 银行家，2010（6）.
[75] 邱健. 影响因素复杂高度防范系统性金融风险爆发［N］. 学习时报，2010-09-10.
[76] 尚航飞. 我国商业银行流动性风险监管的改革、影响及启示［J］. 武汉金融，2018（6）.
[77] 佘延宏. 海牙《关于经由中间人持有证券的某些权利的法律适用公约》述评［J］. 武大国际法评论，2004.
[78] 沈国兵. 全球统一征收银行税：争议的本质［J］. 西部论丛，2010（7）：14-16.
[79] 宋婷婷. 从中外主要银行危机看流动性风险的变化与监管趋势及其启示［R］. 银监会热点问题调研报告（总第五十五期），2010-02.
[80] 宋彤. 杠杆化与系统性风险的监管反思［J］. 新金融，2010（5）.
[81] 宋玮，罗宁. 流动性风险监管：英国新政与全球趋势［J］. 银行家，2010（3）.
[82] 孙洁. 基于或有权益方法的中国上市商业银行风险研究［D］. 武汉：武汉大学，2010.
[83] 孙伶俐. 巴塞尔资本协议"双轨制"下商业银行的行为与策略分析［J］. 海南金融，2010（9）.
[84] 孙天琦，张观华. 银行资本、经济周期和货币政策文献综述［J］. 金融研究，2008（1）.
[85] 孙颖. 微型金融在中国的运作模式研究［D］. 天津：天津财经大学，2008.
[86] 唐斌，江志流. 创设其他一级资本工具的建议［J］. 中国金融，2012（3）.
[87] 汤柳，王旭祥. 论宏观审慎原则下系统性风险研究的新发展［J］. 浙江金融，2010（10）.
[88] 汤柳，尹振涛. 欧盟的金融监管改革［J］. 中国金融，2009（17）.
[89] 汤柳. 欧盟金融监管一体化的演变与发展——兼评危机后欧盟监管改革［J］. 上海金融，2010（3）.
[90] 王辉，王茜. 国外财务报告目的资产重估研究综述［J］. 证券市场导报，2007（11）.
[91] 王胜邦. 商业银行资本监管制度变迁：历史考察［J］. 新金融，2007（4）.
[92] 王胜邦. 资本约束与信贷扩张——兼论资本充足率监管的宏观经济效应

［M］. 北京：中国金融出版社，2008.
［93］王胜邦，陈歆. 监管工具改革对银行资本结构的影响［J］. 中国金融，2012（3）.
［94］王胜邦. 巴塞尔Ⅲ最终方案的总体思路与国际影响［J］. 中国金融，2018（1）.
［95］王胜邦. 巴塞尔Ⅲ最终方案：背景、内容和启示［J］. 银行家，2018（1）.
［96］王胜邦. 巴塞尔Ⅲ审慎监管框架：从单一约束转向多重约束［J］. 国际金融研究，2018（6）.
［97］王一鸣.《巴塞尔协议Ⅲ》杠杆率监管新规对我国银行业的影响研究［J］. 时代金融，2018（1）.
［98］王晓枫.《巴塞尔协议》与中国商业银行资本充足率［J］. 大连海事大学学报（社会科学版），2004（4）.
［99］王晓峰，张铮. 基于或有权益的上市银行信用风险实证分析［J］. 长春工业大学学报，2010.
［100］王晓梅. 从国际比较中选择中国金融衍生品市场监管模式［J］. 华北金融，2007（8）.
［101］王旭辉. 美国次贷危机与系统性金融风险［J］. 南方金融，2008（11）.
［102］王宇. 美欧英金融监管改革方案比较［N］. 中国经济时报，2009.
［103］王萃. 中国商业银行流动性风险管理研究［D］. 济南：山东大学，2009.
［104］王月金，路涛. 欧盟金融监管改革还需更多协调［N］. 中国经济时报，2010-07-08.
［105］魏革军. 危机推动下的金融监管变革 ——访国务院发展研究中心金融研究所副所长巴曙松［J］. 中国金融，2010（14）.
［106］温博慧. 系统性金融风险测度方法研究综述［J］. 金融发展研究，2010（1）.
［107］温信祥. 银行资本监管对信贷供给的影响研究［J］. 金融研究，2006（4）.
［108］吴成居，赖永文，沈理明. 英美金融监管体制改革对我国的借鉴与启示［J］. 福建金融，2010（9）.
［109］吴卫军. 银行资本监管建议［J］. 金融实务，2009（7）.
［110］武迪，武传利. 英国金融改革得失与中国金融管理体制的创新［J］. 南方金融，2009（11）.
［111］肖崎. 金融体系的变革与系统性风险的累积［J］. 国际金融研究，2010（8）.

[112] 肖远企. 巴塞尔Ⅲ改革的“终结”与逻辑 [J]. 中国金融，2018（1）.
[113] 肖远企. 资本监管的回望与思考 [J]. 中国银行业，2018（1）.
[114] 熊芳. 微型金融机构（MFIs）发展的文献综述 [J]. 金融发展研究，2009（4）.
[115] 许建华. 商业银行流动性监管的国际比较及监管指标体系构想 [J]. 国际金融研究，2000（9）.
[116] 薛朝红. 从金融危机看系统性风险控制对策 [J]. 山西财经大学学报，2009（11）.
[117] 杨晓光，陶铄. 巴塞尔协议与资本监管 [J]. 中外管理导报，2002（10）.
[118] 杨凯生，刘瑞霞，冯乾.《巴塞尔Ⅲ最终方案》的影响及应对 [J]. 金融研究，2018（2）.
[119] 易宪容. 美国金融监管体系改革中几个重大理论问题 [J]. 江苏社会科学，2010（1）.
[120] 苑德军. 修补美国金融监管篱笆的实际举措 [N]. 金融时报，2009-06-23.
[121] 曾刚. 审慎实施巴塞尔新协议 [N]. 中国证券报，2010-09-29.
[122] 曾健，陈俊芳. 新巴塞尔协议的资本监管方法及适用性分析 [J]. 数量经济技术经济研究，2004（4）.
[123] 翟金林. 银行系统性风险的成因及防范研究 [J]. 南开学报，2001（4）.
[124] 张波. 后危机时期美国金融监管改革的走向及启示 [J]. 现代商贸工业，2010（6）.
[125] 张克升. 关于固定资产价值重估增值的比较研究 [J]. 金融会计，2004（5）.
[126] 张亮. 北岩银行的倒闭与商业银行流动性管理 [J]. 中国金融，2009（6）.
[127] 张强，武次冰. 次贷危机下商业银行资本监管的反思 [J]. 金融论坛，2010（4）.
[128] 张炜. 从美国次贷危机看中国金融衍生品市场的发展 [J]. 武汉金融，2009（2）.
[129] 张晓朴. 系统性金融风险研究：演进、成因与监管 [J]. 国际金融研究，2010（7）.
[130] 张燕，王亮. 交易对手信用风险管理改革及启示 [J]. 金融发展评论，2012（1）.
[131] 张元峰. 基于或有权益分析方法对中国宏观金融风险的分析（2002—

2008）[D]. 太原：山西财经大学，2010.
[132] 张元萍，孙刚. 金融危机预警系统的理论透析与实证分析[J]. 国际金融研究，2003（10）.
[133] 张赞，胡海鸥. 次资危机对新巴塞尔协议提出的挑战与启示[J]. 上海金融，2009（3）.
[134] 张正平. 金融危机下的国际微型金融业：风险、影响及其对策[J]. 金融理论与实践，2009（11）.
[135] 张宗益，吴俊，刘琼芳. 资本充足率监管对银行风险行为的影响[J]. 系统工程理论与实践，2008（8）.
[136] 章彰. "巴塞尔协议Ⅲ"的交易对手风险管理改革及其借鉴[J]. 银行家，2011（3）.
[137] 章彰. "巴塞尔协议Ⅲ"对中国银行业真的没影响吗？[J]. 银行家，2010（10）.
[138] 郑联盛. 影子银行体系：发展、内涵与未来[R]. 中国社会科学院世界经济与政治研究所国际金融研究中心，2009（5）.
[139] 郑伟. 预期损失模型缺陷与会计监管独立性问题研究[J]. 会计研究，2010（5）.
[140] 中国财政部. 企业会计准则第3号——投资性房地产[R]. 2006.
[141] 中国财政部. 企业会计准则第4号——固定资产[R]. 2006.
[142] 中国人民银行. 中国支付体系发展报告（2010）[M]. 北京：中国金融出版社，2011.
[143] 中国银监会. 商业银行杠杆率管理办法（征求意见稿）[R]. 2011.
[144] 中国银行业监督管理委员会. 中国银监会关于银行业金融机构执行《企业会计准则》后计算资本充足率有关问题的通知[R]. 2007.
[145] 中国银行业监督管理委员会. 商业银行风险监管核心指标（试行）[R]. 2005-12-31.
[146] 中国银行业监督管理委员会. 商业银行资本充足率计算指引（第3次征求意见稿）[R]. 2009-08-03.
[147] 中国银监会课题组. 商业银行资本监管制度改革（一）：修补新资本协议漏洞扩大资本覆盖风险范围[J]. 中国金融，2010（1）.
[148] 中国银监会课题组. 商业银行资本监管制度改革（二）：提高资本工具质量增强银行损失吸收能力[J]. 中国金融，2010（2）.
[149] 中国银监会课题组. 商业银行资本监管制度改革（三）：建立杠杆率监管标准弥补资本充足率的不足[J]. 中国金融，2010（3）.
[150] 中国银监会课题组. 商业银行资本监管制度改革（四）：建立反周期资

本监管框架缓解亲经济周期效应［J］. 中国金融，2010（4）.
［151］中国银监会课题组. 商业银行资本监管制度改革（五）：建立额外资本要求降低大型银行的道德风险［J］. 中国金融，2010（5）.
［152］中国银监会课题组. 商业银行资本监管制度改革（六）：重新校准资本充足率监管标准增强银行体系应对风险的能力［J］. 中国金融，2010（6）.
［153］中国银监会课题组. 商业银行资本监管制度改革（七）：顺应资本监管国际规则的变化完善中国资本监管制度安排［J］. 中国金融，2010（7）.
［154］中国证监会研究中心. 美国金融监管改革法案：历程、内容、影响和借鉴［R］. 2010.
［155］钟永红，李政. 美国商业银行资金来源结构的变迁及启示［J］. 金融论坛，2008（6）.
［156］周柏. 关于银行系统性风险理论文献综述［J］. 企业家天地，2007（12）.
［157］周复之. 三重悖论：收益性、安全性、流动性监管之谜［J］. 经济师，2009（7）.
［158］周良. 银行流动性风险管理理念的最新进展［J］. 上海金融，2009（2）.
［159］周小川. 金融危机中关于救助问题的争论［J］. 金融研究，2012.
［160］周小川. 金融政策对金融危机的响应——宏观审慎政策框架的形成背景、内在逻辑和主要内容［J］. 金融研究，2011（1）.
［161］朱海林（译）. 国际会计准则第16号：固定资产［R］. 会计研究，1994（1）.
［162］朱小川. 金融宏观审慎监管的国际发展及在我国的适用［J］. 现代经济探讨，2010（5）.
［163］朱雁萍，郭伟.《新巴塞尔资本协议》出台背景、基本结构与启示［J］. 西南金融，2001（8）.
［164］朱元倩. 顺周期下的银行风险管理与监管——基于巴塞尔新资本协议的视角［D］. 合肥：中国科学技术大学，2010.
［165］朱元倩. 巴塞尔Ⅲ资本监管的全球实践［J］. 中国外汇，2018（11）：19–21.
［166］Adrian Blundell Wignall and Paul Atkinson. Thinking beyond Basel Ⅲ: necessary solutions for capital and liquidity［J］. Financial Market Trends, 2010.
［167］Alan Bollard. Easy Money: Global Liquidity and Its Impact on New Zealand. BIS

Review，2007.

[168] Alexandre Chailloux and Dalia Hakura. Systemic Liquidity Management in the U.A.E.: Issues and Options [R] . IMF Working Paper WP/09/261，December 2009.

[169] Alison M. Hashmall. After the fall: a new framework to regulate "too big to fail" non-bank financial institutions [J] . New York University Law Review，Vol.85:829，June 2010.

[170] Angelini，P.，Maresca，G.，Russo，D. Systemic Risk in The Netting System [J] .Journal of Banking & Finance，1996，20: 853-868.

[171] Antunes A，Silva N. An Application of Contingent Claim Analysis to the Portuguese Banking System [J] . Financial Stability Report，May 2010: 141.

[172] Avinash Persaud.Macro-Prudential Regulation [R] .ECMI Commentary No.25/4，August 2009.

[173] Basel Committee on Banking Supervision，Asset Securitisation [R] . Bank for International Settlements，2001.

[174] Basel Committee on Banking Supervision，Asset Transfer And Securitisation [R] . Bank for International Settlements，1992.

[175] Basel Committee on Banking Supervision，Change to the Securitisation Framework [R] . Bank for International Settlements，2004.

[176] Basel Committee on Banking Supervision，Foundations of the Proposed Modified Supervi- sory Formula Approach [R] . Bank for International Settlements，2013.

[177] Basel Committee on Banking Supervision，International Convergence of Capital Measurement and Capital Standards [R] . Bank for International Settlements，2004.

[178] Basel Committee on Banking Supervision，Report on asset securitisation incentives [R] . Bank for International Settlements，2011.

[179] Basel Committee on Banking Supervision，The New Basel Capital Accord [R] . Bank for International Settlements，2003.

[180] Basel Committee on Banking Supervision，The Proposed Revised Ratings-Based Approach [R] . Bank for International Settlements，2013.

[181] Basel Committee on Banking Supervision. A framework for dealing with domestic systemically important banks - consultative document [R] . Bank for International Settlements，2012.

[182] Basel Committee on Banking Supervision. A framework for dealing with domestic

systemically important banks – final document [R] . Bank for International Settlements, 2012.

[183] Basel Committee on Banking Supervision. A new capital adequacy framework [R] .Bank for International Settlements, 1999.

[184] Basel Committee on Banking Supervision. A sound capital planning process: fundamental elements [R] . Bank for International Settlements, 2014.

[185] Basel Committee on Banking Supervision. Amendment of the Basel Capital Accord in respect of the inclusion of general provisions/general loan–loss reserves in capital [R] .Bank for International Settlements, 1991.

[186] Basel Committee on Banking Supervision. Amendment to the 1988 Capital Accord Recognition of Collateral [R] .Bank for International Settlements, 1994.

[187] Basel Committee on Banking Supervision. Amendment to the Capital Accord of July 1988 [R] .Bank for International Settlements, 1994.

[188] Basel Committee on Banking Supervision. Amendment to the capital accord to incorporate market risks [R] .Bank for International Settlements, 2005.

[189] Basel Committee on Banking Supervision. An assessment of the long–term economic impact of stronger capital and liquidity requirements [R] .Bank for International Settlements, 2010.

[190] Basel Committee on Banking Supervision. Analysis of the trading book hypothetical portfolio exercise [R] . Bank for International Settlements, 2014.

[191] Basel Committee on Banking Supervision. Analysis of the trading book quantitative impact study [R] .Bank for International Settlements, 2009.

[192] Basel Committee on Banking Supervision. Application of own credit risk adjustments to derivatives – consultative document [R] .Bank for International Settlements, 2011.

[193] Basel Committee on Banking Supervision. Assessing the macroeconomic impact of the transition to stronger capital and liquidity requirements–interim report [R] . Bank for International Settlements, August 2010a.

[194] Basel Committee on Banking Supervision. Assessment of the macroeconomic impact of higher loss absorbency for global systemically important banks [R] . Bank for International Settlements, 2011.

[195] Basel Committee on Banking Supervision. Assessment of the macroeconomic impact of stronger capital and liquidity requirements [R] . Bank for International Settlements, 18 Aug 2010.

[196] Basel Committee on Banking Supervision. Banking on leverage [R]. Bank for International Settlements, 2014.

[197] Basel Committee on Banking Supervision. Basel Capital Accord: the treatment of the credit risk associated with certain off-balance-sheet items [R].Bank for International Settlements, 1994.

[198] Basel Committee on Banking Supervision. Basel Capital Accord: treatment of potential exposure for off-balance-sheet items [R].Bank for International Settlements, 1995.

[199] Basel Committee on Banking Supervision. Basel capital framework national discretions [R]. Bank for International Settlements, 2014.

[200] Basel Committee on Banking Supervision. Basel Committee proposal to ensure the loss absorbency of regulatory capital at the point of non-viability [R]. Bank for International Settlements, 19 Aug 2010.

[201] Basel Committee on Banking Supervision. Basel II: International Convergence of Capital Measurement and Capital Standards: A Revised Framework – Comprehensive Version [R]. Bank for International Settlements, 2006.

[202] Basel Committee on Banking Supervision. Basel Ⅱ: The New Basel Capital Accord – second consultative paper [R]. Bank for International Settlements, 2001.

[203] Basel Committee on Banking Supervision. Basel Ⅱ: The New Basel Capital Accord – third consultative paper [R]. Bank for International Settlements, 2003.

[204] Basel Committee on Banking Supervision. Basel Ⅲ counterparty credit risk – Frequently asked questions (update of FAQs published in July 2012) [R]. Bank for International Settlements, 2012.

[205] Basel Committee on Banking Supervision. Basel Ⅲ counterparty credit risk – Frequently asked questions [R]. Bank for International Settlements, 2011.

[206] Basel Committee on Banking Supervision. Basel Ⅲ counterparty credit risk and exposures to central counterparties – Frequently asked questions (update of FAQs published in November 2012) [R]. Bank for International Settlements, 2012.

[207] Basel Committee on Banking Supervision. Basel Ⅲ definition of capital – Frequently asked questions [R]. Bank for International Settlements, 2011.

[208] Basel Committee on Banking Supervision. Basel Ⅲ definition of capital – Frequently asked questions [R]. Bank for International Settlements, 2011.

[209] Basel Committee on Banking Supervision. Basel Ⅲ framework for liquidity – Frequently asked questions [R]. Bank for International Settlements, 2011.

[210] Basel Committee on Banking Supervision. Basel Ⅲ implementation: Progress, pitfalls, and prospects [R]. Bank for International Settlements, 2014.

[211] Basel Committee on Banking Supervision. Basel Ⅲ leverage ratio framework and disclosure requirements [R]. Bank for International Settlements, 2014.

[212] Basel Committee on Banking Supervision. Basel Ⅲ Monitoring Report as of 31 December 2013 [R]. Bank for International Settlements, 2014.

[213] Basel Committee on Banking Supervision. Basel Ⅲ Monitoring Report [R]. Bank for International Settlements, 2015.

[214] Basel Committee on Banking Supervision. Basel Ⅲ regulatory consistency assessment (Level 2) – Preliminary report: European Union [R]. Bank for International Settlements, 2012.

[215] Basel Committee on Banking Supervision. Basel Ⅲ regulatory consistency assessment (Level 2) – Preliminary report: United States of America [R]. Bank for International Settlements, 2012.

[216] Basel Committee on Banking Supervision. Basel Ⅲ regulatory consistency assessment (Level 2) – Report: Japan [R]. Bank for International Settlements, 2012.

[217] Basel Committee on Banking Supervision. Basel Ⅲ regulatory consistency assessment (Level 2). Assessment of Basel Ⅲ regulations – Singapore [R]. Bank for International Settlements, 2013.

[218] Basel Committee on Banking Supervision. Basel Ⅲ regulatory consistency assessment (Level 2).Assessment of Basel Ⅲ regulations – Switzerland [R]. Bank for International Settlements, 2013.

[219] Basel Committee on Banking Supervision. Basel Ⅲ regulatory consistency assessment programme [R]. Bank for International Settlements, 2012.

[220] Basel Committee on Banking Supervision. Basel Ⅲ: A global regulatory framework for more resilient banks and banking systems – revised version [R]. Bank for International Settlements, 2011.

[221] Basel Committee on Banking Supervision. Basel Ⅲ: A global regulatory framework for more resilient banks and banking systems. [R]. Bank for International Settlements, Dec 2010.

[222] Basel Committee on Banking Supervision. Basel Ⅲ: International framework for liquidity rise measurement, standards and monitoring [R]. Bank for

International Settlements, Dec 2010.
[223] Basel Committee on Banking Supervision. Basel Ⅲ: International framework for liquidity risk measurement, standards and monitoring [R]. Bank for International Settlements, 2010.
[224] Basel Committee on Banking Supervision. Basel Ⅲ: The Liquidity Coverage Ratio and liquidity risk monitoring tools [R]. Bank for International Settlements, 2013.
[225] Basel Committee on Banking Supervision. Basel Ⅲ: the Net Stable Funding Ratio – consultative document [R]. Bank for International Settlements, 2014.
[226] Basel Committee on Banking Supervision. Basel Ⅲ: the net stable funding ratio [R]. Bank for International Settlements, 2014.
[227] Basel Committee on Banking Supervision. Calibrating regulatory minimum capital requirements and capital buffers: a top–down approach [R]. Bank for International Settlements, 2010.
[228] Basel Committee on Banking Supervision. Capital floors: the design of a framework based on standardised approaches – consultative document [R]. Bank for International Settlements, 2014.
[229] Basel Committee on Banking Supervision. Capital requirements for bank exposures to central counterparties – final standard [R]. Bank for International Settlements, 2014.
[230] Basel Committee on Banking Supervision. Capital requirements for banks' equity investments in funds – consultative document [R]. Bank for International Settlements, 2013.
[231] Basel Committee on Banking Supervision. Capital treatment of bank exposures to central counterparties – consultative document [R]. Bank for Internatoional Settlements, 2013.
[232] Basel Committee on Banking Supervision. Capitalisation of bank exposures to central counterparties – initial consultative document [R]. Bank for International Settlements, 2010.
[233] Basel Committee on Banking Supervision. Capitalisation of bank exposures to central counterparties – second consultative document [R]. Bank for International Settlements, 2011.
[234] Basel Committee on Banking Supervision. Changes to the securitisation framework [R]. Bank for International Settlements, 2004.

[235] Basel Committee on Banking Supervision. Composition of capital disclosure requirements – Rules text [R]. Bank for International Settlements, 2012.

[236] Basel Committee on Banking Supervision. Consultative Document: Countercyclical capital buffer proposal [R]. Bank of International Settlements, 2010.

[237] Basel Committee on Banking Supervision. Core principles for effective banking supervision – consultative document [R]. Bank for International Settlements, 2011.

[238] Basel Committee on Banking Supervision. Core principles for effective banking supervision [R]. Bank for International Settlements, 2006.

[239] Basel Committee on Banking Supervision. Core Principles Methodology [R]. Bank for International Settlements, 2006.

[240] Basel Committee on Banking Supervision. Corporate governance principles for banks – consultative document [R]. Bank for International Settlements, 2014.

[241] Basel Committee on Banking Supervision. Countercyclical capital buffer proposal – consultative document [R]. Bank for International Settlements, 2010.

[242] Basel Committee on Banking Supervision. Credit Ratings and Complementary Sources of Credit Quality Information [R]. Bank for International Settlements, 2000.

[243] Basel Committee on Banking Supervision. Credit Risk Modelling: Current Practices and Applications [R]. Bank for International Settlements, 1999.

[244] Basel Committee on Banking Supervision. Criteria for identifying simple, transparent and comparable securitisations – consultative paper [R]. Bank for International Settlements, 2014.

[245] Basel Committee on Banking Supervision. Definition of capital disclosure requirements – consultative document [R]. Bank for International Settlements, 2011.

[246] Basel Committee on Banking Supervision. Deliverry Versus Payment in Securities Settlement Systems [R]. Bank for International Settlements, 1992.

[247] Basel Committee on Banking Supervision. Developments in credit risk management across sectors: current practices and recommendations – consultative document [R]. Bank for International Settlements, 2015.

[248] Basel Committee on Banking Supervision. Developments in Modelling Risk Aggregation [R]. Joint Forum, October 2010.

[249] Basel Committee on Banking Supervision. Enhancements to the Basel II framework [R]. Bank for International Settlements, 2009.

[250] Basel Committee on Banking Supervision. External audits of banks – final document [R]. Bank for International Settlements, 2014.

[251] Basel Committee on Banking Supervision. Finishing the job: next steps for the Basel Committee [R]. Bank for International Settlements, 2014.

[252] Basel Committee on Banking Supervision. Foundations of the standardised approach for measuring counterparty credit risk exposures [R]. Bank for International Settlements, 28 Aug 2014.

[253] Basel Committee on Banking Supervision. Frequently Asked Questions on Basel Ⅲ's January 2013 Liquidity Coverage Ratio [R]. Bank for International Settlements, 2014.

[254] Basel Committee on Banking Supervision. Frequently asked questions on Large Exposures QIS [R]. Bank for International Settlements, 2013.

[255] Basel Committee on Banking Supervision. Frequently asked questions on the Basel Ⅲ leverage ratio framework [R]. Bank for International Settlements, 2014.

[256] Basel Committee on Banking Supervision. Fundamental review of the trading book – consultative document [R]. Bank for International Settlements, 2012.

[257] Basel Committee on Banking Supervision. Fundamental review of the trading book: outstanding issues – consultative document [R]. Bank for International Settlements, 2014.

[258] Basel Committee on Banking Supervision. Fundamentally strengthening the regulatory framework for banks [R]. Basel Committee, Group of Governors and Heads of Supervision announces higher global minimum capital standards, 12 Sep 2010.

[259] Basel Committee on Banking Supervision. Global liquidity regulation, supervision and risk management [R]. Bank for International Settlements, 2014.

[260] Basel Committee on Banking Supervision. Global systemically important banks: Assessment methodology and the additional loss absorbency requirement – consultative document [R]. Bank for International Settlements, 2011.

[261] Basel Committee on Banking Supervision. Global systemically important banks: updated assessment methodology and the higher loss absorbency requirement [R]. Bank for International Settlements, 2013.

[262] Basel Committee on Banking Supervision. Good Practice Principles on Supervisory Colleges – final document [R]. Bank for International Settlements, 2010.

[263] Basel Committee on Banking Supervision. Guidance for national authorities operating the countercyclical capital buffer [R]. Bank of International Settlements, 2010.

[264] Basel Committee on Banking Supervision. Guidance for Supervisors on Market–Based Indicators of Liquidity [R]. Bank for International Settlements, 2014.

[265] Basel Committee on Banking Supervision. Guidance on accounting for expected credit losses – consultative document [R]. Bank for International Settlements, 2015.

[266] Basel Committee on Banking Supervision. Guidance on the estimation of loss given default (Paragraph 468 of the Framework Document) [R]. Bank for International Settlements, 2005.

[267] Basel Committee on Banking Supervision. Guidelines for Computing Capital for Incremental Default Risk in the Trading Book – consultative document [R]. Bank for International Settlements, 2007.

[268] Basel Committee on Banking Supervision. Guidelines for computing capital for incremental risk in the trading book – final version [R]. Bank for International Settlements, July 2009.

[269] Basel Committee on Banking Supervision. Guiding principles for the replacement of IAS 39 [R]. Bank for International Settlements, August 2009.

[270] Basel Committee on Banking Supervision. Home–host information sharing for effective Basel Ⅱ implementation – consultative document [R]. Bank for International Settlements, 2005.

[271] Basel Committee on Banking Supervision. Home–host information sharing for effective Basel Ⅱ implementation – final document [R]. Bank for International Settlements, 2006.

[272] Basel Committee on Banking Supervision. Impact and implementation challenges of the Basel framework for emerging market, developing and small economies [R]. Bank for International Settlements, 2014.

[273] Basel Committee on Banking Supervision. Implementation of Basel Ⅱ: Practical Considerations [R]. Bank for International Settlements, 2004.

[274] Basel Committee on Banking Supervision. Implementation of Basel standards [R]. Bank for International Settlements, 2014.

[275] Basel Committee on Banking Supervision. Implementing the regulatory reform agenda – the pitfall of myopia [R]. Bank for International Settlements, 2014.
[276] Basel Committee on Banking Supervision. Industry views on credit risk mitigation [R]. Bank for International Settlements, 2000.
[277] Basel Committee on Banking Supervision. Instructions for Large Exposures QIS [R]. Bank for International Settlements, 2013.
[278] Basel Committee on Banking Supervision. International Convergence of Capital Measurement and Capital Standards [R]. Bank for International Settlements, 2006.
[279] Basel Committee on Banking Supervision. International framework for liquidity risk measurement standards and monitoring (Consultative Document) [R]. Bank of International Settlements, Dec 2009.
[280] Basel Committee on Banking Supervision. Interpretation of the capital accord for the multilateral netting of forward value foreign exchange transactions [R]. Bank for International Settlements, 1996.
[281] Basel Committee on Banking Supervision. Interpretive issues with respect to the revisions to the market risk framework – updates from 16 November 2011 [R]. Bank for International Settlements, 2011.
[282] Basel Committee on Banking Supervision. Interpretive issues with respect to the revisions to the market risk framework [R]. Bank for International Settlements, 2011.
[283] Basel Committee on Banking Supervision. Liquidity coverage ratio disclosure standards – consultative document [R]. Bank for International Settlements, 2013.
[284] Basel Committee on Banking Supervision. Liquidity coverage ratio disclosure standards – final document [R]. Bank for International Settlements, 2014.
[285] Basel Committee on Banking Supervision. Liquidity Risk Management and Supervisory Challenges [R]. Bank of International Settlements, Sep 2010.
[286] Basel Committee on Banking Supervision. Margin requirements for non-centrally cleared derivatives – Second consultative document [R]. Bank for International Settlements, 2013.
[287] Basel Committee on Banking Supervision. Margin requirements for non-centrally-cleared derivatives – consultative document [R]. Bank for International Settlements, 2012.
[288] Basel Committee on Banking Supervision. Measuring and Controlling Large

Credit Exposures [R] . Bank for International Settlements, 1991.

[289] Basel Committee on Banking Supervision. Microfinance activities and the Core Principles for Effective Banking Supervision – final document [R] . Bank for International Settlements, August 2010.

[290] Basel Committee on Banking Supervision. Microfinance activities and the Core Principles for Effective Banking Supervision [R] . Bank for International Settlements, August 2010.

[291] Basel Committee on Banking Supervision. Modifications to the capital treatment for expected and unexpected credit losses [R] . Bank for International Settlements, 2004.

[292] Basel Committee on Banking Supervision. Modifications to the market risk amendment [R] . Bank for International Settlements, 1996.

[293] Basel Committee on Banking Supervision. Monitoring indicators for intraday liquidity management – consultative document [R] . Bank for International Settlements, 2012.

[294] Basel Committee on Banking Supervision. Monitoring tools for intraday liquidity management – final document [R] . Bank for International Settlements, 2013.

[295] Basel Committee on Banking Supervision. Net Stable Funding Ratio disclosure standards – consultative document [R] . Bank for International Settlements, 2014.

[296] Basel Committee on Banking Supervision. On–balance–sheet netting – consultative paper [R] . Bank for International Settlements, 1998.

[297] Basel Committee on Banking Supervision. Operational risk – Revisions to the simpler approaches – consultative document [R] . Bank for International Settlements, 2014.

[298] Basel Committee on Banking Supervision. Operational Risk – Supervisory Guidelines for the Advanced Measurement Approach [R] . Bank for International Settlements, December 2010.

[299] Basel Committee on Banking Supervision. OTC Derivatives: Settlement procedures and counterparty risk management [R] .Bank for International Settlements, 1998.

[300] Basel Committee on Banking Supervision. Performance of Models–Based Capital Charges for Market Risk: 1 July–31 December 1998 [R] . Bank for International Settlements, 1999.

[301] Basel Committee on Banking Supervision. Pillar 3 disclosure requirements for remuneration – consultative document [R]. Bank for International Settlements, December 2010.

[302] Basel Committee on Banking Supervision. Pillar 3 disclosure requirements for remuneration – final document [R]. Bank for International Settlements, 2011.

[303] Basel Committee on Banking Supervision. Planned supplement to the Capital Accord to incorporate market risks [R]. Bank for International Settlements, 1995.

[304] Basel Committee on Banking Supervision. Point of Sale disclosure in the insurance, banking and securities sectors – final report [R]. Bank for International Settlements, 2014.

[305] Basel Committee on Banking Supervision. Principles for effective supervisory colleges [R]. Bank for International Settlements, 2014.

[306] Basel Committee on Banking Supervision. Principles for enhancing corporate governance – final document [R]. Bank for International Settlements, October 2010.

[307] Basel Committee on Banking Supervision. Principles for home–host supervisory cooperation and allocation mechanisms in the context of Advanced Measurement Approaches (AMA) – consultative document [R]. Bank for International Settlements, 2007.

[308] Basel Committee on Banking Supervision. Principles for home–host supervisory cooperation and allocation mechanisms in the context of Advanced Measurement Approaches (AMA) – final document [R]. Bank for International Settlements, 2007.

[309] Basel Committee on Banking Supervision. Principles for Sound Liquidity Risk Management and Supervision [R]. Bank of International Settlements, Sep 2010.

[310] Basel Committee on Banking Supervision. Progress in adopting the principles for effective risk data aggregation and risk reporting [R]. Bank for International Settlements, 2015.

[311] Basel Committee on Banking Supervision. Progress report on Basel Ⅲ implementation (update published in October 2012) [R]. Bank for International Settlements, 2012.

[312] Basel Committee on Banking Supervision. Progress report on Basel Ⅲ

implementation [R] . Bank for International Settlements, 2011.
[313] Basel Committee on Banking Supervision. Progress report on Basel Ⅲ implementation [R] . Bank for International Settlements, 2012.
[314] Basel Committee on Banking Supervision. Progress report on implementation of the Basel regulatory framework [R] . Bank for International Settlements, 2013.
[315] Basel Committee on Banking Supervision. Progress report on implementation of the Basel regulatory framework [R] . Bank for International Settlements, 2014.
[316] Basel Committee on Banking Supervision. Proposal to ensure the loss absorbency of regulatory capital at the point of non-viability - consultative document [R] . Bank for International Settlements, 2010.
[317] Basel Committee on Banking Supervision. Proposal to issue a supplement to the Basel Capital Accord to cover market risks [R] . Bank for International Settlements, 1995.
[318] Basel Committee on Banking Supervision. Proposed enhancements to the Basel Ⅱ framework [R] . Bank for International Settlements, 2009.
[319] Basel Committee on Banking Supervision. Proposed revisions to the Basel Ⅱ market risk framework [R] . Bank for International Settlements, 2008.
[320] Basel Committee on Banking Supervision. Prudential supervision of netting, Market Risks and Interest Rate Risk - preface to consultative proposal [R] . Bank for International Settlements, 1993.
[321] Basel Committee on Banking Supervision. Range of Methodologies for Risk and Performance Alignment of Remuneration - consultative paper [R] . Bank for International Settlements, October 2010.
[322] Basel Committee on Banking Supervision. Range of Practice in Banks' Internal Ratings Systems [R] . Bank for International Settlements, 2000.
[323] Basel Committee on Banking Supervision. Range of practice in the regulation and supervision of institutions relevant to financial inclusion [R] . Bank for International Settlements, 2015.
[324] Basel Committee on Banking Supervision. Range of practices and issues in economic capital modelling - consultative paper [R] . Bank for International Settlements, 2008.
[325] Basel Committee on Banking Supervision. Recognising the cost of credit protection purchased - consultative document [R] . Bank for International

Settlements, 2013.
[326] Basel Committee on Banking Supervision. Recognising the risk–mitigating impact of insurance in operational risk modelling [R]. Bank for International Settlements, 2010.
[327] Basel Committee on Banking Supervision. Reducing excessive variability in banks' regulatory capital ratios [R]. Bank for International Settlements, 2014.
[328] Basel Committee on Banking Supervision. Regulatory consistency assessment programme (RCAP) – Analysis of risk–weighted assets for market risk [R]. Bank for International Settlements, 2013.
[329] Basel Committee on Banking Supervision. Regulatory Consistency Assessment Programme (RCAP) – Assessment of Basel Ⅲ regulations – European Union [R]. Bank for International Settlements, 2014.
[330] Basel Committee on Banking Supervision. Regulatory Consistency Assessment Programme (RCAP) – Assessment of Basel Ⅲ regulations – United States of America [R]. Bank for International Settlements, 2014.
[331] Basel Committee on Banking Supervision. Regulatory Consistency Assessment Programme (RCAP) – Assessment of Basel Ⅲ regulations in Australia [R]. Bank for International Settlements, 2014.
[332] Basel Committee on Banking Supervision. Regulatory Consistency Assessment Programme (RCAP) – Assessment of Basel Ⅲ regulations in Canada [R]. Bank for International Settlements, 2014.
[333] Basel Committee on Banking Supervision. Regulatory consistency assessment programme (RCAP)– Analysis of risk–weighted assets for credit risk in the banking book [R]. Bank for International Settlements, 2013.
[334] Basel Committee on Banking Supervision. Report and recommendations of the Cross–border Bank Resolution Group – final paper [R]. Bank for International Settlements, March 2010.
[335] Basel Committee on Banking Supervision. Report on supervisory colleges for financial conglomerates [R]. Bank for International Settlements, 2014.
[336] Basel Committee on Banking Supervision. Report to G20 Finance Ministers and Central Bank Governors on Basel Ⅲ implementation [R]. Bank for International Settlements, 2012.
[337] Basel Committee on Banking Supervision. Report to G20 Finance Ministers and Central Bank Governors on Basel Ⅲ implementation [R]. Bank for

International Settlements, 2012.

[338] Basel Committee on Banking Supervision. Report to G20 Finance Ministers and Central Bank Governors on monitoring implementation of Basel Ⅲ regulatory reform [R] . Bank for International Settlements, 2013.

[339] Basel Committee on Banking Supervision. Report to G20 Leaders on Basel Ⅲ implementation [R] . Bank for International Settlements, 2012.

[340] Basel Committee on Banking Supervision. Restoring confidence in banks [R] . Bank for International Settlements, 2014.

[341] Basel Committee on Banking Supervision. Results from the 2008 Loss Data Collection Exercise [R] . Bank for International Settlements, 2009.

[342] Basel Committee on Banking Supervision. Results of the Basel Ⅲ monitoring exercise as of 30 June 2011 [R] . Bank for International Settlements, 2012.

[343] Basel Committee on Banking Supervision. Results of the Basel Ⅲ monitoring exercise as of 30 June 2012 [R] . Bank for International Settlements, 2013.

[344] Basel Committee on Banking Supervision. Results of the Basel Ⅲ monitoring exercise as of 30 June 2013 [R] . Bank for International Settlements, 2014.

[345] Basel Committee on Banking Supervision. Results of the Basel Ⅲ monitoring exercise as of 31 December 2011 [R] . Bank for International Settlements, 2012.

[346] Basel Committee on Banking Supervision. Results of the comprehensive quantitative impact study [R] . Bank for International Settlements, Dec 2010.

[347] Basel Committee on Banking Supervision. Review of the Pillar 3 disclosure requirements – consultative document [R] . Bank for International Settlements, 2014.

[348] Basel Committee on Banking Supervision. Review of the Principles for the Sound Management of Operational Risk [R] . Bank for International Settlements, 2014.

[349] Basel Committee on Banking Supervision. Revised Basel Ⅲ leverage ratio framework and disclosure requirements – consultative document [R] . Bank for International Settlements, 2013.

[350] Basel Committee on Banking Supervision. Revised Basel Ⅲ leverage ratio framework and disclosure requirements [R] . Bank for International Settlements, 2013.

[351] Basel Committee on Banking Supervision. Revised good practice principles for

supervisory colleges – consultative document [R] . Bank for International Settlements, 2014.

[352] Basel Committee on Banking Supervision. Revised Pillar 3 disclosure requirements [R] . Bank for International Settlements, 2015.

[353] Basel Committee on Banking Supervision. Revisions to the Basel Ⅱ market risk framework – consultative version [R] . Bank for International Settlements, 2009.

[354] Basel Committee on Banking Supervision. Revisions to the Basel Ⅱ market risk framework – final version [R] . Bank for International Settlements, 2009.

[355] Basel Committee on Banking Supervision. Revisions to the Basel Ⅱ market risk framework – updated as of 31 December 2010 [R] . Bank for International Settlements, 2011.

[356] Basel Committee on Banking Supervision. Revisions to the Basel Securitisation Framework – consultative document [R] . Bank for International Settlements, 2012.

[357] Basel Committee on Banking Supervision. Revisions to the securitisation framework [R] . Bank for International Settlements, 2014.

[358] Basel Committee on Banking Supervision. Revisions to the standardised approach for credit risk – consultative document [R] . Bank for International Settlements, 2014.

[359] Basel Committee on Banking Supervision. Risk Weight for the European Stability Mechanism (ESM) and European Financial Stability Facility (EFSF) [R] . Bank for International Settlements, 2014.

[360] Basel Committeeon on Banking Supervision. Second Working Paper on Securitisation [R] . Bank for International Settlements, 2002.

[361] Basel Committee on Banking Supervision. Seventh progress report on adoption of the Basel regulatory framework [R] . Bank for International Settlements, 2014.

[362] Basel Committee on Banking Supervision. Sound management of risks related to money laundering and financing of terrorism [R] . Bank for International Settlements, 2014.

[363] Basel Committee on Banking Supervision. Sound practices for backtesting counterparty credit risk models – consultative document [R] .Bank for International Settlements, 2010.

[364] Basel Committee on Banking Supervision. Sound Practices for the Management

and Supervision of Operational Risk – consultative document [R]. Bank for International Settlements, December 2010.

[365] Basel Committee on Banking Supervision. Stocktaking on the use of credit ratings [R]. Bank for International Settlements, 2009.

[366] Basel Committee on Banking Supervision. Strengthening the resilience of the banking sector [R]. Bank for International Settlements, Dec 2009.

[367] Basel Committee on Banking Supervision. Supervisory framework for measuring and controlling large exposures – final standard [R]. Bank for International Settlements, 2014.

[368] Basel Committee on Banking Supervision. Supervisory framework for the use of "backtesting" in conjunction with the internal models approach to market risk capital requirements [R]. Bank for International Settlements, 1996.

[369] Basel Committee on Banking Supervision. Supervisory guidelines for identifying and dealing with weak banks – consultative report [R]. Bank for International Settlements, 2014.

[370] Basel Committee on Banking Supervision. Supervisory lessons to be drawn from the Asian crisis [R]. Bank for International Settlements, 1999.

[371] Basel Committee on Banking Supervision. Supervisory Recognition of Netting for Capital Adequacy Purposes [R]. Bank for International Settlements, 1993.

[372] Basel Committee on Banking Supervision. Supervisory treatment of market risks [R]. Bank for International Settlements, 1993.

[373] Basel Committee on Banking Supervision. Systems, Risk Management Guidelines For Derivatives [R]. Bank for International Settlements, 1994.

[374] Basel Committee on Banking Supervision. The Application of Basel Ⅱ to Trading Activities and the Treatment of Double Default Effects [R]. Bank for International Settlements, 2005.

[375] Basel Committee on Banking Supervision. The Basel Committee's response to the financial crisis: report to the G20 [R]. Bank for International Settlements, 2010.

[376] Basel Committee on Banking Supervision. The Basel Ⅲ Capital Framework: a decisive breakthrough [R]. Bank for International Settlements, November 2010.

[377] Basel Committee on Banking Supervision. The Group of Governors and Heads of Supervision reach broad agreement on Basel Committee capital and liquidity reform package [R]. Bank for International Settlements, 2009.

[378] Basel Committee on Banking Supervision. The G-SIB assessment methodology - score calculation [R] . Bank for International Settlements, 2014.
[379] Basel Committee on Banking Supervision. The interplay of accounting and regulation and its impact on bank behaviour: Literature review [R] . Bank for International Settlements, 2015.
[380] Basel Committee on Banking Supervision. The Liquidity Coverage Ratio and restricted-use committed liquidity facilities [R] . Bank for International Settlements, 2014.
[381] Basel Committee on Banking Supervision. The Management of Banks Off-Balance-Sheet Exposures [R] . Bank for International Settlements, 1986.
[382] Basel Committee on Banking Supervision. The management of liquidity risk in financial groups [R] . Bank for International Settlements, May 2006.
[383] Basel Committee on Banking Supervision. The New Basel Capital Accord [R] . Bank for International Settlements, 2001.
[384] Basel Committee on Banking Supervision. The non-internal model method for capitalising counterparty credit risk exposures - consultative document [R] . Bank for International Settlements, 2013.
[385] Basel Committee on Banking Supervision. The regulatory framework: balancing risk sensitivity, simplicity and comparability - discussion paper [R] . Bank for International Settlements, 2013.
[386] Basel Committee on Banking Supervision. The standardised approach for measuring counterparty credit risk exposures [R] . Bank for International Settlements, 2014.
[387] Basel Committee on Banking Supervision. Trading Book Survey: A Summary of Responses [R] . Bank for International Settlements, 2005.
[388] Basel Committee on Banking Supervision. Treatment of potential exposure for off- balance -sheet items [R] . Bank for International Settlements, 1995.
[389] Basel Committee on Banking Supervision. Treatment of trade finance under the Basel capital framework [R] . Bank for International Settlements, 2011.
[390] Basel Committee on Banking Supervision. Vendor models for credit risk measurement and management [R] . BCBS Working Papers No. 17, February 2010.
[391] Basel Committee on Banking Supervision. Working Paper on Risk Sensitive Approaches for Equity Exposures in the Banking Book for IRB Banks [R] . Bank for International Settlements, 2001.

[392] Basel Committeeon on Banking Supervision. Capital requirements for banks' equity investments in funds [R]. Bank for International Settlements, 2013.

[393] Basel Committeeon on Banking Supervision. Working Paper on the Treatment of AssetSecuritisations [R]. Bank for International Settlements, 2001.

[394] Basel Committee on Banking Supervision, Revisions to the standardised approach for credit risk [R]. Bank for International Settlements, 2014.

[395] Basel Committee on Banking Supervision, Fundamental review of the trading book:outstanding issues [R]. Bank for International Settlements, 2014.

[396] Basel Committee on Banking Supervision, Liquidity coverage ratio disclosure standards [R]. Bank for International Settlements, 2014.

[397] Basel Committee on Banking Supervision, Supervisory framework for measuring and controlling large exposures [R]. Bank for International Settlements, 2014.

[398] Basel Committee on Banking Supervision, Guidance on credit risk and accounting for expected credit losses [R]. Bank for International Settlements, 2015.

[399] Basel Committee on Banking Supervision, Comments received on the "Operational risk – Revisions to the simpler approaches – consultative document" [R]. Bank for International Settlements, 2015.

[400] Basel Committee on Banking Supervision, Revisions to the securitisation framework [R]. Bank for International Settlements, 2016.

[401] Basel Committee on Banking Supervision, Reducing variation in credit risk-weighted assets–constraints on the use of internal model approaches [R]. Bank for International Settlements, 2016.

[402] Basel Committee on Banking Supervision, Regulatory consistency assessment programme (RCAP) – Analysis of risk-weighted assets for credit risk in the banking book [R]. Bank for International Settlements, 2016.

[403] Basel Committee on Banking Supervision, Standardised Measurement Approach for operational risk [R]. Bank for International Settlements, 2016.

[404] Basel Committee on Banking Supervision, Basel Committee issues proposed revisions to the operational risk capital framework [R]. Bank for International Settlements, 2016.

[405] Basel Committee on Banking Supervision, Revisions to the Basel Ⅲ leverage ratio framework [R]. Bank for International Settlements, 2016.

[406] Basel Committee on Banking Supervision, Frequently asked questions on the

Basel Ⅲ leverage ratio framework [R] . Bank for International Settlements, 2016.
[407] Basel Committee on Banking Supervision, Minimum capital requirements for market risk [R] . Bank for International Settlements, 2016.
[408] Basel Committee on Banking Supervision, Risk transfers in international banking [R] . Bank for International Settlements, 2017.
[409] Basel Committee on Banking Supervision, Results of the cumulative quantitative impact study [R] . Bank for International Settlements, 2017.
[410] Basel Committee on Banking Supervision, High-Level summary of Basel Ⅲ reforms [R] . Bank for International Settlements, 2017.
[411] Basel Committee on Banking Supervision, Basel Ⅲ leverage ratio framework - Executive summary [R] . Bank for International Settlements, 2017.
[412] Basel Committee on Banking Supervision, Identification and management of step-in risk [R] . Bank for International Settlements, 2017.
[413] Basel Committee on Banking Supervision, Basel Ⅲ - The Liquidity Coverage Ratio: frequently asked questions [R] . Bank for International Settlements, 2017.
[414] Basel Committee on Banking Supervision, Criteria for identifying simple, transparent and comparable short-term securitisations [R] . Bank for International Settlements, 2018.
[415] Basel Committee on Banking Supervision, Overview of the revised credit risk framework - Executive Summary [R] . Bank for International Settlements, 2018.
[416] Basel Committee on Banking Supervision, Basel Ⅲ: Finalising post-crisis reforms [R] . Bank for International Settlements, 2018.
[417] Basel Committee on Banking Supervision, Firms' credit risk and the onshore transmission of the global financial cycle [R] . Bank for International Settlements, 2018.
[418] Basel Committee on Banking Supervision, Counterparty credit risk in Basel Ⅲ - Executive Summary [R] . Bank for International Settlements, 2018.
[419] Basel Committee on Banking Supervision, Frequently asked questions on the Basel Ⅲ standardised approach for measuring counterparty credit risk exposures [R] . Bank for International Settlements, 2018.
[420] Basel Committee on Banking Supervision, Basel Committee on Banking Supervision reforms - Basel Ⅲ [R] . Bank for International Settlements,

2018.

[421] Basel Committee on Banking Supervision, Revisions to the minimum capital requirements for market risk [R] . Bank for International Settlements, 2018.

[422] Basel Committee on Banking Supervision, Treatment of extraordinary monetary policy operations in the Net Stable Funding Ratio [R] . Bank for International Settlements, 2018.

[423] Basel Committee on Banking Supervision, Implementation of net stable funding ratio and treatment of derivative liabilities [R] . Bank for International Settlements, 2018.

[424] Basel Committee on Banking Supervision, The treatment of large exposures in the Basel capital standards – Executive Summary [R] . Bank for International Settlements, 2018.

[425] Beirlant J., G. Yuri and T. Jozef, Statistics of Extremes: Theory and Applications [M] . Published by John Wiley & Sons, Ltd., 2004.

[426] Bernanke, Ben S. and Cara S. Lown. The credit crunch [J] . Brookings Papers on Economic Activity, 1991(2):204–239.

[427] Borio, C. Furfine and P Lowe. Procyclicality of the financial system and financial stability: issues and policy options in marrying the macro–and micro prudential dimensions of financial stability [R] . BIS Papers, No. 1, March, 2001: 1–57.

[428] Boss, M., Elsinger, H., Summer, M., Thurner, S., The Network Topology of the Interbank Market [R] .Santa Fe Institute Working Paper, 2003.

[429] British Bankers' Association. A Possible Macro–prudential Approach [R] . July 2010.

[430] Brusco, S., Castiglionesi, F. Liquidity Coinsurance, Moral Hazard and Financial Contagion [J] .Journal of Finance, 2007(62): 2275–2302.

[431] Buiter Willem. Too big to fail is too big [N] . The Financial Times, 24 June 2009.

[432] Bundesverband Investment and Asset Management. Third Consultative Paper on the New Basel Capital Accord [R] . 2003.

[433] C. A. Sims. Macroeconomics and reality [J] . Econometrica, 1980, 48:1–48.

[434] Charles Goodhar. The changing role of central banks [R] . BIS Working Papers No. 326, 2010.

[435] Christian Noyer. Monetary policy and macroprudential policy, conference on

"The future of Monetary Policy" , Rome, 2010.

[436] Committee of European Banking Supervisors. Guidelines on the implementation of the revised large exposures regime [R] . 2009.

[437] Committee on Global Financial System. Funding patterns and liquidity management of internationally active banks [R] . CGFS Publications No. 39, May 2010.

[438] Committee on Global Financial System. Long-term issues in international banking [R] . CGFS Publications No. 41, 2010.

[439] Committee on Global Financial System. Macroprudential instruments and frameworks: a stocktaking of issues and experiences [R] . CGFS Publications No. 38, 2010.

[440] Committee on Global Financial System. Research on global financial stability: the use of BIS international financial statistics [R] . CGFS Publications No. 40, June.

[441] Committee on Global Financial System. The functioning and resilience of cross-border funding markets [R] . CGFS Publications No. 37, March 2010.

[442] Committee on Payment and Settlement Systems. Guidance on the application of the 2004 CPSS-IOSCO Recommendations for Central Counterparties to OTC derivatives CCPs - consultative report [R] . CPSS Publications No. 89, May 2010.

[443] D. Rose and D. Saunders. CVA the wrong way [J] . Journal of Risk Management in Financial Institutions, 2012(5): 252-272.

[444] D.Duffie, H. Zhu. Does a Central Clearing Counterparty Reduce Counterparty Risk? [J] . Working Paper, Rock Center for Corporate Governance, 2009(46):14-17.

[445] Diamond, D.W., Dybvig, P.H. Bank Runs, Deposit Insurance and Liquidity [J] .Journal of Political Economy, 1983(91):401-419.

[446] E. Canabarro, D. Duffie. Measuring and Marking Counterparty Risk [J] . In Asset/ Liability Management for Financial Institutions, edited by L.Tilman. Institutional Investor Books, 2003.

[447] E. Gerald Corrigan. The Credit Crisis [R] . Washington Dc: Group Thirty, 2008.

[448] Eisenberg, L., Noe, T. Systemic Risk in Financial Systems [J] . Management Science, 2001(47): 236-249.

[449] Eliana Balla and Andrew McKenna. Dynamic Provisioning: A Countercyclical

Tool for Loan Loss Reserves [J] . Economic Quarterly, 2009(25).

[450] Elisabetta Gualandri, Andrea Landi and Valeria Venturelli. Financial Crisis and New Dimensions of Liquidity Risk: Rethinking Prudential Regulation and Supervision [J] . Journal of Money, Investment and Banking. Issue 8, 2009.

[451] Elsinger, H., Lehar, A., Summer, H. Risk Assessment for Banking Systems [J] .Management Science, 2006(52): 1301–1314.

[452] Ernst & Young. Basel Committee proposes tough large exposure framework [R] . Global Regulatory Network Executive Briefing, 2013.

[453] EuroCCP. Recommendations for Reducing Risks Among Interoperating CCPs [R] . European Central Counterparty Ltd., 2010.

[454] Europe Economics. The Future of Banking Regulation [R] . Research Report, 2010.

[455] European Commission. An EU framework for crisis management in the financial sector [R] . EU, Brussels, 2010.

[456] Eva Catarineu –Rabell, Patricia Jackson and Dimitrios P. Tsomocos. Procyclicality and the New Basel Accord – Banks' Choice of Loan Rating System [R] . Bank of England Working Paper No. 181, 2003.

[457] Fabio Panetta, etc. An assessment of financial sector rescue programmes [R] . BIS Papers No. 48, 2009.

[458] FASB, SFAS 143 Asset Retirement Obligations [R] . 2001.

[459] FASB, SFAS 153 Exchange of Nonmonetary asset [R] . 2001.

[460] Federal register.Regulatory Capital Rules: Standardized Approach for Risk–weighted Assets;Market Discipline and Disclosure Requirements [R] . 2012.

[461] Financial Accounting Standards Board and International Accounting Standards Board. Loan Loss Provisioning [R] . FASB/IASB Meeting, March 2009.

[462] Financial Services Authority. A regulatory response to the global banking crisis: systemically important banks and assessing the cumulative impact, discussion paper, 2009.

[463] Financial Services Authority. Strengthening Liquidity Standards including feedback on CP08/22, CP09/13, CP09/14, 2009.

[464] Financial Stability Board. Banking compensation reform Summary report of progress and challenges commissioned by the Financial Stability Board [R] . 2010.

[465] Financial Stability Board. Financial Stability Board Reports on Improving Financial Regulation [R] .2009.

[466] Financial Stability Board. Financial Stability Forum Issues Recommendations and Principles to Strengthen Financial System [R]. 2009.
[467] Financial Stability Board. FSB Launches Peer Review on Compensation and invites feedback from stakeholders [R]. 2010.
[468] Financial Stability Board. Identifying the Effects of Regulatory Reforms on Emerging Market and Developing Economies: A Review of Potential Unintended Consequences [R]. 2012.
[469] Financial Stability Board. Implementing OTC Derivatives Market Reforms [R].2010.
[470] Financial Stability Board. Intensity and Effectiveness of SIFI Supervision [R].2010.
[471] Financial Stability Board. Macroprudential policy tools and frameworks – Update to G20 Finance Ministers and Central Bank Governors [R].2011.
[472] Financial Stability Board. Overview of Progress in the Implementation of the G20 Recommendations for Strengthening Financial Stability [R]. 2010.
[473] Financial Stability Board. Principles for Reducing Reliance on CRA Ratings [R]. 2010.
[474] Financial Stability Board. Progress in the Implementation of the G20 Recommendations for Strengthening Financial Stability [R]. 2011.
[475] Financial Stability Board. Progress since the Washington Summit in the Implementation of the G20 Recommendations for Strengthening Financial Stability [R]. 2010.
[476] Financial Stability Board. Reducing procyclicality arising from the bank capital framework [R].Joint FSF-BCBS Working Group on Bank Capital Issues, 2009.
[477] Financial Stability Board. Reducing the moral hazard posed by systemically important financial institutions [R].2010.
[478] Financial Stability Board. Report of the Financial Stability Forum on Enhancing Market and Institutional Resilience [R]. 2008.
[479] Financial Stability Board. Report of the FSF Working Group on Provisioning [R]. 2010.
[480] Financial Stability Board. The Financial Crisis and Information Gaps [R].2010.
[481] Financial Stability Board. The role of valuation and leverage in procyclicality [R].Joint FSF-CGFS Working Group, 2009.

[482] Financial Stability Board. The matic Review on Compensation [R] . 2010.
[483] Financial Stability Institute. 2010 FSI Survey on the Implementation of the New Capital Adequacy Framework [R] . August 2010.
[484] Fiscal Policy Research Institute, Thailand. Regulation and Supervision for Sound Liquidity Risk Management for Banks, February 2010.
[485] Flona Mann and Ian Michael. Dynamic Provisioning: issues and application [J] .Financial Stability Review, December 2002.
[486] Freixas, X., Parigi, B., Rochet, J.C. Systemic Risk, Interbank Relations and Liquidity Provision by the Central Bank [J] .Journal of Money, Credit and Banking, 2000(32): 611–638.
[487] Furlong F T, Keeley M C. Capital regulation and bank risk–taking: A note [J] . Journal of Banking and Finance, 1989, 13(6):883–891.
[488] Gabriele Galati and Richhild Moessner. Macroprudential policy – a literature review [R] . BIS Working Papers No. 337, February 2011.
[489] Gai, P., Haldane, A., Kapadia, S. Complexity, Concentration and Contagion [J] .Journal of Monetary Economics, 2011(58): 453–470.
[490] Gai, P., Kapadia, S. Contagion in Financial Networks [J] .Proceedings of the Royal Society A, 2010(466): 2401–2423.
[491] Gapen M T, Xiao Y, Lim C H, et al. Measuring and Analyzing Sovereign Risk with Contingent Claims [R] . International Monetary Fund Working Paper, 2005.
[492] Gaston Giordana, Ingmar Schumacher. The Impact of the Basel Ⅲ Liquidity Regulations on the Bank Lending Channel: A Luxembourg case study [R] . NBER Working Paper, 2011.
[493] Gianfranco A. Vento and Pasquale La Ganga. Bank Liquidity Risk Management and Supervision: Which Lessons from Recent Market Turmoil? [J] . Journal of Money, Investment and Banking, 2009.
[494] Gianluca Benigno and Huigang Chen. Financial Crises and Macro–Prudential Policies [R] .CEPR Discussion Paper No.DP8175, December 18, 2010.
[495] Giesecke, K., Weber, S. Cyclical Correlations, Credit Contagion, and Portfolio Losses [J] .Journal of Banking and Finance, 2004(28):3009–3036.
[496] Godfried de Vidts, Juergen Sklarczyk and Marc Pelet. European Commission Consultation Paper – "Possible Further Changes to the Capital Requirements Directive ('CRD IV')" , 16 April 2010.
[497] Goyal, S., Vega–Redondo, F. Network Formation and Social Coordination

［J］.Games and Economic Behavior，2005(50): 178–207.

［498］Gray D F，Jobst A A. Higher Moments and Multivariate Dependence of Implied Volatilities from Equity Options as Measures of Systemic Risk［J］. Global Financial Stability Report，2009: 128–131.

［499］Gray D F，Merton R C，Bodie Z. A New Framework for Analyzing and Managing Macro Financial Risks of an Economy［R］. National Bureau of Economic Research，2006.

［500］Gray D F，Merton R C，Bodie Z. Contingent Claims Approach to Measuring and Managing Sovereign Credit Risk［J］. Journal of Investment Management，2007(4).

［501］Gray D F，Walsh J P. Factor Model for Stress–Testing with a Contingent Claims Model of the Chilean Banking System［R］. International Monetary Fund，2008.

［502］Gregory J. Lyons，Paul M. Rodel and Edite Ligere. Hot CoCos – The Next Bank Hybrid?［J］. Debevoise & Plimpton Financial Institutions Report，2011(3).

［503］Grey D.F. and A. A. Jobst，New Directions in Financial Sector and Sovereign Risk Management［J］. Journal of Investment Management，2010，8(1):23–38.

［504］Grey D.F. and A. A. Jobst. Systemic CCA—A Model Approach to Systemic Risk［J］. Beyond the Financical Crisis Systemic Risk，Spillovers and Regulation，2010.

［505］Gumbel E.J. and N. Goldstein，Analysis of Empirical Bivariate Extremal Distributions［J］. Journal of the American Statistical Association，1964 (59):794–816.

［506］Gumbel E.J. Bivariate Exponential Distributions［J］. Journal of the American Statistical Association，1960:698–707.

［507］H. John and A. White. CVA and Wrong Way Risk［J］. Published in Financial Analysts Journal，2012(68): 58–69.

［508］Haldane，A. G.，May，R. M. Systemic Risk in Banking Ecosystems［J］. Nature，2011(469): 51–355.

［509］Hartmann，P.，S. Stenfan and Vries C. Banking System Stability: A Cross–Atlantic Perspective［R］. NBER Working Paper，2005.

［510］Heather Montgomery. The effect of the Basel Accord on bank portfolios in Japan，Journal of the Japanese and International Economies［J］. March 2005(19).

[511] Hoggarth, Glenn, Andrew Logan, and Lea Zicchino. Macro Stress Tests of UK Banks [R] BIS Papers No. 22, 392–408, 2005.

[512] IMF. United states: Publication of Financial Sector Assessment Program Documentation—Technical Note on Stress Testing, Technical report, 2010.

[513] IMF. Israel Technical Note on Stress Test of the Banking, Insurance and Pension Sectors [R]. International Monetary Fund Working Paper, 2012.

[514] IMF. Sweden: Financial Sector Assessment Program Update—Technical Note on Contingent Claims Analysis Approach to Measure Risk and Stress Test the Swedish Banking Sector [R]. International Monetary Fund Working Paper, 2011.

[515] Inci Otker–Robe, Ceyla Pazarbasioglu. Impact of Regulatory Reforms on Large and Complex Financial Institutions. IMF Staff Position Note. November 3, 2010.

[516] Institute of International Finance. Interim report on the cumulative impact on the global economy of proposed changes in the banking regulatory framework [R]. Washington D.C.: IIF, June 2010.

[517] International Accounting Standards Board. Financial Instruments: Amortized Cost and Impairment. Exposure Draft, November 2009.

[518] International Banking Federation. Response to the BCBS consultation on revisions to the Basel securitisation framework [R]. 2013.

[519] International Monetary Fund. Annual Report 2010–Supporting a Balanced Global Recovery [R].2010.

[520] International Monetary Fund. Basel Core Principles and Bank Risk: Does Compliance Matter? [R]. IMF Working Paper10/81, March 1, 2010.

[521] International Monetary Fund. Contingent Capital: Economic Rationale and Design Features [R]. IMF Staff Discussion Notes SDN/11/01, January 25, 2011.

[522] International Monetary Fund. Global Financial Stability Report, October 2010: Sovereigns, Funding, and Systemic Liquidity [R]. October 29, 2010.

[523] International Monetary Fund. Global Financial Stability Report: Navigating the Financial Challenges Ahead [R]. Oct, 2009.

[524] International Monetary Fund. Global Financial Stability Report: Responding to the Financial Crisis and Measuring Systemic Risk [R]. April 2009.

[525] International Monetary Fund. Impact of Regulatory Reforms on Large and Complex Financial Institutions [R]. IMF Staff Position Note SPN/10/16,

November 3，2010.

[526] International Monetary Fund. Lessons of the Financial Crisis for Future Regulation of Financial Institution and Markets and for Liquidity Management，2009.

[527] International Monetary Fund. Meeting New Challenges to Stability and Building a Safer System: Global Financial Stability Report [R] . April 2010.

[528] International Monetary Fund.Japan: Basel Core Principles for Effective Banking Supervision—Detailed Assessment of Compliance [M] . Andrews McMeel Publishing，2012.

[529] International Monetary Fund.Japan: Financial Sector Stability Assessment Update [M] . Andrews McMeel Publishing，2012.

[530] Iori，G.，Jafarey，S.，Padilla，F. G. Systemic Risk on the Interbank Market [J] .Journal of Economic Behavior & Organization，2006，61: 525–542.

[531] J. Gregory. Being Two–Faced Over Counterparty Credit Risk? [R] . Published in Risk magazine，March 2009.

[532] Jacpo Carmassi，Elisabetta Luchetti and Stefano Micossi. Overcoming too–big–to–fail: a regulatory framework to limit moral hazard and free riding in the financial sector [R] . Centre for European Policy Studies，Brussels. March 2010.

[533] Jean–Charles Rochet，Jean Tirole. Interbank Lending and Systemic Risk [J] . Journal of Money，Credit and Banking. November 1996，part II，Vol. 28 Issue 4:733–762.

[534] Jesus Saurina. Dynamic Provisioning: The Experience of Spain [R] . The World Bank ，Note Number 7，July 2009.

[535] Jobst.A..The regulatory treatment of asset securitisation: The Basel Securitisation Framework explained [J] .Journal of Financial Regulation and Compliance，2005(13):15–42.

[536] Joe Peek and Eric S. Rosengren. The credit crunch: neither a borrower nor a lender be [J] . Journal of Money，Credit and Banking，1995，Vol. 27(3):625–638.

[537] Jorge A. Chan–Lau. Balance sheet network analysis of too–connected–to–fail risk in global and domestic banking systems [R] . IMF Working Paper. April 2010.

[538] Jose Dorich，Yang Zhang. Assessing the macroeconomic impact of stronger capital and liquidity requirements in Canada: insights from ToTEM. Technical paper，August 2010.

[539] Jurg Blum and Martin Hellwig. The macroeconomic implications of capital adequacy requirements for banks [J]. European Economic Review, 2000.

[540] Jurg M. Blum. Why Basel II may need a leverage ratio restriction? [J]. Journal of Banking & Finance, 32(2008) 1699–1707, 2008.

[541] K. Inamura, A. Hattori, Yoshiyuki Fukuda. Wrong-way risk in OTC derivatives and its implication for Japan's financial institutions [J]. Bank of Japan Review, 2012.

[542] Kahane Y. Capital adequacy and the regulation of financial intermediaries [J]. Journal of Banking and Finance, 1977, 1(2):207–218.

[543] Kaufman. Too big to fail in banking: what remains? [J]. The Quarterly Review of Economics and Finance. 2002(42): 423–436.

[544] Keeley M C, Furlong F T. A reexamination of mean–variance analysis of bank capital regulation [J]. Journal of Banking and Finance, 1990, 14(1):69–84.

[545] Kenneth R. French, Martin N. Baily, John Y. Campbell, etc. The Squam Lake Report [M].Princeton University Press, Princeton, 2010.

[546] Kim D., Santomero A M. Risk in banking and capital regulation [J].Journal of Finance, 1988, 43(5):1219–1233.

[547] Kiyohiko G. Nishimura. Macro–prudential Policy from an Asian Perspective, October 18, 2010.

[548] Kiyotaki, N., Moore J. Balance–Sheet Contagion [J].The American Economic Review, 2002(92):46–50.

[549] Kodres, L. E., Pritsker, M.A. Rational Expectations Model of Financial Contagion [J].The Journal of Finance, 2002(57): 769–799.

[550] Koehn M, Santomero A M. Regulation of bank capital and portfolio risk [J]. Journal of Finance, 1980, 35(5):1235–1244.

[551] Kozo Ishimura, The Impact of the Basel Ⅱ accord on the U.S. and Japanese Financial systems, Harvard University [R]. Working Paper, 2008.

[552] Laura C., G. Esteban, M.A.Morales and M.Laverde, Measuring Systemic Risk in the Colombian Financial System: A Systemic Contingent Claims Approach [J].Temas de Estabilidad Financiera, 2011.

[553] Laurent Balthazar.From Basel 1 to Basel 3. [M].Palgrave Macmillan, 2006.

[554] Leitner, Y. Financial Networks: Contagion, Commitment, and Private Sector Bailouts [J].The Journal of Finance, 2005(60): 2925–2953.

[555] Leonardo Gambacorta, Paolo Emilio Mistrulli. Bank Capital and Lending Behaviour: Empirical Evidence for Italy, Temi di discussione (Economic

working papers) 486, Bank of Italy, Economic Research Department, September 2003.

[556] Leonardo Gambacorta. Do Bank Capital and Liquidity Affect Real Economic Activity in Long Run? A VECM Analysis for the US [J]. Economic Notes, 2011(40):75–91.

[557] Luc Everaert, Daniel Hardy, and Sean Kerr. Crisis management and resolution for a European banking system. IMF Working Paper, March 2010.

[558] M. Pykhtin, S. Zhu. Measuring Counterparty Credit Risk for Trading Products under Basel Ⅱ [J]. In The Basel Handbook (2nd edition), 2006.

[559] Massimiliano Neri. The Unintended Consequences of the Basel Ⅲ Liquidity Risk Regulation [R]. NBER Working Paper, 2012.

[560] Merton R C. On the Pricing of Corporate Debt the Risk Structure of Interest Rates [J]. The Journal of Finance, 1974(29): 449–470.

[561] Merton R.C. The Theory of Rational Option Pricing [J]. Bell Journal of Economics and Management Science, 1973(7):141–183.

[562] Michael Frenkel and Markus Rudolf. The implications of introducing an additional regulatory constraint on banks' business activities in the form of a leverage ratio [R].Mar 2010.

[563] Michael R. Guglielmo. Managing Liquidity Risk [J]. Bank Accounting & Finance, December 2007–January 2008.

[564] Michael S. Gibson. Measuring Counterparty Credit Exposure to a Margined Counter- party [J]. FEDs Working Paper No. 2005–50, 2005.

[565] Miguel, Segoviano, S. Manmohan. Counterparty Risk in the Over–The–Counter Derivatives Market [R]. IMF Working Papers, 2008, 258.

[566] Moodys.Modeling Defaulting Risk [R]. Moody's KMV Company, 2003.

[567] Morrison and Foerster LLP. A little bit less and a bit longer: update on Basel capital and liquidity reforms [R]. Morrison & Foerster LLP, U.S., August 6, 2010.

[568] Morrison and Foerster LLP. More, more, more: a summary of the Basel proposals [R]. Morrison & Foerster LLP, U.S., February 2, 2010.

[569] National Credit Union Administration. Interagency Policy Statement on Funding and Liquidity Risk Management [R]. 2010–05.

[570] Navneet Arora, Priyank Gandhi and Francis A. Longstaff. Counterparty credit risk and the credit default swap market [J]. Journal of Financial Economics 103, 2012:280–293.

[571] Newman M. The Structure and Function of Complex Networks [J]. SIAM Review, 2003(45): 167–256.

[572] Nier, E., Yang, J., Yorulmazer, T., Alentorn, A. Network Models and Financial Stability [J].Journal of Economic Dynamics & Control, 2007(31): 2033–2060.

[573] Nikola Tarashev, Claudio Borio and Kostas Tsatsaronis. Attributing systemic risk to individual institutions [R]. BIS Working Papers No. 308, May 2010.

[574] P. Evan.Economic capital for counterparty credit risk [J]. RMA Journal, 2004.

[575] P. Michael. Counterparty risk capital and CVA. Risk magazine, Jul 2011.

[576] Philip Brown and Frank J. Finn, "Asset Revaluations and Stock Prices: Alternative Interpretations of a Study by Sharpe and Walker", Ball et all, Share Markets and Portfolio Theory, 1st ed., 1980, 2nd ed., 1989:344–348.

[577] Philippe Aghion, David Hemous and Enisse Kharroubi. Cyclical fiscal policy, credit constraints, and industry growth by Philippe Aghion, David Hemous and Enisse Kharroubi [R]. BIS Working Papers No. 340, February 2011.

[578] Pricewaterhouse Coopers.A closer look at US Basel Ⅲ regulatory capital regime and market risk final rule [R]. 2012.

[579] Rambarran J, Ramlakhan P. An New Framework for Managing Macro-Financical Risk TRINIDAD&TOBAGO : An Application of Contingent Claims Analysis of the Banking System [J]. Business, Finance & Economics in Emerging Economics, 2011(2): 92–105.

[580] Ramon Moreno. Policymaking from a "macroprudential" perspective in emerging market economies [R]. BIS Working Papers No. 336, January 2011.

[581] Ray Barrell, etc. Optimal regulation of bank capital and liquidity: how to calibrate new international standards [R]. FSA occasional paper series 38, July 2009.

[582] Reint Gropp. Bank Owner or Bank Managers: Who is Keen on Risk? Evidence from Financial Crisis [R]. Research Discussion, 2010:10–13.

[583] Richard Barfield and Shyam Venkat. Liquidity risk management [J]. The Journal · Global perspectives on challenges and opportunities, 2010.

[584] Richard Barnes, etc. Basel Ⅲ for global banks: third time's the charm? [R]. Standard & Poor report, March 4, 2010.

[585] Robert A. Hetzel. Too big to fail: origins, consequences and outlook [J].

Federal Reserve Bank of Richmond Economic Review. 1991, 77(6):3–15.

[586] Ryo Kato, Shun Kobayashi and Yumi Saita. Calibrating the level of capital: the way we see it [R]. Bank of Japan Working Paper.

[587] Samuel Hanson, Anil K Kashyap and Jeremy C. Stein. A Macroprudential Approach to Financial Regulation [R].July 2010.

[588] Sharpe I.G., Walker R.G. Asset revaluations and stock market Prices [J]. Journal of Accounting Research, 1975(13):293–310.

[589] Shyamala Gopinath. Macro–prudential Approach to Regulation – Scope and Issues, Paper presented at the ADBI–BNM Conference on "Macroeconomic and Financial Stability in Asian Emerging Markets", Kuala Lumpur, August 4, 2010.

[590] Sidley Austin LLP. Hybrid capital product development: focusing on tier 1 and other hybrid capital product [R]. 2010.

[591] Smith R.L.. Multivariate Threshold methods In Extreme Value Theory and Applications [M]. Published by Kluwer Press, 1994.

[592] Soramaki, K., Bech, M. L., Arnold, J., Glass, R. J., Beyeler, W. E. The Topology of Interbank Payment Flows [J].Physica A, 2007(379): 317–333.

[593] Sprague, Irvine H. Bailout: an insider's account of bank failures and rescues [M]. New York: Basic Books, 1986.

[594] Standish P. and S. Ung, Corporate signaling, asset revaluation and the stock prices of British Companies [J].Accounting Review, 1982(57):701–715.

[595] Stefan Best, Scott Sprinzen. Basel Ⅲ Proposals Could Strengthen Banks' Liquidity, But May Have Unintended Consequences [R]. 2010.

[596] Stefan W Schmitz. The Impact of the Basel Ⅲ Liquidity Standards on the Implementation of Monetary Policy [R]. NBER Working Paper, 2012.

[597] Stephen G Cecchetti. Financial system and macroeconomic resilience: revisited [R]. BIS Papers No. 53, September 2010.

[598] Stephen G. Cecchetti and Lianfa Li. Do Capital Adequacy Requirements Matter for Monetary Policy? [R]. NBER Working Paper, No. W11830, 2005.

[599] Stern and Feldman. Too big to fail: the hazards of bank bailouts [M]. Brookings Institution Press, Washington, D.C. 2004.

[600] T.Wilde. Analytic methods for portfolio counterparty credit risk [M]. Counterparty Credit Risk Modelling, Pykhtin.M. (ed). Risk Books, London, 2005:189–225.

[601] Tawn J.A. Modeling Multivariate Extreme Value Distributions [J]. Biometrica, 1990(77):245–253.

[602] Thilo Pausch. Risk Sensitivity of Banks, Interbank Markets and the Effects of Liquidity Regulation [R]. NBER Working Paper, 2012.

[603] Tobias Adrian and Hyun Song Shin. Liquidity and leverage [R]. New York: Federal Reserve Bank of New York, 2009.

[604] U.S. Department of the Treasury. Financial regulatory reform: a new foundation [R]. Washington D.C.: Department of the Treasury, June 2009.

[605] U.S. Department of the Treasury. Financial Regulatory Reform–A new foundation: Rebuilding Financial Supervision and Regulation. 04/09/2010.

[606] Ulrich Bindseil, Jeroen Lamoot. The Basel Ⅲ framework for liquidity standards and monetary policy implementation [R]. NBER Working Paper, 2011.

[607] Upper, C., Worms, A. Estimating Bilateral Exposures in the German Interbank Market: Is there a Danger of Contagion [J]. European Economic Review, 2004(48): 827–849.

[608] Watts, D. J., Strogatz, S.H. Collective Dynamics of "Small–World" Networks [J].Nature, 1998(393): 440–442.

[609] William A. Allen and Richhild Moessner. Central bank co–operation and international liquidity in the financial crisis of 2008–9 [R]. BIS Working Papers No. 310, June 2010.

[610] Xiaochi Lin, Yi Zhang. Bank Ownership Reform and Bank Performance in China [J]. Journal of Banking &Finance, 2009(33):20–29.

后 记

对于金融研究者来说，能够把一个领域的研究跟踪一二十年，其中的驱动力，就不仅仅只是泛泛而谈的研究任务可以解释，更多的是带有一些使命感、责任感及本身的兴趣驱动。从这个意义上来说，我和我的研究团队对于巴塞尔协议的研究，就持续了快20年，也更多地体现了作为金融研究者对于这个影响深远的重要领域进行跟踪研究的责任感，当然，这也是我们的研究兴趣所在。这些年的坚持，使得跟踪这个领域的研究成为一种习惯性的行为，每当巴塞尔委员会有新的变革，我们就会结合新的环境对这些变革进行跟踪研究。

因此，当这一本书稿即将付梓之际，这一二十年来跟踪研究巴塞尔协议的点滴浮现在眼前。从一度备受追捧的先进金融监管理念，到不少国家纷纷宣布推迟实施；从创新的激励相容监管理念，到可能加剧监管顺周期性的质疑；从越发复杂的监管文本和计算方法，到对简单性的推崇；从内部模型对资本节约的赞美，到资本计提不可比的疑虑；从几乎接近定稿的巴塞尔Ⅲ，到七年后再度发布的巴塞尔Ⅲ的最终文本。巴塞尔协议一路走来的经历，可能也是任何一种全球规则在制定和实施中所都会面临的复杂演变过程。巴塞尔协议经历了多少质疑和反思，巴塞尔协议的研究人员便经历了多少疑惑和不解，其中的峰回路转发人深思，为理论和实践工作者留下了丰富的研究素材，这也正是一直吸引我们这一二十年坚持跟踪巴塞尔协议研究的重要原因之一。

从1988年巴塞尔Ⅰ的出炉，到2006年巴塞尔Ⅱ的正式定稿，到2009年巴塞尔2.5的推出，到2010年版巴塞尔Ⅲ，再到2017年巴塞尔Ⅲ最终修订的完成，伴随着金融体系的不断发展，国际银行监管框架已经成为一套十分复杂的规则体系，巴塞尔协议的改革重点也处于不断拓展和变化之中。从内容上来看，巴塞尔Ⅰ到巴塞尔Ⅲ，巴塞尔协议的系列文件已由单一的规则发展到多方位全覆盖的规则体系；巴塞尔协议所涵盖的风险也在不断拓展，由最初的信用风险，到逐步拓展至市场风险、操作风险、流动性风险、系统风险，并将各类风险之间的相关性也纳入监管视野；巴塞尔协议中的监管指标日趋完善，从最初唯一的8%监管资本底线到多层次的监管指标体系，明确了资本监管要求、杠杆率监管要求、流动性监管要求和宏观审慎视角之间的协调关系；巴塞尔委员会其成员由最初的G10扩展至G20，以及国际组织在内的更广更大范围，其汇报路线也已明确为G20和金融稳定理事会。从内涵来看，巴塞尔协议的监管理念也在不断反思中深化，从巴塞尔Ⅱ中激励相容监管理念的提出，到巴塞尔Ⅲ中更加追求监管简单性、可比性和风险敏感性；从巴塞尔Ⅱ内部模型法的提出，到巴塞尔Ⅲ中重提定性分析对模型补充的重要性，更加关注风险自身的评估；从资本监管中对风险敏感的不断追求，到重提杠杆率指标回归无风险指标，与资本充足率监管的顺周期特点形成互补；从追求监管资本与经济资本的一致性，到提出简化的底线观点，巴塞尔委员会也在不断反思和修订其监管理念以适应日益复杂的银行体系。

金融危机之后的十年里，全球经济还处在恢复期，对金融危机的反思仍在继续，金融监管规则的深化和整合将继续改变着未来国际金融业的格局。当前中国银行业正处于经济结构深度调整和经济增长动力转换的复杂经济环境，随着中国经济金融规模的扩大，中国金融行业也越来越关注和参与国际经济金融治理，在这一背景下，如何跟踪巴塞尔协议Ⅲ，以及如何正确制定和实施相应的监管政策，已成为关乎中国银行业甚至是整个金融业未来发展的重要现实课题。2017年12月，巴塞尔委员会发布的《巴塞尔Ⅲ：后危机改革的最终方案》是对2010年12月17日巴塞尔委员会发布的《巴塞尔Ⅲ：增强银行和银行体系稳健性的国际监管框架》的补充修订，为密切追踪国际规则的变化和调整，评估各国实施进展及其影响，我们尝试多层次、多角度地梳理和探讨巴塞尔Ⅲ的历史脉络及最新研究和政策进展，进而推出这本巴塞尔资本协议Ⅲ最终修订版本的著作。

从特定意义上说，巴塞尔资本协议的发展是一个持续追踪完善的动态过程。巴塞尔Ⅲ的出台及后续的修订与补充，始终是国际金融监管框架改革的理论研究与实践研究探索中令人瞩目的重要问题。尤其在近几年，金融科技的快速发展方兴未艾，而新冠肺炎疫情又对全世界的经济运行造成了巨大冲击。如何将金融科技对银行业务的影响及其连带风险纳入监管框架？银行体系和银行监管又如何配合各国面对新冠肺炎疫情的冲击所采取的应对措施？一系列冲击的集中出现和爆发，使得本来已经达成一致、即将终于步入全面落地阶段的巴塞尔Ⅲ最终方案又面临新的挑战和变数。有鉴于此，巴塞尔委员会在监管内容方面特别将金融科技及其风险因素纳入作为重点考量，同时重新对各国的实施情况进行了评估，并对实施方案进行了相应调整以应对新冠肺炎疫情冲击。巴塞尔协议在近几年的上述种种变化也构成了本书此次再版的最主要原因。

就我个人而言，作为金融监管工作的实践者和理论研究者，我始终将巴塞尔资本协议及其实施作为研究重点之一，持续跟踪研究。多年来，我对北京、纽约、香港等地的主要金融机构进行了大量调研，对国内银行业的风险管理投入了大量的时间，深切地体会到巴塞尔协议政策在中国的落地和实施进展。

2003年的《巴塞尔新资本协议研究》一书，是以我在北京大学从事博士后研究期间的一些成果，以及当时参与相关风险管理系统开发的实践经验为基础完成的，2010年、2011年、2014年及2015年先后推出四本围绕不同阶段的巴塞尔协议为主题的著作，是带领我的研究生共同完成的。很高兴的是，在多年的持续追踪下，我们已形成了一个相对稳定的研究团队定期追踪研究。书中很多章节正是来源于我和我的一些在读或者已毕业的学生。参与本书写作和讨论的人员除我之外还包括：刘晓依、朱元倩、尚航飞、高英、曾智、金玲玲、刘兰凤、王淼、梁阳、吴培、王一出、刘润佳、彭魏倬加和陈绍光。本次再版的修订增补工作，除我之外主要有刘晓依、朱元倩、王一出、张琦杭和蒋峰参与，我对全书进行了多次修订。然而，由于这个领域的研究整体还比较初步，这本书难免存在这样或那样的不足，但是我仍希望本书能够让理论界和业界更多地关注巴塞尔协议实施的最新进展，也期待更多专业人士参与到这个有现实意义的重要领域的研究中来。

因此，尽管我们在本书的写作过程中投入了大量的精力，但是由于专业水平有限，错误和不足在所难免，恳请各位专家指正，以期在今后的追踪研究中不断改进和深入。

巴曙松

2022年10月